STEINDORF:
GRUNDBEGRIFFE DES LEHRENS UND LERNENS

Dr. phil. Gerhard Steindorf
o. Professor für Allgemeine Didaktik und Schulpädagogik an der Rheinischen Friedrich-Wilhelms-Universität Bonn

GRUNDBEGRIFFE DES LEHRENS UND LERNENS

von

Gerhard Steindorf

5. Auflage

KLINKHARDT

VERLAG JULIUS KLINKHARDT · BAD HEILBRUNN/OBB.

Die Deutsche Bibliothek – CIP-Einheitsaufnahme

Steindorf, Gerhard:
Grundbegriffe des Lehrens und Lernens / von Gerhard
Steindorf. – 5. Aufl. – Bad Heilbrunn/Obb. : Klinkhardt, 2000
ISBN 3-7815-1069-7

Gesamtherstellung: Friedrich Pustet, Regensburg
Printed in Germany
ISBN 3-7815-1069-7

Vorwort zur 1. Auflage

Dieses Buch verfolgt die Absicht, mit den wichtigsten Begriffen und Fragestellungen der (Allgemeinen) Didaktik vertraut zu machen und auf diese Weise in didaktisches Denken einzuführen. Es lag für den Verfasser nahe, die bei der Abfassung seiner »Schulpädagogik« seinerzeit ausgesparte didaktische Thematik zu einem späteren Zeitpunkt darzustellen.
Was den inhaltlichen Aufbau dieser Arbeit betrifft, so kommen zunächst Fragen des Unterrichts, des Lehrens und Lernens, sodann Probleme der Lehrinhalte und des Lehrplans, ferner Lehrweisen und Unterrichtsformen und schließlich Methoden und Medien des Unterrichts zur Sprache. Dabei hoffe ich, die richtige Mitte zwischen theoretischer Reflexion und Praxisbezug gefunden zu haben. Ich bin bemüht gewesen, die verschiedenen didaktischen Ansätze zu integrieren. Obwohl der Verfasser einem bildenden Unterricht nahesteht, wird keine Aspektdidaktik, sondern eine nach vielen Seiten hin ausgreifende materiale Didaktik geboten. Didaktik wird hier verstanden als die Wissenschaft vom Lehren und Lernen überhaupt samt seinen Inhalten und Methoden mit dem Kern einer Theorie des Unterrichts. Bewußt habe ich die Forschungsbeiträge anderer Autoren in die Darlegung einbezogen, um dadurch deren konstitutiven Beitrag zur didaktischen Gesamtthematik zu dokumentieren. Dennoch dürfte der Standpunkt des Verfassers zu den einzelnen Problemen deutlich erkennbar sein. Einige Themen, von denen ich meine, daß sie in der gegenwärtigen wissenschaftlichen Diskussion zu wenig beachtet werden, sind vergleichsweise ausführlicher erörtert worden. Aus der didaktischen Tradition wurden jene essentiellen Gedanken übernommen, die heute noch wegweisend sein können. Selbstverständlich wurden auch die neuen Tendenzen, die in unseren Tagen zur Durchsetzung drängen und unseren Erkenntnisstand wesentlich bereichern und weiterführen, berücksichtigt.
Um dem Leser das Erkennen von Zusammenhängen zu erleichtern, finden sich in den einzelnen Kapiteln Verweisungen auf verwandte Aussagen in anderen Abschnitten. Im übrigen gibt auch das Sachregister Aufschluß. Die vorliegende Darstellung verzichtet auf einen besonderen Anmerkungsteil. Bemerkungen und der Nachweis der Quellen erfolgen unmittelbar im Text. Das Literaturverzeichnis nennt im wesentlichen die Bücher und Aufsätze, auf die unmittelbar Bezug genommen wird.
Da dieses Buch in die didaktischen Grundbegriffe einführt, dürfte es sich auch als *Studienbuch* eignen, und zwar sowohl als Lehrbuch für das Selbststudium des Studenten als auch als Basislektüre für die Arbeit in Kleingruppen. Es wendet sich darüber hinaus an Lehrer aller Schulformen und Schulstufen sowie an alle pädagogisch Interessierten.

Herrn Dr. Wolfgang Schröder habe ich für die Mithilfe beim Lesen der Korrekturen zu danken. Mein Dank gilt auch dem Verlag Julius Klinkhardt, der sich freundlicherweise bereit erklärt hat, dieses Buch herauszubringen.

Bonn, im Juli 1980 Gerhard Steindorf

Vorwort zur 5. Auflage

Die Aufnahme, die die »Grundbegriffe des Lehrens und Lernens« bei Studierenden und Lehrenden gefunden haben, macht eine 5. Auflage notwendig. Die Gesamtkonzeption ist beibehalten worden; der Literaturnachtrag nennt in Auswahl wichtige Neuerscheinungen. Auf einige moderne Entwicklungen sei an dieser Stelle aufmerksam gemacht:

- Im Sinne pädagogischer Grundlagenforschung ist man um ein vertieftes Verständnis von Unterricht bemüht (Grzesik, Rekus, Sünkel).
- Unterricht sollte sich dem Leben gegenüber öffnen, ein Lernen an Lebenssituationen ermöglichen (Bannach, Vaupel).
- Dem verbreiteten gewohnten Fachunterricht wird fächerübergreifendes Lehren und Lernen gegenübergestellt (Duncker/Popp, Moegling).
- Projektunterricht bleibt in der Diskussion (Hänsel, Jäger, Wöll).
- Der Hinweis auf die Bedeutung außerschulischer Lernorte lässt die Grenzen herkömmlichen verinselten Lehrens und Lernens in Institutionen erkennen (Reyher).
- Einige Veröffentlichungen geben Anleitungen zur Gesprächsführung (Zimmermann) bzw. zu einer sinnvollen Verwendung der Lehrerfrage im Unterricht (Petersen/Sommer).
- Nach wie vor wird Gruppenunterricht gefordert, um kommunikative und kooperative Bildungsformen zu unterstützen (Gudjons 1993, Meyer/Winkel).
- Das Interesse gilt weiterhin den Unterrichtsmethoden (Meyer/Jank, Wiechmann) und Fragen der Unterrichtsgestaltung (Berg/Schulze, Greving/Paradies, Kroner/Schauer); Feiks spricht von »Lernen an Aufgaben«.
- Die ganze Bandbreite der Medien wird vorgestellt und in ihrer Bedeutung für schulische Lernprozesse reflektiert (Maier, Schröder/Schröder).
- Neue Wege zum Wissen (ggf. auch Förderung von Intelligenz und Allgemeinbildung) erhofft man sich von einer didaktischen Nutzung von Computern (Kleinschroth, Struck, Tully). Durch Internet-Nutzung will man freien Zugang zu unbegrenzter Information schaffen (Perrochon). Dabei spannt sich der Bogen von grundsätzlichen Erwägungen (Chancen, Risiken) bis zu dem praktischen Problem einer Ausstattung der Schulen mit Hard- und Software.
- Kron gibt einen Überblick über die gesamte Thematik der Didaktik; andere Autoren wenden sich bedeutsamen Teilfragen zu (von Martial/Bennack, Gudjons 1998).

Bonn, im November 1999 Gerhard Steindorf

Inhalt

VI. *Methoden – Unterrichtsgestaltung*

VII. *Unterrichtsmittel – Medien*

I. Unterricht

1. Entstehung und Notwendigkeit von Unterricht

1.1 Lehren und Lernen ohne förmlichen Unterricht

Da Kenntnisse und Fertigkeiten beim Menschen nicht vererbt werden, muß alles richtige Verhalten, das nicht durch Instinkte gesteuert wird, in jedem Leben neu erworben, d. h. *gelernt,* werden. Solange die kulturellen Errungenschaften der menschlichen Gesellschaft einfach und überschaubar sind, können sich Arbeits- und Kulturtechniken ohne ausdrücklichen Unterricht durch Nachahmung und Gewöhnung, ferner durch das Beispiel der Eltern und anderer Personen, die mit dem Heranwachsenden Umgang haben, mitteilen. G. Petrat hat aufgezeigt, »daß auch schon *vor* der Konstitution spezifisch unterrichtlicher Veranstaltungen Verständigungsformen existieren, die das Zusammenleben regulieren. Aber sie sind von grundsätzlich anderer Qualität als heutzutage wahrnehmbar« (1979, S. 62).
Das anfängliche Lernen ist in Lebenssituationen eingebunden und erfolgt ohne direkte Instruktion. Die ursprüngliche Sphäre des Lehrens und Lernens ist die »Schule des Lebens« (vgl. Pestalozzi: Das Leben lehrt!); in sie wird nachträglich »Schule« als gesellschaftliche Einrichtung eingebaut. Erst wenn das »natürliche« Lehren und Lernen nicht ausreicht oder versagt, tritt die *kunstgemäße Unterweisung* unterstützend und ergänzend hinzu, zunächst begleitend (sekundierend), später – auf der Basis von Sprache und Schrift – beherrschend (dominant).

1.2 Der artifizielle Charakter des Schulunterrichts

Die *Kunstform des Unterrichts* wird immer erst zu einem gewissen Zeitpunkt der kulturellen Entfaltung der Menschheit notwendig. »Die zunehmende arbeitsteilige Spezialisierung und die gesellschaftliche Differenzierung in Berufe und Schichten macht mehr und mehr eine Institutionalisierung des Lehrens und Lernens im engeren Sinne erforderlich . . .« (Reich 1979, S. 19). Sobald die gesellschaftlichen Zusammenhänge kompliziert (vielfältig, vielschichtig) werden, bedarf es besonderer Einrichtungen (= Schulhaus) und besonderer Personen (= Lehrer), um die Jugend auf ihre Aufgaben in der Zukunft vorzubereiten. J. Göttler beschreibt den Prozeß wie folgt: »In langer und wechselvoller Entwicklung haben sich aus den Naturformen des Lernens die Kunstformen des Unterrichtens und der Schule entwickelt . . . An Stelle der augenblicklichen Bedürfnisse des Lernenden . . . trat eine wachsende Summe von

nützlichen Fertigkeiten und Kenntnissen, die ein immer umfangreicher werdendes traditionelles *Lehrgut* bildeten, von der erwachsenen Generation für notwendig gehalten und der Jugend zur Aneignung auferlegt, zusammengestellt in artes = Fächer und dazu gehörige autores = Lehrbücher« (⁹1950, S. 200). In ähnlicher Weise spricht O. Willmann von »ethischer« und von »intellektueller Assimilation« und meint damit das Hineinwachsen der Jugend in die Ordnung der Generationen (⁶1957, S. 623). In diesem Zusammenhang läßt sich *Unterricht als Kulturtradierung*, d. h. als Überlieferung des menschlichen Erfahrungsschatzes, verstehen. Erich Weniger stellt fest: »In jedem Bildungsvorgang geht es auch darum, die Erkenntnisse und Arbeitsmittel zur Lebensbewältigung weiterzugeben, die die Menschheit bisher gefunden hat, mit denen Natur, Geschichte, Sprache, Arbeit, kurz: Welt und Leben verstanden und beherrscht werden können ... Hier geht es einfach um das Gerät, das der Mensch braucht, um Mensch sein zu können und seinen Auftrag zu erfüllen. Es wäre gewissenlos, dieses Erbe an Gerät nicht weiterzugeben ...« (²1962, S. 21).
Unterricht will den Schüler absichtlich und planmäßig vom (relativen) Nichtwissen zum Wissen, vom Nichtkönnen zum Können führen. Alles von Lehrern im Unterricht Arrangierte ist auf den Zweck der Erlernung durch Schüler hin angelegt. Auf höheren Kulturstufen, auf denen ein umfängliches und weitverzweigtes Kulturgut zu überliefern ist, wird Unterricht unentbehrlich. Unsere europäische Kultur heute ist auf den Bestand und das Funktionieren eines umfassenden, mannigfaltigen allgemein- und berufsbildenden Unterrichtswesens schlechthin angewiesen.
Die Notwendigkeit und Nützlichkeit von Unterricht ist von allen Kulturvölkern erkannt worden. Die Erfahrung lehrt, daß der Wohlstand eines Staates von der Unterweisung der Vielzahl der Bürger abhängt. Aus diesem Grunde tendieren sämtliche Kulturstaaten zur Schulpflicht. Konsequenterweise beginnt die Neuorientierung in den Ländern der Dritten Welt mit der Bekämpfung des Analphabetismus.

2. *Bestimmung des Begriffs Unterricht*

2.1 Vorläufige Kennzeichnung von Unterricht

Unterricht ist neben Erziehung, Bildung, Schule, Lehren und Lernen einer der wichtigsten Begriffe der Erziehungswissenschaft (Pädagogik). Er ist für die Institution Schule geradezu konstitutiv. Wenn es bei der Gründung der Albert-Ludwig-Universität in Freiburg (1457) heißen konnte: »Hic scientia sibi suam domum aedificavit«, so läßt sich in Abwandlung sagen: Hier (nämlich in der Schule) hat sich (der) Unterricht ein Haus gebaut. Freilich gibt es auch unterrichtliche Vollzüge, die ohne besondere Institutionalisierung auskommen, z. B. der Privatunterricht. Wenn es ganz allgemein die Aufgabe der Schule ist, den Schüler auf das Leben

vorzubereiten, so partizipiert Schulunterricht in einem hohen Maße an diesem Auftrag.
Unterricht ist – systematisch gesehen – eine spezifische Form der Lehre. Sie meint als solche die Herauslösung der rationalen Voraussetzungen zur Bewältigung unseres Daseins, die sich im Lebensvollzug selbst nicht mehr erfahren lassen, und ihre Mitteilung. Schulunterricht hat gleichsam die Darstellung der Welt zur Aufgabe. Als »Ergänzung von Erfahrung und Umgang« (Herbart [7]1965, S. 58) stellt sich der Unterricht als eine begrifflich formulierte Lehre dar, die an die nachfolgende Generation *vor* ihrer selbstverantwortlichen Mitwirkung im Leben überliefert wird. W. Schulz definiert Unterricht als einen »Prozeß, in dem zum Zweck planmäßiger Einflußnahme der *Lebenszusammenhang*, in dem Lernanlässe auftreten, *verlassen wird*, in der Annahme, daß der Lernanlaß sich wegen seiner Komplexität nicht mehr in der aktuellen Situation vermitteln läßt. Die Vermittlung der von den Wissenschaften, Künsten und Techniken vorinterpretierten Erfahrung ist charakteristisch für Unterricht, ja der häufigste Anlaß dazu« (1977, S. 258).

Die im Unterricht vermittelte »Welt« ist uns in unterschiedlicher Weise gegeben:

– *Diese Welt ist kategorisiert und elementarisiert*

Wo Unterricht stattfindet, wird Welt auf bestimmte Ordnungsgesichtspunkte gebracht, z. B. auf die Kategorien Begriff, Maß, Zahl, Zeit und Raum. Nicht selten wird der tatsächlich gegebene Komplexitätsgrad der Sachverhalte reduziert, d. h. im Unterricht wird zu einem großen Teil mit Vereinfachungen im Sinne der Elementarisierung gearbeitet.
Der Vorzug der Kategorisierung wird erkauft mit dem Verlust der Eingebundenheit der Dinge in die ursprünglichen Lebensvollzüge, weshalb Unterricht auch stets in Gefahr steht, die Verbindung mit der »Wirklichkeit« zu verlieren.

– *Diese Welt ist ausschnitthaft und verwesentlicht*

Die Vorbereitung des Schülers auf das Leben erfolgt gedanklich; dabei wird ein allgemeines Raster der Weltdeutung und Daseinsbewältigung, eine Grundlage und ein Rahmen für die individuelle Lebensgestaltung vorgegeben. Es findet also ein Lernen auf Vorrat statt. Der Pädagoge Johann Friedrich Herbart (1776–1841) hat in diesem Zusammenhang festgestellt: »Das ist das Höchste, was die Menschheit in jedem Moment ihrer Fortdauer tun kann, daß sie den ganzen Gewinn ihrer bisherigen Versuche dem jungen Anwuchs konzentriert darbiete; sei es als Lehre, sei es als Warnung« ([7]1965, S. 7). Nicht alle Einzelheiten sollen ausgebreitet werden. Zu diesem Zweck werden im Schulunterricht grundsätzliche Lebenssituationen, z. B. solche, die sich auf Beruf und Freizeit beziehen, in der Ratio vorweggenommen und gewisse Möglichkeiten gedanklich durchgespielt. Die Auswahl der Lehrinhalte erfolgt aufs Ganze gesehen unter

dem Aspekt des Lebensdienlichen; hier ist u. a. an den Beitrag des Religions-, Philosophie- und Literaturunterrichts im Sinne einer Lebenshermeneutik zu denken.
Der Schulunterricht ist ferner auf das Essentielle gerichtet. Verwesentlichung bedeutet Abstand zum täglichen Leben und dessen wechselnden Erscheinungen. Gerade eine distanzierte Betrachtung soll vom Alltäglichen, Zufälligen, Singulären absehen lehren und die Gedanken zum Allgemeinen und Grundsätzlichen hinlenken.

– *Diese Welt ist geschönt und ethisch gefiltert*

Die im Unterricht vermittelten Sachverhalte des außerschulischen Lebens werden im allgemeinen geglättet, schülergerecht gemacht und moralisch überformt. Nach der Ansicht von H. Schöneberg wird in der Schule mit romantisierenden und harmonisierenden Tendenzen die Härte der Gegebenheiten unserer Zeit überdeckt. Er spricht von der »ängstlichen Unterdrückung des Chaotischen und Absurden, der Aporien und Antinomien« in den einzelnen Unterrichtsfächern (1963, S. 37).

2.2 Merkmale des Schulunterrichts

Ein besonderer Zweig der Erziehungswissenschaft, die *Unterrichtsforschung*, hat sich in den letzten Jahrzehnten im In- und Ausland intensiv bemüht, die komplizierte Struktur von Unterricht in einzelne Teilvollzüge auseinanderzulegen (s. hierzu u. a. Ingenkamp 1970, Thiemann 1973, Schramm 1975). Obwohl manche partielle Einsicht dabei gewonnen worden ist, genügt der Erkenntnisstand insgesamt keineswegs. »Zur Zeit besteht . . . noch nicht einmal Einmütigkeit darüber, welche Elemente als konstitutiv für den Unterricht angesehen werden können und welcher Art die Beziehungen zwischen den Elementen sind« (Fichtner 1977, S. 35).
Es soll im folgenden versucht werden, wesentliche formale *Kriterien von Unterricht* herauszustellen; diese Merkmale unterscheiden ihn von anderen Formen der Belehrung wie Predigt, Vortrag, Beratung:

– *komplexe Sachzusammenhänge*

Zu Schulunterricht gehört ein umfängliches, radial ausstrahlendes Lehrgebiet, gegliedert in Einzeldisziplinen (Fächer). P. Petersen spricht von den »drei großen Wirklichkeiten« »Gott, Natur und Menschenwelt«, »in denen und vor denen jeder Mensch sein Leben gewinnen und führen muß und allein Mensch werden kann« (^{7}1963, S. 27) (im Original gesperrt!). Durch einen gewissen Stoffumfang unterscheidet sich Schulunterricht von den sporadischen, unsystematischen Belehrungen durch das Leben.

– *die Dimension der Zeit*

Jeder Unterricht erstreckt sich über eine längere Dauer. Allein durch das Ausmaß des zu übermittelnden Lehrgutes werden nicht nur (Schul-) Stunden und Tage, sondern Wochen, ja (Schul-)Jahre beansprucht.

– *Absichtlichkeit und Planmäßigkeit*
Unterricht hat gegenüber allem »natürlichen« Lernen den Charakter des Planmäßigen und Systematischen. Das vor-, neben- und außerschulische Lernen richtet sich weithin nach Bedürfnis und Gelegenheit, ist situatives (incidentelles) Lernen. Der Schulunterricht dagegen führt vorsätzlich in die Kenntnis größerer, zusammenhängender und in sich geschlossener Gebiete (Lernbereiche) ein. Das Planungsmoment kommt in den Lehrzielen, den Lehrplänen (Curricula) und in den Stundenplänen zum Ausdruck; Richtlinien sollen die Steuerung der Lernprozesse sicherstellen. Unterricht ist ein intentionaler Bildungsvorgang.
– *methodisches Vorgehen*
Mit der Intentionalität und der Planmäßigkeit hängt unmittelbar der methodische Charakter des Unterrichts zusammen: Einfache Kenntnisse und Fertigkeiten werden grundgelegt, voraussetzungsvollere darauf aufgebaut (s. hierzu Schwager 1958). Unterricht kennt ein nach Anforderungen und Schwierigkeiten gestuftes Vorgehen (Artikulation). Er erstrebt ein geordnetes Fortschreiten in kleinen Schritten (small steps beim Programmierten Unterricht); er hat einen Hang zum Systematischen.
– *Berücksichtigung des Entwicklungsstandes*
Jeder Unterricht muß auf die Verstehens- und Könnenskräfte der Schüler (der jeweiligen Schulklasse) Rücksicht nehmen, damit es nicht zur Über-, aber auch nicht zur Unterforderung kommt. J. J. Rousseau spricht hier vom Gleichgewicht von Wollen und Können.
– *Sorge für Behalten und Bewahren*
Ein einmaliges Verstehen und Können bei der Neudurchnahme eines Lerngegenstandes genügt nicht. Da alles Gelernte dem Vergessen und Verlernen ausgesetzt ist, muß der Lehrer durch gezielte Maßnahmen wie Wiederholung, Übung, Anwendung, Hausaufgaben, insgesamt durch Lernkontrolle (Evaluation), die Unterrichtsergebnisse sichern (z. B. durch Memorieren von Wissen, Üben von Fertigkeiten, Schulen von Fähigkeiten, Gewöhnung von Haltungen). Das im Unterricht vermittelte Wissen soll präsent, einsprungbereit, erworbene Fertigkeiten sollen verfügbar sein – der Absicht nach ein Leben lang.
– *Mitarbeit der Schüler*
Ohne eine bestimmte Lernhaltung der Schüler bleibt unterrichtliches Bemühen erfolglos. Die Lernenden sollten sich den Vermittlungsbemühungen des Lehrers nicht versagen, sondern sich leiten lassen, ja nach Möglichkeit selbst die Initiative ergreifen.
Aloys Fischer hat zu Recht erkannt: »Alle Bildung ist im Grunde Selbstbildung« (1950, S. 196). Der Lehrer kann nicht für den Schüler lernen; jeder muß sich selbst bemühen. Folgerichtig sucht moderne Unterrichtsgestaltung die Schüler zu motivieren und zu aktivieren – etwa durch den Einsatz von Einzelarbeit, Partnerarbeit, Gruppenunterricht und Projektunterricht. »Schülerorientierter Unterricht« will den selbstlernenden Schüler in den Mittelpunkt stellen.

– *das Moment der Sprachlichkeit*
Unterricht erfolgt ganz wesentlich – wenn wir einmal von den verlaufssteuernden Äußerungen absehen – im An- und Aussprechen der Dinge. Die Zustände und Vorgänge der Welt werden durch die Sprache buchstabiert. »Allein über die Sprache ist die reale Welt reproduzierbar und kann zum Gegenstand von Unterricht werden. Inhalte von Unterricht besitzen daher immer, in welcher medialen Form sie auch vermittelt sein mögen, die Form sprachlicher Symbole. Erst im Medium der Sprache bekommen Inhalte ihren spezifischen Sinn« (Neumann/Stiehl 1976, S. 136).
Unterricht ist deshalb an Sprache gebunden, weil Denken sich in Sprache manifestiert. Menschliches Denken ist sprachliches Denken. Sprache fungiert als Vehikel menschlicher Bewußtseinsinhalte. Zum Moment der Sprachlichkeit des Unterrichts tritt also – gleichsam als verursachender Hintergrund – das der *Gedanklichkeit.*
Unterricht ist häufig Lehren i. e. S., nämlich verbale Darbietung und Erarbeitung. Das *mündliche Verfahren* wird häufig bei der Neudurchnahme gewählt; es begegnet uns dominant bei der Lehrer- und Schülerfrage, beim Impuls, beim Lehrgespräch, bei Erläuterungen und Erklärungen des Lehrers und bei den Antworten der Schüler. Es dürfte »unbestritten« sein, »daß das aktive ›Tun‹ von Lehrern und Schülern im Unterricht hauptsächlich das Hervorbringen sprachlicher Äußerungen ist«. Daher kann man mit einem gewissen Recht sagen: »Soweit wir etwas vom Unterricht wissen, von der Antike bis heute, ist der Unterricht in der Schule im weitesten Sinne immer Sprach-Unterricht gewesen“ (Wiersing 1978, S. 15 u. 16).
– *die kommunikative Komponente*
In jeder zwischenmenschlichen Situation findet eine Kommunikation statt. Watzlawick u. a. haben zwischen Interaktion und Kommunikation wie folgt unterschieden: »Eine einzelne Kommunikation heißt Mitteilung (message) oder, sofern keine Verwechslung möglich ist, *eine* Kommunikation. Ein wechselseitiger Ablauf von Mitteilungen zwischen zwei oder mehreren Personen wird als Interaktion bezeichnet« (1974, S. 50). Jedes Verhalten in einer Interaktionssituation, sei es Sprechen oder Schweigen, Tun oder Unterlassen, hat Mitteilungscharakter. Das Verhalten des einen wird zur Verursachung der Reaktion des anderen – ein reziprokes Geschehen. Immer besteht eine Beziehung zwischen den Interaktionspartnern.
Jeder Kommunikationsakt besitzt einen *Inhaltsaspekt,* der eine Mitteilung über ein Objekt bzw. einen Sachverhalt enthält, und einen *Beziehungsaspekt,* der die sozialen Belange der Kommunikationspartner betrifft. »Im Verhandeln und Sich-Verständigen beziehen die Beteiligten nicht nur Stellung zum inhaltlichen Unterrichtsgegenstand, sondern gleichzeitig zueinander« (Wenzel 1975, S. 517). Die Kommunikationstheorie ist vorrangig an dem Beziehungsaspekt interessiert, weniger an dem, was eine Mitteilung sachlich enthält; sie sucht die Bedingungen zu ermitteln, unter denen Kommunikation störungsfrei verlaufen kann.
Zu den Wirkfaktoren des Lehrenden gehört auf jeden Fall die Sprache. »Im Unterricht ist die *Sprache* das vom Lehrer am häufigsten bewußt angewandte Mittel des Informationsaustausches. Aber nicht nur sprechend wird der Lehrer kommunikativ

wirksam ...« (Schröder 1975, S. 10). In dem »geistigen Wechselverkehr« (B. Otto) zwischen Lehrer und Schülern spielen nicht nur objektive Gegebenheiten eine Rolle. »Im Unterricht geschieht viel an ›Verständigung‹ durch Gebärden, Gesten, Mimik, Körperhaltung oder die Art und Weise, *wie* jemand spricht« (J. Roth 1980, S. 61). Es teilen sich auch Einstellungen, Wertungen, Haltungen, Emotionen, ja selbst Vorurteile mit. Das Verständnis von Unterricht als Kommunikationsprozeß betont die Wichtigkeit, »neben den Lernprozessen – gleichsam als Betrachtungsweise zweiter Ordnung – die Aufmerksamkeit auf die soziale Struktur des Unterrichtsgeschehens und die in ihm ablaufenden Prozesse wechselseitiger Beeinflussung zu lenken« (Messner 1975, S. 77).
Eine am Kommunikations- und Interaktionsfeld Unterricht orientierte Didaktik wird z. B. von D. Baacke (1973), von K.-H. Schäfer und K. Schaller ([3]1976) sowie von R. Biermann (1978) vertreten.
Wir wollen die Aufzählung der den Unterricht kennzeichnenden Kriterien hier nicht fortsetzen. Unbestreitbar müssen auch gewisse äußere Vorbedingungen – zumal beim Klassenunterricht – erfüllt sein. »Der Unterrichtsablauf und der Unterrichtsgewinn sind in Frage gestellt, wenn die Schüler lärmen, durcheinanderreden, wenn die Sammlung der lernenden Klasse durch Privatunterhaltungen gestört wird« (Dumke 1963, S. 517).
A. Schramm hat über einhundert verschiedene Merkmalsbezeichnungen inventarisiert, die mehr oder weniger häufig von den Unterrichtstheoretikern verwendet werden. Wir haben hier nur jene Bestimmungsmomente aufgezeigt, die auffallend häufig wiederkehren; »sie scheinen auf jeden Fall zum Wesen des Unterrichts zu gehören« (Schramm 1975, S. 123).

2.3 Definition von Unterricht

Wiederholt ist versucht worden, eine kennzeichnende Beschreibung von Unterricht zu geben. Das in der Vergangenheit vielbemühte »didaktische Dreieck« mit den Eckpunkten Lehrer – Schüler – Stoff suchte seinerzeit schematisch die innere Struktur des Unterrichts wiederzugeben und die Wechselbeziehungen zwischen den einzelnen Polen zu verdeutlichen. Heute wird dieses Modell in mehrfacher Beziehung mit Recht in Frage gestellt (s. Darstellung und Kritik bei Vogel 1974). Unterricht wird im »didaktischen Dreieck« in vereinfachter Weise abgebildet; in Wirklichkeit haben wir es bei diesem Phänomen mit einer Faktorenkomplexion zu tun. Dies ist jedenfalls das Ergebnis moderner Unterrichtsforschung (u. a. Flanders 1970).
Die Berliner Schule der Didaktik gelangt bei ihrer Strukturanalyse des Unterrichts zu zwei Bedingungsfeldern (= den anthropogenen und sozial-kulturellen Voraussetzungen) und vier Entscheidungsfeldern (= Intentionalität, Thematik, Methodik, Medienwahl) (s. Heimann/Otto/Schulz [9]1977).
Nach W. Schöler ist Unterricht »veranstaltetes Lehren und Lernen«. »Im Unterricht

vollzieht sich Bildung und Erziehung der heranwachsenden Jugend in institutionalisierter Form. Sein Ablauf gestaltet sich als geplanter und pädagogisch geführter Prozeß unter dem Aspekt der Heranbildung selbständig denkender und verantwortungsbewußt handelnder Menschen« (1977, S. 11).
Verschiedene der von uns oben herausgestellten Kriterien kehren in der folgenden Begriffsfassung wieder:
In Abhebung von situationsgebundener punktueller Belehrung und Unterweisung kann Unterricht bestimmt werden als:

aus dem Zusammenhang des Gesamtlebens ausgegliederter Lehr-Lernprozeß,
in dem über den konkreten Lernanlaß hinaus
komplexere Sachzusammenhänge
durch einen Lehrer
an einen oder mehrere Schüler vermittelt werden,
wobei das Interesse des Lehrenden
– nicht nur auf die Präsentation der Lehrinhalte,
– sondern auch auf deren Aneignung durch den Schüler
– und eine darauf bezogene Erfolgskontrolle gerichtet ist
(n. Wehle 1973, S. 128).

3. Unterrichtskonzeptionen

Die Meinungsbildung über Aufgabe und Bestimmung des Schulunterrichts ist in der didaktischen Theorie und Praxis gegenwärtig kontrovers. Mehrere Sinngebungen, die sich z. T. ergänzen, z. T. ausschließen, bestehen nebeneinander. Die einzelnen Akzentuierungen sollen im folgenden charakterisiert und einer kritischen Betrachtung unterworfen werden.

3.1 Wissenschaftsorientierter Unterricht

3.1.1 Darstellung

Die Argumentation eines wissenschaftsorientierten Unterrichts stützt sich im wesentlichen auf die gewichtige Feststellung, »daß Wissenschaft die beherrschende Lebensmacht unserer Zeit sei, die folgerichtig im Mittelpunkt von Schule und Unterricht stehen müsse« (Schmitz 1977, S. 1). Der Deutsche Bildungsrat hat im Jahre 1970 die Konsequenz aus der unübersehbaren Zeitsituation gezogen: »Die Bedingungen des Lebens in der modernen Gesellschaft erfordern, daß die Lehr- und Lernprozesse wissenschaftsorientiert sind« ([3]1971, S. 33). In der näheren Ausdeutung dieses Postulats heißt es: »Wissenschaftsorientierung der Bildung bedeutet, daß die Bildungsgegenstände, gleich ob sie dem Bereich der Natur, der Technik, der Sprache, der Politik, der Religion, der Kunst oder der Wirtschaft angehören, in ihrer Bedingtheit und Bestimmtheit durch die Wissenschaften erkannt und entsprechend vermittelt werden« (a.a.O., S. 33). Ferner wird im »Strukturplan« ausgesagt, daß sich die Wissenschaftsbestimmtheit sowohl auf den Lerngegenstand als auch auf die Lernmethode bezieht und daß dieses Prinzip für den Unterricht auf jeder Altersstufe gilt.

Die Maßgeblichkeit der Wissenschaft bei der Auslotung der *Inhalte* des Schulunterrichts ist seit langem eine unbestrittene Forderung. So ist z. B. für Erich Weniger »die Wissenschaft der bestimmende Faktor für das Fach, insofern dieses auf ihre Ergebnisse angewiesen sei . . .« ([3]1960, S. 25). Neuerdings sollen auch die wissenschaftlichen *Methoden* im Unterricht berücksichtigt werden, wie es für die mathematisch-naturwissenschaftlichen Fächer schon immer selbstverständlich gewesen ist.

Wissenschaftsorientierter Unterricht bedeutet im geläufigen Verständnis, daß sich die Abfolge der Lehrinhalte nach der systematischen Ordnung der korrespondierenden Einzelwissenschaft zu richten habe. Der amerikanische Psychologe J. S. Bruner umschreibt seine Forderung nach Berücksichtigung der »structure of the discipline« dahingehend, daß »das Curriculum für ein Fach von dem fundamentalen Verständnis des Faches her aufgebaut werden soll« (1970a, S. 42). Da sich der wissenschaftsorientierte Unterricht von der Struktur der zugehörigen wissenschaftlichen Disziplin her bestimmt, bezeichnet man ihn auch als *disziplinorientierten* Unterricht.

Sofern man die Struktur einer Wissenschaft vornehmlich durch Begriffe repräsentiert sieht, wird der Unterricht auch als begriffsorientiert (bzw. konzeptorientiert) bezeichnet; hält man dagegen die Verfahren für konstitutiv, wird von verfahrensorientiertem (bzw. prozeßorientiertem) Unterricht gesprochen.

3.1.2 Kritik

Wenn man den Begriff »wissenschaftsorientierter Unterricht« hinterfragt, so tauchen mancherlei Schwierigkeiten auf. Verfügen wir heute über einen eindeutigen Begriff von Wissenschaft? Vor allem ergibt sich das Problem der Übersetzung von Wissenschaft in Unterricht. J. Derbolav fragt in diesem Zusammenhang: »Wie kann das hohe Abstraktionsniveau in der Wissenschaft auf die viel bescheideneren Abstraktionsstufen des *unterschiedlichen Altersniveaus* transformiert werden, . . . in das relativ vorwissenschaftliche Bewußtsein des Schülers?« (1977, S. 940 u. 943).

Die Praktizierung von wissenschaftsorientiertem Unterricht dürfte wohl nicht den Ehrgeiz haben, mit der Spitzenforschung in den Einzelwissenschaften Schritt halten zu wollen. Die allgemeinen Schulen der Jugend »haben . . . nicht primär mit den Instrumentarien und Konstrukten zu tun, mit denen sich die heutige Forschung beschäftigt« (W. Flitner 1977, S. 952). Weiter heißt es bei W. Flitner einschränkend: »Nicht wissenschaftliche geographische oder historische oder ökonomische Studien können das Ziel sein« (a.a.O., S. 953). Hinsichtlich der Spezialisierung, des Abstrak-

tionsniveaus und auch der Wissenschaftssprache besteht eine Trennlinie zwischen dem Wissenschaftsbetrieb der Hochschulen und dem Unterricht an Kinder- und Jugendschulen. Es muß mit der Möglichkeit gerechnet werden, »daß Wissenschaftsorientierung auch die Lehrer überfordern kann« (Menze 1980, S. 186).
Auf ein anderes Gefahrenmoment weist Th. Dietrich hin. Nach seiner Auffassung verführt »Wissenschaftsorientiertheit« als Regulativ für Schule und Unterricht dazu, »in erster Linie die kognitiven Kräfte zu fördern, und vor allem: die subjektive Seite im Unterrichtsprozeß zu übersehen oder zu vernachlässigen. Außerdem wird nicht beachtet, daß die Wissenschaft nur einen Teilbereich der Kultur abdeckt. Dadurch treten andere große Kulturbereiche wie das ›Soziale‹ oder das ›Ästhetische‹ in den Hintergrund, die aber erst zusammen mit den Wissenschaften das Ganze einer Kultur ausmachen« (1976, S. 16). Diese Tendenz führt dazu, »daß in den allgemeinbildenden Schulen die wissenschaftlichen Lehrfächer und Arbeitsweisen auf Kosten der nichtwissenschaftlichen gesteigert werden . . .« (W. Flitner 1977, S. 948).
Des weiteren bewirkt wissenschaftsorientierter Unterricht eine ungerechtfertigte Einschränkung der Erziehungs- und Unterrichtsziele. Zahlreiche von der Gegenwartspädagogik favorisierte Leitvorstellungen wie Selbständigkeit, Ich-Identität, Kreativität, Kooperationsfähigkeit usw. lasssen sich überhaupt nicht aus der Struktur irgendeiner Wissenschaftsdisziplin herleiten.
Im übrigen muß in nüchterner Selbstbescheidung eingeräumt werden, »daß es *nicht*-wissenschaftliche, ja *un*wissenschaftliche Bedürfnisse auch noch im heutigen Leben gibt, die ein solcher Unterricht ungesättigt läßt, etwa die handwerkliche Improvisation und das Spiel in seinen unterschiedlichen Dimensionen . . .« (Derbolav 1977, S. 944).
Wissenschaftsbestimmtes Lernen ist ein Sonderfall der heute allgemein zu registrierenden einseitigen Intellektualisierung des Schulunterrichts. Er läßt sich umso eher legitimieren, je höher eine Bildungsstufe rangiert.

3.2 Lernzielorientierter Unterricht

3.2.1 Kennzeichnung

Der »lernzielorientierte Unterricht« gehört aufs engste in den Zusammenhang der Curriculumtheorie (s. Kap. 19). Diese Konzeption greift auf die behavioristische Lernpsychologie zurück, die Lernen als gesteuerte Verhaltensänderung und Lernziel als die Beschreibung eines gewünschten Endverhaltens versteht. Man rechnet mit einer Kette von Verhaltensmodifikationen. Verhaltensweisen, die in die Richtung des gewünschten Endverhaltens weisen, werden belohnt und verstärkt. Ist ein Teilziel erreicht, schließt sich daran das nächste an, bis der Lernende das intendierte Endziel erlangt hat. Beim lernzielorientierten Unterricht werden die Lernziele möglichst genau festgelegt. »War bislang Unterricht durch Vorgabe von Themenkatalogen

inhaltsorientiert angelegt, ist das heutige Verständnis von Unterricht (durch die Vorgabe von Lernzielen) verhaltensorientiert ausgerichtet« (Braun u. a. 1976, S. 13).
Außer einer klaren Zielumreißung gehört zum Entwurf des lernzielorientierten Unterrichts die *Operationalisierung* von Lernzielen, d. h. Lernziele werden als ein beobachtbares Verhalten, als eine engumschriebene Leistung, ausgedrückt. Außerdem ist unaufgebbarer Bestandteil die Kontrolle der Lernziele bzw. des Unterrichtserfolges (= *Evaluation*), d. h. es wird mit Tests oder anderen Meßverfahren die Probe darauf gemacht, ob bei den Schülern ein Lernzuwachs wirklich stattgefunden hat.
Als Vorzüge des lernzielorientierten Unterrichts lassen sich nennen:
- »Die Effizienz des unterrichtlichen Tuns kann durch klare Lernzielangaben und Lernzielkontrollen erheblich gesteigert werden« (Braun u. a. 1976, S. 32).
- »Lernzielorientierung soll gewährleisten, daß Unterrichtserfolg kontrollierbar wird« (Peterßen 1974, S. 41).
- Eine Operationalisierung kann »bei eindeutig festgelegten, gut isolierbaren Lehraufgaben nützlich« sein (Glöckel 1975, S. 308).
- »Bei Angabe und Nennung der Lernziele (z. B. auch in operationalisierten Arbeitsanweisungen) wird dem Schüler das Erreichen bzw. Nichterreichen der ihm bekannten Lernziele deutlicher; die Lernmotivation kann erhöht werden« (Braun u. a. 1976, S. 32).

3.2.2 Einwände

Der lernzielorientierte Unterricht arbeitet mit einem unzulänglichen Lernbegriff. Das aus Versuchen mit Tieren auf den Menschen übertragene Training von Verhaltensweisen rechtfertigt eher die Kennzeichnung »Dressur«. »Man redet von lernenden Schülern, gewiß, aber ihr Lernen ist nicht *ihr* Lernen. Es sind die ihrem Organismus auferlegten oder in ihm ausgelösten Prozesse« (Flügge 1972, S. 31). Das hier dem Schüler zugemutete Lernen ist normierte Verhaltensformung; es ist außengesteuert und fremdbestimmt.
Dic hier vorwaltende Konzeption von Lernen (s. Kap. 8) läßt nicht nur die Person verkümmern; sie übersieht auch die Lerninhalte in ihrer Sachgemäßheit als konstitutive Elemente im Lernprozeß. Man spricht von Lernziel*bestimmung*, aber es wird nirgendwo überzeugend deutlich, wer (welche Personen, welche Gremien) eigentlich über die Wünschbarkeit eines Endverhaltens entscheidet.
Nicht alle Lernziele lassen sich operationalisieren. Der Vorsatz, sämtliche Zielaussagen als Verhaltensweisen zu umschreiben, führt nicht selten zu Künsteleien.
Lernzielorientierter Unterricht bewährt sich noch am ehesten bei Lehrgängen, die Fakten reihen; er ist nahezu ungeeignet bei problemhaltigen Themen.

3.3 Schülerorientierter Unterricht

3.3.1 Die Konzeption

Schülerorientierter Unterricht stellt – geschichtlich gesehen – kein Novum dar. Er ist gedanklich in der Reformpädagogik vorweggenommen worden; hier ist u. a. an die »Pädagogik vom Kinde aus«, an H. Gaudigs »freie geistige Schularbeit« und an die »child-centered programs« in der nordamerikanischen Didaktik zu denken. Auf diesem Hintergrund erscheint die in der gegenwärtigen didaktischen Diskussion erhobene Forderung nach einem am Schüler ausgerichteten Lehren und Lernen als Neuauflage eines beachtenswerten pädagogischen Prinzips. Die Argumentation erfolgt heute jedoch konsequenter und differenzierter. Charakteristisch für einen Unterricht vom Schüler aus und zum Schüler hin dürfte sein: »Der Unterricht orientiert sich in erster Linie am Schüler und nicht am Lehrer oder am Unterrichtsinhalt. Der Schüler ist als Unterrichtssubjekt aufzufassen; er nimmt im Unterrichtsgeschehen die zentrale Position ein« (Th. Dietrich 1976, S. 9). Die Fürsprecher eines schülerorientierten Unterrichts vertreten den Standpunkt, daß die Schüler ein Recht auf Entfaltung von Individualität und Subjektivität haben; dies läuft in der Konsequenz auf die Realisierung von Selbsttätigkeit und Selbstbestimmung hinaus (s. H. L. Meyer 1980).

Schülerorientierter Unterricht unterscheidet sich sowohl von lernziel- als auch von inhaltsorientierter Didaktik; er stellt nicht zuletzt eine Alternative zum wissenschaftsorientierten Unterricht dar. In der Fachliteratur werden die Adjektive »schülerorientiert« und »schülerzentriert« zumeist synonym gebraucht; »Schülerzentrierung« bedeutet eher eine Verstärkung.

Ähnliche Intentionen wie der schülerorientierte Unterricht verfolgen der »offene Unterricht« (Schmack 1978b), »offenes Curriculum«, »informeller Unterricht«, »entdeckendes Lernen« (s. Kap. 10), »Meta-Unterricht« und »adaptiver Unterricht« (Schwarzer/Steinhagen 1975). Diese Innovationsbestrebungen sind als Gegenprogramm zu einem Unterricht entwickelt worden, der die Negativprädikate »formell«, »geschlossen«, »lehrerzentriert« usw. trägt.

3.3.2 Merkmale und Prinzipien

Verschiedentlich ist versucht worden, *Kriterien des schülerorientierten Unterrichts* zu benennen (s. u. a.: Einsiedler/Härle 1976, Glöckel 1977, Krüger 1978). Zur Verdeutlichung des Gemeinten sollen im folgenden einige Bestimmungsmomente aufgeführt werden.

– Schülerorientierter Unterricht basiert auf der *Mitbestimmung der Schüler,* die Subjekt des Lernprozesses sind. »Schülerorientierte Didaktik will die Betroffenen bei der Planung und Gestaltung der institutionalisierten Lehr-Lern-Prozesse einbeziehen und versuchen, Selbst- und Mitbestimmung zu praktizieren, selbst- und mitverantwortliches Handeln zu ermöglichen« (Jamroszczyk 1978, S. 7f.). Wenn junge Menschen Ziel, Inhalt und Ablauf mitbestimmen können, zeigen sie ein hohes Engagement.

– Schülerorientierter Unterricht gründet sich auf *Selbsttätigkeit.* Diese Selbsttätigkeit ist bis zu einem gewissen Grade Voraussetzung, auf jeden Fall ist sie Ziel unterrichtlicher Bemühungen. Die Schüler müssen über eine bestimmte Lernhaltung verfügen, Aufgabenbewußtsein haben und gewisse Arbeitstechniken beherrschen. Gegenüber einem produktorientierten Lernen ist hier das sog. Prozeßlernen bestimmend. So sollte der Schüler beispielsweise durch eigenes Experimentieren die Erfahrung gewinnen, daß er mit dieser Methode bestimmte Probleme angreifen kann. Die Beteiligung des Lernenden am Lernprozeß kann unter günstigen Umständen in selbstgelenktes Lernen übergehen.

– Schülerorientierter Unterricht erstrebt eine *humane Interaktion und Kommunikation.* Er tritt für eine symmetrische Kommunikation ein, d. h. die am Lehr-Lerngeschehen Beteiligten akzeptieren sich als Partner. Es herrscht eine Atmosphäre der Angstfreiheit, und man verwendet »reversible« Sprachwendungen (Tausch/Tausch). Bei gegebener Veranlassung wird die Beziehungsebene eigens thematisiert, sei es als »Unterricht über Unterricht« (Meta-Unterricht) oder als episodische Metakommunikation. Man spricht dann offen über Einstellungen, Gefühle, wechselseitige Erwartungen, Interaktionsmodi u. dgl.

– Schülerorientierter Unterricht versteht sich weitgehend als *Lernhilfe.* Wenn Schülern ein so großer Spielraum in der Planung und Ausführung von Unterricht eingeräumt wird, bleibt dem Lehrer eigentlich nur die Funktion eines Lernberaters, der Anstöße gibt, sobald die Schüler selbst nicht weiter wissen. Unterstützung ist hier immer nur Anleitung zur Selbsthilfe.

– Schülerorientierter Unterricht fördert *Differenzierung und Individualisierung.* Die Beachtung dieser pädagogisch-didaktischen Prinzipien ist eigentlich nur die Nutzanwendung der Erkenntnis, daß jede Lerngruppe aus unterschiedlich veranlagten und leistungsbereiten Individuen besteht. Institutionalisiertes Lernen muß auf differierende Lernvoraussetzungen, Interessen, Arbeitshaltungen u. dgl. mit einem entsprechenden Angebot und adäquaten Lernmethoden antworten (s. Schwarzer/Steinhagen 1975). Unterricht wird zuweilen persönliche Einzelfallhilfe sein.

– Schülerorientierter Unterricht *verneint die Dominanz des Lehrenden.* Er ist im besten Sinne antiautoritärer Unterricht und allein mit einem integrativen Führungsstil des Lehrers zu vereinbaren. Das Informationsmonopol des Lehrers ist hier abgebaut. Es wird den Lehrenden eine gegenüber früher veränderte Rolle zugedacht.

Weitere Charakteristika seien lediglich kurz erwähnt: Schülerorientierter Unterricht begreift sich als »Unterricht vom Kinde aus«, als alters- und entwicklungsgemäßer, als »paidotroper« (Caselmann) Unterricht, bei dem auch die Kategorien des Emotionalen und Sozialen eine wichtige Rolle spielen und der dadurch auch das »soziale Lernen« betont (s. Kap. 5.2).

In politischer Verzweckung wird aus dem schülerorientierten Unterricht ein »sozialschichtgemäßer« bzw. »klassenbewußter« Unterricht (Glöckel 1977, S. 21), der bei der Berücksichtigung der Schülerperspektive die gesellschaftlich bedingten »Zwänge« nicht außer acht lassen dürfe; hier rückt der didaktische Ansatz in die Nähe der emanzipatorischen Pädagogik.
Der schülerorientierte Unterricht bevorzugt ganz bestimmte methodische Arrangements, z. B. Unterrichtsgespräch, Gruppenarbeit, Projektunterricht, Entdeckungslernen, Spielen und Meta-Unterricht.

3.3.3 Grenzen

Wie bei den anderen Ausprägungen von Unterricht lassen sich auch beim schülerorientierten einige Rückfragen stellen. W. Boettcher u. a. sind dem Problem der Realisierbarkeit ausführlich nachgegangen ([2]1978, insb. S. 130–147). Von ihren Einwänden führen wir nur einige wichtige auf:
- Die Beteiligung von Schülern an Planung, Durchführung und Auswertung von Unterricht ist erst in höheren Klassen möglich.
- Schüler haben häufig gar kein primäres Interesse an einer solchen Beteiligung.
- Wenn man die Schüler an der Unterrichtsgestaltung beteiligt, ist keine sinnvolle längerfristige Planung mehr möglich.
- Wenn man Schüler an der ganzen umständlichen Planungsarbeit mitwirken läßt, verlieren sie zu viel Zeit, die sie dringend zum Lernen brauchen.

Diese einschränkenden Bemerkungen wollen wir im folgenden ergänzen:
- Schülerorientierter Unterricht bedeutet eine Vereinseitigung; es sind in ihm die Ziele ausgeblendet, die in einem erziehenden und wertorientierten Unterricht zu verfolgen sind.
- »Machte man dieses Prinzip zur einzigen Richtschnur unterrichtlichen Handelns, dann wären allerdings dem Subjektivismus und der Willkür hinsichtlich der Inhalte und der Methoden Tür und Tor geöffnet« (Dietrich 1976, S. 10). Der Schüler soll ja gerade von sich ablassen und sich dem Allgemeinen (Kategorialen) zuwenden. Schulisches Lernen ist auf weiten Strecken Lehrgangslernen. Ein »child-centered-program« ist unzureichend. Im übrigen käme es zu katastrophalen Folgen, wenn wir an das Phänomen »Schulwechsel« denken.

3.4 Projektorientierter Unterricht

3.4.1 Aufweis

Projekte sind gemeinsame Unternehmungen von Lehrer und Schülern (Klasse/Gruppe), bei denen eine sinnvolle Aufgabe in Angriff genommen wird, die in einem vorweisbaren und im allgemeinen verwendbaren Werk gipfelt. Meistens sind Projek-

te fächerübergreifend und auf praktisches Handeln ausgerichtet; sie sind relevant entweder für das Schulleben (z. B. Gestaltung einer Schulfeier, Erarbeitung und Aufführung eines Theaterstücks [s. Laubis 1976]) oder für die kommunale Öffentlichkeit (z. B. Spielplatzbau, Aufhängen von Nistkästen in einem Waldgebiet).
Von *»Projektmethode«* ist seit den zwanziger Jahren unseres Jahrhunderts in Amerika die Rede. Insbesondere J. Dewey und W. H. Kilpatrick versuchten, den Unterricht auf die Interessen und Bedürfnisse ihrer Schüler abzustellen und Denken und Handeln miteinander zu kombinieren (learning by doing). In Deutschland bekam die Projektarbeit Anstöße durch G. Kerschensteiners Arbeitsschulidee, durch H. Gaudigs freie geistige Schularbeit und durch B. Ottos Konzept eines außerfachlichen Gesamtunterrichts. Ausgesprochene *»Vorhaben«* wurden vor allem im Unterricht der Volksschule in den zwanziger und dreißiger Jahren entwickelt (O. Haase, J. Kretschmann, A. Reichwein).
Die Diskussion um Projektunterricht lebte erneut im Zusammenhang mit der Gründung von Gesamtschulen Ende der sechziger Jahre auf; es war die gleiche Zeit, in der Studenten die Forderung nach einem *Projektstudium* erhoben. Die Arbeit mit Projekten hat in der Gegenwart eine Domäne in den Lernbereichen Politik bzw. Gesellschaftslehre und Technik. »In Projekten vollzieht sich das *Lernen an realen Handlungsabläufen* und mit einer *realen Zielperspektive.* Gegenüber einem Lernen in abstrakten, Realität nur simulierenden Lernsituationen vollzieht sich Lernen im Projekt an Themen aus dem sozialen Umfeld der Schüler und an realen und planvollen Handlungen, die eine intensivere Erfahrung ermöglichen« (Redaktion betrifft: erziehung 1976, S. 67). Das Charakteristische dieser Form schulischen Lernens sind die Selbstorganisation der Lerngruppe und die Verwirklichung von Mitbestimmung der Schüler.
Weitere Kennzeichen des *Projektlernens* sind Problemorientierung, Interdisziplinarität, Adressatenbezug, Verbindung von Theorie und Praxis (s. Scholz 1976), Schulformunabhängigkeit und Vielseitigkeit. Projektorientierter Unterricht sucht die Trennung von schulischem und außerschulischem Lernen zu überwinden; er ist offen gegenüber der realen Lebenswelt der Schüler und gegenüber der gesellschaftlichen Umwelt. Nach Meinung der Verfechter eines projektorientierten Unterrichts trifft man hier eine völlig veränderte Sicht von Unterricht an: »Dabei handelt es sich – entgegen einem weitverbreiteten Gebrauch, von Projekt*methode* zu sprechen – um keine Unterrichtsmethode, die sich wie andere Methoden beliebig einsetzen ließe, sondern letztlich um eine andere Art von Unterricht, der sich aus den Zielsetzungen einer demokratischen (nicht-technokratischen) Schule und einem demokratischen (nicht-hierarchischen) Rollenverständnis von Lehrenden und Lernenden herleitet« (Bonn 1974, S. 472).
Die Verwirklichung des Projektansatzes stößt im öffentlichen Schulwesen auf mancherlei Schwierigkeiten: schulorganisatorische Rahmenbedingungen wie Klasseneinteilung und Stundenplan, Fachlehrerprinzip, unzureichende Ausstattung der Schulen, Einstellungen und Rollenfixierungen, Leistungserwartungen der Eltern usw.

3.4.2 *Eingrenzung*

Projektunterricht ist sehr zeitaufwendig. Projekte sollten sparsam durchgeführt werden und Höhepunkte im Schulalltag bleiben. Aufgrund seiner interdisziplinären Struktur ist er nahezu unverträglich mit dem systematischen Aufbau in den Lehrfächern. Es dürfte wohl unbestritten sein, daß Schulunterricht sich nicht gänzlich in Projektlernen auflösen läßt. Neben handlungsbezogenem Lernen gibt es auch ein meditierendes, ferner ein Lernen in Reihen und Lehrgängen. Unterricht auf höheren Schulstufen ist wesensmäßig »Einbezug ins Denken« (s. Ballauff 1971).

3.5 Wertorientierter Unterricht

3.5.1 *Grundlegung*

Der *wertorientierte Unterricht* stellt eine zeitgemäße Neuformulierung des erziehenden Unterrichts dar. Er bedeutet eine Abkehr von jeglicher Lerntechnologie und eine Hinwendung zur Philosophie, insbesondere zur Ethik. Die Verbindung zur Tradition katholischer Erziehungstheorie ist unmittelbar gegeben (Willmann, Eggersdorfer, Behn, Henz u. a.). Zurückliegende Erkenntnisse der Wertphilosophie bzw. Wertlehre werden aktualisiert (Scheler).

Diese Richtung von Unterricht stützt sich auf den *Wertbegriff*. Die Werte des Guten, Wahren, Schönen (und Heiligen) sind als Bestimmungsweisen unseres Seins überzeitlich und objektiv gültig, mag der einzelne sie als Wert anerkennen oder nicht. Sie treten mit direkter Forderung an den Menschen heran; man spricht vom Sollenscharakter der Werte.

In den sachlichen Kontext von Werten gehört der benachbarte Begriff der *Norm* bzw. der Normen. Werte repräsentieren sich in den Normen; diese bezeichnen Regeln des Handelns, die innerhalb einer bestimmten Gruppe, Gesellschaft bzw. Kultur anerkannt werden. Auch sie fordern strenge Beachtung.

Aus der engen Korrespondenz von Werten und Normen ergibt sich, daß ein *»normativer Unterricht«* ähnliche Ziele verfolgt wie der wertorientierte. »Im Konzept ›Normativen Unterrichts‹ geht es *nicht* um technologisches Handeln, sondern um Werte, Werturteile, Bewertungen und ethisches Handeln im praktischen pädagogischen Umgang. Dabei sollen die Normen des Handelns (Ist- und Soll-Normen) für Schüler und Lehrer transparent, einplanbar und veränderbar – mithin diskutierbar – sein« (Feil 1977, S. 14).

3.5.2 *Zielsetzung*

Wertorientierter Unterricht versteht sich in unseren Tagen als ein Gegengewicht zu einem Verständnis von Schule, das in mancherlei Weise die Kennzeichnung »apädagogisch« leider rechtfertigt. »Wertorientierung im Unterricht heißt Ausrichtung des

unterrichtlichen Lehrens und Lernens auf die Werte und auf die Wertbestimmung (Transzendenz) des Menschen ... Wertorientierter Unterricht macht ernst mit dem Erziehungsauftrag der Schule und der Grundaufgabe allen Erziehens, dem Kind die Welt der Werte zu erschließen und dem heranwachsenden Menschen bei der Vermittlung der Werte helfend und beispielgebend zur Seite zu stehen. *Wertorientierter Unterricht ist somit immer* erziehender *Unterricht«* (Schröder 1978, S. 28f.).
Wertorientierter Unterricht will die jungen Menschen zu einer kritischen Haltung gegenüber den Realitäten unseres Lebens und unserer Gesellschaft führen und sie zwischen Wertlosem und Wertvollem unterscheiden lehren, damit sie als Erwachsene rechte Entscheidungen im Sinne der Wertbejahung und Wertverwirklichung treffen können. Intendiert ist gewissermaßen eine Erziehung zum »kritischen Ja« (s. Brunnhuber/Zöpfl 1975).
Wertorientierter Unterricht äußert sich nicht in einem bestimmten Lehrfach, sondern durchzieht als Leitidee den gesamten Unterricht. »Wertorientierung ... hebt den schon immer bestehenden Erziehungsauftrag der Schule und die Bedeutung des schon immer geltenden Wertsystems für die Persönlichkeitsbildung als entscheidende Kriterien für die Auswahl der Unterrichtsziele und -inhalte hervor und beeinflußt somit auch in entscheidender Weise die methodische Gestaltung des Unterrichts« (Schröder 1978, S. 29). Eine derartige Zielstellung dürfte zu einer Neubewertung lange verkannter Erziehungsmittel wie Gewöhnung, Ordnung und Disziplin führen.
Der *Lehrer* nimmt im Konzept des wertorientierten Unterrichts eine besondere Position ein. Er sollte nach Möglichkeit selbst eine werterfüllte Persönlichkeit sein, Vorbildwirkung üben und jungen Menschen zu eigener Wertgestaltung verhelfen. Je mehr er sich mit dem Erziehungsauftrag der Schule identifiziert, um so nachhaltiger wird die Wirkung des wertorientierten Unterrichts sein. Jedenfalls ist mit dieser Version von Unterricht das Selbstverständnis des Lehrers als eines reinen Wissensvermittlers unverträglich.
Wertorientierter Unterricht darf nicht zur Zementierung überholter Einstellungen und Haltungen führen. Er muß der Tatsache eingedenk bleiben, daß Wertungen dem geschichtlichen Wandel unterworfen sind.
Im *Rückblick* kann gesagt werden: Verschiedene heute vorwaltende Auffassungen von Unterricht haben wir zu kennzeichnen versucht. Obwohl die einzelnen Ansätze von ihrer Benennung her vorgeben, lediglich *einen* Aspekt herauszustellen, treten sie häufig mit dem Anspruch auf, das Ganze des Unterrichts zu repräsentieren. Systematisch betrachtet, stellen die aufgeführten Modelle jedoch Vereinseitigungen dar: Es herrscht eine Perspektive vor, während die anderen Dimensionen des Lehr-Lernprozesses ausgeblendet sind. In Wirklichkeit gehören alle Faktoren zu einer vollständigen Sicht von Unterricht dazu. Nur eine *Unterrichtstheorie,* die diese Zusammenschau leistet, kann voll befriedigen.

4. Kognitive Aufgaben des Unterrichts

Wenn man Sinn und Ziel des Unterrichts umreißen will, kann man dies sinnvoll nur im Plural tun. Die ältere Didaktik hat zwischen materialer Bildung (= Vermittlung von Wissen und Fertigkeiten) und formaler Bildung (= Entwicklung von Fähigkeiten) unterschieden. Bei den Forderungen, die an den Schulunterricht gestellt werden, läßt sich nicht immer klar erkennen, ob es sich um Auflagen der Gesellschaft oder um pädagogisch legitimierte Zielsetzungen i. e. S. handelt.

4.1 Vermittlung von Wissen

Die alte Lernschule hat sich der Aufgabe der Verstandesbildung verschrieben, allerdings legte man zu großen Wert auf abfragbares Wissen. Die Ansammlung von isoliertem, ja z. T. sogar unverstandenem Einzelwissen ist es in der Folgezeit gewesen, die Wissenserwerb schlechthin in Mißkredit gebracht hat. Dabei dürfte feststehen, »daß eine Hauptaufgabe der Schule in der Vermittlung von Wissen liegt« (Rumpf 1971, S. 124). Umso erstaunlicher ist es, daß moderne pädagogische Lexika den Begriff »Wissen« nur selten führen.

4.1.1 Kennzeichnung von Wissen

Verschiedentlich ist versucht worden, den Begriff »Wissen« zu bestimmen. »Wissen« meint (als germanisches Stammwort) in der Urbedeutung »gesehen, erkannt haben«. Insofern ergibt sich ein inniger Zusammenhang dieses Terminus mit den Worten »Kenntnis« und »Erkenntnis«; »denn Erkennen ist doch selbst nur ein wissendes Haben von etwas ›als etwas‹« (Scheler 1954, S. 39). Dabei darf der Anteil der Sprache nicht außer acht gelassen werden. Wissen ist n. W. Reyer das Ergebnis einer Umlagerung der Sinngehalte aus der sinnfälligen Gegebenheit in selbsterzeugbare Wortmarken: »Indem das Bewußtsein sprachliche Bezeichnungen verwenden lernt, gewinnt es die Fähigkeit, Wissen zu erwerben und zu verwahren« ([2]1954, S. 119).
Wissen i. w. S. meint die Gesamtheit alles von Menschen je Gewußten, also alles dessen, was Menschen je als Bewußtsein von etwas gehabt haben; »es ist die kollektive Erfahrung der Menschheit in einer verallgemeinerten Form« (Danilow 1963, S. 78). Demgegenüber bezeichnet Wissen i. e. S. das durch Fragen und Forschen gewonnene *begründete* Wissen im Gegensatz zum bloßen Meinen und auch zum Glauben. Die Kenntnisse sind in diesem Falle gesichert und methodisch ausgewiesen.
Das Wissen eines jeden Menschen kann *unmittelbar* erworben sein, d. h. es beruht auf eigener Anschauung und persönlicher Erfahrung (vgl. den ungläubigen Thomas!), oder es wird *mittelbar* angeeignet; in diesem Falle stammt das Wissen aus der Erfahrung anderer, die ihm durch die Sprache in mündlicher oder schriftlicher Form

vermittelt wird (vgl. die »sekundäre Welterfahrung« in den Massenmedien!). Folglich gibt es auch für den Unterricht zwei bedeutende *Wege zum Wissen,* von denen jeder Vorteile bietet.
Die *Qualität des Wissens* ist um so höher, je mehr es von Anfang an auf Wahrnehmungen und Vorstellungen basiert, je weniger es nur äußerlich angeeignet und isoliert, je mehr es miteinander vernetzt ist und in Superzeichen gipfelt. Gerade auf die Ordnung und Hierarchisierung des Wissens kommt es an. »Die organisierte Struktur von faktischen verbalen Informationen kann man als Wissen bezeichnen« (Keil 1977, S. 228). Wissen steht somit im Kontext von Lernen, Gedächtnis, Verständnis und Denken.

4.1.2 Wissen lehren

Der Terminus »Wissen« wird von uns als zusammenfassende Bezeichnung sowohl für *Tatsachenkenntnisse* als auch für *Erkenntnisse* (Einsichten) gebraucht; er meint demnach Einzelwissen *und* das noch wertvollere Zusammenhangwissen. Daraus ergeben sich bestimmte Folgerungen für die Wissensbildung. Es besteht kein Zweifel darüber, daß sich Wissen im Leben (vor- und außerschulisch) auch unbewußt im Zuge des allgemeinen Sozialisierungsprozesses mitteilt; wir denken im folgenden jedoch an das bewußte Lehren von Wissen (Kluwe 1979) und an die Einprägung von Kenntnissen durch den Schüler, die alle Stufen vom angeblich »mechanischen« Auswendiglernen bis zum einsichtsvollen Begreifen durchläuft.
Die absichtsvolle Wissensbildung erfolgt auf den unteren Schulstufen überwiegend durch Anschauungs- und Vorstellungsgewinn (z. B. im elementaren Sachunterricht) und schreitet zunehmend zur Begriffs- und Urteilsbildung fort. Der Schulunterricht hat einmal die Aufgabe der Wissenserweiterung (Wissensmehrung), zum anderen die der Wissensklärung (Wissensvertiefung). »Das Erlernen von sprachlich vermittelten Fakten, Konzepten, Prinzipien, Namen und Generalisationen stellt in allen Disziplinen einen wichtigen Bereich dar. Das erfolgreiche Lernen von Fakteninformation zeigt sich darin, daß der Lernende in der Lage ist, das, was er gelernt hat, in einer Aussageform zu reproduzieren« (Keil 1977, S. 228).
Schulunterricht ist bestrebt, jedem Menschen eine Grundausstattung an Wissen zu vermitteln, die ihn befähigt, einen Beruf auszuüben und das Leben sinnvoll zu gestalten. Er nimmt sich die sichere Beherrschung der Muttersprache zum Ziel; er führt in die sog. Kulturtechniken ein, läßt die Welt als eine auf Zahl und Begriff gebrachte Größe erscheinen, lehrt »Realien«, macht mit Fremdsprachen bekannt usw. Neben einem gründlichen Fachwissen, das die Reproduktion von Einzelfakten einschließt, legt Schulunterricht Wert auf die Eröffnung allgemeiner Sach- und Sinnzusammenhänge (Kategorien).
Wenn wir recht sehen, wird in der gegenwärtigen Schulgestaltung das Tatsachenwissen zu Unrecht verkannt bzw. für belanglos gehalten, dabei ist es die Basis für jede sachliche Erörterung und jegliches Unterrichtsgespräch. Einzelwissen ist die Voraus-

setzung für anspruchsvollere geistige Vollzüge wie Denken und Urteilen. Wissen korreliert auch mit den Begriffen »Fertigkeiten« und »Fähigkeiten«: Kenntnisse bilden sehr oft die Grundlage für den Erwerb von Fertigkeiten.

4.2 Schulung von Fertigkeiten

4.2.1 Vorklärung

Zu den Aufgaben des Unterrichts gehört auch die Einübung in Fertigkeiten. Diese kann man als eng umgrenzte Leistungen verstehen, die ein Können, und zwar ein spezifisches Können (denn immer geht es darum, *etwas* zu beherrschen), zum Ziel haben. Es handelt sich um geistige Vollzüge, die sich häufig in psychomotorischen Abläufen manifestieren. Ein Definitionsversuch besagt: »Die Fertigkeit ist eine eingeschliffene, sich nach einem bestimmten Muster rationell und fehlerfrei vollziehende Handlung; sie bildet sich durch vielfach wiederholtes Üben heraus. Die Fertigkeit ist eine schnell und fehlerlos ablaufende elementare Fähigkeit; bestimmte Verfahren des Lernens und der praktischen Tätigkeit haben sich automatisiert, sind dem Schüler zur Gewohnheit geworden« (Danilow 1963, S. 79). Für K. G. Pöppel sind Fertigkeiten den Fähigkeiten im Sinne instrumentellen Könnens zugeordnet: so ist die Fertigkeit des Notenlesens eine Voraussetzung zur musikalischen Interpretationsfähigkeit; handwerkliche Fertigkeiten sind die Voraussetzung zur künstlerischen Gestaltungsfähigkeit ([2]1975, S. 115).
Es gibt eine Vielzahl von Fertigkeiten, so daß man gewisse Unterscheidungen vorgenommen hat, z. B. in verbale und sensumotorische, in intellektuelle und manuelle sowie in praktische. Aber auch Techniken der geistigen Arbeit sind hier zu subsumieren, z. B. bibliographieren können.

4.2.2 Umsetzung in die Praxis

Bei dem Herausbilden einer Fertigkeit sind im allgemeinen *kognitive* Akte beteiligt. A. Kossakowski u. a. haben darauf hingewiesen, daß »Fertigkeiten« zwar »automatisierte Komponenten menschlichen Handelns« (1977, S. 254) sind, daß sie jedoch nicht völlig ohne Kontrolle des Bewußtseins ablaufen. Der Prozeß ihrer Herausbildung erfolge um so erfolgreicher und zielstrebiger, je umfassender er dem Heranwachsenden bewußt gemacht wird. Schreibfertigkeiten beispielsweise sollten nicht nur durch einfaches Nachahmen entwickelt werden, sondern die Schüler müssen die notwendigen einzelnen Bewegungsabfolgen möglichst bewußt erfassen. Und ein Zweites kommt hinzu: die Übung. Durch häufige Wiederholung wird der Lernende befähigt, das Schreiben einzelner Buchstaben bzw. ganzer Wörter nach und nach zu automatisieren, so daß er schließlich »flüssig« schreiben kann. In ähnlicher Weise wird das Klavierspielen durch Fingerübungen »geläufig«. Am Ende des Prozesses

verfügt man über eine bestimmte Fertigkeit. Diese kann als Glied in eine voraussetzungsvollere Kette eingehen.
Fertigkeiten haben außerdem eine entlastende Funktion. Je mehr z. B. ein Schüler über Schreibfertigkeit (bzw. Lesefertigkeit) als automatisierte Komponenten seines eigenen Handelns verfügt, um so mehr kann er seine Aufmerksamkeit auf die Inhalte des Schreibens (bzw. Lesens) konzentrieren. Wer mühelos zu schreiben versteht, kann bei einer Leistungsanforderung in den Sprachen sich ganz dem Thema, dem Stil und der Rechtschreibung widmen. Hier wird deutlich, daß das Verfügen über Fertigkeiten Voraussetzung komplizierterer geistiger Vollzüge ist.
Fertigkeiten sind erlernbar; sie werden auch in den Lehrplänen (Curricula) berücksichtigt, allerdings weniger präzis als die zu vermittelnden Kenntnisse.

4.3 Entwicklung geistiger Fähigkeiten

4.3.1 Wesen und Struktur geistiger Fähigkeiten

Die Ausbildung von Fähigkeiten hat man in der Vergangenheit als »formale Bildung« bezeichnet. Gemeint ist die Entfaltung geistiger und seelischer Funktionen. Für Fähigkeiten werden gleichsinnig die Bezeichnungen Talent, Begabung, ggf. auch Genialität, verwendet.
»Fähigkeiten« lassen sich begrifflich schwer fassen. So hat man gesagt: »Fähigkeiten sind individuelle, aktuell wirksame Voraussetzungen von Verhaltensweisen, insbesondere von leistungsbezogenen Akten, gleichgültig ob diese Vorgänge körperlicher oder geistiger Art, überwiegend reifungs- oder erziehungsbedingt sind. Motivationale Faktoren werden dabei häufig ausgeklammert« (Vukovich 1977, S. 295). Auf einen anderen Aspekt weist die folgende Umschreibung hin: »Fähigkeiten als solche sind nicht meßbar, wohl aber Leistungen, von denen auf Fähigkeiten zurückgeschlossen werden kann« (Flammer 1975, S. 22). Das Konstrukt »Fähigkeiten« kann man als aufgabenunspezifisch, situationsübergreifend und transferierbar verstehen, während Fertigkeiten an eine konkrete Aufgabe gebunden erscheinen. Da wir an dieser Stelle von den Aufgaben des Unterrichts im kognitiven Bereich sprechen, grenzen wir den Begriff auf *geistige Fähigkeiten* ein.
Von gewissen Operationen und Verlaufsqualitäten nimmt man an, daß sie das Zentrum allgemeiner geistiger Fähigkeiten darstellen. Wir verweisen in diesem Zusammenhang auf die Faktorentheorie der Intelligenz, wie sie – nach Vorleistungen durch J. P. Guilford – z. B. von dem Psychologen A. O. Jäger ([2]1970) entwickelt worden ist. Bei seiner Strukturanalyse der Intelligenz gelangt der Autor zu folgenden Hauptfaktoren:

- Anschauungsgebundenes Denken
- Einfallsreichtum und Produktivität
- Konzentrationskraft und Tempo-Motivation

- Verarbeitungskapazität, formallogisches Denken und Urteilsfähigkeit
- Zahlengebundenes Denken
- Sprachgebundenes Denken

Vermutete weitere Hauptfaktoren im konventionellen Leistungsbereich sind:

- Cognition (Auffassungsleichtigkeit)
- Gedächtnis
- Performance, praktische Intelligenz (S. 179f.)

Von didaktischer Relevanz ist die Unterscheidung von R. Bergius in *kognitive Strukturen* (Vorstellungen, Begriffe, Urteile, Zusammenhänge, Regeln usw.) und *kognitive Prozesse* (Vergleichen, Neuordnen, Trennen, Umstrukturieren, Vereinen, Ableiten usw.) (1964, S. 25).
Weitere – bisher noch nicht explizit genannte – (Einzel-)Fähigkeiten, die im Schulunterricht gefördert werden sollten, sind:

- Wahrnehmungsfähigkeit
- Beobachtungsfähigkeit
- Aufmerksamkeit
- Merkfähigkeit
- Gliederungsfähigkeit
- Unterscheidungsvermögen
- Kombinationsfähigkeit
- Sprechfähigkeit (verbalisieren, diskutieren, argumentieren, interpretieren, kritisieren)
- Konstruktionsfähigkeit
- Ideenreichtum
- Kreativität
- Phantastik (Bildkraft)
- Gestaltungsfähigkeit
- Scharfsinn

Basis aller intellektuellen Prozesse sind analytische und synthetische Operationen; folglich wären im Unterricht zu üben:

- das Erfassen der Beziehung von Teil und Ganzem
- die Erfassung der Beziehungen von Ding und Eigenschaft
- Differenzieren und Vergleichen
- Ordnen
- Abstrahieren
- Verallgemeinern
- Klassifizieren
- Konkretisieren

4.3.2 Didaktische Konsequenzen

Geistige Fähigkeiten können sich nur mit Hilfe konkreter Lerninhalte herausbilden; sie lassen sich nicht im luftleeren Raum trainieren.
Methoden der Fähigkeitenentwicklung sind für einzelne Bereiche und für einige

Altersstufen entwickelt worden (Rüppell/Rüppell 1976). Es existiert jedoch bis auf den heutigen Tag kein Lehrplan (Curriculum) im Sinne einer systematisch angelegten Entfaltung und Förderung menschlicher Fähigkeiten durch die Schule. Vorstöße in diese Richtung sind auch von der amerikanischen Psychologie unternommen worden; man denke an die Entwicklung von Taxonomien für verschiedene psychische Sektoren (Bloom [5]1976, Krathwohl u. a. 1975).

5. *Erziehliche und soziale Aufgaben des Unterrichts*

5.1 Die Erziehungsfunktion des Unterrichts

5.1.1 Erziehung durch den Unterrichtsgehalt

Herbart und die Herbartianer meinten mit »erziehendem Unterricht« fast ausschließlich die Klärung des sittlichen Urteils durch die Gehalte des Unterrichts (s. E. E. Geißler 1970). Tatsächlich vermag der erziehende Unterricht durch die Unterrichtsinhalte seine größte Wirkung zu üben. »Der Gedanke des erziehenden Unterrichts schließt die Überzeugung ein, daß der geistige Gehalt dessen, was im Unterricht übermittelt wird, die Erziehung des Schülers unmittelbar tragen und fördern kann« (Wenke 1960, S. 44). Überall dort, wo menschliches Handeln reflektiert wird, sollen die Schüler über die hinter der Tat stehende Gesinnung nachdenken (z. B. bei der Fabel »Der Fuchs und die Trauben«). An Beispielen können sie einsehen lernen, was Nächstenliebe, Güte, Edelmut, Standhaftigkeit, Selbstüberwindung u. dgl. ist. »Durch Lebensbeschreibungen, Erzählungen, Schauspiele, Gedichte, Erfahrungsberichte usw. erfahren sie von richtigen und falschen Entscheidungen, von ethischen Konflikten, von tragischen Verwicklungen. An ihnen können sie ihre Werterfahrungen prüfen, ihr Gewissen schärfen« (Dumke 1963, S. 512).

Schließlich ist hier die gesamte pädagogische Spruchweisheit einschlägig: Bibelsprüche, Sprichwörter, Maximen, Sentenzen, Lebensregeln. Literatur wird in dieser Hinsicht als Lebenshermeneutik interpretiert.

Die ethischen Gehalte des erziehenden Unterrichts sollen nicht nur rational erfaßt, sondern in den emotionalen Grund eingelassen werden. »Diese Verbundenheit von Gefühl und Wissen, von Gefühl und Gewissen ist es, was eine erziehliche Einwirkung durch Unterricht möglich macht« (Dumke 1963, S. 511). Durch stets wiederkehrende Verbindungen von Gefühl und wertenden Entscheidungen bilden sich, psychologisch gesprochen, »Gefühlskonstanten« heraus, die wir mit dem alten pädagogischen Terminus »Gesinnungen« belegen können. Gesinnungen sind »verfestigte Wertgefühle«; sie sind »der bleibende Erfahrungsrückstand unserer Wertent-

scheidungen, die sich in unserem Gefühls- und Gemütsgrund verwurzelt haben« (H. Roth [2]1965, S. 252).
Es ist eine irrtümliche Auffassung, daß nur die geisteswissenschaftlichen Fächer einen Beitrag zum erziehenden Unterricht zu leisten vermögen. Auch die übrigen Schulfächer kommen in Betracht.
Was den Anteil des Unterrichts beim Zustandekommen von Haltungen betrifft, so läßt sich sagen: »Jede sittliche Erziehung hat auch eine *rationale Seite,* man muß vom Guten *wissen,* wenn man sich für das Gute entscheiden soll. Es ist Sache des Unterrichts, jenes Wissen zu vermitteln. Unterrichtsinhalte können somit notwendige Voraussetzungen für sittliches Handeln schaffen« (Dumke 1963, S. 510). Es geht darum, durch Unterscheidenlernen zum rechten Entscheiden zu kommen.

5.1.2 Erziehung durch den Unterrichtsvollzug

Der Unterricht wirkt nicht nur durch die Lehrinhalte seiner Fächer erziehlich, sondern auch durch seine Form. Indem Schulunterricht über Jahre hindurch veranstaltet wird, gewöhnt er an Regelmäßigkeit, Pünktlichkeit, Pflichterfüllung, Arbeitsamkeit, Aufmerksamkeit, Ordnung, Fleiß, Gründlichkeit, Zuverlässigkeit, Zuhörenkönnen usw. »Ihr wichtigstes Erziehungsmittel hat die Schule an der Arbeit, die sie von den Schülern verlangt« (Burkert 1963, S. 124). Schulunterricht rechnet mit dem Einsatzwillen der Schüler. »Lernen und Arbeiten ist immer mit der Forderung verbunden, sich anzustrengen« (Dumke 1963, S. 506).

5.1.3 Das Vorbild des Lehrers

Hier wird die erzieherische Wirkung des Lehrers angesprochen, die von seiner Eigenart, seiner Berufseinstellung, seiner Sachkompetenz, seiner Ausdrucksweise und seinem Führungsstil im Lehr-Lernprozeß ausgeht. Das Auftreten eines Lehrers ist nur dann glaubhaft, wenn er sich selbst mit den ethischen Normen identifiziert, die er von seinen Schülern erwartet (s. Kap. 3.5).

5.2 Soziales Lernen

5.2.1 Begriffliche Klärung

Es gibt verschiedene Arten von Lernen: kognitives, psychomotorisches, emotionales und eben auch *soziales* Lernen. Die überkommene Didaktik hat sich bisher überwiegend mit einem Lernen beschäftigt, das mit Wissen, mit Gedächtnis, zu tun hat. Neuerdings wird zunehmend gefordert, daß auch Soziales gelernt werden soll. Denn es ist durchaus nicht selbstverständlich, daß sich die Einstellung zum Ich und die

Beziehung zum Mitmenschen von selbst ergeben. Der Terminus »soziales Lernen« problematisiert dieses Lernfeld.

»Die Vokabel ›soziales Lernen‹ ist während des vergangenen Jahrzehnts zu einer der zentralen Kategorien von Erziehungswissenschaft und -wirklichkeit entwickelt worden. Dafür sind die sozialwissenschaftliche Orientierung der Pädagogik, bildungspolitische Reformvorstellungen, die Suche nach Alternativen zu fragwürdig gewordenen Formen und Inhalten von Erziehung und Unterricht sowie nicht zuletzt auch modische Trends gleichermaßen verantwortlich. Es läßt sich daran bereits ablesen, daß das, was mit sozialem Lernen gemeint ist oder sein soll, unterschiedlich interpretierbar und im Spannungsfeld verschiedener Interessen angesiedelt ist« (Claußen 1978, S. 9).

Das soziale Lernen umgreift einen komplexen und diffizilen Bereich. Die Bezeichnung »soziales Lernen« steht einmal – verhältnismäßig unverfänglich – für den Vorgang der Sozialisation, zum anderen meint sie »strategisches« Lernen. »Der Begriff stammt aus der Diskussion um die ›kompensatorische Erziehung‹ und meint dort eine Alternative zu einseitigem und isoliertem kognitivem Funktionstraining, nämlich die Förderung von *Handlungskompetenz* und *sozialem Problembewußtsein.* Ein bloß individualisierendes und für gesellschaftliche Rahmenbedingungen blindes Erziehungsverständnis sollte durch ein pädagogisches Konzept abgelöst werden, das vor allem benachteiligten und unterdrückten Schichten und Randgruppen zur Selbstdurchsetzung verhelfen und gesellschaftliche Veränderungen vorantreiben will« (Iben 1974, S. 539). Hier wird »soziales Lernen« als emanzipatorische, als politische Erziehung verstanden.

Auf Grund der Verschiedenheit der Ansätze ist selbstredend kaum ein Konsens über das Gemeinte möglich. »Im Begriff ›Soziales Lernen‹, so wie er heute angewendet wird, vermengen sich in kaum noch zu entwirrender Weise Prozesse, Methoden, Inhalte und Ziele des Lernens« (Offermann 1977, S. 36).

5.2.2 Ziele des sozialen Lernens

Immer handelt es sich bei den hier angesprochenen Lernprozessen um den Umgang mit Menschen, nicht um Kommunikation mit Sachen und Symbolen (= Sachkompetenz). Wir wollen im folgenden versuchen, die sozialen Lernziele (zuweilen auch Handlungsziele genannt) unter den beiden umfassenden Richtzielen der Ich-Kompetenz und der Sozial-Kompetenz zu rubrizieren.

Lernziele im Sinne der Ich-Kompetenz

Gemeint sind hier Verhaltensweisen im Sinne der humanen Selbstverwirklichung, der Selbststeuerung und der Identitätsfindung und -förderung, z. B.:

- Selbstreflexion
- Selbststeuerungsfähigkeit

- Wahrnehmung eigener Interessen
- Verbalisierung von Gefühlen, Wünschen u. dgl.
- Förderung von Empathie (Einfühlungsvermögen)
- Entwicklung emotionaler und sozialer Sensibilität
- Frustrationstoleranz (Enttäuschungen ohne Resignation ertragen können)
- Kritikbewußtsein
- Durchsetzungsvermögen
- Ich-Stärke
- Respektierung der Eigenheit des Menschen
- Toleranz
- Kreativität und Problemlösungsfähigkeit

Lernziele im Sinne der Sozial-Kompetenz

Hier werden Außenbeziehungen des Ich angesprochen: Kontakte zum Du, zur Gruppe, zum Kollektiv. Das eigene Agieren erweist sich als abhängig vom Reagieren des Mitmenschen. Es geht letztlich um die Förderung kommunikativer Fähigkeiten. Hier ist zu denken an:

- Abbau von Vorurteilen
- Rollenflexibilität
- rationale Konfliktbewältigung
- Übernahme von Mitverantwortung
- Fähigkeit zur Mitbestimmung
- Interaktionsbereitschaft
- Kommunikationsfähigkeit
- Integrationsfähigkeit
- Fähigkeit zur Kooperation
- Kompromißbereitschaft
- politische Handlungsfähigkeit
- Solidaritätsbereitschaft

Bei Lernzielen dieser Art versagt jegliche Art von »Lernkontrolle« (Evaluation), da das Erlernen von sozialen Tugenden nicht objektivierbar ist.
Wenn man die sozialethischen Postulate kritisch überblickt, so fällt auf, daß sie überwiegend auf dem Hintergrund »konfliktträchtiger Machtstrukturen« (Iben 1974, S. 539) konzipiert worden sind. Man hört so gut wie nichts von »Harmonie« (etwa in Ehe und Familie), von »Friede« (etwa am Arbeitsplatz), von Gemeinschaftssinn, Zufriedenheit, Selbstbescheidung, Verträglichkeit usw. Die Verfechter des sozialen Lernens klammern einen ganzen Katalog von sozialen Tugenden schlechthin aus.

5.2.3 Kritische Würdigung

Beim »sozialen Lernen« geht es darum, daß die Schüler Soziales lernen. Diese Art zu lernen hat sich an einer faktischen Schulgestaltung entzündet, die durch die Negativprädikate charakterisiert werden kann: »Konkurrenz, Leistungsindividualismus, Unfähigkeit, sich einander mitzuteilen, aufeinander einzustellen, miteinander zu arbeiten, gemeinsam Problemlösungen zu versuchen, die die materiale und soziale Umwelt der Menschen menschlicher machen könnten« (Schreiner 1977, S. 5).

Der Terminus »soziales Lernen« bezieht sich sowohl auf Lerninhalte (z. B. Verhaltensnormen, Einstellungen) als auch auf Lernprozesse. Es gibt jedoch kein einschlägiges Schulfach und folglich für das Lernen von Interaktion und Kommunikation auch keinen Platz im Stundenplan. Ein Blick auf die Stundentafeln der allgemeinbildenden Schulen läßt bereits die öffentliche Bewertung erkennen: »Der Anteil des Unterrichts, der von ›Sachen‹ handelt, überwiegt bei weitem den Teil, der sich mit den Beziehungen der Menschen untereinander befaßt« (Grundke 1975, S. 9). Grundsätzlich kommen Themen aus sämtlichen Fächern in Betracht, in denen Menschen lernen, miteinander umzugehen. Von allen Schulorganisationsformen hat sich die Gesamtschule am stärksten mit dem Prinzip des sozialen Lernens identifiziert.

Die Lehr- und Lernprozesse sollten zukünftig von der Schule in der Weise organisiert und vom Lehrer gelenkt werden, daß die Bereitschaft zum sozialen Handeln sich schrittweise entfalten kann. Bisher war das Lernen in den Schulen nämlich fast ausschließlich Sachlernen.

Neben dem Lernen von sozialen Inhalten steht ein Lernen unter sozialen Bedingungen. Das Einüben sozialer Verhaltensweisen wird durch kooperative Lernsituationen gefördert. Hier sind an bevorzugter Stelle »Rollenspiele« zu nennen. »Beim Rollenspiel im schulischen Sinne geht es weniger um die Analyse eines Sachproblems, also weniger um den inhaltlich-kognitiven Aspekt, als vielmehr um den affektiven Prozeß, um das Verhalten eines Menschen in einer bestimmten Situation, die im Interaktionsprozeß versprachlicht wird« (Giera 1974, S. 64). Durch Probehandeln in wirklichkeitsnahen Spielsituationen wird Rollenverhalten in verschiedenen sozialen Lagen geübt und reflektiert. Es wird der Versuch unternommen, sich in die Rolle eines anderen hineinzuversetzen. Rollenspiel wird als didaktisches Mittel eingesetzt, »um soziale Lernprozesse zu fördern und den Erwerb von sozialer Kompetenz zu ermöglichen« (Coburn-Staege 1974, S. 554). Je nach Gegebenheit ist Rollenkonformität oder aber Rollendistanz zu lernen.

Noch ist nicht eindeutig bewiesen, ob simulative Verfahren wirklich zu den Qualifikationen führen, die man von ihnen erwartet (s. Lehmann/Portele 1976). Die Chancen sind um so höher einzuschätzen, je mehr die in Rollen darzustellenden Problemsituationen dem Erfahrungshorizont der Schüler entnommen sind.

Auch die Partnerarbeit und der Gruppenunterricht haben im Zusammenhang mit dem sozialen Lernen ihre Funktion. An Lernarten sind insbesondere das Lernen am Modell sowie das Lernen durch Sanktionen einschlägig (Bürger 1978, S. 13).

Man kann bei dem Konzept des sozialen Lernens einige grundsätzliche Vorbehalte gegenüber dem Verhaltensbegriff anmelden: Ob der Mensch sich nämlich in seinem Handeln – und vor allem bei essentiellen Entscheidungen – überhaupt von den möglichen Reaktionen seines Gegenüber bestimmen lassen soll? Im übrigen darf

»soziales Lernen« nicht das traditionelle Sachlernen beiseite drängen oder gar ersetzen.

Hinsichtlich des *emotionalen* Aspekts des Unterrichts verweisen wir u. a. auf R. Oerter u. E. Weber (1975) sowie auf R. Affemann (1976, S. 123ff.).

II. Lehren – Lernen

6. *Begriff Lehren*

6.1 Notwendigkeit des Lehrens

Da der Mensch aufgrund anthropologischer Gegebenheiten wesenhaft darauf angewiesen ist, lernen zu müssen, um existieren zu können, treffen wir überall, wo Menschen miteinander umgehen, irgendeine Form von *Lehre* an. Lehren erwächst aus der Sorge und dem Bemühen der älteren Generation, die ausgebildeten Ordnungen und Lebensformen sowie den Entwicklungsstand in allen wichtigen Bereichen auch in die Zukunft hinein gesichert zu wissen und die jüngere Generation zu befähigen, das Dasein zu bewältigen, d. h. das Leben sinnvoll zu führen. O. Willmann spricht von der »Assimilation der Jugend an das gereifte Geschlecht« ([6]1957, S. 607).

»Die Ausgliederung des schulischen Lehrens aus dem übrigen Lebenszusammenhang mit dem Ziel einer Rationalisierung und Optimierung von Lernprozessen ist eine verhältnismäßig späte Erscheinung und wird immer erst notwendig mit zunehmender Differenzierung gesellschaftlicher Funktionen. Eine Theorie des Lehrens korrespondiert daher notwendig mit einer Theorie der Gesellschaft« (Loser 1977a, S. 209). Ohne das Lehren wäre nicht nur das Leben jedes einzelnen gefährdet, sondern es würde auch die Kontinuität der Kultur in Frage gestellt sein. Lehren versteht sich demnach als Tradierung der Kultur, als Perpetuierung der Gesellschaft und als Lebenshilfe für die Heranwachsenden.

6.2 Kennzeichnung

Das Wort »lehren« stammt etymologisch von dem gotischen Verb »laisjan« (= wissen machen) und von dem althochdeutschen Wort »lerren« ab und hat den Sinn von »auf der Spur gehen, erwandern, erfahren«. Lehren ist im konkreten Vollzug zumeist ein Mitteilen von Wissen (der Fähigere trägt Kenntnisse vor; der andere nimmt sie auf) oder ein Vormachen einer Fertigkeit (der Könner zeigt einen Handlungsablauf; der andere ahmt ihn nach). Die Tätigkeit des Vermittelns, des Weitersagens bzw. Weitergebens, ist dabei konstitutiv.

Um den *Umfang des Begriffs »Lehren«* darzulegen, kann man vier Dimensionen unterscheiden:

– *Lehren im weitesten Sinne* meint jede Einwirkung, die einen Zuwachs an Wissen und Geschicklichkeit bei einem Menschen zur Folge hat. Die Vermittlung erfolgt im allgemeinen unbeabsichtigt, unbestimmt, beiläufig. In diesem Sinne lehrt das Leben; man versteht darunter den prägenden Einfluß von biographischen Momenten, von Schicksal u. dgl. Auch die menschliche Erfahrung vermag zu lehren. So sagen wir umgangssprachlich: Jemand sei durch Schaden klug geworden.

– *Lehren im weiteren Sinne* bezieht sich auf mehr oder weniger absichtsvolle Einflußnahmen, denen nicht der Charakter des Schulischen anhaftet. Hier kommen zunächst Subjekte als Träger von Lehrfunktionen in Betracht: Die großen Religionsstifter (z. B. Christus und Buddha) haben gelehrt (nicht unterrichtet!); so lehrten die Propheten; so lehren Prediger. Es lehrt der Meister den Lehrling, die Mutter das Kind. Wir sprechen auch von »lehrhafter Dichtung« (z. B. bei B. Brecht). Aber auch von sozialen Gebilden können lehrhafte Wirkungen ausgehen. Man denke etwa an das Lehramt der Kirche.

– *Lehren im engeren Sinne* zielt auf jede intendierte, reflektierte und methodisierte Einflußnahme auf das Lernen, wie sie für die schulmäßige Vermittlung von Kenntnissen, Fähigkeiten und Fertigkeiten bezeichnend ist. Hier spannt sich der Bogen von der Vorschule über die Hochschule bis zur Erwachsenenbildung.

Unterricht, der durch eine Merkmalskomplexion genauer definiert ist (s. Kap. 2.2), erweist sich bei systematischer Betrachtung als eine besondere Form der Lehre.

– *Lehren im engsten Sinne* ist identisch mit verbaler Darlegung eines Sachverhalts, mit dem darstellenden Lehrverfahren, wie es z. B. in der akademischen Lehre (Lehren als Dozieren) angetroffen wird. Es besteht zum allergrößten Teil aus sprachlichen Äußerungen. »Die Sprache hat die Schlüsselrolle im Lehrprozeß zu spielen, da sie so enge Beziehungen zum Denken und zur Vernunft hat« (Nuthall/Snook 1977, S. 80). Wir haben es hier mit einer bedeutenden Erscheinungsform von Lehren zu tun, zumal wenn man bedenkt, »daß die Lehrerdarbietung gegenwärtig und wohl auch in Zukunft den wesentlichen Teil des Unterrichts bestimmt« (Mutschler/Ott 1976, S. 22 f.). Einzelne erkennbare Lehrakte sind z. B.: Vortragen, Referieren, Entwickeln, Erläutern, Interpretieren, Erklären, Fragen und Antworten.

Kritisch ist zu der zuletzt genannten Position zu bemerken: »Diese Eingrenzung des Begriffs ›Lehren‹ auf das ›Belehren‹ mit verbalen Mitteln, womöglich auf die geschlossene sprachliche Darstellung in einem Vortrag, ist nicht gerechtfertigt. Didaktisch gesehen umfaßt das Lehren alle vom Lehrer ausgehenden Handlungen zur Auslösung und Führung von Lernprozessen« (Klingberg 1972, S. 214).

6.3 Einzelmomente schulischen Lehrens

Die Tätigkeit des Lehrens verweist direkt auf den Beruf des »Lehrers«; offenbar wird damit sein Hauptgeschäft bezeichnet. Im »Strukturplan« (1970) der Bildungskommission des Deutschen Bildungsrates wird unter den Aufgaben des

Lehrers neben Erziehen, Beurteilen, Beraten und Innovieren das *Lehren* an erster Stelle genannt. Im folgenden soll das Charakteristische des Lehrens genauer dargelegt werden.

»Jemand *lehren* heißt: ihm *die Aneignung eines geistigen Inhaltes direkt vermitteln*« (Willmann [6]1957, S. 415). Als Gegenstände kommen hauptsächlich Wissen, Fertigkeiten, Methoden und Pragmata in Betracht. Jegliches Lehren setzt Sachkompetenz voraus, d. h. der Lehrer muß in den Fächern, für die er die »Lehrbefähigung« zuerkannt bekommen hat, über eine souveräne Kenntnis der Materie bzw. über ein präzises und sicheres Können verfügen. Dabei können die zu lehrenden Sachverhalte als präexistent gelten; sie sind größtenteils in Lehrplänen (Curricula) und Lehrbüchern niedergelegt. Immer muß der Lehrende darauf bedacht sein, »daß sich der Unterrichtsgegenstand von seiner repräsentativsten Seite zeigt« (Wegmann 1964, S. 86). Dazu verhelfen ihm u. a. eine differenzierte Sprache, eine verständliche Diktion und eindeutige Veranschaulichungen.

Zum Lehren gehört eine gewisse Gabe, ein »donum didacticum« (Willmann [6]1957, S. 416), ein innerer Drang, sich als Lehrender anderen Menschen mitzuteilen. Aus einer gewissen geistigen Lebendigkeit heraus muß der Lehrstoff gestaltet werden. Dabei dürfte unbestritten sein, daß der Lehrende nicht sich selbst zur Darstellung bringen soll, sondern verantwortlicher Dolmetscher bei der Erschließung von Welt zu sein hat. Der Lehrer muß Sachwalter sein (s. Ballauff 1962, S. 48f.). Akte der Elementarisierung können nur eine Verdichtung und Verwesentlichung, nie jedoch eine Simplifizierung und Sachentstellung zum Ziel haben.

Das Lehren im Sinne der Lehrdarbietung ist ein momentanes Entwickeln von Gedanken. Der Lehrende steht unter der Spannung, ob dieses schwierige Unterfangen gelingt. Insofern ist jeder Lehrakt ein Wagnis. »Lehren ist also gar nicht anders möglich denn als Darstellen, d. h. daß man versucht, sein Objekt auch zum Objekt anderer zu machen, zunächst, indem man es als ›dies da‹ ausweist, dann aber, indem man es als ›nicht jenes‹ verdeutlicht« (Rauschenberger 1967, S. 92). H. Rauschenberger weist in diesem sachlichen Zusammenhang darauf hin, daß der Lehrer bei seiner Vermittlung von nichts anderem ausgehen kann als von *seinen* Gegenständen, von den Inhalten, die *er* sieht, und davon, *wie* er sie sieht. Dieses Faktum bedeutet für den Schüler Chance (Mitteilung aus gedanklichem Reichtum) und Gefahr (Einseitigkeit; Ideologisierung der Inhalte) zugleich.

»Die Kunst des Lehrens liegt darin, Gegenstände so zu fixieren, daß sie greifbar und begreifbar werden, ohne daß ihre Dynamik dem sie Erkennenden verloren geht. Am ehesten kann dies ermöglicht werden, wenn der Lehrende sich des eigenen Lernens bewußt wird, indem er lehrt« (Rauschenberger 1967, S. 90). Eine alte didaktische Weisheit lautet: docendo discimus. Für den Lehrer hört demzufolge das Lernen niemals auf. Der amerikanische Psychologe J. S. Bruner formuliert: »Wenn der Lehrer auch ein Lernender ist, gewinnt das Unterrichten eine neue Qualität« (1970a, S. 96).

Es dürfte ferner richtig beobachtet sein, wenn gesagt wird: »Ein guter Teil dessen, was wir Lehren nennen, vollzieht sich nicht im Klassenzimmer, sondern in den Köpfen der Lehrer, wenn sie sich auf eine Lektion oder einen Lehrkurs vorbereiten, wenn sie ihre Ziele und Grundsätze in einer für sie selbst bedeutungsvollen und einleuchtenden Weise ordnen« (Soltis 1971, S. 86).

Das Lehren kann nicht vollständig geplant werden; es muß für Eingebungen und Unterbrechungen offen sein. Lehre spannt sich zwischen Fest-stellen und Geöffnet-sein. Wenn es zutrifft, daß das in der Schule vermittelte Wissen weithin »definites Wissen« (Rumpf 1971), feststehendes »Schulwissen«, ist, dann wird man wohl jene These als Korrelat bejahen, die »Lehren als Aufbrechen von Eindeutigkeiten« (Mutschler/Ott 1976, S. 22) definiert.

Das Lehren des Lehrers löst auf der Seite der *Schüler* korrespondierende Tätigkeiten aus, z. B. zuhören, mitdenken, nachvollziehen, überlegen. Ganz allgemein gesagt: Der Schüler soll das Gelehrte lernen. Für H. Rauschenberger geht das Lernen aus dem Lehren hervor; er verwendet daher den Terminus »Lehrlernen«. »Lehren ist Angebot von Wissen und also Angebot zum Lernen. Beide – Lehren und Lernen – werden in der gegenwärtigen Schulpraxis gern analog einem Geben und Nehmen verstanden. Lehren ist eine Art Angebot dessen, was der Lernende anscheinend nicht hat, und Lernen ist eine Bereicherung oder eine Zunahme an Wissen« (Rauschenberger 1967, S. 79).

Der Lehrakt erfüllt sich in der Aneignung, d. h. die Schüler sollen sich die Lehrgegenstände, konkret: Fakten, Begriffe, Zusammenhänge, Urteile, Verfahren u. dgl., zu eigen machen, auf daß sie fortan *ihre* Inhalte sein mögen.« Der Ausdruck *Aneignung* soll dasjenige Moment des Lehr- und Lernprozesses kennzeichnen, in welchem das Lernen sich vollendet und das Lehren zurücktritt . . . das Gewußte ist ebensowohl meines wie deines« (Rauschenberger 1967, S. 89). Das Lehren beläßt den Lernenden von sich aus nicht auf Dauer in Abhängigkeit, sondern es gibt ihn schließlich frei. »Lernen kommt zu sich, derart, daß es sich in Lehrenkönnen umwandelt. Erst solches hat man in Wahrheit gelernt, was man weitergeben kann« (Rauschenberger 1967, S. 90).

L. Klingberg sagt über die wechselseitige Verweisung von Lehren und Lernen: »Der Lernprozeß ist aber nicht der automatische Reflex des Lehrens. Der Lernprozeß kommt nicht allein dadurch in Fluß, daß der Lehrer etwas darbietet oder einen Gedanken entwickelt. Der Schüler muß immer *selbst* lernen. Er hat nur dann etwas klar erfaßt und begriffen, wenn er es aktiv, unter Anspannung der eigenen Kräfte zu *seiner* Sache und zu *seinem* Problem gemacht hat. Ihn bei dieser *selbsttätigen* Auseinandersetzung und Aneignung zu leiten, ist das Anliegen des Lehrens . . .« (1972, S. 223).

Hier wird abgestellt auf die Aktivierung des Lernenden, sich mit Gegebenheiten und Problemen eigentätig auseinanderzusetzen. »Die Motivierung von Lernprozessen gehört zu den Aufgaben des Lehrenden . . . Schlicht gesagt: Der Lehrer muß erreichen, daß seine Schüler lernen wollen . . .Wo Interessen bestehen, braucht man für das Lernen nicht mehr zu sorgen« (Schiefele 1969, S. 37 u. 41).

Durch die Favorisierung des *Lernens* in der gegenwärtigen didaktischen Theorie und Praxis hat das Lehren nicht immer eine sachgerechte Beurteilung erfahren. So wollte man dem Lehren anlasten, daß es undemokratisch sei, daß es Mündige und Unmündige kenne, daß es ein soziales Gefälle schaffe und daß es ein Verständnis von Lernen einschleife, das immer erst des Anstoßes durch einen Lehrer (wie z. B. im Reitunterricht!) bedürfe. Bei Einwänden dieser Art wird wohl die Eigenart des Lehrprozesses verkannt.

6.4 Ansätze zu einer Theorie des Lehrens

Das Nachdenken über das Lehren hat sich inzwischen zu einem Komplex von Einzelerkenntnissen verdichtet; leider befriedigt der Stand der Forschung in diesem Gebiet noch nicht. F. Loser formuliert: »Die vielfältigen Bemühungen, das verwikkelte Gefüge von Voraussetzungen, Zielen, Inhalten, Methoden, Medien und Organisationsformen des Lehrens in einer umfassenden Theorie zu deuten, haben bislang zu keinem befriedigenden Ergebnis geführt. Eine Theorie des Lehrens wird noch immer als Desiderat beklagt« (1977a, S. 210).
Erstaunlicherweise ist das Lehren auch von der Psychologie wenig erforscht worden. »Im Vergleich zum Lernen bleibt das Lehren in der psychologischen Literatur nahezu unerwähnt« (Gage 1976, S. 183).
In Fachkreisen besteht kein Konsens darüber, ob Lehrtheorien selbständige Konstrukte oder lediglich Derivate von Lerntheorien sind. Man fragt sich: Enthält das Lehren Vorgaben für das Lernen, oder wird das Lehren vom Lernen determiniert? W. Einsiedler ist der Auffassung: »Die mehrfach behauptete Irrelevanz der Lerntheorien für Lehren ist sicher eine Übertreibung. Es kommt darauf an, die Nahtstellen zwischen Lehren und Lernen zu finden und die Elemente des Lernens herauszustellen, an denen die Lehrorganisation ansetzen kann« (1976, S. 100).
Zu den gesicherten Tatsachen gehört die Feststellung, daß die Phänomene »Lehren« und »Lernen« aufeinander bezogen sind. Lehren hat keinen selbstzwecklichen Charakter. Didaktiker stimmen darin überein, »daß das Lehren für das Lernen da ist, daß die Funktion des Lehrens darin besteht, den Lernprozeß der Schüler anzuregen und zu leiten« (Klingberg 1972, S. 214). In durchaus gleichem Sinne hat bereits O. Willmann definiert: »Lehren ist Lernenmachen« ([6]1957, S. 415). »Lehren hat Dienstfunktion, d. h. es bietet Hilfe für eine lernwirksame Auseinandersetzung mit den Gegenständen dieser Welt« (Schröder 1978a, S. 552).

7. *Lehrprinzipien*

7.1 Ältere Lehrweisen

Die Didaktik der Neuzeit hat bestimmte, von Generation zu Generation weitergegebene Lehrregeln aufgestellt, die mindestens bis zum Ende des 19. Jahrhunderts in Geltung gewesen sind. Bei W. Ratke heißt es in den »Artikeln« (1614/15): »Nicht mehr denn einerlei auf einmal!« (n. K. Seiler 1967, S. 12). J. A. Comenius erteilt uns in seiner »Didactica magna« (lat. 1657) u. a. den Rat:
- Alles zu Unterscheidende muß genau unterschieden werden.
- Alles Spätere muß sich auf das Frühere gründen.
- Alles Zusammenhängende muß stets verknüpft werden.
- Alles muß durch beständige Übung gefestigt werden ([2]1960, S. 108).

Ein weiteres Postulat der Didaktik des 17. Jahrhunderts ist das des schrittweisen Vorgehens (gradatim procedere). In seinem »Umriß pädagogischer Vorlesungen« von 1835 spricht sich J. Fr. Herbart für ein »synthetisches« Verfahren aus; es »beruht für den ersten Anfang die Lehrkunst vorzüglich darauf, daß der Lehrer den Gegenstand in die kleinsten Teile zu zerlegen wisse . . .« ([2]1964, S. 28). Bei A. Diesterweg findet sich 1835 die methodische Regel: »Schreite vom Nahen zum Entfernten, vom Einfachen zum Zusammengesetzten, vom Leichteren zum Schwereren, vom Bekannten zum Unbekannten fort« (1958, S. 106).
Das wohl wichtigste und unangefochtenste Lehrprinzip der traditionellen Didaktik besagt, daß jede Lehre vom Konkreten zum Abstrakten, von der Anschauung zum Begriff, aufzusteigen habe. Von J. H. Pestalozzi stammt die Feststellung, daß »die Anschauung das absolute Fundament aller Erkenntnis« sei (1801; hier Ausgabe von 1961, S. 159) (im Original gesperrt!).
Heute gelten die alten Lehrprinzipien nur unter gewissen Vorbehalten; sie haben z. T. durch moderne Lehrstrategien eine Korrektur erfahren.
Als neuere Lehrverfahren der letzten Jahrzehnte lassen sich u. a. die Methodik des fruchtbaren Moments (Copei [5]1960), das Prinzip der originalen Begegnung (H. Roth [14]1973) und das exemplarische Lehren (s. Kap. 15) benennen.

7.2 Kognitive Struktur und Lehrstrategie

Neuere Lehrmethoden stützen sich auf die Forschungsergebnisse der Kognitionspsychologie über die Vermittlung und die Verarbeitung von Kenntnissen. Tragender Begriff ist dabei der der *»Kognition«*, der das In-Beziehungsetzen des neuen Materials zu relevanten Aspekten der existierenden kognitiven Struktur meint. Die kognitiven Aktivitäten sollen vor allem die Funktion des Selektierens, der Ordnungsstiftung und der Bedeutungsverleihung haben. Es ist anzunehmen, daß sich kognitive Strukturen aus vorgängiger Wissensansammlung herauskristallisieren und zwar im Zuge zunehmender Generalisierung, d. h. durch Umsetzung spezifischer Begriffe in allgemeinere. »Das Konstrukt der kognitiven Struktur wird . . . als das Kondensat der Lernvergangenheiten verstanden, womit gleichzeitig die Instrumente, Operationen und Systeme zur aktuellen Informationsverarbeitung und persönlichkeitsspezifischen Auseinandersetzung mit der sozialen Umwelt bereitgestellt werden« (T. Seiler 1973, S. 9).

Aus den theoretischen Voraussetzungen ergibt sich für die Didaktik die Konsequenz, Lehrmethoden zu entwickeln, die der Herausbildung von kognitiven Strukturen förderlich sind, ja kognitive Strukturiertheit wird zum Kriterium, an dem die Verfahrensweisen der Wissensvermittlung gemessen werden. »Lehren in diesem Zusammenhang heißt dann, die Entwicklung der kognitiven Strukturiertheit systematisch zu planen, also jeweils niedrigere Strukturelemente in höhere, konkretere in abstraktere usw. ›einzuhängen‹« (Einsiedler 1976, S. 106). Das rechte Verfahren bei der Strukturierung, Organisierung und Subsumierung von Wissen durch den Lernenden wird zum Ausgangspunkt für das Lehren.

Das planmäßige Vorgehen bei dieser Aufgabe drückt sich in dem Begriff *»Lehrstrategie«* aus, wobei unter Strategie eine sorgsam geplante Abfolge von Handlungen verstanden wird, die eine bestmögliche Zielerreichung erlaubt. Strategien sind auf die Zukunft hin ausgelegt. Lehrstrategie umschreibt dann sämtliche Maßnahmen zur Organisation der kognitiven Struktur beim Lernenden. Einzelne Lehrakte, die in den Dienst der kognitiven Strukturierung des Unterrichts treten, können dabei sein: Benennen, Beschreiben, Berichten, Darlegen, Meinen, Bewerten, Interiorisieren (Verinnerlichen), Bestimmen, Definieren, Subsumieren, Klassifizieren, Transferieren u. a.

Es soll im folgenden der Versuch gemacht werden, die relevanten Lehrstrategien zu benennen. Die separate Darstellung darf nicht darüber hinwegtäuschen, daß sich die Intentionen der einzelnen Lehrprinzipien z. T. überlagern. R. M. Gagné bezeichnet Strategien als heuristische Regeln; solche Suchanweisungen oder Findeverfahren können auch als »Selbst-Instruktions-Regeln« ([3]1973, S. 183) verstanden werden. Heurismen kann man trainieren.

7.3 Neuere Lehrstrategien

7.3.1 Die advance organizer-Strategie

Der moderne Ansatz geht auf die Subsumtionstheorie des amerikanischen Psychologen D. P. Ausubel (1960) zurück. Kernpunkt ist sein Vorschlag, hochinklusive Konzepte an den Beginn der Wissensvermittlung zu stellen. Es geht also um ein Lehren von neuem Material durch vorgängige Organisationshilfen. Die kognitive Struktur ist nach seiner Auffassung hierarchisch gegliedert. Neue Inhalte können nur dann kognitiv assimiliert werden, wenn übergeordnete »subsumer« (Organisierer, »Unterordner«) vorhanden sind. Solche allgemeinen Schemata, die einen Ankergrund stiften, liefern die »advance organizers«. »The initial organizers ... furnish anchorage at a global level before the learner is confronted with any of the new material« (Ausubel 1967, S. 238). Anders als Gagné empfiehlt Ausubel nicht das Durchlaufen der Lernreihe von unten nach oben, sondern umgekehrt das Operieren mit einem vorgegebenen, alles tragenden Gerüst. Die »organizers« stellen die Weichen für alle zukünftige Lernerfahrung und ordnen neue Inhalte den schon vorhandenen zu.

Der Gebrauch von vorausgeschickten Strukturierungsfaktoren ist auch kritisiert worden. Man wendet sich aus entwicklungspsychologischer Sicht gegen das abstrakte Vorgehen. Gewisse Vorgaben an konkretem Material seien – besonders bei jüngeren Schülern – die Voraussetzung für formales Denken. Der Weg vom generellen Modell zum Einzelfall und zur Anwendung sei ineffektiv und lasse keine kognitive Neugier aufkommen. Im übrigen könne die Vorverwendung von abstrakten Konzepten zu negativem Transfer führen.

7.3.2 Die basic concept-Strategie

Dieses Konzept stellt das gewohnte (gleichsam eherne) Prinzip der traditionellen Didaktik, demzufolge jeder Unterricht von der Anschauung auszugehen und allmählich zum Begriff hinzuführen habe, auf den Kopf: Nicht lineares Lernen im aufsteigenden System scheint das rechte methodische Verfahren zu sein, sondern ein Lehren von oben nach unten. Die allgemeinsten und umfassendsten Begriffe eines Bereiches sollten zuerst vermittelt werden, die dann im nachhinein auszugestalten wären. Die Verfechter dieser Strategie halten die zunehmende Ausdifferenzierung allgemeiner, komplexer Lerninhalte für den sachadäquaten Weg des Wissenserwerbs. Nach dieser Auffassung kann das Operieren mit dem basic concept »Insekten« erschließend sein für die Behandlung des Einzelthemas »Biene«. Der Lehrprozeß kann durchaus die Richtung vom Allgemeinen zum Speziellen nehmen. Diese Lehrstrategie ist von der Bedeutung vermittelter Prinzipien sowohl für Neulernen als auch für das Behalten überzeugt. Ihr Beitrag zur Transfererleichterung ist unbestritten (s. auch Vogel 1978).

Die Einwände gegen diesen Ansatz sind erkenntnistheoretischer und pädagogischer Art. Basiskonzepte seien abzulehnen, da Wissenschaft kein System von Begriffen, sondern ein System von Sätzen sei. Die Vermittlung von Modellen ist unkindlich und überspringt die notwendige Stufe eigenen Suchens und Experimentierens.

7.3.3 Die Ausbildung von Netzwerken

Das Lehren von Netzwerken zielt auf den planvollen Einsatz von Begriffsnetzen bei der Erarbeitung von Kenntnissen. Auf diese Weise können neue Inhalte mannigfach mit bestehendem Wissen »vermascht« werden. »Beginnen sollte man danach mit einem weitmaschigen Netz allgemeiner und komplexer Begriffe, das vorhandenes Wissen einbezieht. Den Lernenden soll dadurch in groben Umrissen mitgeteilt werden, worum es im folgenden gehen wird. Im weiteren Verlauf der Wissensvermittlung wird ein immer engmaschigeres Netz von Begriffen ausgearbeitet. Begriffe für abstrakte, komplexe Inhalte kann man sich in der Wissensstruktur als Zentren vorstellen, die vielfältig mit spezifischeren und konkreten Inhalten verknüpft sind« (Kluwe 1979, S. 51f.).

Vernetztes Lehren (web teaching), das das Gegenteil von linearem Lehren (linear teaching) ist, strebt nach Relationen und Zusammenhängen; es führt darüber hinaus zu besseren Gedächtnisleistungen. Mit einer bloßen Entwicklung und Ausbreitung des Begriffsnetzes darf sich der Lehrende jedoch nicht zufrieden geben; er muß die Begriffe vielmehr durcharbeiten, um deren sichere und bewegliche Verfügbarkeit zu erreichen. Man könnte sich in diesem sachlichen Kontext an eine Passage in J. Fr. Herbarts »Allgemeiner Pädagogik« von 1806 erinnert fühlen, wo dieser das Verhältnis von Vertiefung und Besinnung zu umreißen sucht: »Erst Eine Vertiefung, dann eine andre, dann ihr Zusammentreffen in der Besinnung! – Wie viele zahllose *Übergänge* dieser Art wird das Gemüth machen müssen, ehe die Person, im Besitz einer reichen Besinnung, und der höchsten Leichtigkeit der Rückkehr in jede Vertiefung, sich vielseitig nennen darf!« ([7]1965, S. 48).

Die Intentionen des Lehrens von Netzwerken kommen den Absichten der advance organizer-Strategie und der basic concept-Strategie sehr nahe: Das Ausgehen von einem weitmaschigen Netz läuft hinaus auf Ausubels Verwendung von »advance organizers«; die Weiterentwicklung der Wissensstruktur des Lernenden im Verlauf unzähliger Lehrprozesse zu einem feinmaschigen Netz ist identisch mit den Prinzipien einer fortschreitenden Differenzierung und integrativen Verbindung.

7.3.4 Die Vermittlung von Schemata

Bei diesem Ansatz sollen Schemata als Stützen der Wissensvermittlung gelehrt werden. Sie kürzen einen Sachverhalt auf das essentiell Notwendige ein; sie fungieren als Verallgemeinerungen von Begriffsinhalten, Situationen und Handlungen (vgl. die Symbole für Sportdisziplinen!). Im Unterricht helfen Schemata bei der Strukturierung von Informationen, nicht zuletzt beim Verständnis von Texten. So vermag z. B. der erarbeitete Begriff »Mühle« das Verständnis des noch unbekannten Phänomens »Kraftwerk« bereits anzubahnen und kategorial aufzuschließen. Der Handwaschvorgang erklärt die Funktionsweise der Waschmaschine. Hierbei werden bestehende Wissensstrukturen verändert und weitergebildet.

Die schwierigere – und über die Ausdehnung und Ausdifferenzierung von Generalisierungen hinausgehende – Aufgabe besteht für den Lehrenden darin, Schemata zur Erklärung unbekannter Sachverhalte und Verfahren zu entwickeln. R. Kluwe wählt zur Verdeutlichung des Gemeinten das Beispiel »Katamaran«. Wenn ein Lehrer bestimmen will, was ein Katamaran ist, dann wird er auf vermutlich vorhandene Schemata zurückgreifen (»Du kennst doch ein Segelboot, und einen Schlitten kennst du auch . . .« usw.) (Kluwe 1979, S. 56). Bei der Neubildung von Strukturen werden derartige Hilfen häufig im Unterricht verwendet. Im Grunde genommen werden dabei Wahrnehmungselemente neu zusammengesetzt. Ein vorhandenes Schema wird entsprechend variiert. Für die Herausbildung eines neuen Schemas eignet sich auch die Kontrastierung: »Krieg« erscheint dann als Gegensatz zu »Frieden« und umgekehrt.

Das Lehren von Schemata entbindet den Lehrer von der Vermittlung von Fakten nicht. Schließlich muß er auf Lerninhalte zurückgreifen, wenn er Schemata differenzieren, variieren oder innovieren will. Aber auch die gesicherten Schemata wollen immer wieder geübt und auf ihre Tragfähigkeit gegenüber neu auftretenden Sachverhalten und Vorkommnissen geprüft sein. Die gedankliche Auslösung von Diskrepanzen und Widersprüchen nötigt zu Veränderungen von Schemata.

Es ist unschwer zu erkennen, daß dieser Ansatz in die gleiche Richtung wie die »basic concept-« und die »advance organizer-Strategie« weist.

7.3.5 Sonstige Lehrstrategien

– Die Vermittlung von Algorithmen

Algorithmen sind Folgen von Maßnahmen, Operationen, Vollzügen, die zur Lösung einer Aufgabe führen. Ein Algorithmus bildet sich jeweils für einen engeren Bereich heraus. Sofern der richtige Algorithmus gefunden ist, werden die einzelnen Schritte in Richtung der Problemlösung zielsicher gesteuert. Für den Schulunterricht ergibt sich die Konsequenz, für die Aufgabentypen in den einzelnen Fächern jeweils geeignete Algorithmen zu finden und zu lehren. Sofern der Lernende über derartige Lösungsschlüssel verfügt, ergibt sich eine wesentliche Erleichterung bei der Vermittlung von Kenntnissen.

– Verdeutlichung von statischen und dynamischen Phänomenen

In einem ganz anderen Zusammenhang weist E. Wiersing auf diese beiden Begriffe hin: »Bei den statischen Phänomenen – also z. B. Landschaften, Gemälden, Vorstellungen oder Naturgesetzen – ist es sinnvoll, nach ihrem Aufbau, nach ihren Teilen, nach ihren Dimensionen und nach deren zeitlich konstantem Verhältnis zu fragen. Solche Phänomene weisen primär *Gebildestrukturen* auf. Anders ist es bei Prozeßphänomenen – wie z. B. bei einer Mondfinsternis, dem Erblühen einer Blume, dem Bau eines Hauses, einem Gottesdienst, der Lektüre dieses Kapitels oder eben: einer Unterrichtsstunde. Für solche Phänomene ist das zeitliche Nacheinander von Zuständen und Aktivitäten, also ihre *Prozeßstruktur,* konstitutiv« (1978, S. 20).

Der Lehrende wird sich vorab zu vergewissern haben, ob Gebildestrukturen (mit konstanten Elementen) oder Prozeßstrukturen (mit dynamischen Momenten wie Phasen, Stadien, Etappen, Abschnitten) zu vermitteln sind.

– *Einordnung in einen bekannten Zusammenhang*

Diese Teilstrategie empfiehlt sich besonders bei der Speicherung von Texten: »Man merkt sich ein Faktum, ein Ereignis, ein Wort etc. leichter, wenn es in irgendeinem bekannten Zusammenhang steht – und wenn es sich auch nur um eine Assoziation handelt. Man denke hier an ähnlich klingende Wörter, an Ereignisse, die an bestimmte äußere oder emotionale Situationen gebunden sind u. ä.« (von Cube 1977, S. 111). Der Lehrer sollte demnach bemüht sein, neue Inhalte in einen sachlichen Kontext zu stellen, sie richtig einzubetten.

– *Arbeiten mit Figur und Grund*

Ein Lehrgegenstand vermag zu changieren, je nachdem von welcher Folie er sich abhebt. So erscheint beispielsweise Hindenburg als Feldherr und als Staatsmann in einem anderen Licht.

– *Die Verwendung von Prototypen*

Eine weitere Lehrstrategie stellt das Unterrichten mit didaktischen Prototypen dar. W. Ennenbach hat organisierende Prinzipien in Gestalt von »Prototypen« im Geschichtsunterricht (z. B. Einigen – Trennen, Oben-Unten-Hierarchie) mit Erfolg eingesetzt (1970, S. 28; s. auch Ennenbach/Westphal 1980).

Rückblick: Die von uns aufgewiesenen Lehrstrategien stehen im Dienste kognitiven Lernens; sie erstreben eine Optimierung der Kenntnisvermittlung und fördern indirekt auch die Entwicklung geistiger Fähigkeiten (s. Kap. 4.3). Ihre Existenz stellt entschieden eine Bereicherung unseres Wissens über Lehrmethoden dar. Zweifel können sich jedoch einstellen, wenn man an die Realisierbarkeit dieser Ansätze denkt. Ob die Erörterung nicht eine Etage zu hoch ansetzt! Und ob die Entwicklungspsychologen das einlösen können, was die Kognitionstheoretiker fordern! W. Einsiedler bemerkt einschränkend zu den kognitiven Lehrstrategien: »Es könnte sein, daß bestimmte Schülergruppen aus einem Vorgehen Nutzen ziehen, das bei einfachsten Wissenselementen beginnt. Es ist denkbar, daß einige Schüler durch ein Problem am Anfang entmutigt werden oder mit einem abstrakten organizer keine strukturelle Verankerung vornehmen können. Besonders bei der Kritik neuerer Modelle des Grundschulunterrichts wird darauf hingewiesen, daß Konzepte, die über Phänomene hinausgehen, für viele Schüler eine Überforderung seien; schwache Schüler lernten leichter durch einfaches Benennen von Fakten, Aufstellen von Regeln und allmähliches Weiterschreiten zu Problemen« (1976, S. 149). Die Didaktik wird demnach verschiedene Methoden der Wissensvermittlung zulassen müssen.

8. *Begriff Lernen*

8.1 Bedeutung des Lernens

»Lernen« ist ein zentraler Begriff der Erziehungswissenschaft, der zunächst einen anthropologischen Tatbestand bezeichnet. Die Humanwissenschaften stimmen in der Erkenntnis überein, daß der Mensch aufgrund seiner unzureichenden Instinktausstattung ohne Lernen das Leben nicht bestehen kann. Der Mensch ist ein ens educandum, ein Wesen, das erzogen werden muß. »Lernen« bedeutet somit eine Notwendigkeit. Man spricht im gleichen Sinne auch vom Menschen als einem Lernwesen (homo discens). Der Mensch ist ein lernbedürftiges, er ist aber zugleich das lernfähigste Wesen. Positiv hebt man seine Offenheit, seine Nichtfestgelegtheit, hervor, mit Hilfe deren er sich an seine Umweltbedingungen anzupassen vermag.
Lernen beinhaltet des weiteren die Haupttätigkeit des Schülers (Steindorf [3]1976, S. 252 ff.). Die heutige Didaktik sieht den (Schul-)Unterricht primär vom *Lernen des Schülers*, nicht – wie ehedem – vom Lehren des Lehrers bestimmt.
Zu keiner Zeit haben wir über das Lernen so viel gewußt wie in der Gegenwart, wo eine umfängliche – nicht zuletzt psychologische – *Lernforschung* sich mit diesem Phänomen auseinandersetzt und mehrere Lerntheorien entwickelt hat. Das Interesse gilt dabei vor allem den Bedingungen des Lernens, den Lernarten und Lernmodellen, den Lerngesetzen, dem Lernprozeß und auch den Lernschwierigkeiten (Zielinski 1980).

8.2 Umschreibung von Lernen

8.2.1 Lernen allgemein

Lernen ist eine Handlungsweise aller Lebewesen, nicht nur des Menschen. Ja, die Forschung der letzten Jahrzehnte hat vorzüglich das Lernen bei Tieren (z. B. Ratten und Tauben) untersucht und das *»Verhalten«* der Lebewesen in bestimmten Situationen zur zentralen Kategorie erhoben. Behaviorale Ansätze tendieren dahin, eine sowohl für Tiere als auch für Menschen gleichermaßen gültige Kennzeichnung zu finden. So hat man etwa formuliert: »Lernen umfaßt alle Verhaltensänderungen, die aufgrund von Erfahrungen zustande kommen« (Lefrancois 1976, S. 4). Dabei kann es sich sowohl um die Stiftung neuer als auch um die Verbesserung alter Verhaltensweisen und Leistungsformen handeln, und zwar verdient nur eine relativ dauerhafte Verhaltensänderung das Prädikat »Lernen«. »Erfahrung« versteht man in diesem Zusammenhang als das Kondensat von Erfolgen, Niederlagen, Übung, Training und Einsicht. Es handelt sich *nicht* um Lernen – und damit knüpfen wir an eine Präzisierung von E. R. Hilgard und G. H. Bower ([3]1973, S. 16) an –, wenn Verhal-

tensänderungen aufgrund von Reifung, Alterung, Erkrankung, hormonalen Einflüssen, traumatischen Einwirkungen, Drogenkonsum, Ermüdung und kurzfristigen Motivationsschwankungen zustande kommen.
Lernen erscheint somit als Pendant zu »Reifung«. Voraussetzung von Lernprozessen ist ein psycho-physisches Substrat: Dispositionen, Begabungen, Codes (in der Gehirnphysiologie) u. dgl. Den Psychologen und den Pädagogen interessiert gerade das Zusammenspiel von Reifen und Lernen.

8.2.2 Menschliches Lernen

Die Aufmerksamkeit der Didaktiker gilt vorrangig dem *menschlichen* Lernen und insbesondere dem Lernen in Unterrichtssituationen. Hier stoßen wir auf die Grenzen der Übertragbarkeit von Forschungsergebnissen aus Tierexperimenten. Mit z. T. gewagten Analogieschlüssen glaubt man, die gewonnenen Modelle auch auf das komplexere und höher strukturierte menschliche Lernen anwenden zu können.
Von menschlichem Lernen kann gesprochen werden, wenn jemand aus eigenen und fremden Erfahrungen und Erkenntnissen inneren Gewinn zieht für die Gestaltung seines Lebens. Wir alle kennen die Redeweise: Gebranntes Kind scheut das Feuer. Eine sehr weit gefaßte Definition von Lernen treffen wir bei W. Guyer an: »Lernen im weitesten Sinn des Wortes heißt: Bereitstellen von Erfahrungen für das zukünftige Tun des Menschen« ([4]1964, S. 15).
Vielfältig sind die Gegenstände, die vom Menschen gelernt werden: Bereits das Kleinkind lernt, sich aufzurichten, sauber zu sein, zu laufen, zu sprechen und sich zu benehmen. Wir lernen Fremdsprachen, Tennis, Reiten, Schwimmen, Schachspielen, Kartenspielen, Maschine schreiben, Stenographie, Radfahren, Autofahren, Kochen, Stricken, Handwerkern, Logarithmieren, Glasblasen, Computer bedienen, Melken, Waffen handhaben, aber auch Wertungen, Einstellungen, Haltungen, Gefühle und Bedürfnisse. Auch Unarten, Untugenden, schlechte Gewohnheiten, Vorurteile, falsches Wissen können vom Menschen gelernt werden. Der Pädagoge hat selbstverständlich das positiv gemeinte Lernen im Auge.
Immer meint Lernen ein Erwerben, ein Hinzunehmen, ein Aneignen, wie es treffend in den lateinischen Verben »apprehendere« und »comprehendere« und entsprechend in den französischen Vokabeln »apprendre« und »comprendre« zum Ausdruck kommt. »Wenn Lernen stattgefunden hat, dann ›kann‹ ein Individuum etwas, was es vorher in dieser Form nicht konnte, und es kann dieses neue ›Können‹ in bestimmten Verhaltensweisen zeigen, die auf das Können schließen lassen; man spricht also von Lernen, wenn man meint, daß eine Verhaltensdisposition erworben worden sei« (Eigler u. a. 1973, S. 26). Lernen bedeutet zumeist eine Steigerung des eigenen Leistenkönnens.
Aber auch der Abbau falscher Gewohnheiten, schiefer Einstellungen u. dgl. (man denke an die Re-education nach 1945!) ist als »Lernen« zu bezeichnen. Ein zu enger Lernbegriff erscheint daher unangemessen.

Es dürfte feststehen, »daß *Lernen* ein *zeitlich erstreckter Vorgang* ist, der *direkt nicht beobachtbar* ist, vielmehr nur aus der Beobachtung des menschlichen Verhaltens zu unterschiedlichen Zeitpunkten *erschlossen* werden kann« (Macke 1978, S. 51). »Zeitliche Erstreckung« zielt auf den *Prozeßcharakter von Lernen.* Lernen ist nicht ein einmaliger Vollzug, sondern eine Folge von Handlungen, die Lernzeit verbraucht. Im allgemeinen ist eine Vielzahl von Wiederholungen und Übungen notwendig, um beim Menschen Kenntnisse zu festigen, Fertigkeiten zu schulen, Fähigkeiten zu entwickeln und Gewohnheiten zu habitualisieren.

8.2.3 Schulisches Lernen

Das Verständnis von Lernen in der Schule hat sich zunehmend ausgeweitet. Lernen war lange Zeit nahezu identisch mit *Aneignung von Wissensinhalten.* »Unter kognitivem Lernen versteht man gewöhnlich den Vorgang des Einprägens von Begriffen, Konzepten und Ereignissen im Gedächtnis« (Tewes 1976, S. 80). H. Lehner formuliert: »Das Lernen in Schule, Studium und Beruf wird verstanden als die Aneignung von Lehrstoff« (1979, S. 85). Ein derart auf den mentalen Bereich des Menschen bezogenes Lernen erscheint uns heute zu eng und einseitig. Gegenstand und Ziel des Lernens ist nicht nur verbales, kognitives, sondern ebenso motorisches, emotionales und soziales Verhalten.
Im übrigen dürfte Lernen ein individueller Vorgang, ein höchst persönliches Geschehen, sein. Niemand kann für mich lernen. »Das Lernen ist immer eine eigene Leistung des Schülers, die ihm der Lehrer nicht abnehmen kann. Von ›Lernen‹ im didaktischen Sinne sprechen wir, wenn sich der Schüler dem Gegenstand der Aneignung (dem Stoff, einer Aufgabe, einem Problem usw.) innerlich zuwendet, wenn er sich mit ihm unter Anspannung seiner psychischen und physischen Kräfte aktiv auseinandersetzt, wenn er *selbsttätig* ist« (Klingberg 1972, S. 185).

8.3 Aspekte des Lernprozesses

»Lernen« ist ein komplexer Begriff, der der weiteren Analyse bedarf. Im folgenden sollen einige Einsichten hauptsächlich der Lernpsychologie herausgestellt werden, die von unmittelbarem didaktischen und methodischen Interesse bezüglich des Neulernens, des Behaltens und des Vergessens sind. Wir beziehen dabei Vorarbeiten von H. Roth ([4]1967), E. Dauenhauer ([2]1970) und U. Tewes (1976) aus der Lern- und Gedächtnisforschung in unsere Darlegung ein.
Den Lernvorgang gliedern wir in die drei wesentlichen Phasen: in die (1) Akquisition, in die (2) Retention und in die (3) Reproduktion.

8.3.1 Der Aspekt der Akquisition

Lernen ist zunächst einmal ein *Aneignungsphänomen.* Akquisition meint Erwerb, Beschaffung, Neulernen, Erstlernen, Begegnung mit dem Aufzunehmenden. Bei kognitivem Lernen kann man auch von »Perzeption« sprechen. Welche Aussagen lassen sich über die Erwerbsphase machen?

- Jedem Lernvollzug sollte eine Lernvorbereitung, eine warming-up-Phase, eine Interesseweckung, eine Motivierung vorausgehen.
- Die Perzeption gelingt umso besser, je größer die Wahrnehmungsklarheit und je strukturierter die Elemente des zu lernenden Stoffes sind.
- Sinnvolles Material wird leichter gelernt und besser behalten als sinnleeres (vgl. Ebbinghaus).
- Zuerst ist für ein möglichst gutes Verständnis des Stoffes zu sorgen, bevor man seine Einprägung verlangt. Man könnte von der Neudurchnahme sagen: Gut gelehrt, ist halb gelernt.
- Es wird jeweils von den besonderen Umständen (Aufgabenart, Lerntyp) abhängen, ob das Ganz- oder das Teillernverfahren vorzuziehen ist. Ein logisch zusammenhängender Stoff (z. B. ein Gedicht) wird besser als Ganzes gelernt (globales Lernen) als in Teilen (fraktionierendes Lernen).
- Eine Verbalisierung des Lernstoffes bereitet nachfolgendes sensumotorisches Lernen positiv vor.
- Für den Lernerfolg ist es wichtig, was dem Lernen vorausging und was ihm folgt. Zu ähnliches Lernmaterial sollte nicht zusammentreffen (z. B. Vokabellernen in Italienisch und Spanisch). Es stört proaktiv das, was folgt, und retroaktiv das, was vorher gelernt wurde (proaktive und retroaktive Hemmung).
- Die Perseverationstheorie empfiehlt, für kurze Zeit nach der Perzeption nichts Neues zu lernen.
- Lernen unmittelbar vor dem Schlafengehen führt zu höheren Behaltenswerten.

8.3.2 Der Aspekt der Retention

Lernen ist des weiteren ein *Behaltensphänomen.* Immer wenn (bewußt) gelernt wird, ist ein Bewahren, ein Aufheben, ein Speichern des Erlernten, kurz: ein Nicht-Verlernen beabsichtigt. Kenntnisse wollen nicht nur einmal eingeprägt, sondern ständig memoriert sein; Fertigkeiten müssen geübt werden; Haltungen sollen sich immer wieder erweisen (vgl. die Rede vom praktizierenden Christen). Lernen hat also mit Gedächtnis, mit Merkfähigkeit, zu tun (vgl. Foppa ^{2}1966). Das Bewahren wird in der Psychologie als Retention (lat. retentio = Zurückhaltung) bezeichnet.
Da einmaliges Neulernen beim Menschen nicht genügt, um über das Gelernte auf Dauer zu verfügen, steht die Schule in einem ständigen Kampf gegen Vergessen und Verlernen. Dabei gehen angesammelte Kenntnisse leichter und schneller verloren als Fertigkeiten (Eislaufen, Autofahren usw.). Der Schulunterricht trifft – unter großem

Zeitaufwand – spezifische Maßnahmen zum Zwecke der Wieder-holung wie Memorieren, Aufsagen, Abfragen, Üben usw.; denn: Repetitio est mater omnium studiorum. Daß Lernen mit Behalten zu tun hat, überzeugt insbesondere beim einprägenden Lernen und beim Auswendiglernen.

Die Didaktik kann bei ihrem Vorgehen neuere Ergebnisse der Gedächtnisforschung nicht außer acht lassen (Vester 1975). Demnach verfügt jeder Mensch neben einem Ultrakurzzeit- und einem Kurzzeitgedächtnis über ein *Langzeitgedächtnis*, das eine große Kapazität hat und im Prinzip von unbegrenzter Wirkungsdauer ist. Seine Inhalte sind permanent reproduzierbar, können miteinander jedoch interferieren (= sich überlagern) (s. Schmidt 1977, S. 45f.). »Im Langzeitspeicher vollzieht sich der psychische Vorgang des Behaltens . . .« (Antenbrink 1973, S. 65). Dieses Langzeitgedächtnis dürfte in den überwiegenden Fällen gemeint sein, wenn von schulischem Lernen die Rede ist.

Welche unterrichtsbedeutsamen Feststellungen trifft die Lernpsychologie bezüglich des Behaltens?

- Die Kenntnis des Umfangs des Lernmaterials wirkt positiv auf die Behaltensleistung.
- Lerninhalte, die vom Schüler als sinnvoll erlebt werden, gehen leichter in das Gedächtnis ein und werden besser behalten als sinnloses Material.
- Ich-nahe Stoffe werden besser bewahrt als neutral empfundene.
- Affektive Momente im Material und Anmutungsqualität beeinflussen das Behalten.
- Angenehmes Material wird besser behalten als unangenehmes, unangenehmes Material besser als neutrales.
- Die Stellung in der Reihe ist von Bedeutung: Glieder am Anfang und am Ende des Materials werden schneller behalten.
- Inhaltliches Wiedergeben verliert weniger rasch an Behaltenswert als wortwörtliche Wiedergabe.
- Je zahlreicher die Beziehungen sind, in denen die zu merkende Einzelheit steht, desto besser ist sie zu merken und desto leichter gelingt auch ihre Reproduktion.
- Behalten ist in sehr starkem Maße von der Fähigkeit zu differenzieren abhängig. Bereits das Einprägen ist ein Problem des Organisierens und Strukturierens.
- Wenn zwischen den Wiederholungen eines Inhalts Pausen liegen (verteilte Übung), so ergibt sich eine erhöhte Lernleistung im Vergleich zu unmittelbar aufeinanderfolgenden Übungsdurchgängen (massierte Übung).
- Verteiltes Üben wirkt sich günstig auf ein Behalten auf längere Zeit, gehäuftes Üben positiv auf das unmittelbare Behalten aus.
- Im allgemeinen sinken die Behaltensleistungen mit zunehmender zeitlicher Entfernung vom Perzeptionsakt.
- Nach der Interferenztheorie beeinflussen vorausgehende ebenso wie nachfolgende Lernakte das Behalten.

8.3.3. Der Aspekt der Reproduktion

Lernen ist schließlich ein *Aktualisierungsphänomen.* In der Schule erfolgt ein Lernen auf Vorrat. Der Mensch lernt, um sein Lernpotential bei gegebener Veranlassung einsetzen zu können. Lernergebnisse sollen vorweisbar sein, d. h. im einzelnen:
- erlangtes Wissen soll präsent sein,
- erworbene Fertigkeiten sollen gekonnt sein,
- eine bestimmte Haltung soll sich bewähren.

Von allem Gelernten erwarten wir, daß es später einmal (im Leben, im Beruf usw.) gebraucht werden kann, was sich u. a. in der Lernübertragung und in der Anwendung erweist.

Den erfolgreichen Abschluß eines Lernprozesses kann man daran überprüfen, ob ein Individuum in der Lage ist, das Gelernte zu reproduzieren. »Der Vollzug des Lernens kann ... nicht ohne den Vollzug des Erinnerns beobachtet werden« (Gagné [3]1973, S. 69). Lernen muß sich äußern. Reproduktion allein macht das Erlernte offenkundig.

Zum Reproduktionsakt selbst ist zu bemerken:
- Bei der Reproduktion haben wir zwischen dem Kurzzeitgedächtnis und dem Langzeitgedächtnis zu unterscheiden.
- Die Struktur und der Bekanntheitsgrad des Materials beeinflussen die Reproduktionsleistung.
- Das Reproduzieren von Inhalten gelingt nach einer Pause (etwa 2–10 Minuten nach dem Neulernen) häufig besser als unmittelbar nach der Akquisitionsphase.
- Das Reproduzierte ist z. T. etwas qualitativ anderes als das ursprünglich Dargebotene. Dies wird u. a. durch Überlagerung und Erinnerungsverluste bewirkt. Schließlich sollte nicht verkannt werden, daß Gedächtnis ein Prozeß ist.

8.4 Lerntheorien

»Lerntheorien sind Versuche, die Kenntnisse über menschliches Lernen zu systematisieren und zusammenzufassen« (Lefrancois 1976, S. 12). Die in der Gegenwart entwickelten Aussagensysteme über Lernen suchen die vielfältigen Lernerscheinungen auf einige stimmige Prinzipien und Ursachen zu reduzieren. Vor allem interessiert bei den nicht unmittelbar beobachtbaren Lernprozessen der Zusammenhang zwischen Lernaktivität und Lernprodukt. Der Anspruch, eine allgemeingültige – auf Mensch und Tier gleichermaßen anwendbare – Lerntheorie zu finden, ist weithin aufgegeben. Die Forschungsansätze ebenso wie die Untersuchungsobjekte divergieren zu stark. »Die einen experimentierten mit Tieren, andere mit Kindern oder Erwachsenen. In einem Fall untersuchte man das Lernen durch Übung, in anderen Fällen das Lernen durch trial und error (Versuch und Irrtum) oder durch Einsicht« (Schmidt 1977, S. 14). R. Travers ist der Auffassung: »Gegenwärtig scheint die

Psychologie nur zur Entwicklung sehr begrenzter Lerntheorien in der Lage zu sein. Es ist wenig wahrscheinlich, daß in naher Zukunft eine umfassende Lerntheorie entwickelt werden wird« (1975, S. 57).
Im wesentlichen stehen sich heute zwei Lerntheorien gegenüber, die ihren Grund in den verschiedenen Interessen der Theoretiker haben: der Behaviorismus und der Kognitivismus. Während sich der Behaviorismus vorrangig mit den beobachtbaren Lernphänomenen befaßt, so daß Lerntheorie und Verhaltenstheorie nahezu identifiziert werden können, beschäftigt sich die Kognitionspsychologie mit der menschlichen Wahrnehmung, mit Informationsverarbeitung, Konzeptlernen, Bewußtsein und Verstehen.
Die behavioristischen Ansätze lassen sich unter der Bezeichnung »Konnektionismus« oder »S-R-Theorien« zusammenfassen; denn nach ihrer Auffassung beruhen alle Lernprozesse auf der Bildung von Koppelungen (»connections«) zwischen bestimmten physischen Reizen (engl.: stimuli = S) und bestimmten beobachtbaren Reaktionen (engl.: responses = R). Im einzelnen wird das Zustandekommen von Lernen nach dem Reiz-Reaktionsmodell noch einmal unterschiedlich erklärt (Verstärkungstheorie, Kontiguitätstheorie). Die S-R-Theorien haben in der Pädagogik einen Niederschlag gefunden in Gestalt des Programmierten Unterrichts.
Demgegenüber basieren die kognitiven Lerntheorien auf gestaltpsychologischen Erkenntnissen; ihre Bedeutung für menschliches und insbesondere schulisches Lernen wird zunehmend erkannt.
Eine ausführliche Darstellung einzelner Lerntheorien findet sich u. a. bei Hilgard/Bower [3]1973, Ruprecht 1974, Lefrancois 1976, Posner 1976, Straka/Macke 1979, Edelmann 1979.
R. M. Gagné hat sowohl behavioristische als auch kognitive Lerntheorien zu einem System integriert. Von seinen acht Situationsklassen menschlichen Lernens sind für den Schulunterricht relevant: Sprachliche Assoziation (Typ 4), Diskriminationslernen (Typ 5), Begriffslernen (Typ 6), Regellernen (Typ 7) und Problemlösen (Typ 8) ([3]1973, S. 57f.). Es sei außerdem auf die Bedeutung des Imitationslernens (Beobachtungslernen, Lernen am Modell) hingewiesen (Bandura 1979).

9. Lernen durch Einsicht

9.1 Auswendiglernen

In den didaktischen Erörterungen der Gegenwart wird denkendes Lernen häufig einprägendem Lernen gegenübergestellt. Beide Lernarten schließen einander jedoch nicht aus. Für H. Schiefele lassen sich Lernen und Denken als Tätigkeiten nicht streng voneinander trennen. Er unterscheidet vereinfachend zwei Arten kognitiver Lernprozesse: »das Lernen von Tatsachenwissen und das Verstehenlernen« (1969, S. 54). Nicht alles, was gelernt werden soll, geht in gleicher Weise in den Besitz und die

Verfügbarkeit des Lernenden ein. »Lernziel kann sein, das Gelernte auf Abruf durch Stichworte aus dem Gedächtnis wiederzugeben«; der Deutsche Bildungsrat sagt dazu im »Strukturplan« (1970): »Das so verfügbare Wissen ist die Grundlage für alle höheren Formen des Lernens. Das Verfügen über Wissen kann sich auf die einfachsten (z. B. Einzelheiten) und die kompliziertesten Sachverhalte (z. B. Theorien) beziehen. Solche Lernziele sind legitim« ([3]1971, S. 78 f.).
Die hier gekennzeichnete Lernart wird im allgemeinen abschätzig als »mechanisches« Lernen deklariert; man denkt an geistloses Nachplappern, an das Hersagen von Unverstandenem. Eine weitere Fehleinschätzung scheint uns darin zu liegen, *Auswendiglernen* mit »mechanischem« Lernen gleichzusetzen (vgl. Edelmann 1979, S. 79). Auch ist die Rede vom »sinnlosen Auswendiglernen« (Einsiedler/Härle 1976, S. 198) nicht zwingend.
Auswendiglernen (rote learning) ist durchaus nicht eine negativ zu beurteilende Lernart. Zutreffender würde man von »Inwendiglernen« sprechen, der englischen Wendung »tell it by heart« oder der französischen »apprendre par coeur« vergleichbar. Auswendiglernen (als Einverseelung) stellt einen Spezialfall des Kenntniserwerbs dar. Wir müssen hier von vornherein zwischen der Reproduktion von Unverstandenem (bzw. Halbverstandenem) und der Wiedergabe von Sinnerfaßtem unterscheiden. Jemand, der etwas auswendig weiß, kann das Gelernte aussprechen, weil er es beherrscht. Zu den Kriterien des Auswendiglernens bemerkt C. F. van Parreren: »Das auffallendste Merkmal ist: das *Bestehen einer Lernintention*. Bei fast keiner anderen Form des Lernens muß der Lernende sich so bewußt auf die Leistungsforderung einstellen wie bei Auswendiglernen. Der Gegensatz zu dem zufälligen Lernen liegt auf der Hand« ([2]1972, S. 117). Das Auswendiglernen ist in erster Linie auf wörtliches Reproduzieren gerichtet.
Für das Auswendiglernen kommen vorrangig folgende Inhalte in Betracht:

- Eigennamen
- feststehende Benennungen
- Zahlen
- fremdsprachliche Vokabeln
- historische Daten
- geographische Abmessungen
- topographisches Wissen
- physikalische, chemische, biologische Tatbestände
- politische Gegebenheiten
- Gedichte
- Liedstrophen
- Bibelsprüche
- Sentenzen
- Begriffe
- Definitionen
- Regeln
- Gesetze

Schulunterricht sollte stets die Absicht verfolgen, selbst bei »bloßem« Auswendiglernen, soweit es die Sache erlaubt, auf ein weitestmögliches Verstehen der anzueignenden Inhalte zu dringen. »Sinnlos« lernt ein Schüler dort, wo er die Bedeutung des Gelernten nicht begreift, obwohl sie grundsätzlich verstehbar ist. Es kommen in den Lehrfächern jedoch Lernaufgaben vor, »bei denen es überhaupt nichts zu denken gibt. Tatsachenwissen muß einfach aufgenommen und behalten werden . . .: Japan ist ein asiatischer Inselstaat; die Landfläche der Erde beträgt knapp ein Drittel der gesamten Erdoberfläche; der Dreißigjährige Krieg endete 1648; das alles sind Sätze, an denen es eigentlich nichts zu begreifen gibt. Es ist einfach so. Die Tatsachen hat der Lernende zur Kenntnis zu nehmen und seinem Gedächtnis einzuprägen. Durch Nachdenken kann man nicht auf diese Tatbestände kommen« (Schiefele 1969, S. 65 u. 54). Wir können hier von einem *Faktenlernen* oder allgemeiner von einem *rezipierenden* bzw. *registrierenden Lernen* sprechen.

Wir sollten die Tatsache nicht verkennen, daß die Schule – und zwar mit der (Vor- und) Grundschule beginnend – *elementare Lernanstalt* ist. Irgendwann und irgendwo müssen in der Lerngeschichte des Schülers die Elemente, die nach allgemeinem Urteil Voraussetzung für kompliziertere Denk- und Handlungsvollzüge sind, gewonnen werden. Als Beispiele für *Elementlernen* nennen wir:

– das isolierte Erlernen der französischen Zahlwörter »quatre« (4) und »vingt« (20), die sich später zu dem neuen Begriff »quatre-vingt« (80) zusammenschließen,
– die englischen Substantive »air« und »port« werden getrennt für sich gelernt; sie ergeben schließlich die sinnerfüllte Wortverbindung »airport«.

Es ist m. E. verfehlt, bei jeglichem Elementlernen sogleich die Frage zu stellen, wofür man die Teile einmal werde gebrauchen können. Dies gilt auch für das Lernen fremdsprachlicher Vokabeln. Wie zweckdienlich sind solide Kenntnisse z. B. bei etymologischen Ableitungen, wenn etwa die Rede vom K.o.-Sieg, von Äquinoktien, Isothermen usw. ist. Elementwissen ist schlicht zu akzeptieren. »Verstehen lernen kann man . . . nur Sachverhalte, bei denen es etwas zu verstehen gibt und die man noch nicht versteht« (Schiefele 1969, S. 55).

Isoliertes Einzelwissen und Zusammenhangswissen sind beide für den Lernprozeß wichtig. »Faktenlernen und Beziehungslernen können voneinander unterschieden werden, lassen sich aber nur schwerpunktmäßig trennen. Es ist wahrscheinlich, daß es reines Faktenwissen, ohne jede Beziehung zu anderen psychischen Inhalten, nicht gibt. Vor allem menschliches Lernen ist relational, wenn auch graduell und qualitativ unterschiedlich« (Schiefele 1974, S. 124). Die Vorwürfe gegen die Lernschule im vorigen Jahrhundert sind weithin berechtigt: »Die alte Schule . . . sah im wesentlichen den *Lernvorgang als ein Gedächtnisphänomen.* Die Lernleistung lag legitim in der lückenlosen Reproduktion meist nur verbal vordemonstrierter Sachverhalte« (H. Roth 1967, S. 162). Man denke an das Hersagen der alttestamentlichen Propheten oder das Memorieren von Gesangbuchstrophen!

Moderner Schulunterricht ist dort, wo es von der Sache her möglich ist, um den Sinngehalt des Gelernten bemüht. Am Beispiel des Schauspielers läßt sich verdeutli-

chen, daß wortwörtliches Hersagenkönnen und Textverständnis sich nicht ausschließen. Insofern greifen hier einprägendes und denkendes Lernen ineinander. Nicht selten bilden sich beim Memorieren Ordnungen und hierarchische Gliederungen innerhalb des Lernmaterials heraus.
Die heutige Schule steht wohl nicht in der Gefahr, zu viel an Inhalten auswendig lernen zu lassen; eher muß schon befürchtet werden, daß – im Gegensatz zur allgemeinen Hochschätzung von »Quizwissen« in der Öffentlichkeit – auf Elementlernen, Faktenwissen und Benennungswissen zu wenig Wert gelegt wird. Die Schule als grundlegende Lerninstitution sollte sich des einprägenden Lernens nicht schämen. Selbstverständlich schwebt dem Unterricht als Hochziel die Schau von Zusammenhängen vor; dazu sind aber gerade Elementlernen und einzelheitliches Wissen die Vorbedingung. W. Rein u. a. haben bereits 1879 gefordert: »Nirgends darf darum bloß ›amorphes Gerölle‹ angehäuft, immer und überall muß auf ein zusammenhängendes Wissen hin gearbeitet werden« ([8]1908, S. 147f.). Es sollte außerdem nicht übersehen werden, daß die durch Auswendiglernen vorgegebenen Wort- und Satzmuster eine wirkliche Hilfe für sprachlich ungewandte Schüler sein können.
In den gerontagogischen Bereich verweist die Bemerkung, daß Auswendiggelerntes (Gedichte, Liedtexte, Melodien, Lebensweisheiten, Gebete, Psalme u. dgl.) für den einzelnen Menschen u. U. einen Fundus darstellt, auf den er im Alter rekapitulierend gern zurückgreift.

9.2 Charakterisierung kognitiven Lernens

Einsichtiges Lernen ist die zusammenfassende Bezeichnung für verschiedene Arten von Lernen, bei denen menschliche Einsicht, Denken, Verstehen und damit auch Sprache beteiligt sind. Selbstverständlich sind kognitive Elemente auch beim psychomotorischen, emotionalen und sozialen Lernen wirksam. Wir haben es hier mit den höheren Formen des *verbalen* Lernens zu tun, worunter der Erwerb und das Behalten von sprachlichem Material verstanden wird. Man spricht sinngleich auch von kognitivem Lernen. Nach der Auffassung von H. Roth spielt das *Denken* im Lernprozeß eine ausschlaggebende Rolle: »Tatsächlich gibt es kaum menschliche Lernprozesse, in die nicht Denkprozesse eingeschaltet sind. Ja, man kann sagen, daß das Lernen um so ökonomischer und weitgreifender wird, je mehr Denkprozesse den Lernprozeß abzukürzen erlauben . . .« (1967, S. 181).
Die Vertreter der Gestaltpsychologie wie der Kognitionspsychologie sehen im menschlichen Lernen einen Akt der Selektierung, Strukturierung, Differenzierung und Beziehungserfassung. Lernen ist nicht mechanische Verknüpfung von Elementen, sondern Gestaltbildung, Informations*verarbeitung*, ein Prozeß des Kategorisierens. Der kognitive Ansatz versteht Lernen als *Veränderung kognitiver Strukturen* (s. hierzu auch Kap. 7.2 u. 7.3). »Die kognitive Struktur spiegelt das Resultat aller

Lern-, Behaltens- und Vergessensprozesse wider. Sie wird als Speicher aller bisher erworbenen Bedeutungen (Begriffe, Regeln) gedacht« (Edelmann 1979, S. 83). Dieses gedankliche Konstrukt hat man sich plastisch und flexibel vorzustellen. »Lernen als ›Hinzulernen‹ ist im guten Sinne nicht einfach ein bloßes ›Anstücken‹, ein additives und kumulatives Erweitern eines Bestandes (z. B. an Wissen oder Können); vielmehr verändert sich mit dem Hinzukommen eines Neuen im Lern- oder Denkprozeß die Organisation des Altbestandes in mehr oder weniger charakteristischer Weise: Die Rollen oder Teilfunktionen können wechseln, anschauliche Schwerpunkte, Gewichte und Zentren sich verlagern, Verdichtungsbereiche sich verschieben, Maßstäbe sich verfeinern usw.« (Müller 1964, S. 126). Ähnlich heißt es aus didaktischer Perspektive: »In gewisser Hinsicht ist also jedes Lernen ein Einordnen. Lernen kann sich immer nur vollziehen, wo bereits ›Gelerntes‹ in Berührung mit ›Ungelerntem‹ tritt. Das Lernen spielt sich gewissermaßen im ›Grenzbereich‹ zwischen Wissen und ›Nichtwissen‹, zwischen Können und ›Nichtkönnen‹ ab und vollzieht sich durch ständige Verknüpfung des neuen Wissens und Könnens mit dem alten« (Klingberg 1972, S. 186f.).
Kognitive Lerntheorien werden u. a. von Aebli, Ausubel, Bruner, Gagné, Galperin und Piaget vertreten. L. Bonne sagt von der Konzeption des kanadischen Psychologen D. P. Ausubel: »Sie ist zweifellos die im Hinblick auf schulisches Lernen konsequenteste und geschlossenste Lernpsychologie, die im Augenblick vorliegt« (1978, S. 114). Die beiden zentralen Kategorien seiner Theorie sind »Sinnhaftigkeit« (bzw. Bedeutungshaltigkeit, »meaning«) und »Unterordnung« (bzw. hierarchische Gliederung, »subsumtion«). Ausubel kennt auch entdeckendes Lernen, aber sein Interesse gilt hauptsächlich dem *sinnvoll-rezeptiven Lernen*, das nach seiner Auffassung in der Schule vorherrschend ist. Über diese Art des Lernens führt er aus, »daß der Erwerb von Stoffgebietwissen primär eine Manifestation des rezeptiven Lernens ist, d. h. der Hauptinhalt des zu Lernenden wird dem Lernenden in einer mehr oder weniger finalen Form dargeboten. Unter diesen Umständen wird von dem Lernenden lediglich verlangt, das Material zu begreifen und seiner kognitiven Struktur einzugliedern, so daß es zu einem zukünftigen Zeitpunkt für Reproduktion, verwandtes Lernen oder Problemlösen zur Verfügung steht« (1974, Bd. 1, S. 90).
Sofern Unterricht selbständiges Denken fördern will, darf er nicht auf wörtlichen Wiedergaben der Lerninhalte bestehen. »Überall, wo es auf Einsicht in einen Sachverhalt ankommt, also so gut wie überall außer bei Eigennamen, festgesetzten Benennungen, Zahlen, Gedichten und Bibelsprüchen, muß man den Schüler mit allen Mitteln daran *verhindern,* auswendig zu lernen und sich an den Wortlaut zu klammern, indem man ihm den Stoff in immer neuen sprachlichen Wendungen darbietet und ihn ebenfalls zwingt, ihn jedesmal aufs neue und mit eigenen, im Augenblick gefundenen Worten wiederzugeben« (Metzger [4]1967, S. 293). Aus psychologischen Experimenten weiß man, daß einsichtig gelernte Inhalte leichter im Gedächtnis bewahrt werden als Unverstandenes (z. B. »Adriatisches« Meer, benannt nach dem Ort »Adria« in der Poebene; Rilkes »Duineser Elegien« führen ihren

Namen nach dem Schloß »Duino« bei Triest usw.). Goethe hat einmal diesen Sachverhalt in der Negation so ausgedrückt: Was man nicht versteht, besitzt man nicht.
Der Wert des bedeutungshaltigen Lernens (meaningful learning vs. rote learning [by rote = durch bloße Übung, rein »mechanisch«]) wird heute allgemein eingesehen. »Größeres Verständnis für das, was gelehrt wird, hat schnelleres Lernen, besseres Behalten und bessere Anpassung an neue Bedingungen zur Folge« (Cronbach 1971, S. 382).
Über den Zusammenhang von Denken und Lernen und die Herausbildung von geistigen Fähigkeiten sagt H. Schiefele: »Man kann . . . nicht einsichtig lernen, ohne zugleich Einsicht zu lernen. Und umgekehrt: Wer Denken lernen will, kann das nur tun, indem er Sachverhalte denkend lernt. Deswegen gibt es auch kein Denken an sich, sondern immer nur ein Denken von etwas. Einsichtig kann man immer nur im Hinblick auf einen Sachverhalt sein, niemand hat Einsicht an sich« (1969, S. 63).

9.3 Formen einsichtigen Lernens

Innerhalb des Lernens durch Einsicht können verschiedene Ausprägungen unterschieden werden, z. B. das Begriffslernen, das Konzeptlernen, das Regellernen, das Prinzipienlernen und das Strukturlernen. Wir haben es hier weithin mit dem Pendant der Lehrstrategien (s. Kap. 7.3) auf seiten der Schüler zu tun. Ein Bezug zu den »höheren« kognitiven Lerntypen des amerikanischen Psychologen R. M. Gagné ist unmittelbar gegeben. Auf das Problemlösen gehen wir im nächsten Kapitel gesondert ein.
Die hier vorweg genannten Möglichkeiten einsichtigen Lernens umschreiben alle eine bestimmte Vorgehensweise, wie nämlich Lernmaterial optimal strukturiert werden kann. Da diese Lernformen von unterschiedlicher Leistungsfähigkeit sind, interessiert deren spezifischer Beitrag zum Aufbau der kognitiven Struktur.
Begriffslernen nimmt sich zum Ziel, konkrete Inhalte auf übergeordnete Klassen bzw. Kategorien zu verallgemeinern. Dabei erfolgt die Kategorisierung von Objekten aufgrund von Merkmalen oder Relationen. Zugleich geht es um den Ausschluß des Nichtzugehörigen (Diskrimination). Begriffe bilden ihrerseits wegen ihres unterschiedlichen Generalisierungsgrades eine hierarchische Struktur: Auf der obersten Ebene stehen »die allgemeinsten Begriffe« in einem bestimmten Gebiet (z. B. »Krieg«), auf mittlerer Ebene gefolgt von »sehr allgemeinen Begriffen« (z. B. »Angriffskrieg«); die untere Ebene bilden »individuelle Begriffe« (z. B. »Zweiter Weltkrieg«). Im allgemeinen werden die Begriffe auf der untersten Stufe zuerst gelernt, und mindestens diese Begriffe werden aus der Erfahrung gewonnen.
H. Aebli, der sich ausführlich mit der Bildung und Anwendung von Begriffen beschäftigt hat, sagt: »Heranwachsenden jungen Menschen Begriffe zu vermitteln, ist

eine zentrale Aufgabe des Unterrichts. Denn wo wir einen Begriff gebildet haben, da haben wir eine Erscheinung ›im Griff‹. Wir haben sie aus dem Vielerlei der Eindrücke, die uns begegnen, herausgelöst. Wo sie uns wieder begegnet, vermögen wir sie wieder zu identifizieren«. Und er fährt fort: »In der Tat: Begriffe sind die Instrumente, die uns die Welt sehen und verstehen lassen. Sie sind die Werkzeuge, mit deren Hilfe wir sie analysieren« (Aebli [9]1976, S. 192f.).
Etwas Ähnliches wie Begriffslernen meint *Konzeptlernen.* Konzept und Begriff sind weithin austauschbar.
In die gleiche Richtung weist auch das *Regellernen;* denn Regeln sind »Begriffsketten« (Gagné [3]1973, S. 158). Beim Regellernen geht es um die Kombination von Begriffen, z. B. die Regel »Insekten machen eine Metamorphose durch« (Gagné [3]1973, S. 157) ist lernbar, wenn zuvor die Begriffe »Insekten« und »Metamorphose durchlaufen« erarbeitet worden sind. In diesem Falle können Kinder und Erwachsene neue Regeln allein aufgrund verbaler Formulierung erlernen. »Regeln sind das, was im allgemeinen Wissen genannt wird. Dieses Wissen ist in Form von Regelhierarchien in der sog. kognitiven Struktur organisiert« (Edelmann 1979, S. 120).
Ein Beispiel für *Prinzipienlernen* wäre die Gesetzmäßigkeit: »Runde Dinge rollen« (Gagné [3]1973, S. 155). E. Stones bringt zur Verdeutlichung das Prinzip: »Kolben wirken abwechselnd«, das Schüler leicht als verbale Kette lernen könnten. Das Verständnis des Prinzips jedoch ist abhängig von ihrer Erfahrung mit Kolben und abwechselnder Bewegung (1972, S. 146). Im Schulunterricht sollte folglich erst eine gründliche Wahrnehmung vorausgehen, bevor die (ersten) Begriffe entwickelt werden.
Wenn die kognitive Struktur als prinzipielle Invariable bei Lernprozessen vorgestellt wird, kommt selbstredend dem *Strukturlernen* eine große Bedeutung zu. »Die kognitive Strukturtheorie des Lernens weist dem Strukturbegriff deshalb eine zentrale Stellung zu, weil sie die intellektuelle Tätigkeit der Aneignung von Wirklichkeit mittels handelnd-denkender Auseinandersetzung mit der Erfahrung, die man von ihr hat, als ein Entdecken von Strukturen bestimmt« (Edelstein 1976, S. 158). Bereits im »Strukturplan« (1970) heißt es: »Es gehört zu den am besten gesicherten Ergebnissen der Lernpsychologie, daß strukturiertes Wissen mehr Verstehen erfordert und erzeugt als Einzelfakten und auch länger behalten wird und leichter reproduzierbar ist«. »Strukturiertes Wissen« wird dort interpretiert als »solches Wissen, bei dem Einzelheiten in einem System von Begriffen, Prinzipien und Regeln oder innerhalb des Grundgerüstes einer Theorie einen Halt gefunden haben« (Deutscher Bildungsrat [3]1971, S. 79).
Abschließend kann zum Lernen durch Einsicht bemerkt werden: »Ohne Zweifel ist alles höhere menschliche und schulische Lernen im Erleben des Menschen ein bewußtes Sinnerfassen von ihm einsichtig erscheinenden Zusammenhängen. Es ist auch ohne weitere Diskussion überzeugend, daß alles schulische Lernen dieses Ziel haben muß. Aber es wäre kurzsichtig, nicht ebenfalls einzusehen, daß es

auch ein assoziatives Lernen und ein ›Lernen am Erfolg‹ gibt. Nicht zufällig behaupten sich heute noch die drei Lerntheorien nebeneinander« (H. Roth 1967, S. 173).

10. Lernen durch Entdecken

10.1 Entdeckendes Lernen

Entdeckendes Lernen ist auf dem Hintergrund der Gestalt- und der Kognitionspsychologie zu sehen. Verschiedene Begriffe werden im gleichen oder doch ähnlichen Sinne verwendet, z. B.: learning by discovery, Problemlösen, schöpferisches Denken, divergentes Denken (Guilford), forschendes Lernen.

Als Hauptvertreter des Entdeckungslernens wird im allgemeinen Jerome S. Bruner bezeichnet (1970a, 1973). Er spricht sich dafür aus, daß ein gelenktes Entdeckungslernen im Mittelpunkt des Unterrichts zu stehen habe. Das bedeutet: Der Lerninhalt soll dem Lernenden nicht dargeboten, sondern von ihm entdeckt werden. Ganz entscheidend ist dabei die Eigentätigkeit der Schüler, das selbständige Nachforschen und das Auffinden von Lösungen. Die vom Schüler erworbenen Entdeckungsmethoden stehen sodann zum Aufbau neuen Wissens in den verschiedenen Sachbereichen zur Verfügung. Was den Phasenablauf des entdeckenden Lernens betrifft, so sollte es am besten mit einem Problem und mit der Problemanalyse beginnen.

Die Notwendigkeit einer Vermittlung von Entdeckungsmethoden wird hauptsächlich damit begründet, daß die Erkenntnisse der Wissenschaft heute schnell veralten. Einschränkend muß sogleich angemerkt werden, daß durchaus nicht alles Wissen der Vergänglichkeit preisgegeben ist: »In Wirklichkeit wird die Alterungsrate der Wissenschaft weit übertrieben . . . Veralten ist eine unvermeidliche Tatsache, die immer im Auge behalten werden muß, aber das macht die Assimilation gegenwärtiger Wissensinhalte nicht nutzlos oder empfiehlt, sich ausschließlich auf den Prozeß zu konzentrieren, durch den Wissen erworben wird, sondern setzt lediglich die Bereitschaft voraus, diejenigen Aspekte des erworbenen Wissens zu revidieren, die allmählich überholt sind« (Ausubel 1974, Bd. 2, S. 543).

Bei der Aufzählung von *Vorteilen* des entdeckenden Lernens weist man u. a. darauf hin, daß das Entdecken zur Einsicht in Prinzipien und zum Verstehen struktureller Beziehungen führe. Entdeckendes Lernen bewirkt eine hohe (und zwar intrinsische) Lernmotivation und induziert ein epistemisches Verhalten. Es fördert das Interesse, erzielt besondere Transfereffekte, sichert das Behalten und lehrt die Technik des Entdeckens. Alle kognitiven Prozesse, z. B. das Begriffslernen, werden durch learning by discovery günstig beeinflußt.

Von einer Überbetonung entdeckenden Lernens in der Schule kann z. Zt. nicht die Rede sein. Im Gegenteil: »Man vernachlässigt entdeckungsorientierte Verfahren vollständig ... Schüler erleben eine rezeptive Lernhaltung als repräsentativ für Lernen überhaupt« (Edelmann 1979, S. 115).

Das Konzept des entdeckenden Lernens hat in der wissenschaftlichen Diskussion auch *Kritik* gefunden. Man denke nur an die Kontroverse zwischen Ausubel und Bruner, obwohl sich bei beiden auch vermittelnde Positionen aufzeigen lassen.

- Die Einwände richten sich u. a. gegen den Anspruch, es müsse *alles* entdeckt werden. Tatsächlich läßt sich nicht alles durch Entdecken lernen, und insofern ist discovery learning eine Lernmethode neben anderen.
- Unter den Nachteilen wird immer auf den großen Zeitaufwand hingewiesen, den entdeckendes Lernen mit sich bringt. Bei den umfassenden Lehrgebieten käme die Schule zeitlich in Verzug.
- Es sollte nicht der Eindruck erweckt werden, daß Lehrerdarbietung immer zu sinnlosem Lernen, heuristische Verfahren dagegen zu sinnvollem Lernen führten; der Entdeckungsakt unterscheidet sich vom Verstehensakt.
- »Wenn auch die Entwicklung der Problemlösefähigkeit ein berechtigtes Anliegen der Schule ist, darf der Erwerb von Wissen nicht zum Nebenprodukt von Entdekkungserfahrungen und damit zur Zweitrangigkeit herabgestuft werden« (Nickel u. a. 1978, S. 74). Alle Sachkenner weisen gerade darauf hin, daß gründliche Kenntnisse und ein solides Können die unerläßliche Voraussetzung von möglichen Entdeckungen, Problemlösungen u. dgl. sind.
- »Im Hinblick auf Schülerleistungen ist wahrscheinlich herkömmlicher Unterricht in Anfangsphasen des Lernens und für schwächere Schüler besser, während einzelne, aber nicht alle Untersuchungen für gute Schüler bessere Lernergebnisse bei Anwendung des entdeckenden Lernens brachten« (Dubs 1978, S. 141 f.).

Es wird sich wohl keine eindeutige Antwort auf die Frage finden lassen, ob Schüler bevorzugt sinnvoll-rezeptiv (im Sinne Ausubels) oder mehr entdeckend (im Sinne Bruners) lernen sollen.

10.2 Problemlösen

Problemlösen stellt einen Sonderfall des Lernens durch Entdecken dar; es hat aber auch eine große Nähe zu Wertheimers »produktivem Denken«. Beim problemlösenden Denken werden vom Lernenden wirklich Neuleistungen verlangt. Im Hinblick auf die Schule werden im »Strukturplan« (1970) an Beispielen genannt: »Zu einem abgehandelten Sachverhalt zusätzliche und neue Fragen zu stellen, neue Aspekte zu seiner Beurteilung zu finden, konstruktive Kritik zu üben, begründete Verbesserungsvorschläge zu machen, Alternativen zu entdecken, Hypothesen zu finden und aufzustellen, selbst ein Experiment zu entwerfen und durchzuführen, Texte nach selbstgewählten Gesichtspunkten zu interpretieren« (Deutscher Bildungsrat [3]1971, S. 80). Von Problemlernen können wir dann sprechen, wenn zur Bewältigung einer Situation kein Lösungsalgorithmus zur Verfügung steht. »Beim echten Problemlösen kennt das Individuum weder die Antwort, noch kann es die fertige Formel bei einer

maßgebenden Quelle finden; es muß sie sich vielmehr selber erarbeiten. Solch ein Problemlösen läßt den Schüler erkennen, wie Wissen entwickelt wird, und verstehen, daß im Wissen ständig neue Prinzipien oder Gesetze an die Stelle früherer treten« (Cronbach 1971, S. 427). Das neu auftauchende Problem muß prinzipiell lösbar sein, wenn es auf den Lernenden nicht frustrierend wirken soll.
Der Begriff »Problemlösen« wird nicht eindeutig verwendet. Da es verschiedene Kategorien von Problemen gibt, existieren auch unterschiedliche *Formen* von problemlösendem Verhalten. Drei Arten von Problemlösungen lassen sich benennen:

- das Vorgehen nach Versuch und Irrtum,
- das einsichtige Begreifen,
- das kreative Verhalten (s. hierzu Kap. 10.3).

»Das Vorgehen nach Versuch und Irrtum besteht aus zufälliger oder systematischer Variation, Approximation und Korrektion der Antworten, bis eine erfolgreiche Variante entsteht« (Ausubel 1974, Bd. 2, S. 596). Es hat dort seinen legitimen Ort, wo bei Problemen ein Lösungsschlüssel fehlt bzw. keine Relationen erkennbar sind.
Das einsichtige Begreifen kommt auf das geläufige Verständnis von Problemlösen hinaus, nämlich auf ein Lernen mit Hilfe der Ratio. Es rechnet mit dem Vorhandensein einer sinnvollen Mittel-Zweck-Beziehung, die in dem Problem verborgen liegt. Hier werden vorhandene Regeln auf neuartige Probleme selbständig angewendet. Bei diesem Vorgang spielt auch die Lernübertragung (s. Kap. 11) eine bedeutende Rolle.
Das Problemlösungsvorgehen erweist sich weithin als altersabhängig. Je älter der Lernende wird, um so mehr läßt er von »trial and error« ab und setzt zunehmend die inzwischen gelernten Regeln und Konzepte bei der Lösung von Problemen vernünftig ein.
Die neuere Denkpsychologie nimmt an, daß beim Lösen von Problemen gewisse Findeverfahren und Organisationsprinzipien, sog. »Heurismen« (Dörner ²1979, S. 38f.), beteiligt sind.
Beim Lösen von Problemen durchlaufen die geistigen Funktionen des Menschen in der Regel bestimmte *Prozeßstadien:*
– Da ist zunächst das *Auftauchen des Problems* selbst, sei es eine reale Situation (z. B. die Querung eines den Weg versperrenden Flusses) oder ein verbal exponiertes Thema (z. B. die Überbevölkerung der Erde). Die anstehende Schwierigkeit muß vorerst verstanden werden; häufig wird eine ausdrückliche Analyse ihre wesentlichen Merkmale erst freizulegen haben.
– Ein weiterer Schritt ist das *Entwerfen eines Lösungsplans*, dem ein *Durchspielen verschiedener realutopischer Möglichkeiten* vorausgeht. Besondere Suchstrategien kommen zum Einsatz, u. a. Brainstorming. Dabei wird der Lernende aus

seinem intellektuellen Arsenal bestimmte solving sets reaktivieren und mobilisieren, seien sie nun mehr allgemeiner oder stärker inhaltsspezifischer Art. Die aus früheren Erfahrungen stammenden Lösungsmodelle dürfen allerdings nicht zu rigide und starr sein. Untaugliche Problemlösungsversuche sollten bei Erfolglosigkeit schnell zugunsten neuartiger experimenteller Ansätze aufgegeben werden.
– Schließlich erfolgt die *Entscheidung für den rechten Weg*, der zur gesuchten Lösung führt.
Die hier aufgezeigten Stufen erinnern an das Zustandekommen des »fruchtbaren Moments« bei Fr. Copei ([5]1960).
Unabdingbare Voraussetzungen für die Ermöglichung von Problemlösungen sind Zeit und Freiheit.
Kritisch sei zum problemlösenden Lernen angemerkt: Unterricht kann sich nicht darin erschöpfen, Problemlösungsstrategien zu vermitteln. H. Aebli weist mit Recht darauf hin: »Es geht nicht darum, nunmehr, statt etwas zu lernen, problemlösenden Unterricht zu treiben und die Kreativität zu entwickeln. Die Schüler müssen ein solides Repertoire an Begriffen, Operationen, Methoden und Verfahren aufbauen; diese stellen das Instrumentarium dar, aus dem das Problemlösen schöpft« ([9]1976, S. 276f.).
Im übrigen gehen wir heute verhältnismäßig unbedacht mit dem Begriff »Problem« um. Wir führen dieses Wort selbst dann im Munde, wenn es sich lediglich um lösbare »Aufgaben« handelt. Schwerlich dürfte der Schüler später im Leben, etwa im Beruf, nur »Probleme« zu lösen haben. Es sind auch nicht alle Lehrgegenstände von problemhafter Natur. Außerdem muß vor falschen Erwartungen gewarnt werden; denn »Probleme« sind bis auf den heutigen Tag nicht sämtlich lösbar. Die im modernen technischen Bereich konstatierbare Machbarkeit der Dinge suggeriert zwar die Lösungsmöglichkeit aller Aporien und Dilemmata.

10.3 Entfaltung von Kreativität

»Unter Kreativität verstehen wir die Fähigkeit, neue Beziehungen zwischen den Elementen einer Situation zu sehen, ungewöhnliche Ideen und Einfälle zu produzieren und von gewohnten Denkschemata abzuweichen« (Edelmann 1979, S. 109). Die Verbindung von kreativem Verhalten zu Problemlösen, aber auch zu »produktivem Denken« (Wertheimer), ist offenkundig. Kreative Lösungen sind in irgendeiner Weise originell und von der Norm abweichend. Bei genauerer Betrachtung gliedert sich der Begriff »Kreativität« in zwei Aspekte: »Er steht einmal für eine besondere Art des Denkens oder geistig-seelischer Vollzüge (die man auch ›divergierendes Denken‹ nennen könnte), zum anderen für jene künstlerische oder wissenschaftliche Schöpferkraft, an die man bei Michelangelo oder Einstein denkt. Die Verwendung des Begriffs ›Kreativität‹ in verschiedenen Bedeutungen macht die Diskussion um Kreativität so schwierig« (Cropley 1978, S. 13f.). Kreativität wird an einem bestimmten Produkt abgelesen, das auf das Vorhandensein kreativer Fähigkeiten schließen läßt.

Nun sollte der Begriff »Kreativität«, der im Schulunterricht primär als *intellektuelle* Kreativität zu verstehen ist, nicht zu hoch veranschlagt werden. »›Neu‹ kann anhand eines sozialen Kriteriums gemessen werden, d. h. das Produkt ist neu *für die Gesellschaft;* oder es kann anhand eines psychologischen Kriteriums gemessen werden, das bedeutet, das Produkt ist *für das Individuum* neu« (Smith/Hudgins 1972, Bd. II, S. 465). Die zuletzt genannte Variante dürfte die den Didaktiker interessierende sein: daß nämlich etwas für den Lernenden neu ist.

An dieser Stelle haben wir uns zu fragen, inwiefern der Unterricht einen Beitrag zu einer Erziehung zur Kreativität zu leisten vermag. H.-R. Lückert hat u. a. folgende Hinweise gegeben, um schöpferisches Verhalten bei Problemlösungssituationen zu fördern:

- Die Schüler müssen wissen, daß man Kreativität von ihnen erwartet und die Kreativität schätzt.
- Die Lehrer müssen die Schüler zur Initiative, zur Neugier und Fragestellung ermutigen.
- Die Lehrer sollten den Schülern die Stufen des schöpferischen Prozesses aufzeigen, die zu schöpferischen Leistungen herausfordern, sie lehren, schöpferische Leistungen zu aktualisieren.
- Die Lehrer sollten die Schüler zu abweichenden, ausgefallenen, sogar extravaganten Lösungen ermutigen und den schulischen Stolz an schöpferischen Leistungen fördern.
- Die Schüler sollten zur Imagination und zum Spiel angeregt werden.
- Die Pädagogen sollten zur Kenntnis nehmen, daß Kreativität durch gelenkte Lernprozesse entwickelt und gefördert werden kann (1969, S. 141).

Auch A. J. Cropley (1978) gibt viele positive Anregungen für den Unterricht. So kann Einfallsreichtum u. a. gefördert werden durch das Erkennen von Problemen, durch das Ausdenken von Verwendungsmöglichkeiten (z. B. bei einer Blechdose), durch das Ventilieren von Konsequenzen und das Erfinden von Symbolen (z. B. für ein startendes Flugzeug).

Einen gruppenmethodischen Zugang zum schöpferischen Denken stellt das Verfahren des »Brainstorming« (Osborn) dar, das sich als ungehemmte Ideen-Produktion versteht. Gisela Ulmann hat den amerikanischen Ansatz ins Deutsche übernommen; Techniken zur Stimulation kreativen Denkens wären demnach: Anders verwenden, adaptieren, modifizieren, vergrößern, verkleinern, substituieren, rearrangieren, umkehren, kombinieren usw. (1968, S. 142f.).

Unter den heuristischen Empfehlungen zur Ideen-Findung wird stets auch das Prinzip der Verfremdung genannt. Darunter sind alle Aktivitäten zu subsumieren, »die dazu beitragen, ein Problem aus seiner üblichen Betrachtungsweise herauszulösen. Entscheidend ist, daß man sich von einer konkreten Problemstellung lösen kann, um scheinbar unergiebige Assoziationen und Ableitungen zu verfolgen« (Sikorra 1976, S. 35). Wir weisen in diesem Zusammenhang auch auf die überzeugenden Beispiele bei B. G. Massialas und J. Zevin (1969) hin. Die Schüler müssen wissen, daß sie in den Lehrfächern abseitig denken dürfen und daß Umwege bei angestrebten Lösungen erlaubt sind.

Als *Einschränkung* sei hierzu gesagt: Jede Erziehung muß immer auch auf die »Übernahme von Bestehendem« Wert legen. »In diesem Sinn kann auch die Schule nicht alles neu entwickeln, sondern muß den Schülern Grundlegendes zunächst einmal in konvergenter Weise vermitteln, damit auf dieser Basis Neues erarbeitet werden kann« (Dubs 1978, S. 148). Dieser Auffassung ist auch H. Roth: »Kreativität, absolut genommen, kann nicht einfach *oberstes Lernziel* sein . . . Wissenschaft, Kunst, Kultur und Leben können nicht allein in und aus Kreativität bestehen, sie sind weit mehr Überlieferung, Tradition, Stil, Sitte, Erfahrung –, aber Kreativität muß doch vor und hinter allen Lernzielen *als offener Horizont erscheinen* . . .« (1976, S. 150).

11. Lernübertragung

11.1 Begriff Transfer

Für die Pädagogik und insbesondere für die Didaktik ist die *Lernübertragung* (Transfer) ein grundsätzliches und folgenschweres Problem. »Unter ›Transfer‹ verstehen wir die Übertragung des in einer originären Lernsituation Gelernten auf andere, mehr oder weniger ähnliche Situationen« (Haseloff/Jorswieck ²1971, S. 160). In gleichem oder ähnlichem Sinne sprechen wir auch von Übungsübertragung, Mitübung, Generalisation, formaler Bildung und von latentem Lernen. Übertragen werden können: Kenntnisse, allgemeine Prinzipien und Kategorien, Denk- und Arbeitsmethoden, Fertigkeiten (z. B. motorische), Fähigkeiten im Sinne von unspezialisiertem Können, auch Einstellungen, Vorurteile und unerwünschte Haltungen.

Die Erkenntnis, daß etwas Gelerntes übertragen werden kann und auch tatsächlich übertragen wird, ist den Pädagogen nicht neu. Wir erinnern an das Konzept der »formalen Bildung«, an die Stufe der »Anwendung« im Lektionsschema der Herbartianer, an Gaudigs Begriff des »arbeitenden Wissens« und an das Prinzip des exemplarischen Lehrens und Lernens (s. Kap. 15). Noch weiter zurück reicht das Dichterwort: »Nicht für die Schule, für das Leben lernen wir«. »Diese bekannte Sentenz beinhaltet lernpsychologisch gesehen die Erwartung, daß einem das, was man zu einem bestimmten Zeitpunkt t1 gelernt hat, auch noch zu einem späteren Zeitpunkt t2 von Nutzen sein wird« (Heller/Nickel 1978, S. 148f.).

Nach der Auffassung des »Strukturplans« (1970) wird entschieden eine über Reproduktion und Reorganisation hinausgehende Leistung verlangt, wenn Prinzipien des Gelernten auf neue ähnliche Aufgaben übertragen werden sollen, m. a. W. wenn ein Transfer als Lernleistung angestrebt und auch geprüft wird. Dieser Fall tritt ein, wenn

z. B. Grundschülern, die die schriftliche Subtraktion mit zweistelligen Zahlen gelernt haben, Prüfungsaufgaben gestellt werden, bei denen sie drei- oder vierstellige Zahlen voneinander abzuziehen haben. »Wer auf Transfer hin unterrichtet wurde und gelernt hat, das Gelernte auf neue Aufgaben zu übertragen, verfügt in anderer Weise über seine Kenntnisse, Fertigkeiten und Fähigkeiten als derjenige, der nur nachahmend gleiche Aufgaben in gleicher Weise lösen kann« (Deutscher Bildungsrat [3]1971, S. 80).
Eine derartige Transferierung des gelernten Prinzips gelingt jedoch nur, wenn die Tatsachen bzw. Probleme in der primären Lernsituation und in der sekundären Anwendungssituation nicht zu sehr voneinander abweichen. Vermutlich weist jeder singuläre Lernvollzug über sich hinaus; man denke z. B. an Lernen aus Erfahrung: »Das passiert mir nicht noch einmal!« »Nur *stumpfes* ›Lernen‹ ist auf Wiederholung und genaue Reproduktion beschränkt. Das *eigentliche* Lernen erfaßt *nie* einen einzigen Fall oder ein einziges Verhalten, sondern immer auch den *Grund* für ›Fälle dieser Art‹« (Rombach 1969, S. 16).
Etwas real Abwesendes, jedoch potentiell Anwesendes wird mitgeübt. »Es wird also angenommen, daß Kenntnisse und eine gewisse Geschmeidigkeit des Geistes, in der Auseinandersetzung mit einem Gegenstand erworben, sich in neuen, unvorhergesehenen Situationen bewähren« werden (Schiefele 1969, S. 144). Der Transfer von Wissen und Fertigkeiten ist letztlich eine besondere Form von Verallgemeinerung.

Mindestens das Transferieren im Kenntnisbereich hat eine unmittelbare Verbindung zum einsichtigen Lernen. Besonders übertragungsfähig sind Denkprinzipien und Arbeitsverfahren von allgemeinerer Bedeutung. In ähnlicher Weise wird in informationstheoretischer Diktion formuliert: »Die Transferwirkung ist umso größer, je abstrakter, d. h. je komprimierter der Inhalt des Schemas auf schlechthin nicht mehr reduzierbare Kodes restringiert ist. Sie ist umso geringer, je mehr struktural unwesentliche, individuelle, nur für einzelne Beispielaufgaben einer Aufgabenklasse gültige Kodes eine Kodeintegration enthält« (Antenbrink 1973, S. 64).
Neuere Untersuchungen zum Transferphänomen haben ergeben: »Wir wissen zwar, daß wir stets mehr lernen als wir lernen; wir wissen aber auch, daß wir nicht alles durch alles lernen können. Mit anderen Worten: Die Lernübertragung ist größer, als man bei reiner Inhaltsgeneralisation annehmen könnte, aber geringer, als man aufgrund des Konzepts der formalen Bildung erwarten müßte« (Weinert 1973, S. 35).
Man kann es als einen günstigen Umstand bezeichnen, daß so etwas wie Transferierbarkeit von Lernleistungen überhaupt möglich ist; denn einmal kann allein aus Zeitgründen im Schulunterricht nicht alles Wissen und Können angeeignet werden, das Erwachsene später benötigen, zum anderen ist gar nicht abzusehen, welche Art von Qualifikation in zukünftigen Lebenssituationen von ihnen verlangt werden wird.

11.2 Transferarten

Von den verschiedenen Transferarten wollen wir im folgenden nur den positiven und den negativen sowie den vertikalen und den horizontalen Transfer nennen.
Ein *positiver Transfer* ist gegeben, wenn der Erwerb einer neuen Verhaltensweise durch eine bereits früher gelernte gefördert wird, m. a. W. wenn früheres Lernen sich erleichternd auf späteres Lernen auswirkt. »Jede erfolgreiche Anwendung von Kenntnissen auf die Probleme eincs neuen Bereichs kann in diesem Sinne auf positiven Transfer zurückgeführt werden« (Haseloff/Jorswieck [2]1971, S. 161). In diesem Sinne bereitet das Umlernen vom Klavier- zum Orgelspielen und das vom Rollschuh- zum Eislaufen keine Schwierigkeiten.
Negativer Transfer liegt vor, wenn eine früher erworbene Verhaltensweise das Erlernen der neuen Verhaltensweise behindert, m. a. W. wenn früheres Lernen späteren Neuerwerb nachteilig beeinflußt. Beispiel hierfür ist die Umstellung der Fußgänger von Rechtsgehen am Straßenrand auf Linksgehen. »Beccheria« meint im Italienischen nicht »Bäckerei«!
Von *vertikalem Transfer* spricht R. M. Gagné ([3]1973, S. 264 f.), wenn untergeordnete Fähigkeiten eine Transferwirkung auf die Lernaufgaben höherer Ordnung haben. Es handelt sich zumeist um Lernübertragung in demselben Bereich und kann auch »spezifischer« Transfer heißen.
Der Terminus *lateraler Transfer* bezieht sich auf eine Art Generalisierung auf etwa demselben Niveau von Komplexität. Das Gelernte soll auf eine breitere Vielfalt von neuen Situationen angewendet werden. Es wird an eine allgemeine Förderung von Fähigkeiten gedacht, die in Richtung des älteren Begriffs der »formalen Bildung« weist: Ein entwickeltes Denkvermögen würde sich nach dieser Auffassung in den verschiedensten Gegenstandsbereichen bewähren.
Bezeichnend für die Erörterung des Phänomens der Lernübertragung ist der relativ neutrale Gebrauch dieses Wortes.

11.3 Transferförderung im Unterricht

Neuere theoretische Ansätze (z. B. Ausubel) sehen in dem Problem des Transfers im wesentlichen eine Frage des Aufbaus und der Übertragung kognitiver Strukturen. Auf diesem Hintergrund erscheint Lehren als Organisation des Transfers. Auf die *Bedingungen der Lernübertragung* hat u. a. F. Weinert (1974, S. 705–708), der auch die einzelnen Transfertheorien abhandelt, hingewiesen. Danach sind Art und Ausmaß des Transfers von verschiedenen Faktoren abhängig, z. B.

- von den kognitiven Voraussetzungen des Lernenden: Je intelligenter der Lernende ist, um so besser kann er transferieren; gemeint ist die Determination durch die eigene Lerngeschichte.
- von der Ähnlichkeit zwischen Lern- und Transferaufgabe; je höher der Grad der Übereinstimmung zwischen beiden ist, um so vorteilhafter.

- von der Auseinandersetzung mit der ursprünglichen Lernaufgabe; hier ist im einzelnen an die Intensität und an die Variabilität der Übung zu denken, ferner an den Umfang des einsichtigen Denkens sowie des selbständig entdeckenden Lernens: Der Transfer wird begünstigt, wenn der Lernende selbst ein Prinzip herausfindet.
- von der Entwicklung allgemeiner und spezifischer transferfördernder Methoden: Die Schule z. B. sollte darüber aufklären, wie der Lernende transferieren kann und ihn dabei positiv verstärken.

Transfer kommt nicht von selbst zustande. Die zu übertragenden Prinzipien müssen eigens herausgearbeitet werden. Selbst das eigenständige Entdecken von Regeln und Gesetzen ist unzureichend; es muß die Anwendung auf konkrete Fälle ausdrücklich geübt werden. Gerade die Umsetzung in Praxis ist ein bedeutsamer Modus bei der Transferförderung im Unterricht. Man sollte die Schüler bewußt auf Möglichkeiten hinweisen, in denen ein Transfer erreichbar und wünschenswert ist. Außerdem sind die Schüler in effektive Lernmethoden einzuführen (s. Kap. 12.3).

Abschließend kann mit H. Roth festgestellt werden: »Die *Übertragung* muß *als unterrichtliche Aufgabe* gesehen und in Angriff genommen werden. Schon die *Abhebung* des übertragbaren Gehaltes macht dem jungen Menschen, dessen Denken immer einen Grad materialgebundener ist als das des Erwachsenen, beträchtliche Schwierigkeiten. Sie ist aber offenbar unerläßlich, wenn man diesen Gehalt später *mit neuem Material erfüllen* will. Also: das Wesentliche muß von seiten des Lehrers klar herausgehoben werden, die Erweiterung der Anwendungsmöglichkeit von Verfahrensweisen muß aufgezeigt werden; oder umgekehrt: auf *die identischen Elemente* äußerlich ganz verschiedener Stoffe muß ausdrücklich hingewiesen werden« ([4]1967, S. 247). K. J. Klauer spricht von »Transfer als Profiländerung«; er hat den Nachweis führen können, »daß jedes spezifische Training auch hochgeneralisierte Funktionen erfaßt« (1975, S. 89).

12. Lernen-lernen

12.1 Ansätze des Lernen-lernens

Seit gut einem Jahrzehnt wird der Begriff »Lernen-lernen« in der pädagogischen Fachliteratur verwendet. Das, was er inhaltlich meint, läßt sich in die Vergangenheit zurückverfolgen. So taucht er direkt oder indirekt im Zusammenhang mit der Idee der formalen Bildung im 18. und 19. Jahrhundert auf. Als Beleg kann eine Stelle von F. G. Dinter herangezogen werden: »Es ist nicht notwendig, daß dem Menschen alles, was er wissen muß, in besonderen Lektionen vorgetragen werde. Regt in ihm nur die Lust und die Kraft an, und zeigt ihm die Hilfsquellen, dann wird er von sich

selbst mehr werden, als alle Lectionen und Collegia aus ihm zu machen im Stande sind. Pestalozzi drückte das späterhin so aus: Der Junge muß bei mir lernen lernen; deutlicher: lernen, wie er lernen, wie er sich selbst zu Kenntnissen helfen, durch die Schwierigkeiten hindurcharbeiten soll« (1879, S. 51f.).
Der Gedanke, daß der Schüler das Lernen erlernen müsse, taucht später verstärkt in der Zeit der Reformpädagogik auf. Der amerikanische Philosoph und Pädagoge John Dewey forderte beispielsweise, daß der Schüler primär das »Know-how« beherrschen müsse. Von Hugo Gaudig stammt der Ausspruch: »So paradox das klingen mag: der Schüler muß Methode haben« ([2]1922, S. 94). Ähnlich dachten M. Montessori und G. Kerschensteiner. Peter Petersen kannte »die i.e.S. sog. *Einschulung* in besonderen Kursen und für enger begrenzte Aufgaben. Auch der formale Lernvorgang selbst kann eingeschult werden, um den Schülern zu zeigen, wie sie dies oder jenes anpacken sollen, um es bestens zu lernen« ([7]1963, S. 89). Bevor die Schüler in die anspruchsvolle Arbeit in Gruppen eintraten, wurden sie in gewissen Formalia vorweg unterwiesen.
Als nach dem zweiten Weltkrieg der Gedanke des Lernen-lernens neu aktiviert wurde, war er stark an Erwägungen der Lernökonomie orientiert (Schräder-Naef [9]1977). Er wurde außerdem in eine Kette von Kleintechniken und Praktiken selbstinstruierenden Lernens umgesetzt. Man spricht von *Lerntechniken* im sekundären und von Studiertechniken im tertiären Bildungsbereich (s. u. a. van Parreren u. a. 1969, Steindorf 1975).
Die Theorie vom Lernen-lernen erhielt in der Gegenwart Auftrieb durch die Diskussion um das *»Life-long-learning«*. Das lebenlange Lernen meint soviel wie dauernde Lernbereitschaft und flexible Anpassung an neue Situationen. In diesem Verständnis ist es heute integrierender Bestandteil einer jeden *Fortbildung*, gerade auch der beruflichen Weiterbildung.

12.2 Begründung des Lernen-lernens

Der Mensch soll durch Lernen-lernen befähigt werden, »sich bei Bedarf *neues Wissen selbständig anzueignen*, um sich in wechselnden Situationen zurechtzufinden und neuen Anforderungen stets entsprechen zu können« (Rainer/Völkl 1976, S. 14). Inhaltlich kann sich Lernen-lernen sowohl auf die Aneignung von Wissen und Können als auch auf den Erwerb von emotionalen, sozialen und sittlichen Verhaltensweisen erstrecken. Für die Notwendigkeit des Lernen-lernens lassen sich mehrere Argumente anführen:
– *Lernen-lernen als Antwort auf die schnelle Veränderung unserer Lebensverhältnisse*

Nach der Auffassung des Deutschen Bildungsrates sollen die Bildungsgänge nicht nur Kenntnisse und Fertigkeiten vermitteln; sondern »auch die Fähigkeit, immer wieder neu zu lernen, sei es in anderen Gegenstandsbereichen, sei es im gleichen Gegenstandsbereich, jedoch auf höherem Anspruchsniveau« ([3]1971, S. 33). Der »Strukturplan« (1970) spricht ausdrücklich vom »Lernen des Lernens« und begründet dies mit dem Tempo der gesellschaftlichen, der technisch-wissenschaftlichen und der wirtschaftlichen Entwicklung sowie mit dem Wandel der Lebensumstände und der Arbeitsverhältnisse. Nach K. Bednarik leben wir in einer »progressiven Lerngesellschaft«, d. h. die Menschheit heute befindet sich in »einem fortwährenden Prozeß geistiger und materialer Neuorientierung«. Daraus folgert er, »daß keiner von uns mit jenem Wissen auskommt, das er sich in seiner Kindheit in Elternhaus und Schule erworben hat. Um ›auf dem laufenden‹ zu bleiben, um ›mitzukommen‹, müssen wir alle paar Jahre etwas dazulernen, wenn nicht gar völlig neu- und umlernen« (1966, S. 7f.) (im Original z. T. gesperrt!). Vor allem weist man auf das Verfallsdatum der heute gültigen Kenntnisse hin. »Das Faktenwissen ist sicher wichtig, aber es ist schon deshalb von geringerer Bedeutung gegenüber einem Wissen, wie man an Aufgaben herangeht, weil die raschen Veränderungen in unserer Industriegesellschaft beständig viele Fakten veralten lassen« (Furth/Wachs 1978, S. 25). Aufgrund unserer dynamischen Welt ist von jedem Menschen eine stetige Lernwilligkeit zu fordern. »Wie man lernt, kann nicht das Geheimwissen einiger Privilegierter bleiben. Möglichst viele Menschen müssen in die Lage versetzt werden, über Quellen, Techniken und Regeln zu verfügen, mit deren Hilfe neues Wissen erschlossen und neue Verhaltensweisen angeeignet werden können« (Schiefele 1969, S. 139).

– *Methodenvermittlung als neue Aufgabe der Schule*

Heute konkurrieren mehrere Informationsträger (u. a. die Massenmedien) miteinander, so daß die Schule nicht mehr alleinige Lerninstanz ist. Die teilweise Freisetzung der Schule von dem Auftrag der Wissenstradierung erlaubt es ihr, sich mehr als bisher auf die Methoden des Lernens zu konzentrieren. Der moderne Unterricht sollte nicht zuletzt den lernenden Menschen »befähigen, sich persönlich in der nie endenden Fülle der Information zurechtzufinden. Lernen heißt heute, aus der Fülle des Wissensangebots jeweils das Lebenswichtige selbständig herauszufinden und es sich individuell anzueignen. Das *Lehren* ist dabei die Anleitung zur Übung im Lernen, nicht aber das fraglose Mitteilen fertiger Erkenntnisse« (Pöggeler 1969, S. 269).

12.3 Zur Methodik des Lernen-lernens

Man könnte mit der provozierenden These beginnen: Wie können Schüler das *Lernen* lernen, wo sie doch angeblich nicht – oder nur begrenzt – zu *lernen* verstehen? Vermutlich müßte im Schulunterricht zunächst das richtige Lernen *gelehrt* werden. H. Gaudig sagte seinerzeit: »Dem Lehrer aber muß die Methode, seinen Zögling zur Methode zu führen, eigen sein « ([2]1922, S. 94). Die

Einübung in erfolgreiches Lernen kann auf zweierlei Weise erfolgen:

- entweder als Prinzip, d. h. die einzelnen Lehrer geben bei geeignetem Anlaß Hinweise für eine effektive Selbstinstruktion,
- oder als Fach; in diesem Falle wird ein eigens erstelltes Curriculum in Lernmethoden lehrgangsmäßig durchlaufen.

Dabei sollen thematisch nicht nur die unerläßlichen Lerntechniken im Sinne von Kleinpraktiken, sondern auch Regeln einsichtigen Lernens, die dann zu Erfassungskategorien künftiger Erfahrung werden können, erlernt werden.
»Die Entwicklung geistiger Fähigkeiten erfolgt nicht als automatisches Resultat des Kenntniserwerbs, sondern verlangt eine spezielle, systematische Organisierung und Lenkung der geistigen Tätigkeit der Schüler« (Lompscher 1972, S. 75). Die Konsequenz aus dieser Erkenntnis ist ein Unterricht, der Lernmethoden zum Gegenstand hat. Ein Lehrplan für Lernen-lernen, der als geschlossener Lehrgang oder in Perioden zu verwirklichen wäre, hätte wohl *drei Teilaufgaben* zu verfolgen:

- *Einschulung in Arbeitstechniken* (s. hierzu die näheren Ausführungen in Kap. 26.2; vgl. auch Odenbach [4]1970, S. 112).

- *Vermittlung von Problemlösungsmethoden*

Hier kommen in Betracht eine Einführung in das schlußfolgernde Denken, aber auch eine Anleitung zu divergentem Denken und kreativen Verhaltensweisen, nicht zuletzt die Erarbeitung spezieller Lernstrategien.

- *Vertrautmachen mit Ergebnissen der Lernforschung*

Die Schüler sollen Bescheid wissen über den Ablauf des Lernprozesses, seine Voraussetzungen und begleitenden Umstände, über Lerngesetze, Lerntypen, Lernhaltung und Lernmotivation, über Neulernen (Ersterwerb) und Gedächtnis (Behalten), über Lerngewohnheiten, über epistemische Neugier, über physiologische Gegebenheiten (z. B. Ermüdbarkeit), über Transferakte, über Aufbau und Erweiterung der kognitiven Struktur und über den Nutzen spezieller Lerntechniken. Zum Schluß sei bemerkt: »Selbständigkeit im Lernen läßt sich nicht einfach ›vermitteln‹; sie setzt vor allem die zielgerichtete selbständige Tätigkeit der Schüler selbst voraus« (Rainer/Völkl 1976, S. 30).

III. Lehrinhalte

13. Die Inhaltsfrage

13.1 Verschiedene Bezeichnungen für den Lehrgegenstand

Im Unterrichtsakt geht die erzieherische Wirkung nicht unmittelbar vom Lehrer, sondern von der Auseinandersetzung mit bestimmten sachlichen Gehalten aus. Es gibt keinen Unterricht ohne ein »Etwas«. Ebenso kann der Mensch nur an »etwas« gebildet werden (= Medialität der Bildung). Immer wird ein Bestimmtes gelehrt und gelernt. Es muß etwas vorhanden sein, das gewußt (z. B. geschichtliche Ereignisse) oder getan (z. B. Startsprung) wird, etwas, das im Unterrichtsprozeß verpflichtend ist. Dieses »Dritte« verbindet und bindet die beiden personalen Träger des unterrichtlichen Geschehens (Lehrer und Schüler) von der Sache her.
Für dieses Tertium werden in der Fachliteratur verschiedene Bezeichnungen verwendet, die jeweils ihre geistesgeschichtliche Wurzel haben, z. B.:
– *Bildungsgut,* verstanden als geistiger Gemeinbesitz in einer Kulturgemeinschaft, hängt aufs engste mit der Güterlehre und der Wertphilosophie zusammen. »Güter« sind – schon in der mittelalterlichen Philosophie – ein »appetibile«, etwas Erstrebenswertes und dürfen nicht substantiell mißverstanden werden. Bildungsgüter sind aus Kulturgütern ausgelesene, für Bildungsabsichten geeignete geistige Gehalte. »Nur was die Wertgestalt fördert, hat Bildungswert . . .« (Kerschensteiner 1926, S. 92).
– *Lehrgut* verrät die ältere Sichtweise, die Unterricht vom Lehren des Lehrers determiniert sieht. Der Lehrinhalt wird hier – wie beim Bildungsgut – als Ziel vernünftigen Strebens und als Wertträger verstanden. »Lehrgüter sind ausgezeichnete Werte einer Tradition« (Petzelt 1947, S. 130) (im Original gesperrt!).
– *Stoff* (auch Lehrstoff, Unterrichtsstoff) ist eine sehr neutrale und in der Gegenwart noch immer verbreitete Bezeichnung, die jedoch im Kern substanzhafte Vorstellungen von Bildung suggeriert, obwohl wir es hier mit einem unsinnlichen Vorgang zu tun haben. Der »Lehrstoffverteilungsplan« bewahrt diesen Terminus bis auf den heutigen Tag.
– *Unterrichtsgegenstand* ist eine unbestimmte, weitreichende Benennung für das gemeinte Dritte. In die gleiche Richtung weist »Lehrgegenstand«, »der Gegenstand, über welchen man Andre belehrt« (Campe 1809, S. 79). Die Rede vom »Lerngegenstand« ist auf dem Hintergrund moderner Lerntheorien und der Curriculumdiskussion zu sehen: Unterricht wird hiernach vorwiegend vom Lernen des Schülers bestimmt.

– *Das Ding, die Sache:* Hier haben wir eine neutrale, etwas farblose Bezeichnung vor uns. J. J. Rousseau wollte, daß die Schüler mit den realen Gegenständen (»les choses, les choses!«) konfrontiert werden sollten. Die im Unterricht zu verhandelnde »Sache« verweist auf Sachlichkeit im Sinne von Objektivität und versteht den Lehrer als Sachwalter, der der Sache Gerechtigkeit zuteil werden lassen soll.
– *Thema* (Unterrichtsthema, Stundenthema) meint einen Ausschnitt aus dem Insgesamt der Lehrmaterie. Das Thema spielt als konkreter Lehrgegenstand eine große Rolle bei der Unterrichtsplanung und Stundengestaltung. Wir treffen es auch bei Prüfungslehrproben an.
– *Bildungsinhalt* ist eine alles umgreifende und dennoch zielorientierte Wendung, die hauptsächlich von der bildungstheoretisch ausgerichteten Didaktik verwendet wird (E. Weniger, W. Klafki u. a.). Was je Thema, Aufgabe, Sachverhalt, Vollzug u. dgl. werden kann, wird durch das Grundwort »-inhalt« abgedeckt. Alles Gelehrte und Gelernte muß sich zusätzlich dadurch ausweisen und begründen, daß es »Bildung« intendiert und mitkonstituiert. Ähnliche Begriffe sind: Unterrichtsinhalt, Lehrinhalt, Lerninhalt.
– *Curriculumelement* bezeichnet die kleinste Einheit von Lerninhalten in der Curriculumtheorie (s. Kap. 18 und 20).
Zu den von uns aufgeführten unterschiedlichen Bezeichnungen ist zu sagen: Wichtiger als die Benennung ist uns die Sache selbst: Gemeint ist in jedem Falle das beim Bildungs- und Unterrichtsakt hinzukommende Dritte: das Materiale, die Substanz, das Medium, in dem und durch das Bildung geschieht, der Inhalt und das Mittel des Unterrichts, das Pensum des Lehrens und Lernens – m. a. W.: die Wirklichkeit in ihrer realen und idealen Gegenständlichkeit, die sachlichen und mitmenschlichen Bereiche (Ballauff 1962), die heute jungen Menschen eröffnet werden sollten.

13.2 Der Begriff Bildungsgehalt

Der Begriff »Bildungsinhalt« ist nicht mit dem Ordnungsbegriff »Bildungsgehalt« zu verwechseln. Obwohl beide Bezeichnungen nach Wortlaut und Sinn eine große Nähe aufweisen, sind sie nicht identisch. Es gilt vielmehr, die gewollte inhaltliche Differenz zu beachten.
Der Terminus *»Bildungsgehalt«* ist schon von Otto Willmann in den pädagogischen Sprachgebrauch eingeführt worden, und zwar zur Bezeichnung des Wesentlichen bzw. der Tiefendimension der Bildungsinhalte. In den Jahrzehnten nach Willmann tauchen in gleichem Sinne andere Begriffe auf, z. B. »Bildungswert« (unter Abhebung von »Bildungsgut« in der Kultur- und Wertpädagogik), »Bildungssinn« (etwa der Lehrfächer), »Bildungsziele« (eines Faches oder Fachbereichs) und »Bildungskategorien«. Insbesondere in den 50er und 60er Jahren hat sich die bildungstheoretisch orientierte Didaktik intensiv mit den Bildungskategorien des Exemplarischen, des

Elementaren und des Fundamentalen auseinandergesetzt und eine Theorie der kategorialen Bildung entfaltet (s. Kap. 15).
»Bildungsgehalt«, selbst wenig substantiell, meint – ebenso wie die gleichsinnig gebrauchten Termini – das Bildende eines Gegenstandes, seine erschließende Wirkung, die Grundidee, den tragenden Gedanken, das fundierende Prinzip bzw. das Leitmotiv. Die Fachdidaktik hat seinerzeit versucht, den kategorialen Gehalt der einzelnen Fächer zu erarbeiten, um sodann – in einem zweiten Akt – zu den eruierten Bildungsgehalten die ihnen zuzuordnenden Bildungsinhalte zu ermitteln. Auf diese Weise wurde man auf eine Schichtung der Bildungsinhalte aufmerksam; man sprach von ihrer Struktur.
Der Begriff Bildungsgehalt ist aber nicht nur von theoretischem Interesse; er erlangt im Zusammenhang mit der Unterrichtsvorbereitung in der sog. »didaktischen Analyse« (Klafki 1962, Kramp 1962) unmittelbar praktische Bedeutung. Denn hier ergeht an jeden Lehrer die Forderung, über den Bildungsgehalt eines Lehrgegenstandes zu reflektieren. Bildungsgehalte konkretisieren und verwirklichen sich nur in den (bzw. an den) ihnen entsprechenden Bildungsinhalten. So wird der Lehrende zu fragen haben: Was rechtfertigt dieses Unterrichtsthema als einen *Bildungs*inhalt?

13.3 Zur Psychologie des Bildungsprozesses

O. Wichmann wirft die für jede Didaktik wichtige Frage auf, »wie ein an sich und insofern außer uns bestehendes Sinnhaftes oder Werthaftes, ein ›Stoff‹, ein ›Gehalt‹, ein Sinn- oder Wertgebilde, für unsere seelische und geistige Entwicklung von Bedeutung werden kann« (1930, S. 1) (im Original gesperrt!). Es ist das Verdienst der Kulturpädagogik, den Bildungsvorgang genauer untersucht und psychologisch interpretiert zu haben. Der Blick fällt sogleich auf die Unterscheidung von Kulturschaffen (einiger weniger Menschen) und dem Kulturgenießen (der vielen).
Jedes Kulturgut ist aus einem individuellen oder kollektiven Geiste hervorgegangen. »Die von ihrem Schöpfer erdachten, geistig erschauten Zusammenhänge, seine zunächst nur in ihm vorhandene Idee geht dabei als gestaltendes Prinzip in das Werk ein und macht seinen Sinn aus. Mit ihm hat sich der Schöpfer selbst in sein Werk hineinprojiziert; sein Werk ist objektivierter Geist . . .« (Geisert 1960, S. 37). Diese in die Welt der Erscheinungen hineingestellten Manifestationen können in Wort, Ton, Bild, Stein usw. erfolgen. Der objektivierte Geist ruht für gewöhnlich in sich beschlossen und ist wirkungslos. Zur Verlebendigung seines geistigen Gehalts gehört immer ein (empfänglicher) Mensch, der zum Kulturgut in Kontakt tritt. Erst wenn jemand z. B. die Dichtung liest, das philosophische Werk studiert, die Musik hört usw., wird der objektivierte Geist gleichsam lebendig und spricht zum Menschen. Diese Wiederverlebendigung kultureller Objektivationen, die stets auf die Erfassung ihres Sinngehalts zielt, hat man als *Resubjektivierung* bezeichnet.
Da jedes Kulturgut etwas vom Geist und von der Seele dessen an sich trägt, der es

hervorgebracht hat, kommt für die Resubjektivierung vor allem die Methode des Nacherlebens und Einfühlens in Betracht. Nur wenn wir ihren Sinnzusammenhang verstehen, können Kulturgüter zum Erleben führen; nur unter dieser Voraussetzung kann der Sachgehalt zum Bildungsgehalt werden.

Dieses Einfühlen, Verstehen und Nachdenken gelingt nicht immer vollkommen und schon gar nicht mühelos; oft bedarf es ernster Arbeit und der Anstrengung (auch der »Anstrengung des Begriffs« [Hegel]), bis ein Werk sich dem vernehmenden subjektiven Geist erschließt. »Indem wir selbsttätig nachgestaltend etwas Geistgestaltetes in uns aufnehmen, wird unser Geist selbst gestaltet. Das bedeutet: wir werden gebildet. Denn Bildung ist Gestaltung des subjektiven Geistes« (W. O. Döring 1933, S. 11). Immer wieder wird der aktive Anteil des Subjekts am Bildungsprozeß betont: »Wo objektiver Geist und die sich entfaltende, suchende subjektive Geistigkeit zusammentreffen, *da liegt der Prozeß der Bildung«* (Spranger 1927, S. 154). Wenn eine Wiederverlebendigung der Kulturobjekte gelingt, ist ein (partieller) Bildungsvorgang zum erfolgreichen Abschluß gelangt. »Denn aller Bildungsprozeß ist ja nichts anderes als eine Wiederverlebendigung des objektivierten Geistes in immer neuen Individuen« (Kerschensteiner [8]1953, S. 15). Für H. Nohl ist Bildung »die subjektive Seinsweise der Kultur« ([5]1961, S. 140); demnach wäre Kultur die objektive Seinsweise der Bildung. Die Bildungsgüter – selbst potentielle geistige Energie, die sich im Bildungsakt aktualisiert und realisiert – stellen das Mittel dar, durch das allein der Bildungsprozeß zustande kommt.

Der *Lehrer* hat bei der Initiierung von Bildung die Aufgabe, »diese objektiven Werte in subjektives seelisches Leben und Erleben zurückzuverwandeln« (Spranger [6]1927, S. 380). »Der Menschenbildner vollzieht eine Art von Rückverwandlung. Er findet Geisteswerke schon vor. Aber er läßt sie aus dem verfestigten Zustande des objektivierten Geistes wieder in den flüssigen Zustand des Seelischen, nämlich des adäquaten Erlebtwerdens, zurückkehren« (Spranger [2]1960, S. 25).

Fr. Schneider weist noch auf einen besonderen Umstand hin: »Wenn der Mensch mit einem Kulturgut in Berührung kommt, so kann er den in ihm steckenden geistigen Gehalt in verschiedenem Umfang wahrnehmen«. Die individuellen Möglichkeiten reichen hier von »völliger Verständnislosigkeit« bis zur »Ausschöpfung des vollen geistigen Gehaltes«. Voraussetzung zur Aufnahme des geistigen Gehaltes ist »ein gewisser Grad von Allgemeinbildung. Es gibt für jedes Kulturgut einen unteren Intelligenzgrad, jenseits dessen eine Erfassung des geistigen Gehaltes überhaupt nicht möglich ist« (1963, S. 8). Daraus ergibt sich, daß nicht jedes Kulturgut (z. B. Goethes Faust, 2. Teil) jedem Menschen Bildung zu geben vermag, sei es an sich noch so wertvoll.

Aus der Erfahrung wissen wir ferner, daß die einzelnen Menschen nicht allen Kulturbereichen in gleicher Weise aufnahmebereit gegenüberstehen. Wir sprechen beispielsweise von einem amusischen Menschen, von einem unphilosophischen Kopf, aber auch von einer »künstlerischen Ader« oder von einem religiösen Gemüt. Es gibt unter den Menschen offenbar unterschiedliche Veranlagungen, Begabungen,

Neigungen, Erfassungsweisen, Annäherungsgrade u. dgl. gegenüber einem bestimmten Kulturgebiet. Man hat versucht, die starke Empfänglichkeit für besondere Kulturgebiete aus gewissen Identitäten bei dem Kulturschaffenden und den Kulturnacherlebenden zu erklären. G. Kerschensteiner hat diesen wichtigen Gedanken als »Grundaxiom des Bildungsprozesses« bezeichnet und ihn (in der Erstfassung!) wie folgt formuliert: »Damit ein Kulturgut Bildungsgut für eine Individualität werden kann, muß die geistige Struktur dieses Kulturgutes ganz oder teilweise der geistigen Struktur der Individualität adäquat sein« ([8]1953, S. 15). Nach neueren Erkenntnissen sind solche Affinitäten auch durch die Lerngeschichte bedingt.
Dieses »Grundaxiom« hat mancherlei im nachhinein erklärt (z. B. Schulfachbevorzugungen) und auch zu Konsequenzen in der Schulorganisation geführt (Differenzierung; Setting-System; Oberstufenreform); es darf jedoch nicht dahingehend mißverstanden werden, daß ein junger Mensch in seinem Bildungsgang ausschließlich seinen Neigungen nachgehen dürfe. Alle Bildung muß Gegengewichte gegen die naturgegebene Individualität enthalten, wenn sie für das Leben befähigen soll.

14. Das Auswahlproblem

14.1 Die Notwendigkeit einer Auslese

Die Theorie der Bildungsinhalte, die ein Teilgebiet der Allgemeinen Didaktik ist, kennt im wesentlichen zwei Hauptprobleme: das der *Auswahl* und das der *Anordnung* der Lehrgegenstände. Wir beschäftigen uns im folgenden zunächst mit Fragen der Selektion.
In Anbetracht des Umfangs und der Vielfalt des Wißbaren und Lernbaren sah sich die Didaktik von jeher veranlaßt, aus der Fülle des Möglichen eine geeignete Auswahl zu treffen. Tausend Jahre, so hat man geschätzt, würden für *einen* Menschen nicht genügen, um die von der gesamten Menschheit zusammengetragenen Kenntnisse nachvollziehen zu können. So ist es also dem einzelnen Menschen in seinem Leben verwehrt, alles zu wissen und zu können (vgl. Polyhistoren und Enzyklopädisten). Das Angebot ist so übermächtig, daß es ohne eine Siebung nicht geht.
Gegenüber dem universalistischen Zug der Kultur ist Bildung auf Beschränkung und Konzentration gerichtet. »Bildung ist in bezug auf jede Kulturtradition und jedes Individuum selektiv. Nur ein schmaler Sektor zugänglichen Wissens, Könnens und möglicher Erfahrung findet seine Aktualisierung in der konkreten Person« (Kozdon 1978, S. 84). Man wird also aus der jahrtausendealten Überlieferung gewisse Gegenstände herausheben, bevorzugen, andere dagegen zurückstellen, vernachlässigen müssen. Das Ergebnis der Sichtung der kulturellen Errungenschaften unter dem Gesichtspunkt der Ermöglichung von Bildung wird herkömmlich »Bildungsgut«

genannt. Bildungsgut ist eine »Auslese des Kulturgutes in pädagogischer Präparation« (Ballauff 1962, S. 115) (s. Kap. 13.1). Die Qualifizierung der Lehrgegenstände als Bildungsgut genügt jedoch noch nicht; es müssen diffizilere Auswahlaspekte hinzutreten.

Die Auslese sachlicher Gehalte für den Schulunterricht stellt ein schwieriges Problem dar. Der Didaktik wird die Aufgabe zuteil, Grundsätze und Kriterien aufzustellen, nach denen aus der Überfülle des tradierten Erfahrungs- und Erkenntnisschatzes einerseits sowie aus der Gegenwartskultur andererseits Lehrinhalte auszulesen sind.

Kriterien der Selektion lassen sich weder aus den Fachwissenschaften herleiten noch in der Tradition finden. Sie können allein im didaktischen Denken eruiert werden, das an der pädagogischen Bestimmung des Menschen auf der Höhe seiner Zeit orientiert ist und eine bestimmte Zielperspektive (»Bildung«, »Lebensbewältigung« o. dgl.) zum Richtpunkt hat. Man wird sich dabei wohl von der Vorstellung einer für alle Menschen notwendigen allgemeinen bzw. grundlegenden Bildung leiten lassen. Die Lehrinhalte müssen von elementarer Bedeutung für das Hier und Jetzt sein. Wir müssen der Tatsache eingedenk sein, daß wir uns in Mitteleuropa befinden und im letzten Drittel des 20. Jahrhunderts leben. Erst nach dieser prinzipiellen Vorklärung kann das Auswahlproblem in weitere Teilaspekte gegliedert werden. Eine Beschränkung der Lehr- und Lerninhalte ist erforderlich in Anbetracht

- der tatsächlich gegebenen Stoffülle (s. Kap. 15.1),
- der Zielsetzung der jeweiligen Bildungsinstitution,
- der begrenzt zur Verfügung stehenden Zeit,
- der beschränkten Aufnahmefähigkeit des Schülers.

Bei jeder wie auch immer gearteten Auswahl stellt sich die Frage nach ihrer Legitimation, d. h. nach der Begründung der Maßstäbe, nach dem Grad der Verbindlichkeit und nach dem allgemeingültigen Bezugspunkt.

14.2 Überkommene Auswahlgesichtspunkte

Die Auswahl von Lehrgegenständen hat man stets so verstanden, daß sie grundlegend, daß sie auf Wichtiges, Wesentliches, auf Allgemeingültiges, auf Wertvolles, auf Vorbildliches gerichtet sei. Die Geschichte der Bildung vermag verschiedene Aspekte zu benennen, die zum größten Teil bis auf den heutigen Tag nichts von ihrer Geltung eingebüßt haben.

Der französische Philosoph Michel *de Montaigne* (1533–1592) hat sich dafür ausgesprochen, nur das zu studieren, was nützlich ist (1948, S. 219f.) (= das *Prinzip der Utilität).*

J. A. *Comenius* (1592–1670) tritt in seiner »Didactica magna« (lat. 1657) dafür ein, die Schularbeit durch Abkürzung des sachlichen Lehrstoffes zu erleichtern. Er nimmt eine negative Bestimmung vor: Im Unterricht sind nicht zu berücksichtigen:

– *das Unnötige* (Comenius verweist hier auf das Wort von Seneca: Welche Torheit, Überflüssiges zu lernen, da es so sehr an Zeit gebricht.)
– *das Fremdartige*
– *das allzu Spezielle* (²1960, S. 133 f.).

J. Fr. *Herbart* (1776–1841) kommt auf unser Problem bereits in der Einleitung zu seiner »Allgemeinen Pädagogik« von 1806 zu sprechen. Nach seiner Auffassung sollte die Menschheit in jedem Moment ihrer Fortdauer den ganzen Gewinn ihrer bisherigen Versuche dem jungen Anwuchs konzentriert darbieten.

Otto Willmann (1839–1920) hat – besonders mit Blick auf das philologische Lehrgut – gefordert, »daß überall das Beste, das Klassische, das Typische, das Charakteristische zur Verwendung komme« (⁶1957, S. 422).

Friedrich Paulsen (1846–1908) hat als Prinzipien für die Auswahl des Lehrstoffes im Geschichtsunterricht genannt: alles menschlich Große und Bedeutende und alles, was Folgen hatte und dadurch die Situation der Gegenwart mitbestimmt (1911, S. 360).

Eduard Spranger (1882–1963) hat – wie schon vor ihm Paulsen – als Richtschnur für die Sondierung der Bildungsgüter »das Große« herausgestellt. »Gemeint ist . . ., daß das *Große* – und es gibt *das* Große! – einmal in seiner überragenden Wertgestalt durch die junge Seele mit ganzer eindrucksvoller Gewalt hindurchgegangen sei. Ist dies geschehen, hat sie das einmal in sich gespürt, so kann man darauf vertrauen, daß sie stark und weit genug geworden ist, um unserer Zeit zu geben, was diese Zeit fordert. Wer aber nur mit den zerstreuten Materialien unserer täglichen Gegenwart in Berührung gekommen ist, der hat zwar allerhand geschaut und erlebt, aber er hat die Formkraft nicht erfahren, die aus solchen Materialien erst personales geistiges Dasein macht« (1927, S. 155).

Erich Weniger (1894–1961) hat – ähnlich wie Willmann – das *Klassische* als Konzentrationspunkt inmitten der Vielfalt benannt. Aus der Fülle der überzeitlichen Leistungen des Menschengeschlechts wird nach seiner Auffassung das als das Klassische für die gegenwärtige Bildungsaufgabe ausgewählt, was für die Lösung unserer (zeitgebundenen) Aufgaben *eine gewisse Vorbildlichkeit* besitzt. »Hier erscheinen die großen menschlichen Persönlichkeiten unabhängig von den historischen Bezügen, in denen sie standen, . . . als *Gestalt,* als ewige Typen des Heiligen, des Helden, des Denkers, als ›religiöse Persönlichkeiten‹, als ›die großen Naturwissenschaftler‹ usw., und die einzelnen großen Werke als vollendeter Ausdruck der philosophischen, ästhetischen oder religiösen Geisteshaltung, so Platos Dialoge für das Philosophieren« (Weniger ³1960, S. 79).

Die Idee des Klassischen dürfte als inhaltlicher Auswahlaspekt unverzichtbar sein; »denn sie sichert für das schulische Lernen die Dimension einer kulturellen *Tradition,* allerdings nicht mit dem Mißverständnis der Einengung auf die Antike oder die *Goethe*zeit« (Keck 1973, S. 244).

In diesen gedanklichen Kontext gehören auch die Prinzipien des Exemplarischen, des Elementaren und des Fundamentalen, auf die wir in Kap. 15 gesondert eingehen.

Rückblickend läßt sich sagen: Mehrere Auswahlgesichtspunkte sind bei unserem kurzen historischen Exkurs aufgewiesen worden. Wie auch die Bezeichnungen im einzelnen lauten mögen, immer haben die Pädagogen bei der Erörterung der rechten Auswahl der Bildungsinhalte die Frage nach dem *Gültigen*, nach dem *Lehrwürdigen*, gestellt.

14.3 Neuere Selektionskriterien

Mit dem Problem der Auswahl von Bildungsinhalten haben sich in jüngster Zeit u. a. Th. Ballauff (1962), Chr. Möller (1966), S. B. Robinsohn ([3]1972), H. von Hentig (1969) und D. K. Wheeler (1974) beschäftigt, während sonst in der Fachliteratur nur sporadische Ansätze zu finden sind. Wir greifen hier nur einige wichtige Prinzipien heraus.

14.3.1 Ballauffs Beitrag

Das *Kriterium der Utilität* besagt nach Th. Ballauff: »Erziehung hat *die* ›Bildungsgüter‹ zu vermitteln, die unerläßlich für die Bewältigung des menschlichen Lebens sind« (1962, S. 123). Man fühlt sich an Montaignes Prinzip der Brauchbarkeit erinnert. Jede Bildung hat eben auch Ausbildung im Sinne konkreter Zurüstung für die Existenzbewältigung zu sein. Das »utilitaristische Prinzip« (Göttler [9]1950, S. 240) sollte jedoch nicht einseitig praktiziert werden.
Das *Kriterium der kulturellen Wichtigkeit* hat Ballauff dahingehend gefaßt: »Das für die Kultur überhaupt wie für die jeweilige Kulturepoche entscheidend und wichtig Gewordene muß zum Maßstab der Auswahl gemacht werden« (1962, S. 117). Wichtig ist vor allem das, was unsere Zeit heraufgeführt hat und noch heute wesentlich bestimmt. »Man kann das Wichtige weder mit dem ›Aktuellen‹ identifizieren noch mit dem ›Erfolgversprechenden‹ oder gar mit dem ›Verwendbaren‹« (Ballauff 1962, S. 118).
Das *Kriterium der Autarkie* läßt sich folgendermaßen umschreiben: »Der Gang der Erziehung hat jene Bereiche zu öffnen, die der spätere Beruf und Alltag nicht mehr oder nur sehr schwer zugänglich macht . . . Der Gang der Erziehung bedeutet autarke Paideia, nicht Propädeutik für Beruf und Alltag« (Ballauff 1962, S. 121). Allein die Jugendzeit bietet Gelegenheit, den Menschen auch mit vielen schönen Zwecklosigkeiten bekannt zu machen. Die Schule hat hier der Anwalt des Menschlichen im Menschen zu sein und das in den Blick zu rücken, was nicht den Zweck-Mittel-Zusammenhang hat. Erich Weniger sagt in diesem sachlichen Kontext: »Jedem muß nach Möglichkeit die Vielseitigkeit der Betrachtens- und Verhaltensweisen zugänglich gemacht werden, auch wenn im übrigen seine spezifische Begabung die persönliche Konzentration auf ein besonderes Gebiet fordert. Es handelt sich hier

durchaus um ›Allgemeinbildung‹. . .« ([3]1960, S. 78). Offensichtlich gibt es allgemein verbindliche Gebiete (»Kernfächer«), die von einem jeden Menschen in seinem Bildungsgang durchlaufen werden sollten.

14.3.2 Möllers Vorschlag

Christine Möller hat u. a. folgende »Kriterien der Lernstoffauswahl« benannt:

- Ist der Lernstoff für ein bestimmtes Wissensgebiet bedeutsam?
- Hat sich der Lernstoff schon seit alters her bewährt? »Besonders in Lehrfächern wie Musik, Malerei, Literatur usw. wird dieses Kriterium häufig mehr oder weniger bewußt angewendet und soll dazu dienen, bloße Modeströmungen von wirklich bleibenden Werten in der Kunst zu unterscheiden« (1966, S. 47).
- Ist der Lernstoff nützlich? (gebräuchlich besonders bei der Lernstoffauswahl für berufsbildende Schulen)
- Ist der Lernstoff für den Lerner interessant? »Der Lernstoff soll den Bedürfnissen des Lerners entgegenkommen« (1966, S. 47).

14.3.3 Robinsohns Ansatz

S. B. Robinsohn nennt 1967 im Zusammenhang mit der Curriculumtheorie drei Kriterien für die Auswahl von Bildungsinhalten:

- die Bedeutung eines Gegenstandes im Gefüge der Wissenschaft (damit auch als Voraussetzung für weiteres Studium und weitere Ausbildung)
- die Leistung eines Gegenstandes für Weltverstehen (d. h. für die Orientierung innerhalb einer Kultur und für die Interpretation ihrer Phänomene)
- die Funktion eines Gegenstandes in spezifischen Verwendungssituationen des privaten und öffentlichen Lebens ([3]1972, S. 47).

Diese Formulierungen erinnern an die existenzphilosophische Trias von Daseinsbewältigung, Daseinsbereicherung und Daseinserhellung.

14.4 Relevanz der Ausleseaspekte

Die didaktische Reflexion hat, wie wir aufgewiesen haben, eine ganze Reihe von Auswahlgesichtspunkten ermittelt. Diese Kriterien gelten grundsätzlich für alle inhaltlichen Bereiche. Als übergeordnetes Kriterium muß das der *Wahrheit* (bzw. das der sachlichen Richtigkeit) angesetzt werden, das heißt: Die im Unterricht vermittelten Kenntnisse müssen wissenschaftlich einwandfrei sein. Der Unterricht hat nur das Gesicherte zu bringen; noch nicht eindeutig Bewiesenes gehört nicht in den Lehrplan (vgl. auch Petzelt 1947, S. 155).

Keine Aufnahme als möglicher Lehrinhalt finden das Ephemere und Peripherische, das Belanglose, das Unbedeutende, das Alltägliche, das Triviale sowie alles Wertwidrige.

Bei einer systematischen Betrachtung des Problems der Auswahlkriterien lassen sich ein *sachlogisches* und ein *psychologisches* Moment unterscheiden. Bisher haben wir nur den ersten Aspekt berücksichtigt. Die unter sachlogischen Erwägungen getroffene Auslese von Lehrgegenständen muß sich zusätzlich einer psychologischen Qualifizierung unterwerfen. Endlich ist der Zeitpunkt gekommen, den *Schüler* als bestimmenden Faktor in das didaktische Kalkül einzubringen. Nachdem bisher Reflexionen über die Bedeutsamkeit und Gültigkeit von Bildungsinhalten angestellt worden sind, ist nun in einem zweiten Durchgang deren Eignung zu ermitteln. Schließlich ist der Schüler ein in Entwicklung befindliches Wesen!

Der psychologische Aspekt der Auswahl meint die Beachtung der Geisteskräfte des jungen Menschen. Es muß untersucht werden, »zu welchem Zeitpunkt ein Lehrstoff von den Schülern erarbeitet werden *kann* (de Corte u. a. 1975, S. 104). Das bedeutet: Alle inhaltlichen Anforderungen der Schule müssen hinsichtlich Verstehbarkeit und Ausübbarkeit auf die Leistungsfähigkeit des Schülers abgestimmt werden. Die Berücksichtigung der Entwicklungsstufe ist um so eher erforderlich, je jünger der Educandus ist.

Der sachlogische und psychologische Aspekt der Auswahl verdichten sich demnach zu der Doppelfrage:

- Was ist notwendig? (weil wichtig und wertvoll!) und:
- Was ist möglich? (weil zugänglich und geeignet!)

Die für die Absichten der Schule aus dem Kulturgut ausgewählten Bildungsgüter haben mitunter ihr eigenes Schicksal, etwa wenn die Dichtungen Goethes oder Schillers zur Pflichtlektüre werden, die Klassiker also gleichsam als Tummelplatz einer unreifen Schuljugend fungieren.

Manche Bildungsinhalte ließen sich sicherlich durch geeignetere (häufig auch moderne!) ersetzen. Wenn sie aber erst einmal in den Kanon der Schulfächer aufgenommen worden sind, verkrusten sie institutionell und führen leicht ein selbstzweckliches Dasein.

Noch ein weiterer Umstand ist erwähnenswert: Mitunter kommen Unterrichtsinhalte durch die äußeren Anforderungen an das Lernen der Schüler eigentlich erst zustande, nicht selten als eine absichtlich herbeigeführte vereinfachte und geglättete Form des Kulturguts in Gestalt einer »Schulausgabe«. Es gibt außerdem ad hoc geschaffene Lehrinhalte; man denke an bestimmte Gedichte und Prosatexte in Schullesebüchern.

Bei kritischer Betrachtung wird man feststellen können, daß die von uns genannten Selektionskriterien sehr allgemein und formal gehalten sind; sie mit Inhalt zu füllen, ist den Lehrplangestaltern aufgegeben oder gar der freiheitlichen Entscheidung des einzelnen Lehrers überlassen. Dies aber ist die eigentliche Kalamität der didaktischen

Theorie und Praxis, daß auf die Frage, was inhaltlich das Bedeutende, Kennzeichnende, Große, Typische usw. in einem Bereich oder Schulfach sei, von den verschiedenen Zeitepochen, den Weltanschauungsgemeinschaften und den großen politischen Systemen – je nach ihren Idealen und Zielen – eine unterschiedliche Antwort gegeben wird. Die gesellschaftliche Verfassung gibt stets einen bestimmten Rahmen vor. Wir stoßen hier auf das Phänomen einer möglichen Ideologisierung des Lehrguts. Die Meinungsverschiedenheiten ergeben sich häufig erst bei der Konkretisierung.
Die Tatsache, daß die Auswahlprinzipien keine greifbaren Anhaltspunkte bieten, bedeutet bis zu einem gewissen Grade eine Schwäche. Auf der anderen Seite sollen und wollen sie den Unterricht in der Schule nicht reglementieren. Es bleibt festzuhalten, daß die genannten Auswahlkriterien nicht *nichts* sagen. Sie eignen sich durchaus als Maßstab bei der Entscheidung, welche Sachverhalte Bildungsinhalte werden dürfen.
Die tatsächlich vollzogene Auswahl von zu lernenden Inhalten stellt eine Vorentscheidung bezüglich der Lerngeschichte des einzelnen Schülers dar, wie sie z. B. im Fremdsprachenangebot in unseren Schulen sichtbar wird. Das Resultat des didaktischen Auswahlprozesses schlägt sich in der Stundentafel und vor allem im inhaltlichen Relief der Lehrpläne und Curricula nieder (s. Kap. 17 u. 18).

15. Das Prinzip des Exemplarischen

15.1 Das Problem der Stoffülle

In der Vergangenheit bereitete die Auswahl der Lehr- und Lerninhalte keine großen Schwierigkeiten. Seit etwa zwei Jahrhunderten hat sich aber die gesellschaftliche Situation grundlegend gewandelt. Mit der Zunahme des menschlichen Wissens im allgemeinen ist auch das Pensum in den Schulen in bedrohlicher Weise angewachsen. Als Verursachungsgründe können u. a. das Ideal der Allgemeinbildung sowie die neuen Forschungsergebnisse der prosperierenden Einzelwissenschaften genannt werden. Heute klagen alle Schulformen über eine Überbürdung mit Lehrstoff. Die Lehrer leben unter der Pression, mit ihren Lehrinhalten nicht fertig zu werden. Die Schüler können die Menge und Vielfalt des Übermittelten gar nicht geistig verarbeiten. Wie soll angesichts einer derartigen Zeitsituation die Schule da noch ihrer Bestimmung nachkommen können, »Scholé«, Stätte der Muße und Besinnung, zu sein?
In Anerkenntnis des offensichtlichen didaktischen Notstandes hat die Schule Maßnahmen eingeleitet, um den Lehrstoff einzugrenzen und zu reduzieren. So hat man z. B. an die Fächer appelliert, durch eine kritische Sichtung des Bestandes zu einer Entspannung der Lage beizutragen. Aber bei diesem Vorhaben stößt man aus

fachlichen Gründen sehr bald auf Grenzen: Die Formenlehre z. B. und ein gewisser Schatz an Vokabeln sind für einen weiterführenden Schulunterricht unverzichtbar und vertragen keine weiteren Streichungen. Des weiteren versprach man sich einen Erfolg von einer Abkehr von der Systematik. Didaktiker proklamierten die (u. U. mißverständliche) Devise »Mut zur Lücke«, weil Mut zur Gründlichkeit! Es ist besser, wenige Inhalte zu behandeln, diese jedoch vertieft.
Die *quantitativen Ansätze,* das Problem der Lehrstoffhypertrophie zu bewältigen, haben sich insgesamt als nicht sehr wirksam erwiesen. »Durch bloße Abstriche, durch Subtraktion werden wir die Schwierigkeiten der Stoffülle im Schulunterricht nicht meistern. Unser Verhältnis zum Wissen überhaupt, unsere geistige Haltung muß sich verändern« (Scheuerl 1959, S. 76).
Erfolgversprechender waren *qualitative Lösungsversuche.* Unter den Stichworten des Exemplarischen, aber auch des Elementaren und Fundamentalen, sind seit etwa 1950 didaktische Bestrebungen mit dem Ziel aufgetreten, den Maßstab der Ergiebigkeit der Bildungsinhalte neu und präziser zu fassen. In der sog. »Tübinger Resolution« von 1951 wurde der Durchdringung des Wesentlichen der Unterrichtsgegenstände der unbedingte Vorrang vor jeder Ausweitung des stofflichen Bereichs gegeben. Damit war das Problem einer *exemplarischen Erschließung* geistiger Gebiete aufgeworfen.

15.2 Kennzeichnung des Exemplarischen

In die jahrhundertealten Überlegungen über die schwierige Frage der rechten Auswahl der zu lehrenden Sachverhalte fügt sich etwa seit 1950 der Aspekt des Exemplarischen als ein weiteres, neues Moment ein (Gerner [4]1970). Das *Exemplarische* versteht sich ausschließlich als Prinzip der Lehre (nicht der Forschung!). Es meint »ein objektives Verhältnis der Stellvertretung« und bezieht sich auf den Zusammenhang von Allgemeinem und Besonderem. »Ein umfassenderes Etwas wird durch ein herausgehobenes Beispiel repräsentiert« (Scheuerl 1958, S. 82).
Das Wort »exemplarisch« leitet sich von dem lateinischen Verb »eximere« = herausheben (»exemplum« = das Herausgehobene) her. Dinge sind nicht von sich aus exemplarisch; sie bekommen diesen Rang und diese Funktion erst durch eine absichtsvoll herbeigeführte Beziehungsstiftung.
Bei der Bestimmung dessen, was als exemplarischer Bildungsinhalt angesehen werden kann, lassen sich einige Merkmale nennen: Der Lehrstoff soll für die Eigenart des Faches bezeichnend sein; an ihm soll die typische Arbeitsweise einer Disziplin sichtbar werden. Vor allem soll der konkrete, real anwesende Bildungsinhalt (z. B. Deltamündung des Nils) potentiell als Vertreter für viele gleiche bzw. ähnliche Fälle (diverse Deltamündungen) stehen können. Sofern das Wesen eines Unterrichtsgegenstandes und seine Aufbaugesetzlichkeit grundsätzlich eingesehen sind (Deltamündung schlechthin), läßt sich diese Erkenntnis auf eine Vielzahl verwandter Sachver-

halte ausdehnen. Unter günstigen Umständen kann auf diese Weise eine Einzelheit (Nildelta) ein ganzes Gebiet aufschließen. Wir berühren hier das lernpsychologische Phänomen des Transfers (s. Kap. 11).
Wo immer die Forderung nach Verwirklichung des Prinzips des Exemplarischen erhoben wird, stellen sich die beiden wichtigen Fragen:

- *Was* soll repräsentiert werden? (Wir fragen stets: exemplarisch wofür?)
- *Wodurch* soll etwas repräsentiert werden?

Diese Problemstellung, die auf eine Strukturierung der Bildungsinhalte hinweist, führt zu einer Besinnung sowohl auf das Zu-Repräsentierende als auch auf das Präsente.
Das Exemplarische selbst ist als Relationsbegriff etwas Formales, das nicht an Gegenständliches gebunden ist, sondern für diese oder jene Beziehungsstiftung stehen kann. Eine konkrete Bestimmung des *Zu-Repräsentierenden* ist für den Lehrgang in erster Linie vom Bildungssinn des betreffenden Faches innerhalb der jeweiligen Schulform zu erwarten, der seinerseits fachwissenschaftlichen Maßgaben verpflichtet ist.
Sobald entschieden ist, worin das Wesentliche eines Lehrzusammenhangs zu sehen ist, setzen die Erörterungen über das *Präsente* ein. Die Frage nach der Eignung eines Exemplums stellt sich auch im Gebiet der Naturwissenschaften; sie wird jedoch besonders akut, wo die Auswahl des Typischen sichergestellt werden soll. Es ist in jedem Falle zu fordern, daß die Repräsentation angemessen erfolgt. Das Charakteristische, auf das es ankommt, soll im Individuum in möglichst »idealtypischer« Weise ausgeprägt sein. So wird man etwa das Besondere romanischer Kirchenbaukunst anhand des Wormser Domes herausarbeiten, die Fortdauer tektonischer Prozesse am Beispiel der Erdbeben, magmatische Vorgänge an den vielfältigen Erscheinungen des Yellowstone-Nationalparks, die Wirkung von Anschwemmung an der heutigen Binnenlage einstiger Seehäfen (z. B. Ravenna), eine dem Zufall preisgegebene Rechtsprechung mittels des »Gottesurteils«, die unmittelbare Demokratie am Funktionsmodell der schweizerischen Landsgemeinde usw. Allgemein kann gelten: Das Paradigma muß signifikant sein, gleichsam die reinste Vertretung dessen, wofür es steht. Es soll für sich sprechen.
Unter bestimmten Umständen kann exemplarische Erfahrung zu einer persönlichen Betroffenheit führen: etwas ist dann *exemplarisch für jemand.*
Eine lebhafte Diskussion hat sich an der Frage nach der Möglichkeit exemplarischer Repräsentation im Fach *Geschichte* entzündet: Ist doch hier das Individuelle Gegenstand der Erkenntnis! Das über das Erfassen geschichtlicher Singularitäten hinausgehende »typische« Begreifen kann im exemplarischen Geschichtsunterricht einmal als *Epochentypisches* auftreten. Hier soll eine Erscheinung den Grundzug eines bestimmten Zeitabschnittes darstellen (Ludwig XIV. als Repräsentant absolutistischer Herrscher; das Phänomen der Nationalstaatenbildung, das des Imperialismus und des Kolonialismus). Zum andern sind *Strukturtypen* bedeutsam, die in einer Welt

permanenter Wandlung ein Allgemeines festzuhalten suchen. Die Ähnlichkeit und Vergleichbarkeit gewisser politischer und gesellschaftlicher Strukturen bietet sich geradezu an. Man denke an Staatsformen, an die Erscheinung des Eroberungskrieges (des Krieges überhaupt!), an den »Freiheitshelden«, an den wiederkehrenden Grundzug: Inter arma leges silent, an das Faktum der Revolution usw.
Man sollte aber im Historischen die Grenzen exemplarischer Stellvertretung nicht verkennen. Das Besondere ist hier niemals »Fall« eines Allgemeinen.
Die Erörterung über das Exemplarische ist zwar von Zweckmäßigkeitserwägungen ausgegangen, sie hat aber schließlich zu Kernfragen der Bildung geführt (s. Steindorf 1965). M. Wagenschein (1959) hat mit dem von ihm initiierten exemplarischen Lehren und Lernen einen Weg gewiesen, der den Unterricht nicht nur vor einer Erdrückung durch den Lehrstoff zu bewahren sucht, sondern der zugleich eine erhöhte Bildungswirksamkeit verspricht. In Frontstellung zu jedem Lernverfahren, das lediglich Wissen sammeln und anhäufen will, wird hier entschieden gefordert, daß dem Schüler mit dem Mitgeteilten etwas bedeutet werden soll. Durch das Exemplarische ist man in der Didaktik in besonderer Weise auf das Intendierte (das didaktisch jeweils Gemeinte) des zu Vermittelnden aufmerksam geworden.

15.3 Verwandte Begriffe: das Elementare und Fundamentale

15.3.1 Das Anliegen der kategorialen Bildung

Die Prinzipien des Elementaren und des Fundamentalen sind aufs engste mit der *Theorie der kategorialen Bildung* verbunden, wie sie insbesondere von W. Klafki ([1]1959; [4]1964) entwickelt worden ist. Im Mittelpunkt dieses Konzepts, das dialektisch zwischen dem materialen und dem formalen Moment der Bildung zu vermitteln sucht, steht die Lehre von der wechselseitigen Eröffnung von Mensch und Welt: »Diese *doppelseitige Erschließung* geschieht als Sichtbarwerden von ›allgemeinen‹ Inhalten auf der objektiven Seite und als Aufgehen ›allgemeiner‹ Einsichten, Erlebnisse, Erfahrungen auf der Seite des Subjekts. Anders formuliert: Das Sichtbarwerden von *›allgemeinen‹ Inhalten* auf der Seite der ›Welt‹ ist nichts anderes als das Gewinnen von *›Kategorien‹* auf der Seite des Subjekts« (Klafki [4]1964, S. 298). Klafki teilt die Auffassung anderer Pädagogen vor ihm, daß Bildung nur über den Weg des Sicheinlassens in (die) Welt zustande kommt. Aber sie besteht nicht im Anhäufen zufälliger und isolierter Kenntnisse, Anschauungen, Erfahrungen und Handlungsweisen. Bildung entsteht nur, wo der Mensch sich Inhalte zu eigen macht, die über das Äußerlich-Zufällige, je Einzelne hinausreichen. »Das ›Wesen‹ der Person formt sich nur in der Begegnung mit ›wesentlichen‹, ›übergreifenden‹, ›allgemeinen‹ Gehalten« (Klafki [4]1964, S. 34 f.).
Das Bildende wird hier in den Allgemeinheiten, in dem »Inhaltlich-Allgemeinen« erkannt, das Klafki das »Bildend-Allgemeine«, auch das *»Kategoriale«*, nennt, sofern

es sich im erkennenden Subjekt strukturiert hat. Fundierend für die kategoriale Bildung ist – ebenso wie bei dem Prinzip des Exemplarischen – das Bezugsverhältnis von Allgemeinem und Besonderem. Das Inhaltlich-Allgemeine ist immer nur an konkreten Besonderen auffindbar. Aber sofern es einmal erfaßt ist, vermag es über den Einzelfall hinaus eine ganze Gruppe von Phänomenen gleicher oder ähnlicher Struktur verständlich zu machen. »Das am Elementaren erfaßte Allgemeine wirkt als Kategorie künftiger Erfahrung und Erkenntnis, es stiftet ›kategoriale Bildung‹« (Klafki [4]1964, S. 83).
Die beiden *Kategorien des Elementaren und des Fundamentalen* sind unabtrennbare Bestandteile der Theorie der kategorialen Bildung. Sie sind die »zwei Seiten«, in denen sich Welt und Wirklichkeit inhaltlich erschließen (Drechsler 1967, S. 60). Beide Begriffe sollen im folgenden kurz gekennzeichnet werden.

15.3.2 Das Elementare

Das *Elementare* ist ein konkretes Besonderes, an dem ein Inhaltlich-Allgemeines zur Anschauung und begrifflichen Fixierung kommt. Es ist ein Sach- und Sinnallgemeines, das sich vorrangig an den kognitiven Bereich des Menschen wendet. Von ihm wird gefordert, daß es einfach und prägnant sein soll. Nach Klafki gibt es innerhalb jedes geistigen Bereiches eine mehr oder minder große, immer wieder neu zu bestimmende Anzahl wesentlicher, zentraler, bedeutsamer Grundbegriffe, Einsichten, Zusammenhänge und Verfahren; auf sie zielt der Begriff des Elementaren.

Als Elementaria lassen sich benennen:

- Die Ausdehnung von Körpern bei Erwärmung
- Die Bedeutung von Rohstoffen
- Das Erwachen der farbigen Völker
- Die Verflechtung der Volkswirtschaft mit der Weltwirtschaft

Für das Problem der Auswahl ist die Einsicht von Wichtigkeit, daß es sowohl »lehrreiche« Pflanzen als auch Gegenstände aus der Technik gibt: So ist die »Tulpe« ein besonders günstiges Beispiel für den Prozeß »Von der Blüte zur Frucht«. Die Herstellung des Papiers verdeutlicht sehr wirkungsvoll die Verarbeitung eines Rohstoffes.
Das Elementare bezieht sich auf fachspezifische Einsichten, Prinzipien, Modelle und Methoden.

15.3.3 Das Fundamentale

Das *Fundamentale* meint die »tragenden Kräfte der Grundbereiche unseres geistigen Lebens« (Klafki [2]1964, S. 45), anthropologisch gewichtige Grundaussagen bzw. Widerfahrnisse. Fundamentalia vermögen nicht nur anzusprechen und zu berühren, sondern unmittelbar gefangenzunehmen, aufzuwühlen, zu erschüttern; sie wenden

sich gar nicht einmal so sehr an den Verstand als vielmehr an das Gefühl, an das Gemüt und das Gewissen. Grunderfahrungen und Grunderlebnisse wie z. B. Leben, Krankheit, Tod, Hunger, Durst, Kampf, Glück, Gerechtigkeit usw. bedürfen nicht komplizierter Reflexion, um ihren Wahrheitsgehalt zu offenbaren. Sie ereignen sich zum größten Teil im Leben der Erwachsenen, und sie sind in keiner Weise beherrschbar. »Immer haftet jenen Grunderfahrungen etwas Ursprüngliches, ja etwas von Geschenk und Gnade an« (Klafki [4]1964, S. 335). Wenn einem Menschen der Sinn von Welt- und Lebenszusammenhängen aufgegangen ist, sei es durch unablässige Beschäftigung mit einer Sache oder durch unerwartete Ereignisse, dann hat er Fundamentales erfahren.
Es ist gar nicht leicht, überzeugende Beispiele für den Unterricht in der Schule zu finden. K. Barthel hat versucht, Fundamentalia der Geschichte zu benennen, z. B. den geschichtlichen Augenblick als zur Zukunft offene Situation, die geschichtliche Entscheidung, das Wagnis und die anthropologischen Kategorien des Scheiterns und der Schuld (in: Strunz 1963, S. 109ff.). Diese historischen Fundamentalia werden – wie die politischen – im Status des Schülerseins zuweilen in der Ebene der rationalen »Elementaria« steckenbleiben, weil den jungen Menschen die Berührung mit dem Erwachsenenleben noch fehlt. Das Wecken von fundamentalen Erfahrungen ist zwar ein erstrebenswertes, aber ein im Unterricht schwer zu erreichendes Ziel. Für die Absichten des Schulunterrichts, der sich vorrangig als intentionale Bildungsveranstaltung versteht, sind hauptsächlich die in den einzelnen Lehrfächern zu vermittelnden Elementaria von Bedeutung.
Es ist letztlich eine von den Fachdidaktiken zu leistende Aufgabe, in ihrem Bereich zunächst das Inhaltlich-Allgemeine (die »Kategorien«, die »Generalia«) zu eruieren und danach – in einem zweiten Schritt – geeignete Beispiele (»Exemplaria«) zu finden, die das zu repräsentierende »Universale« sichtbar und verständlich machen (s. Steindorf 1968).

16. Das Anordnungsproblem

16.1 Wesen des Lehrgangs

Nachdem zuvor die Frage der Auswahl von Bildungsinhalten erörtert wurde, kommen wir nun zum zweiten großen Thema innerhalb der Theorie der Bildungsinhalte: zum Problem der Aufgliederung und *Anordnung der Bildungsinhalte.* Bei der »Abfolge der Unterrichtsgegenstände« (Peter 1954, S. 234) müssen die (ausgesuchten) Lehrinhalte den Schülern in einem geordneten Nacheinander zugänglich gemacht werden. Diese Anordnung bezieht sich sowohl auf die Be-

rücksichtigung sachlogischer Gegebenheiten (nichts Wesentliches soll fehlen!) als auch auf die Beachtung der zeitlichen Reihung (der Schrittfolge).
Die institutionalisierte und methodisch verfahrende »Lehre« kennt seit jeher einen gewissen Lehr-gang bei der Verfolgung ihrer Absichten. »Der ›Lehrgang‹ ist als notwendige Form jeglicher ›Lehre‹ eine im voraus geplante und damit auch festgelegte Ordnung, in der die Inhalte eines mehrgliedrigen Bereichs so aufeinander folgen, daß der Schüler den ganzen Bereich lernend erfassen kann« (Schwager 1958, S. 112). Lehrgänge gehen aus Lehrplänen hervor, stellen gleichsam deren Konkretisierung und Realisierung dar. Sie können als Bindeglied zwischen Lehrplan und realem Unterrichtsprozeß sowohl fachspezifischer als auch fächerübergreifender Natur sein.
Dem Lehrplangestalter wie dem Lehrenden sind im allgemeinen Ziel und Inhalt der Lehre bis in ihre Einzelheiten hinein bekannt. Nur unter dieser Voraussetzung sind Überlegungen möglich, wie der »Gang« der »Lehre« in dem betreffenden Bereich am sinnvollsten zurückzulegen ist. Charakteristisch für den Lehrgang ist das Moment der *Stufung*: Das logisch aufeinander Folgende soll auch zeitlich nacheinander ablaufen. »Es soll jeder Lehrschritt stets auf dem Früheren aufbauen und gleichzeitig das Verständnis des Folgenden vorbereiten« (Schwager 1958, S. 113). Das Anfangs- und das Endglied der Reihe und eine diese Punkte verbindende Strecke, nämlich das Bilden einer beziehungsreichen Kette, erhalten im Lehrgang eine entscheidende Bedeutung.
Zwei Akte sind geradezu typenbildend: das Elementarisieren (d. h. das Vorbereiten des Folgenden) und das Erweitern (d. h. das Aufbauen auf dem Früheren). Während beim *elementarisierenden Lehrgang* das Anfangsglied als letztes (weil rückwärts gerichtet konstruiert!) entwickelt wird – denn es versteht sich logisch bzw. der Sache nach als das Grundlegende, Erste, Elementare –, wird es beim *erweiternden Lehrgang* unter Rücksichtnahme auf den Schüler *zuerst* festgelegt. Beide Lehrgangsarten haben ihre Berechtigung im Schulunterricht. Tatsächlich können die Fächer zumeist auf traditionelle Lehrgänge zurückgreifen.

16.2 Fachunterricht

Wie die Universitäten von Anfang an in Disziplinen gegliedert waren, so ist auch der Lehrstoff in den Schulen von Beginn an in *Fächern* unterteilt gewesen. Die Geschichte der Lehrfächer läßt sich bis in die Antike zurückverfolgen (Dolch [1]1959). Von der Römerzeit bis in das Mittelalter hinein standen die »septem artes liberales« (bestehend aus dem *Trivium* mit Grammatik, Rhetorik, Dialektik und dem *Quadrivium* mit Arithmetik, Geometrie, Musik[-theorie], Astronomie) im Mittelpunkt. Schulfächer im heutigen Verständnis gibt es seit dem Beginn der Neuzeit. Ihr Zustandekommen steht mit der Herausbildung von Klassen (z. B. bei Comenius) und mit der Durchsetzung von Schulbüchern im Zusammenhang. In der Folgezeit haben sich Art und Zahl der Schulfächer je nach Schulart verändert. Während der Lehrkanon der höheren Schulen im wesentlichen in der Nachfolge der »sieben freien Künste«, zentriert um Sprachwissen und Sachwissen, stand, ist die Konstitution der Volksschulfächer in Verbindung mit dem Konzept einer volkstümlichen Bildung zu sehen. In den Lehrplänen der Elementarschule haben sich aber auch die Ansprüche der Gesellschaft (z. B. Realien im 17. und 18. Jahrhundert, »Arbeitslehre« im 20. Jahrhundert) niedergeschlagen. Man kann rückblickend wohl die Feststellung treffen, »daß die Fächerung, die Aufspaltung des gesamten Kulturbesitzes, nach logischen Gesichtspunkten eine unvermeidbare Erscheinung ist überall dort, wo unterrichtet werden soll« (Seiler [2]1952, S. 26).

Fachunterricht bezeichnet den Vollzug von Lehr- und Lernprozessen in einem Unterrichtsfach oder in mehreren Lehrfächern; gleichsinnig spricht man auch von gefächertem Unterricht und von Fächerunterricht. Die Anordnung der Lehrinhalte nach Fächern (früher auch »artes« und »disciplina« genannt) ist die herkömmliche und auch die am weitesten verbreitete Form der Stoffgruppierung.

Lehrfächer (bzw. Unterrichtsfächer) sind »Teilgebiete des Lehrgutes i. e. S. « (Dolch [3]1960, S. 89). R. Meister spricht von »Dispositionssystemen« (1946, S. 76) und führt in diesem Zusammenhang aus: »Die *Verfächerung des Lehrgutes* ist im Wesen der Unterrichtsarbeit der Schule begründet ... die Lehrfächer stehen gewissermaßen wie Sammellinsen zwischen dem geistigen Auge des Schülers und der unübersehbaren Mannigfaltigkeit der Erscheinungen. Dies ist notwendig, denn sonst würde dem Schüler aus der verwirrenden Fülle von Erfahrungen und Einzelerkenntnissen niemals ein größeres Ganzes, ein geordneter Wissensbesitz und schon gar kein Weltbild entstehen« (1946, S. 148f.). In ähnlichem Sinne hat sich G. Kerschensteiner geäußert: »Alles menschliche Wissen hat sich im Laufe der Kultur von selbst in geschlossene, wohlgegliederte Reiche gespalten, genötigt durch die Organisation unserer psychischen Funktionen« ([15]1964, S. 107). In der Fächerung künden sich jene »allgemeinen Denkrichtungen« an, »die im Menschen wesensmäßig angelegt sind, mit denen er allein die Welt gedanklich verstehen, erobern, sie meistern und beherrschen kann ... Haben wir hier nicht einfach jene bestimmte ›Existentiale‹ des Menschseins, die darum auch in jedem Unterricht Grundlage der geistigen Entwicklung des Schülers sein müssen?« (Stöcker 1961, S. 167). In dieser Weise könnte man Lehrfächer als »Konzentrationsfelder didaktischer Arbeit« (Meister 1965, S. 31) bezeichnen oder als »akzentuierte Glieder eines Kanons von menschlichen Grundfragen an die Welt« (Scheuerl 1958, S. 128) verstehen. Der Fachunterricht vertraut auf die bildende Wirkung, die aus der Hingabe des Lernenden an die Sache erwächst.

Der fachlich ausgerichtete Unterricht übernimmt sein Gliederungsprinzip von den Fachwissenschaften. Fachwissenschaftliche Gesetzmäßigkeiten sind für ihn konstitutiv. Das Verhältnis von Wissenschaft zu Schulfach stellt sich bei genauerer Betrachtung als recht kompliziert dar (s. Blättner 1960, S. 391–405). Erich Weniger sieht die Relation wie folgt: »Man könnte sagen, daß gewiß der Unterricht nicht propädeutisch für die Wissenschaft sein könnte, daß vielleicht auch ihre Methoden und die

Fülle ihres Materials für die Schule nicht in Betracht kämen, aber dann bliebe immer noch die Wissenschaft der bestimmende Faktor für das Fach, insofern dieses auf ihre Ergebnisse angewiesen sei, die in pädagogischer Form Gegenstand des Unterrichts zu sein hätten« ([3]1960, S. 25).

Der Fachunterricht löst das Anordnungsproblem dadurch, daß er sich an die Systematik und Stufenfolge der korrespondierenden Wissenschaft (bzw. Wissenschaften) hält. Die »structure of the discipline« soll beim Fachunterricht bestimmend sein. Das bedeutet: Das Curriculum soll von dem fundamentalen Verständnis des Faches her aufgebaut werden, »das sich aus den tragenden, seine Struktur ausmachenden Prinzipien gewinnen läßt« (Bruner 1970a, S. 42). Der Fachunterricht ist durch einen geordneten und gestuften Lehrgang gekennzeichnet. Er erstrebt Fachkönnen, vor allem aber Fachkenntnisse (eine Forderung vieler Prüfungsordnungen!).

Der Fachunterricht sieht vor, daß jedes Schulfach seiner eigenen Logik folgt. Bei dem Vorhandensein mehrerer parallel laufender Fachlehrgänge kommt es leicht zu dem beklagten Phänomen der Zusammenhangslosigkeit des Unterrichts. Das Problem bleibt ungelöst, auf welche Art und Weise die Lehrinhalte untereinander in Verbindung stehen. Die Zusammenschau divergierender Lehrmaterien wird im Grunde genommen den Schülern als ein von ihnen selbst kreativ zu bewerkstelligender Akt zugemutet.

Trotz gewisser Schwächen der Fächerung des Unterrichts ist das Fachprinzip sowohl in der didaktischen Theorie als auch in der Schulpraxis als bestimmendes Moment anerkannt. Der Ausbildungsgang der Lehrer ist eindeutig auf den Fachlehrer angelegt. Der Fachunterricht hat in der Gegenwart durch die Omnipräsenz der Wissenschaft eine erneute Rechtfertigung erfahren. Man denke nur an die Postulierung des »wissenschaftsorientierten Lernens« durch den Deutschen Bildungsrat im »Strukturplan« von 1970, das für alle Bildungsgegenstände und Altersstufen gelten soll, ferner an die Forderung nach einem wissenschaftsorientierten Unterricht (s. Kap. 3.1). Das im Kontext der volkstümlichen Bildung als »Kunde« (z. B. Naturkunde, Heimatkunde usw.) interpretierte Verständnis von Lehrfach hat heute keine Chance mehr.

16.3 Epochenunterricht

Das Konzept des *Epochenunterrichts* ist bestrebt, das aus dem Stundenplan gekannte übliche Nebeneinander bestimmter Fächer durch ein Nacheinander zu ersetzen, um auf diese Weise der Zersplitterung der Unterrichtsinhalte entgegenzuwirken (s. Bentzien [2]1964). Im Hintergrund steht der Gedanke der »Konzentration«. Diese Form der Lehrstoffanordnung setzt voraus, daß ein Lehrer in einer Klasse mindestens in zwei Fächern Unterricht erteilt. Für eine bestimmte Zeit (z. B. Woche oder Monat) (eben die »Epoche«!) wird die Summe der auf die Epochenfächer entfallenden Stunden *einem* Lehrfach (= dem periodisch wechselnden »Leitfach«) zur Verfügung gestellt. Durch die Bildung einer Stundenkette (Unterrichtseinheiten statt Einzellek-

tionen!) ist für Lehrer und Schüler ein intensives Verweilen bei einem größeren Thema (z. B. Skandinavien, Zweiter Weltkrieg) möglich. Die epochale Anordnung der Lehrinhalte scheint lediglich ein äußeres Unterrichtsarrangement, nur eine Rochade im Stundenplan, zu sein; tatsächlich aber fördert sie eine vertiefte Interessenhaltung bei den Beteiligten.
»Epochalunterricht« wird an den Waldorfschulen seit langem praktiziert. Eine Vorform des Epochenunterrichts (auch »Periodenunterricht« genannt) haben wir in den Blockstunden (beim Sportunterricht) zu sehen.
Epochenunterricht kann als eine Variante des Fachunterrichts bezeichnet werden; es können aber auch fächerübergreifende Sachganze in den Mittelpunkt gestellt werden. Hinsichtlich seiner Realisierung bietet er für Lehrer keine besonderen Schwierigkeiten. Die Vorteile des Epochenunterrichts dürften gewisse Schwächen (s. Rapp 1970) überwiegen.

16.4 Fächerübergreifender Unterricht

Der aufs engste mit der Volksschuldidaktik verbundene nicht-fachlich orientierte Gesamtunterricht (Gerstorfer/Seitz 1958, Vilsmeier 1960) mit seiner Kritik am »Fächersalat« (K. Seiler [2]1952, S. 9) dürfte heute angesichts des in allen Schulformen durchgeführten Fachunterrichts kaum noch eine Entfaltungschance haben, obwohl manches von seiner Grundidee durchaus bewahrenswert ist. Wohl bietet in der gegenwärtigen Situation der *fächerübergreifende Unterricht*, der zuweilen auch »Konzentrationsunterricht« (Bohusch o. J.) genannt wird, positive Ansätze. Er akzeptiert grundsätzlich das im Schulunterricht realisierte Fachlehrersystem, versucht seinerseits jedoch, gewisse Schwächen des Fachunterrichts, die hauptsächlich in dem weithin beziehungslosen Nebeneinander von Fächern und deren Inhalten zu sehen sind, nachträglich durch ein besonderes didaktisch-methodisches Arrangement zu mildern. Wo es vom Thema her möglich ist, wird ein Problemzusammenhang zur gleichen Zeit unter verschiedenen fachlichen Aspekten behandelt. Divergierende Fächer sollen auf diese Weise miteinander verbunden werden; es geht darum, den »Dingzusammenhang« (K. Seiler [2]1952, S. 94) zu wahren.
So können z. B. im Geschichtsunterricht die Arbeiterbewegung in der zweiten Hälfte des 19. Jahrhunderts, im Politikunterricht die Sozialgesetzgebung des Deutschen Reiches, im Deutschunterricht die Arbeiterdichtung (etwa Gerrit Engelkes »Tod im Schacht« oder Paul Zechs »Der Hauer«) usw. zur Sprache gebracht werden. In ähnlichem Sinne berichtet O. Bohusch von »Konzentrationstagen« im Sinne eines Studium generale: So wird von einem Lehrerteam eine »Berlinfahrt« (Bohusch o. J., S. 141 f.) gemeinsam geplant, vor- und nachbereitet. Jeder Lehrer leistet von seinem Fachhorizont her einen sachlichen Beitrag zum Themenkomplex »Berlin«: Der Geschichtsunterricht thematisiert die Hauptereignisse der neueren Geschichte Berlins, der Erdkundeunterricht die geographische Lage von »Spree-Athen« und seine

Funktion als Verkehrsknotenpunkt, der Deutschunterricht die Bedeutung Berlins für das deutsche Geistesleben und die deutsche Literatur, u. U. mit einem Ausblick auf die jüngste Theatergeschichte, usw. Sicherlich hätten auch der Kunst- und der Musikunterricht Einschlägiges beizusteuern.

Die Schüler bezeichnen eine derartige Fächerverbindung als eine Möglichkeit, eine Sache von allen Seiten kennenzulernen (Bohusch o. J., S. 154). An geeigneten Themen für die Durchführung eines fächerübergreifenden Unterrichts dürfte es im Schulalltag nicht fehlen. Voraussetzung ist allerdings, daß Kollegen einer Schulstufe zu einer solchen Sachverständigung bereit sind. Die Nähe des fächerübergreifenden Unterrichts zum Team Teaching, aber auch zur *Projektgestaltung*, ist unmittelbar gegeben. In die gleiche Richtung zielt auch der »überfachliche Unterricht« (Schlaak 1973, S. 46).

IV. Lehrplan – Curriculum

17. Der Lehrplan

17.1 Zur Entstehung des Lehrplans

Lehre und Unterrichtung erfolgten in den Anfangsstadien ungeplant und unreflektiert. Das Phänomen der Planung zeigt sich erst auf einer bestimmten Stufe menschlicher Entwicklung. Bei der Planung zerlegt der Mensch eine vorgesehene Handlung in Abschnitte und ordnet diese zeitlich auf das Ziel hin. So kennen wir heute u. a. Haushaltspläne, Baupläne, Fahrpläne, Spielpläne und eben auch *Lehrpläne*. Der Lehrplan ist Ausdruck des allgemeinen Planungswillens im Bereich der Ausbildung.
Lehrpläne existierten nicht zu allen Zeiten. Es gab längst ein »erzieherisches Geschehen«, bevor es zu einem »pädagogischen Handeln« (Kroh [6]1962, S. 57) kam. Lehrpläne konnten sich erst bei bewußten und institutionalisierten Erziehungsprozessen herausbilden. Josef Dolch hat in seinem Werk »Lehrplan des Abendlandes« ([1]1959) »zweieinhalb Jahrtausende seiner Geschichte« nachgezeichnet. Danach wurde der eigentliche Typ des neuzeitlichen Lehrplans in den evangelischen Schulordnungen des 16. Jahrhunderts begründet. Die in diesem Jahrhundert gebräuchlichen Ausdrükke für Lehrplan, z. B. Ordinatio studii, Ordo lectionum, Ordo discendi, lassen deutlich das Bewußtsein einer Ordnung erkennen. Im 16. und 17. Jahrhundert geht man mehr und mehr dazu über, den Lehrstoff aufzuteilen und in Übersichten und Tabellen, zuweilen auch in Art eines Stundenplans, darzustellen. Das Lehrplandenken löst sich zunehmend von örtlichen Gegebenheiten und ist um prinzipielle Geltung in einem größeren Gebiet bemüht; es entstehen territoriale und universale Lehrpläne. Während die gelehrten Schulen in der Tradition der Septem artes liberales standen (s. Kap. 16.2), wurden für die sich herausbildende Volksschule – neben Lesen, Schreiben, Rechnen, Singen – Muttersprache, Religion und schließlich »gemeinnützige Kenntnisse« (= Realien) als Lehrplaninhalte konstitutiv.
Das deutsche Wort »Lehrplan« tritt erst zu Beginn des 19. Jahrhunderts auf. Im »Wörterbuch der Deutschen Sprache« gibt J. H. Campe folgende Definition: »Der Lehrplan, der Plan, nach welchem man lehret, den Unterricht ordnet und einrichtet« (1809, S. 80). Zuvor sprach man von »Curriculum«. Dieser Terminus hat sich für Lehrplan bis in unsere Zeit im angelsächsischen Sprachraum erhalten, ja er erfährt bei uns im Zusammenhang mit der Curriculumtheorie eine Wiedereinbürgerung in die pädagogische Fachsprache (s. Kap. 18).

17.2 Charakteristik des Lehrplans

Bereits die von den Schulmännern des 16. Jahrhunderts für »Lehrplan« gebrauchten Bezeichnungen enthalten Wesensaussagen, wenn etwa von »Anordnung der Studien«, »Abfolge der Lektionen«, »Ordnung des Lernens« die Rede ist. Auch die inhaltliche Bestimmung von J. H. Campe (s. Kap. 17.1) ist aussagekräftig. Ein Lehrplan ist eine Lehrordnung. Er verfolgt die Absicht, Lehren und Lernen im voraus zu planen und ihren Ablauf im konkreten Unterrichtsprozeß zu sichern. Lehrpläne werden zumeist im Rahmen einer bestimmten Schulform, einer Schulstufe oder eines Schulfaches erstellt. E. Weniger versteht unter Lehrplan die »Kodifikation des Lehrgefüges« ([3]1960, S. 21), wobei er »Lehrgefüge« als den strukturierten Zusammenhang des unterrichtlichen Geschehens bezeichnet; in ihm sind Auswahl, Umfang, Reihenfolge (seltener der Zusammenhang) der zu lehrenden Inhalte fixiert. Ins Detail geht die Kennzeichnung von J. Dolch: »Lehrplan heißen wir ... die Auswahl und Anordnung von Lehrgütern für einen bestimmten, meist etwas umfassenderen Lehrzweck. Solche Lehrpläne entstehen, indem wir unter Berücksichtigung des Schulzieles und der Fachziele das Lehrgut i. e. S. in seinen einzelnen Lehrstoffen, mitunter herab bis zu Stoffgebieten und -gruppen und sogar Lehreinheiten auswählen, das Ausgewählte auf Altersstufen oder Klassen verteilen, es zweckmäßig anordnen, den Zusammenhang der Einzelheiten sichern und das alles übersichtlich festhalten und darstellen« ([2]1965, S. 13).

Lehrpläne übernehmen zumeist die in den Landesverfassungen recht allgemein gehaltenen Bildungsziele (s. Bichler 1979), bevor sie das Schulziel und vor allem die Lehrziele der einzelnen Fächer umreißen.

Ein wichtiger Bestandteil des Lehrplans ist die *»Stundentafel«*: die tabellarische Übersicht der in den einzelnen Klassen (Lerngruppen) zu lehrenden Disziplinen. Sie nennt die Fächer, deren zeitlichen Beginn und die Anzahl der Wochenstunden und setzt diese Regelungen in Relation zu den Schuljahren. Die Stundentafeln verändern sich mit den Lehrplänen selbst. Sie lassen mit einem Blick erkennen, welche Bildungsbereiche (z. B. Religionsunterricht) überhaupt zugelassen sind und welches Gewicht man ihnen zuerkennt. In der Regel taxieren die Lehrplankonstrukteure die Lehrfächer nach ihrem Beitrag zur Allgemeinbildung des jungen Menschen. Man merkt es der glatten Oberfläche der Stundentafel nicht an, daß die gesellschaftlichen Gruppen in den Lehrplanverhandlungen hart um sie ringen. Der Kampf geht um die Zulassung der Fächer, um ihre Rangordnung und vor allem um die Anzahl der Wochenstunden. Sofern eine geistige Richtung ihren Anteil an der Stundentafel errungen hat, wird sie von der Schule sanktioniert und im Unterricht ernsthaft beachtet.

Der *Stundenplan* ist die Konkretisierung und Variierung der Stundentafel aufgrund lokaler und individueller Gegebenheiten.

Andere Termini für Lehrplan sind: Stoffplan, Bildungsplan, Richtlinien und Curriculum (s. Kap. 18). Diese Pläne haben z. T. einen unterschiedlichen Grad von Verbindlichkeit; sie lassen auch eine abweichende didaktische (und politische) Konzeption erkennen.

- *»Stoffpläne«* fungieren als Steuerungsinstrumente der sie erlassenden obersten Schulbehörde; sie geben die Inhalte häufig bis zu den Einzelthemen vor und reglementieren den Lehrer.
- *»Richtlinien«* stecken lediglich den Rahmen für die Lehrstoffplanung vor Ort ab; sie verstehen sich als Basis für die Erstellung von Einzellehrplänen. Dem Lehrer wird hier ein gewisser Spielraum hinsichtlich der Individualisierung der Lernschritte in der konkreten Unterrichtssituation eingeräumt. Freiheitliche gesellschaftliche Systeme begnügen sich im allgemeinen mit dem Erlaß von Rahmenrichtlinien. Sie verlagern bewußt die Lehrplankompetenz auf untere Ebenen und vertrauen dabei auf den professionellen Erzieher.

17.3 Aspekte des Lehrplans

Zum Zwecke einer genaueren Kennzeichnung sollen am Begriff Lehrplan einige Kriterien unterschieden werden. Wir stellen eine schematische Verdeutlichung voran.

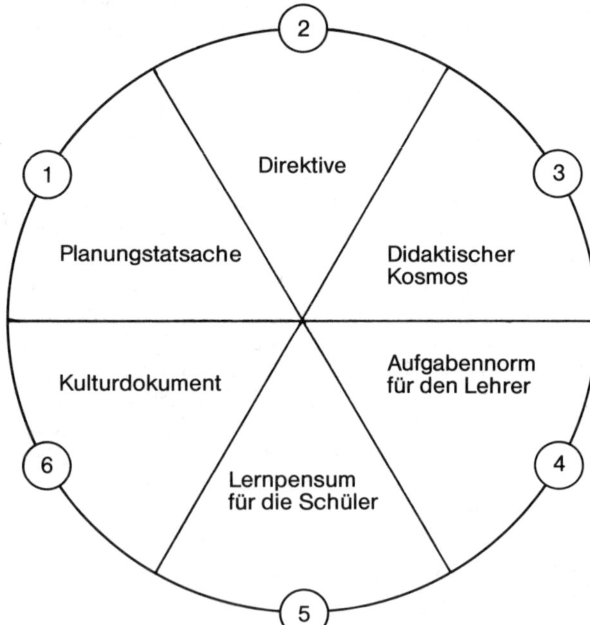

(1) *Der Lehrplan ist eine Planungstatsache*

Da Unterricht intentionale und reflektierte Unterweisung ist, folgt die Notwendigkeit einer Lehrplanung zwingend aus seinem Wesen. Lehrziele (materiale, formale, erziehliche, soziale usw.) können nur dann erreicht werden, wenn eine Auswahl der Lehrinhalte und ihre Verteilung auf die begrenzt zur Verfügung stehende Zeit vorausgegangen ist. In den Lehrgängen des Unterrichts müssen alle Lerngegenstände den rechten didaktischen Ort haben: es muß für eine tragfähige Grundlage und für einen konsequenten Aufbau gesorgt werden. Wichtiges darf nicht vorenthalten werden; nichts sollte zu früh, aber auch nichts zu spät gelehrt werden (s. Kap. 16.1).

Die oberste Schulaufsichtsbehörde muß als Vollstreckerin des Verfassungsauftrages die Möglichkeit haben, ihre Absichten zu verdeutlichen und auch durchzusetzen. Der einzelne Lehrer wäre im übrigen überfordert, wollte man ihm die richtige Auswahl und Anordnung der Lehrinhalte zumuten. Bei allen Besonderungen der Lehrpläne der einzelnen Schulen sollte eine gewisse Einheitlichkeit gewahrt bleiben. Es ist in diesem Zusammenhang auch an das Faktum des Lehrer- und Schülerwechsels zu denken.

(2) *Der Lehrplan ist eine Direktive*

Ein wichtiges Kriterium des Lehrplans ist seine Maßgeblichkeit. »Der Lehrplan gibt an, was im Unterricht gelten soll«. Er ist eine Verfügung, »der zugleich auch eine verhältnismäßig große Macht innewohnt, das Geforderte zur Geltung zu bringen« (Weniger [3]1960, S. 22 u. 21). Die von den obersten Schulaufsichtsbehörden erlassenen Lehrpläne stellen verbindlich fest, welche Ziele und Aufgaben der Staat den Schulen stellt. Sie haben Weisungscharakter und binden den einzelnen Lehrer bis zu einem gewissen Grade in seiner Berufstätigkeit.

(3) *Der Lehrplan ist ein didaktischer Kosmos*

Indem der Lehrplan das ganze Lehrgut, unterteilt in Lehrfächer, enthält und viele wesentliche Seiten der Welt abbildlich spiegelt, kann man mit einem gewissen Recht von einem didaktischen Kosmos sprechen. Er kann als maßgebliche Repräsentation des Wissens- und Könnenswerten, des kulturell Wichtigen, des Lehrwürdigen in einer Zeit verstanden werden. Er ist besonders dort, wo detaillierte thematische Vorgaben erfolgen, eine umfassende Bildungs- (bzw. Unterrichts-)einheit, aus denen die großen Themengruppierungen und schließlich dic einzelnen Stundeneinheiten logisch hervorgehen.
Kritisch sei angemerkt, daß die Lehrpläne im allgemeinen über die zu verfolgenden *materialen* Aufgaben des Unterrichts hinreichend Auskunft geben, kaum jedoch über die formalen, die erziehlichen und sozialen.

(4) *Der Lehrplan ist Aufgabennorm für den Lehrer*

Der Adressat der Lehrplanforderungen ist letzten Endes der Lehrer; denn mit seiner Hilfe sollen über das Steuerungsinstrument »Lehrplan« die anspruchsvollen Postulate beim Schüler erreicht werden. Vorausgesetzt wird dabei, daß der Lehrer die in den Lehrplänen eingearbeiteten allgemeinen gesellschaftlichen Zielsetzungen und pädagogischen Tendenzen erkennt und sich mit ihnen identifiziert. Die Lehrpläne geben verbindlich Auskunft darüber, welche Inhalte in einem bestimmten Fach gelehrt werden sollen. Sie enthalten Vorschriften, die vom Lehrer befolgt sein wollen.

(5) *Der Lehrplan ist Lernpensum für die Schüler*

»Der Lehrplan des Lehrers ist zugleich der *Lernplan* des Schülers« (Seyfert [7]1949, S. 26). Hier wird der Schulunterricht unter dem Gesichtspunkt des Lernens akzentuiert. Der Lehrplan enthält demnach das, was dem Schüler »zugewogen« (= Pensum!) ist, was er zu lernen hat. Er schützt die Schüler vor Willkür in der Lehre, begründet sogar einen Anspruch auf Unterwiesenwerden im Sinne des didaktischen Kosmos. Außerdem garantiert er eine gewisse Kontinuität beim Schulwechsel.

(6) *Der Lehrplan ist ein Kulturdokument*

Diesen Terminus verwendet M. Stettner (1955, S. 64). Lehrpläne sind Zeugnisse ihrer Zeit. Sie sind nur verständlich auf dem Hintergrund der jeweils gegebenen kulturellen und gesellschaftlichen Gesamtsituation. Die Lehrplaninhalte geben Auskunft darüber, welche Aufgaben in einer Epoche für wichtig erachtet worden sind, welche Wertvorstellungen herrschen, welches Menschenbild und welches Bildungsideal als verpflichtend empfunden werden, welche politischen Leitvorstellungen bestimmend sind usw. (Groß 1968). Gerade auch die Lehrpläne vergangener Zeiten spiegeln nicht allein das Selbstverständnis und den Wissenshorizont einer Zeit wider; sie lassen ebenso deutlich erkennen, daß der Lehrplan stets ein Politikum ist, nämlich das Ergebnis eines Kampfes der geistigen Mächte um die Schule (vgl. Weniger [3]1960, S. 36).

17.4 Erkenntnisse der Lehrplanforschung

Lehrplanforschung ist etwas Späteres; sie setzt die Sammlung und Sichtung von Lehrplänen aus verschiedenen Zeiten und Regionen voraus. Ein prinzipielles Nachdenken über das Problem des Lehrplans setzt gegen Ende des 17. und zu Anfang des 18. Jahrhunderts ein. J. Dolch sagt über die Entwicklungshöhe jener Zeit: »Das Lehrplanproblem des Abendlandes war reif für eine Theorie« ([2]1965, S. 307). Er ist es auch, der in seiner Arbeit »Lehrplan des Abendlandes« die einzelnen Stadien der Herausbildung einer Theorie des Lehrplans von D. G. Morhof bis G. Kerschensteiner aufgezeigt hat. Wir gehen zunächst auf einige Einsichten der geisteswissenschaftlichen Lehrplantheorie ein, wie sie beispielsweise von E. Weniger vertreten worden ist:

– *Die Geschichtlichkeit der Lehrpläne*

Jede Epoche sucht ihren Lehrplan zeitgemäß zu gestalten; insofern stellen Bildungspläne jeweils eine geschichtliche Entscheidung dar. »Ein Lehrplan ist immer eine Angelegenheit auf Abruf, d. h. er muß beweglich bleiben und darf nicht in eine diktatorische Starre überführt werden. Es gehört zum Wesen des Lehrplanes, daß er wandelbar ist, daß er auf Zeit und Verhältnisse reagiert ...« (Schindler [2]1956, S. 225). Jeder Lehrplan ist vorwärts gerichtet und antizipiert ein pädagogisch verantwortetes Bild von der Zukunft. Er muß den Wandlungen und Veränderungen in der Zeit Rechnung tragen und ist aus diesem Grunde stets einer Revision zu unterziehen. Kritisch sei bemerkt, daß tradierte Lehrplaninhalte äußerst zählebig sind.

– *Das Ringen um den Lehrplan*

Alle gesellschaftlichen Gruppen, die über Schule und Unterricht Einfluß auf die Jugend gewinnen wollen, sind bemüht, in den geltenden Lehrplänen verankert zu werden. »Jede geistige Bewegung oder Richtung ist erst dadurch als Bildungsmacht auf die Dauer anerkannt und gesichert, daß ihren Bildungszielen und Bildungsmitteln eine Stellung im Lehrplan eingeräumt wird« (Weniger [3]1960, S. 22). Bei dem Bestreben, im Schulunterricht als Bildungsgegenstand vertreten zu sein, kommt es unter den Antragstellern mitunter zu Konkurrenzkämpfen. Da sich unter demokratischen Verhältnissen eine einseitige Machtentscheidung verbietet, kann jede Lösung des Problems der Rangordnung der beteiligten Faktoren nur Kompromißcharakter haben. Tatsächlich fungiert die Erziehungswissenschaft häufig lediglich als ausführendes Organ, nachdem bestimmte politisch-gesellschaftliche Vorentscheidungen von anderen Instanzen getroffen worden sind.
Die seit etwa zwei Jahrzehnten zu registrierende Lehrplankritik, die letztlich eine Veränderung des überkommenen Lehrplans herbeiführen will, ist teils als Weiterführung, teils als Gegenprogramm zur geisteswissenschaftlichen Lehrplantheorie aufzufassen. Zu ihren Ergebnissen gehören u. a. folgende Feststellungen:

– *Die Vagheit der Zielformulierung*

Die kritische Untersuchung der Sprache der Lehrpläne, insbesondere ihrer Zielstellungen, ergab, daß manche Wendung (z. B. Liebe zur Natur, Ehrfurcht vor dem Leben usw.) als »Leerformel« bezeichnet werden kann, als »Ausdrücke, die man gern benützt, insofern sie leer sind und man sich daher unter ihnen entweder nichts vorzustellen braucht oder alles Beliebige vorstellen kann« (Topitsch 1960, S. 127f.). Derartige Postulate sind zu unpräzise. »Die überhöhten, darum unklaren und vielfältig auslegbaren Zielangaben bezeichnen weder eindeutig, was gelernt werden soll, noch erlauben sie eine wie auch immer geartete Überprüfung der Ergebnisse« (Blankertz [4]1970, S. 146).

– *Die Vernachlässigung der Natur- und der Gesellschaftswissenschaften*

Die tradierten Lehrpläne weisen eindeutig eine Prädominanz des Sprachwissens (der Idealien) gegenüber dem Sachwissen (den Realien) auf. Die für das Verstehen unserer hochtechnisierten Welt so bedeutsamen Naturwissenschaften sowie die für das Durchschauen unserer Massengesellschaft so unentbehrlichen Sozialwissenschaften sind unter den Lehrfächern nicht angemessen repräsentiert.

– *Die Einseitigkeit des Bildungskanons*

Dieser Gedanke schließt unmittelbar an den vorangehenden an. H. von Hentig spricht von der »unvollkommenen Enzyklopädie«. »Es ist ein historischer Zufall, daß wir an der Schule Biologie unterrichten, aber nicht Soziologie, Religion, aber nicht die Grundbegriffe des Rechts, Chemie, aber nicht Nationalökonomie« (1962, S. 24). Wesentliche Dimensionen eines Begreifens der Moderne werden dem jungen Menschen vorenthalten.

– *Die fehlende Erfolgskontrolle*

Die Lehrpläne als Kataloge von allgemeinen Bildungszielen und Lehrinhalten enthalten keine Aussagen über deren Verwirklichung; sie erscheinen als eine große Wunschvorstellung. Eine Ermittlung der Effektivität der intendierten Ziele findet nicht statt. Insofern kann von Lehrplänen aus nicht auf die tatsächliche Leistungsfähigkeit eines Schulsystems geschlossen werden.
Mit den zuletzt genannten Kritikpunkten haben wir einen Diskussionsstand erreicht, der unmittelbar zum Thema »Curriculum« überleitet. (Zum Vergleich von Lehrplan und Curriculum s. Zimmermann 1977, S. 31 f.).

18. Begriff Curriculum

18.1 Ansatz und Begründung der Curriculumdiskussion

Die in den 60er Jahren in Gang gekommene Curriculumdiskussion stellt einen Kontrapunkt zu den stark auf organisatorische Veränderungen zielenden Reformdebatten dar. Sie hat das Augenmerk auf die Bedeutung von Zielen und Inhalten, also auf die sachliche Substanz, einer jeden umfassenden Bildungsreform gelenkt. Saul B. Robinsohn (1916–1972) hat in seiner bahnbrechenden Schrift »Bildungsreform als Revision des Curriculum« von 1967 eine »Reform *von den Inhalten* her« angeregt aufgrund der Feststellung, »daß die geltenden Bildungsziele und Bildungsinhalte revisionsbedürftig sind« ([3]1972, S. 9 u. 31). Die Infragestellung der Lerngegenstände zielt dabei auf alle Schularten und jedes Lehrfach.

Im Jahre 1968 wählte H. Roth für einen Aufsatz den bezeichnenden Titel »Stimmen die deutschen Lehrpläne noch?« Er verneinte diese Frage. »Wie stellen wir uns dazu, daß so gut wie nichts in unseren Schulen vorkommt von Recht, Wirtschaft, industrieller Arbeitswelt (Arbeitslehre), Politik, Technik, Verkehr, Statistik, Medizin (Gesundheit), Soziologie, Psychologie, Pädagogik usw.? So kann es offenbar nicht bleiben . . .« (1968, S. 69).
Die Curriculumdiskussion tritt mit dem Anspruch auf, als zeitgemäße Reaktion auf eine in vielfältiger Beziehung gewandelte gesellschaftliche Situation das Lernterrain neu zu vermessen und gewisse für notwendig erachtete Innovationen in der deutschen Bildungslandschaft herbeizuführen. Der Anstoß zu diesen Neuerungen ging weniger von pädagogischen Überlegungen als vielmehr von gesellschaftlichen und politischen Normvorstellungen aus.
Im »Strukturplan« (1970) des Deutschen Bildungsrates heißt es: »Die Curricula sagen aus, welche Bildungsziele die Gesellschaft verwirklichen möchte und welche Wege zu ihnen führen« ([3]1971, S. 58).
Der von S. B. Robinsohn 1967 verwendete Begriff »Curriculum« stellt zunächst die Übernahme des angelsächsischen Terminus »curriculum« dar. Aus der Geschichte des Lehrplans wissen wir jedoch, daß diese Bezeichnung bereits im Zeitalter des Barock auf deutschem Boden gebräuchlich war (vgl. D. G. Morhofs Lehrplankapitel »De curriculo scholastico« in dessen Werk »Polyhistor«. – Lübeck 1688), bis puristische Strömungen sie zu Beginn des 19. Jahrhunderts verdrängten und durch das deutsche Wort »Lehrplan« ersetzten (Dolch [2]1965, S. 318f.). Das Wort selbst ist lateinischen Ursprungs (von »currere« = laufen) und bedeutet soviel wie (Stadion-)Umlauf, Ablauf, Wiederkehr, Zeitabschnitt u. ä.
»Curriculum« ist in der erziehungswissenschaftlichen Erörterung der letzten zwölf Jahre eine viel verwendete Vokabel. Es hat einen umfänglichen Wissenschaftszweig in Gestalt der Curriculumforschung und Curriculumtheorie hervorgebracht und auf verschiedenen Ebenen Gremien zum Zwecke der Lehrplanrevision und Curriculumkonstruktion (s. Kap. 21) konstituiert. Das Adjektiv »curricular« ist ein Lieblingswort der Bildungskommission des Deutschen Bildungsrates (vgl. den »Strukturplan« von 1970). Die Curriculumdiskussion hat 1975 ihren Niederschlag gefunden in dem von K. Frey herausgegebenen »Curriculum-Handbuch«, einer dreibändigen Dokumentation.
Was die *Begründung* des Curriculumansatzes betrifft, so können folgende Tatsachen angeführt werden:
- »Neue Lernansprüche, bedingt durch die Wissensexplosion und die Verwissenschaftlichung der Umwelt
- Ein anderes Verhältnis zur Ausbildung aufgrund der Fluktuation der Berufs- und Arbeitswelt
- Erweiterung der Lern- und Informationsmöglichkeit aufgrund der Allgegenwart der Medien

– Zunahme individueller gesellschaftspolitischer Verantwortung aufgrund dynamischer Demokratisierung öffentlicher Bereiche« (Keck 1975, S. 33).

Es ist des weiteren der Einfluß gewisser amerikanischer Lerntheorien unverkennbar: »Besonders der Behaviorismus mit seinen Analysen über Konditionierungs- und Verstärkungsmöglichkeiten bei der Konstituierung von Handlungsabläufen im kognitiven, affektiven und psychomotorischen Bereich bestärkte pädagogische Theorien, die bis ins Detail Lernziele operationalisieren wollen, um einerseits eine hohe Effektivität des Lernens zu erzielen, andererseits aber auch gleichzeitig Möglichkeiten permanenter Lernkontrolle an die Hand zu bekommen« (Reich 1977, S. 378). Das Bemühen um Leistungssteigerung beim Lehren und Lernen ist besonders durch den »Sputnikschock« stimuliert worden.

Ferner hat die Studentenbewegung Ende der 60er Jahre zur Durchsetzung der Forderung nach »Demokratisierung der Lehrpläne« beigetragen. In diesen Zusammenhang gehört auch das bildungspolitische Postulat der »Chancengleichheit«.

Schließlich sei auf »fachwissenschaftlich und fachdidaktisch determinierte Initiativen« (Ziechmann 1973, S. 25 f.) verwiesen.

Die vielfältigen Anstöße lassen bereits erkennen, daß das Curriculum ein Syndrom umschreibt, das »in einem Grenzbereich von Politik, wissenschaftlicher Forschung und Unterrichtspraxis« angesiedelt ist« (Hacker 1979, S. 44).

18.2 Begriffsbestimmung

S. B. Robinsohn hat den Begriff *Curriculum* eingeführt »zur Bezeichnung dessen, was mit Bildungskanon, Lehrgefüge, Lehrplan jeweils ungenau oder nur partiell erfaßt ist« ([3]1972, S. 1). Curriculum läßt sich noch am ehesten mit »Lehrplan« übersetzen, meint aber doch etwas Besonderes und Weiterführendes. Es sollte klar erkannt werden, »daß Curricula nicht Stoffpläne sind, sondern Aussagen über einen auf Ziele hin orientierten Lehr- und Lernprozeß machen« (Rülcker 1976, S. 54).

Der Gebrauch des Begriffs Curriculum ist im angelsächsischen wie im deutschen Schrifttum nicht einheitlich. W. Reisse (1975) gibt einen Aufriß über die verschiedenen Verständnisweisen von Curriculum (s. auch die Definitionen bei Rülcker 1976, S. 58–60). W. Einsiedler umschreibt Curriculum wie folgt: »Unter Curriculum verstehen wir die umfassende Planung, Organisation und Überprüfung von Lehr-Lern-Prozessen unter Berücksichtigung der Entsprechung von Feinzielen, Inhaltselementen, Lernorganisation und Lernkontrolle zu den globalen Zielsetzungen und zu den Lernvoraussetzungen beim Schüler. Die Bestandteile des Curriculums stehen in einem sinnvollen Nebeneinander (Interdependenz) und Nacheinander (Sequenz)« (1974, S. 44). Sofern man unter Curriculum sehr allgemein die Organisation von Lernprozessen versteht, umgreift es schulische und außerschulische Lehrpläne, staatliche Richtlinien, Stufenpläne, Fachcurricula, Unterrichtseinheiten, Einzelstunden oder gar noch kleinere Lernsequenzen sowie Lehr- und Arbeitsbücher.

Hinsichtlich seines Begriffsumfangs wird Curriculum in einem weiteren und in einem engeren Sinne in der Curriculumerörterung verwendet. *Curriculum i. w. S.* schließt außer den Zielen und Inhalten auch die Momente der Methodenorganisation (vor allem der Sequenzierung) und der Lernkontrolle ein. Es erstreckt sich auf sämtliche Maßnahmen zur Steuerung der Lehr-Lernprozesse. Nachdrücklich wird auf den Implikationszusammenhang von inhaltlichen und methodischen Entscheidungen hingewiesen – eine Einsicht, zu der bereits die bildungstheoretische, vor allem aber die sog. Berliner Didaktik gelangt waren. Bei einer so weit gespannten inhaltlichen Füllung von »Curriculum« will es einleuchtend erscheinen, wenn Curriculumtheoretiker ihn mit dem Begriff Unterricht identifizieren; Didaktik wird kurzerhand gegen Curriculumtheorie ausgewechselt.
Um den Begriff Curriculum nicht ausufern zu lassen, ist eine Eingrenzung auf die Auswahl von Lernzielen, Lerngegenständen und Lernverfahren sinnvoll *(Curriculum i. e. S.)*. Das Legitimationsproblem kommt hinzu: »Curriculum = begründeter Zusammenhang von Lernziel-, Lerninhalts- und Lernorganisationsentscheidungen« (Meyer [6]1977, S. 141). »Denn mit dem Begriff ›Curriculum‹ ist ein bestimmter Rationalitätsstandard der Produkte und der zu ihnen hinführenden Prozesse gemeint . . .« (Rülcker 1976, S. 58).

Eine weitergehende Begriffsbestimmung von Curriculum, wie sie die Bund-Länder-Kommission gebraucht, beschreibt die einzelnen konstitutiven Merkmale: »Das Curriculum umfaßt
- Lernziele (Qualifikationen, die angestrebt werden sollen)
- Inhalte (Gegenstände, die für das Erreichen der Lernziele Bedeutung haben)
- Methoden (Mittel und Wege, um die Lernziele zu erreichen)
- Situationen (Gruppierung von Inhalten und Methoden)
- Strategien (Planung von Situationen)
- Evaluation (Diagnose der Ausgangslage, Messung des Lehr- und Lernerfolges mit objektivierten Verfahren)« (1973, S. 72).

Stets erweist sich das Curriculum als »ein Gefüge aus vielen Komponenten«; es muß »zum einen den Zusammenhang von allgemeineren und nachgeordneten Zielen, die Funktion von Medien, Methoden und Tests darlegen und zum anderen die pädagogischen, didaktischen und bildungspolitischen Begründungen seiner Aussagen liefern« (Rülcker 1976, S. 54f.).
Nicht immer ist in der Curriculumsdiskussion das jeweilige Verständnis von Curriculum klar erkennbar – ein Umstand, der die sachliche Auseinandersetzung beeinträchtigt.

18.3 Geschlossene und offene Curricula

Im Laufe der Curriculumsdiskussion haben sich zwei *Curriculumtypen* herausgebildet, die je nach dem Grad der Festlegung der Lernprozesse als mehr geschlossen oder stärker offen bezeichnet werden. Beide sollen im folgenden kurz charakterisiert werden.

18.3.1 Geschlossene Curricula

Für die erste Phase der Curriculumrevision in Deutschland sind geschlossene Curricula bezeichnend. Die Anlehnung an amerikanische Großcurricula ist unverkennbar. Diese fixieren nicht allein die Lehrziele und Lerninhalte, sondern schreiben auch den methodischen Ablauf und die Kontrolle des Endverhaltens genau vor. Die Orientierung an operationalisierbaren Lernzielen sowie am Programmierten Unterricht wird deutlich. Als Beispiel für ein geschlossenes Curriculum sei das von K. Spreckelsen veröffentlichte Programm »Naturwissenschaftlicher Unterricht in der Grundschule. Lehrgang: Physikalisch/chemischer Lernbereich« (Frankfurt/M. 1971 f.) genannt. Determinierende Curricula lassen sich am ehesten dort verwenden, wo es sich um logisch schlüssige Abfolgen handelt.

Für geschlossene Curricula ist u. a. charakteristisch:
- Sie werden von zentralen Einrichtungen erstellt und sind entsprechend formalisiert.
- Sie werden von anonymen Expertengruppen – also ohne Mitwirkung der unmittelbar am Lernort Betroffenen – entwickelt.
- Das Entwicklungsverfahren ist produktorientiert, d. h. es wird in einem Fachgebiet ein komplettes Lehrprogramm vorgelegt, das keine Abweichungen zuläßt.
- Die Schüler sind in ihren Lernvollzügen fremdbestimmt. »In der Tat ist schlecht vorstellbar, wie Zielsetzungen wie Selbständigkeit, Entscheidungsfähigkeit oder Kritikfähigkeit eingelöst werden sollen, wenn man ausschließlich an Konzepten festhält, die dem Schüler einen detaillierten Lernplan vorgeben« (Hacker 1979, S. 70).
- Der Lehrer ist unmündiger Vollstrecker zweckrational vorgefertigter Handlungsentwürfe (teacher-proof curricula).

An dem Ungenügen geschlossener Curricula hat sich schließlich das Gegenmodell entzündet.

18.3.2 Offene Curricula

Aus der Befürchtung heraus, die Offenheit der Erziehung würde durch reglementierende Curricula gefährdet, wurden – unter Rückgriff auf englische Vorleistungen – Alternativcurricula entwickelt. Hinzu kam die Feststellung der Ineffizienz geschlossener Curricula. In der zweiten Phase der deutschen Curriculumrevision wollten die Verantwortlichen die Handlungswirksamkeit curricularer Theorien steigern. In diesem Zusammenhang ist die Empfehlung des Deutschen Bildungsrates »Zur Förderung praxisnaher Curriculum-Entwicklung« zu sehen. Darin wird eindeutig für ein revidiertes Curriculumkonzept plädiert: »Gegenüber dem klassischen Curriculum-Modell enthält dieses Modell des offenen Curriculum ein Mehr an bewußt ausgelegtem Handlungsspielraum für die Lehrenden und Lernenden. Es verzichtet auf Lernziele, die ausschließlich in beobachtbaren Verhaltensäußerungen angegeben sind. Es wendet sich gegen eine Planung, durch die der Ablauf von Lernvorgängen bis ins einzelne festgeschrieben wird« (1974, S. 21f.).

Merkmale offener Curricula sind u. a.:
- Sie werden von dezentralisierten, schulnahen Einrichtungen, etwa von »Regionalen Pädagogischen Zentren« (als Kontaktstellen zwischen Schulpraxis, Wissenschaft und Schulverwaltung) erstellt.
- Sie werden (z. B. an Gesamtschulen) in erster Linie von Lehrern unter Partizipation der Eltern und Schüler gestaltet.
- Das Entwicklungsverfahren ist prozeßorientiert. »Es handelt sich ... um eine Veränderung des Curriculum-Konzepts: vom kompletten Unterrichtsprogramm mit verbindlichen Lernzielen und Lernwegen zu einem beweglichen Arrangement alternativer Lernsituationen und didaktischer Anregungen, Modelle, Hilfen« (Brügelmann 1972, S. 535).
- Der Schüler ist Subjekt des Lernprozesses.
- Der Lehrer entscheidet in Selbstbestimmung anhand wahlweise angebotener Lernmaterialien und unter Berücksichtigung situativer Gegebenheiten.

Abschließend kann gesagt werden: Das Modell des offenen Curriculums hat eine große Nähe zu »offenem Unterricht«, zu schülerorientiertem Unterricht, zu entdeckendem Lernen und zu Projektunterricht. Man kann sich allerdings des Eindrucks nicht erwehren, daß dieses Konzept bereits eine Aufweichung des ursprünglichen Anspruchs des Curriculums darstellt. Es sollte wohl in diesem Punkt die richtige Mitte gefunden werden. »Ein Rückfall in die Unverbindlichkeit der früheren Lehrplanungsära muß ebenso vermieden werden wie ein ausschließliches Festhalten an rigiden Formen behavioristischer Lernplanung« (Hacker 1979, S. 68f.).

19. Lehrziele – Lernziele

19.1 Begriff und Funktion von Lernzielen

Im Zentrum der Curriculumdiskussion steht die Erörterung der *Lernziele:* ihres Wesens, ihrer Arten, ihrer Klassifizierung, ihrer Formulierung, ihrer Findung, ihrer Begründung, um nur einige Aspekte zu nennen. Auf diesem Gebiet ist die Curriculumforschung zu Einsichten gelangt, die den Erkenntnisstand der überkommenen Lehrplantheorie deutlich übersteigen.

Zunächst ist die Frage aufzuwerfen, was unter einem Lernziel zu verstehen ist. Verhältnismäßig großzügig verfährt K. Frey, wenn er sagt: »Zur Einführung in die Lernzielfrage wird hier kein Unterschied zwischen ›Lehrzielen‹, ›Bildungszielen‹, ›Intentionen‹ und ›Unterrichtsabsichten‹ vorgenommen. Alle Ausdrücke bezeichnen das, was man im Unterricht erreichen möchte oder sollte« (1975a, S. 404). Demgegenüber ist H. Glöckel um eine Präzisierung bemüht: »Die Bezeichnung ›Lernziele‹ ist eine relativ willkürliche Übersetzung des in Amerika seit langem üblichen Begriffs ›objectives‹. Soweit sie von Lehrplan-Kommissionen und Lehrern aufgestellt werden, sollten sie besser ›Lehrziele‹ heißen. ›Lernziele‹ sind sie eigentlich erst dann, wenn die Schüler sie sich zu eigen gemacht haben. Beide Begriffe bezeichnen den gleichen Sachverhalt, gesehen aus unterschiedlicher Perspektive« (1975, S. 306). K. J. Klauer plädiert für den Gebrauch des Terminus »Lehrziel« (1974).

Streng genommen thematisiert die Curriculumdiskussion *Lehr*ziele; es ist kaum davon die Rede, daß Schüler selbst sich Ziele setzen oder daß man sich auf ihre Lernbedürfnisse, Interessen oder Wünsche bezieht. Die Ziele erscheinen vielmehr als gesetzt. Da jedoch der Terminus »Lernziel« allgemein benutzt wird, wollen auch wir ihn beibehalten.

Worin ist das Spezifische des Begriffs »Lernziel« zu sehen? Ein *Lernziel* ist die »sprachlich artikulierte Vorstellung über die durch Unterricht (oder andere Lehrveranstaltungen) zu bewirkende gewünschte Verhaltensdisposition eines Lernenden« (Meyer [6]1977, S. 32). Da Lernen in diesem Zusammenhang als Verhaltensänderung aufgrund von Erfahrung und Übung verstanden wird, werden Lernziele am angemessensten als Verhaltensbeschreibungen ausgedrückt. Im Hintergrund steht die behavioristische Auffassung, daß Lernprozesse nach dem Modell von Reiz und Reaktion (stimulus – response) ablaufen. Lernziele bezeichnen das nach Abschluß eines Lernaktes erwartete Verhalten (ein bestimmtes Wissen, ein Können o. ä.). Sie beschreiben nicht die Inhalte (Art und Umfang), die zur Erreichung des Lernergebnisses notwendig sind. Zwischen dem Eingangsverhalten (=derzeitiger Stand der Lernvoraussetzungen) und dem Endverhalten steht der eigentliche Lernvorgang, d. h. eine Reihe von gezielten Einwirkungen durch sichtbare oder unsichtbare (programmierte Instruktion!) Lehrer. Das neue (jedoch stets überholbare!) Endverhalten soll zeigen, daß der Schüler schließlich *etwas* besser kann als im Anfangsverhalten. »›Etwas-besser-können-als-zuvor‹ ist aber immer zugleich die Bewältigung von ›etwas‹. Ein Lernziel ohne inhaltliche Füllung ist eine Leerformel« (Braun u. a. 1976, S. 19). Das Curriculum kennt die unmittelbare Evaluierung der angestrebten Lernziele. »Der Lernzielkontrolle kommt in diesem Prozeß die Funktion der Überprüfung der Ist-Lage eines Lernenden im Hinblick auf die Soll-Lage des gesetzten Zieles zu. Lernzielkontrolle bedeutet also das Messen der Differenz zwischen dem tatsächlichen Verhalten eines Individuums und dem durch das Lernziel definierten Erwartungsverhalten« (Heuß 1973, S. 33). Man kann demnach ein am Anfang des Lernprozessses stehendes, im Sinne einer Sollensforderung gesetztes *Lehrziel* (i. e. S.) und ein am Ende des Lernvorgangs feststellbares, häufig empirisch nachprüfbares, *Lernresultat* unterscheiden.

Zur *Funktion von Lernzielen* ist zu sagen: Eindeutig definierte und legitimierte Lernziele haben eine Aufgabe überall dort, wo Unterricht analysiert, geplant und durchgeführt wird, also vor allem in Lehrplänen, bei der Unterrichtsvorbereitung und -gestaltung sowie bei der Erstellung von Lehrmaterialien. Nach K. Frey erfüllen Lernziele u. a. folgende Funktionen:

- Lernziele bieten einen Anhaltspunkt, eine Verständigungs- oder Kommunikationsmöglichkeit für Lehrer, Schüler, Eltern, Politiker usw. bei der Diskussion über die Lerninhalte der Schule. Dabei kann man sich leichter über die Frage unterhalten, *wozu* etwas in den Unterricht eingeht. Die Frage, *was* in der Schule behandelt wird, tritt zugunsten der ›wozu‹-Frage zurück.
- Lernziele ermöglichen es, Themen, Stoffe, Gebiete unter bestimmten Gesichtspunkten (= Bildungsabsichten, Zielen) zu strukturieren oder zu »aspektieren«.
- Lernziele helfen verhindern, daß die Prüfungen, Tests, Erfolgskontrollen, Aufnahmeverfahren usw. ganz anderes erfassen als Lehrer und Schüler mit dem Unterricht beabsichtigt und tatsächlich realisiert haben (Frey 1975b, S. 85f.).

Die Befolgung von Lernzielen garantiert noch am ehesten einen nicht sprunghaften, vielmehr einen für Lehrer und Schüler effektiven Unterricht. In diesem Punkt wird der Unterschied zu den alten Lehrplänen deutlich, die häufig Inhaltskataloge waren: »Im Prinzip der Orientierung an Lernzielen liegt vor allem eine Absage an das rein stoffliche Denken . . .« Es liegt auf der Hand, »daß die Schule mit der Wissensexplosion nicht durch Stoffanhäufung fertig werden kann. Wir sind daher gezwungen, die Stoffe durch ein Lernziel-Sieb zu filtrieren. Nur solche Gegenstände, für die ein begründetes Ziel angegeben werden kann, können in Zukunft Curriculumelemente sein« (Westphalen [5]1977, S. 17). Nicht zu Unrecht erhebt man in der gegenwärtigen didaktischen Diskussion die Forderung nach einem *lernzielorientierten Unterricht* (s. Kap. 3.2).

19.2 Lernzielarten

Lernziele können in verschiedenem Zusammenhang und in unterschiedlicher Form auftreten, so daß sich die Notwendigkeit einer genaueren Sondierung ergibt. Eine *Einteilung* ist z. B. nach dem Abstraktionsniveau sowie nach dem Grad der Allgemeinheit bzw. Fachbezogenheit möglich.

19.2.1 Richtziele, Grobziele, Feinziele

Das Endverhalten kann bei einem Lernprozeß mehr oder weniger konkret beschrieben werden. Man spricht von »Abstraktionsniveau« (Möller), wenn man den Grad der Konkretheit, der Genauigkeit und Eindeutigkeit des bezeichneten Endverhaltens meint. »Eine Lernzielformulierung ist dann abstrakt, wenn durch sie viele alternative Konkretisierungen zugelassen werden« (Meyer [6]1977, S. 39). Chr. Möller nennt sehr allgemein gehaltene Zielvorstellungen, wie sie uns z. B. in den Präambeln von Lehrplänen begegnen, »Richtziele«, die weniger abstrakt formulierten Bildungsabsichten »Grobziele« und die konkretisierten und detaillierten Zielbeschreibungen »Feinziele«. Die Klassifizierung und Hierarchisierung der Lernziele nach dem Abstraktionsniveau illustriert Chr. Möller wie folgt:

Richtziel: Befähigt werden, am Kultur- und Wirtschaftsleben des Staates teilzunehmen.
Grobziel: Die verschiedenen Anredeformen in Geschäftsbriefen kennen.
Feinziel: 10 vorgegebenen Geschäftsbriefen ohne Anrede von den 10 vorgegebenen Anredeformen mindestens 8 richtig zuordnen können ([4]1973, S. 80)

Dem Richtziel läßt sich noch das *»Leitziel«*, z. B. der »mündige Mensch«, »Emanzipation«, überordnen. Dieses Beispiel macht auch deutlich, daß Lernziele immer eine Inhalts- und eine Verhaltensangabe (»kennen«, »zuordnen können«) umfassen.

Richtziele kannten weithin auch schon die (alten) Lehrpläne. »Der eigentliche Beitrag der neueren Lernziel-Bemühungen liegt auf den unteren Ebenen der ›Grob-‹ und insbesondere der ›Feinziele‹« (Glöckel 1975, S. 307). Insbesondere von den Feinzielen wurde in der ersten Phase der Curriculumreform gefordert, daß sie als ein beobachtbares Endverhalten bezeichnet werden sollten. Dies aber ist das Problem der *»Operationalisierung«*. Hier hat R. F. Mager (1965) gewisse Kriterien entwickelt. Operationalisierte Lernziele umschreiben Lernresultate als eindeutige Handlungsweisen (engl. »operations«), z. B. »aufzählen«, »unterscheiden«, »vergleichen«, »konstruieren« können. Nicht alle Lernziele lassen sich operationalisieren.

19.2.2 Allgemeine Lernziele und fachbezogene Lernziele

Eine andersartige Typisierung läuft auf die Unterscheidung von fachübergreifenden und fachlichen Lernzielen hinaus. Allgemeine Lernziele zeichnen die gesellschaftspolitische und die pädagogische Zielrichtung für den Bildungsgang der Schüler sämtlicher Schularten vor. Die Ziele für die öffentlichen Bildungseinrichtungen basieren bei uns in der Bundesrepublik auf dem Grundgesetz und den Länderverfassungen. So heißt es im »Strukturplan« des Deutschen Bildungsrates von 1970: »Das umfassende Ziel der Bildung ist die Fähigkeit des einzelnen zu individuellem und gesellschaftlichem Leben . . .« ([3]1971, S. 29). Ein schwieriges Problem ist die Gewinnung derartiger allgemeiner Lernziele, die den »Leitzielen« vergleichbar sind. Sie sind jedenfalls nicht wissenschaftlich deduzierbar, stellen vielmehr eine Vorentscheidung dar, die von politisch legitimierten Gremien getroffen worden ist. Aufgrund ihres hohen Abstraktionsniveaus lassen sie sich nicht operationalisieren.

Den *»allgemeinen Lernzielen«* lassen sich nach W. Zimmermann folgende drei Funktionen zuschreiben:

»1. *eine richtungsweisende Funktion:* Bestimmung der soziopolitischen und pädagogischen Zielrichtung;
2. *eine organisierende oder einheitsstiftende Funktion:* Bestimmung des überfachlichen Zusammenhangs des Gesamtcurriculums bzw. Sicherung der Verträglichkeit (Kompatibilität, Konsistenz, Widerspruchsfreiheit) des Curriculums;
3. *eine kritische Funktion:* Angabe von Kriterien für die Entscheidung über die Aufnahme fachlicher Lernziele in ein Curriculum« (1977, S. 101).

Die »allgemeinen Lernziele« verkörpern dort, wo sie sich inhaltlich verstehen lassen (wie z. B. »Emanzipation«, »Mündigkeit«), zumeist bildungspolitische Zielsetzungen. Viele der als »allgemeine Lernziele« ausgegebenen Formulierungen sind allerdings nichts anderes als formale Bildungsziele auf einer mittleren Lernzielebene, z. B. »intellektuelle Beweglichkeit«, »Ausdauer«, »Leistungsfreude«, »Kommunikationsfähigkeit« u. dgl.
»Fachbezogene Lernziele« leiten sich demgegenüber von der Curriculumdeterminante »Wissenschaft« her und werden folglich von Fachwissenschaftlern und Fachdidaktikern bestimmt. Sie sind inhaltsbezogen und lassen sich in der Regel operationalisieren.

19.3 Gewinnung und Begründung von Lernzielen

Ein weithin noch ungelöstes theoretisches Problem ist das der Lernzielfindung und Lernzielbegründung. Jede Curriculumkonstruktion – und damit auch jede Lernzielbestimmung – ist in dem Dreieck »Gesellschaft – Lernender – Wissenschaft« angesiedelt. Diese drei Begriffe umschreiben die wichtigsten Curriculumdeterminanten. Ungeklärt ist allerdings noch, in welchem Bezugs- und Rangverhältnis sie zueinander stehen.

Was die *Methoden der Lernzielfindung* betrifft, so läßt sich bei fast allen Ansätzen der Curriculumentwicklung feststellen, »daß man entweder die Entscheidungen über Lernziele ›verwissenschaftlichen‹ möchte oder aber sie als vorgegebene politische Setzung begreift, deren effektive Umsetzung die Aufgabe einer Wissenschaft sei« (Becker u. a. 1974, S. 135). Im ersten Falle spricht man von »Deduktionismus«, im zweiten von »Dezisionismus«. Deduktionistische Theorien der Curriculumentwicklung unternehmen den Versuch, »Lernziele aus einem übergeordneten System abzuleiten« (Becker u. a. 1974, S. 137), wobei die Lernziele einmal aus den Fachwissenschaften, zum andern aus Analysen des gesellschaftlichen Bedarfs (z. B. Ansatz von Robinsohn) deduziert werden können. Die »Dezisionisten« werden hinsichtlich der Eruierung von Lernzielen selbst nicht initiativ, übernehmen vielmehr die von Politikern getroffenen Entscheidungen.
Die Gewinnung und Rechtfertigung fachübergreifender und gesellschaftsbezogener »allgemeiner Lernziele« stellt ein schwieriges Problem dar. Fachbezogene Lernziele lassen sich demgegenüber leichter ermitteln.

W. Zimmermann nennt folgende *Quellen der Lernzielgewinnung:*
- Ableitung von Lernzielen aus »gültigen« Normen und »obersten Lernzielen«;
- Analyse vorliegender Lehrpläne und anderer didaktischer Materialien, die Aufschluß über die in der Praxis tatsächlich angestrebten Lernziele geben;
- Ermittlung und Analyse lernrelevanter Situationen und entsprechender Qualifikationen (1977, S. 152).

Die Herleitung von Grobzielen aus Richtzielen sowie die Ableitung von Feinzielen aus Grobzielen hat bisher zu keinem befriedigenden Ergebnis geführt (etwa der folgerichtige Schluß von der allgemeinen Zieldefinition »Emanzipation« auf Einzellernziele in den Fächern). H. L. Meyer spricht daher von dem »ungelösten Deduktionsproblem in der Curriculumforschung« (in: Achtenhagen/Meyer 1971, S. 106).
Zur *Begründung von Lernzielen* ist zu sagen: Bereits S. B. Robinsohn hat in seiner Programmschrift von 1967 einen Beitrag zu dem curricularen Kernproblem »Legitimierung der Lernziele« geleistet, indem er drei Kriterien vorgeschlagen hat:

- die Bedeutung eines Gegenstandes im Gefüge der Wissenschaft,
- die Leistung eines Gegenstandes für Weltverstehen,
- die Funktion eines Gegenstandes in spezifischen Verwendungssituationen des privaten und öffentlichen Lebens ([3]1972, S. 47).

Man kann sich nur wünschen, daß für die Festlegung von Lernzielen Kriterien gefunden werden, die die Entscheidung transparent und nach Möglichkeit intersubjektiv überprüfbar machen.
Im Kontext der Lernzielerstellung ist die Frage aufzuwerfen, welche Personen bzw. Gremien das Urteil über Zulassung oder Nichtzulassung von Lernzielen zu fällen in der Lage sind. Als *Instanzen der Lernzielbestimmung* kommen hauptsächlich in Betracht:

- Autoren und Gutachter von Schulbüchern
- Schulkonferenzen sowie einzelne Lehrer
- staatlich beauftragte Lehrplankommissionen
- von Wissenschaftlern geleitete, an unabhängigen Instituten installierte Curriculumprojekte

Soviel dürfte aus unserer Darlegung deutlich geworden sein: »Fragen der Entscheidung und Begründung von Lehrzielen sind in einem Grenzbereich von Wissenschaft und Politik angesiedelt« (Hacker 1979, S. 84).

20. *Ansätze der Curriculumforschung*

20.1 Verschiedene Modelle

Curriculumforschung kann i. w. S. als Wissenschaft vom Curriculum verstanden werden, die die Begriffe Curriculumtheorie, Curriculummethodologie und Curriculumkonstruktion einschließt. Sie hat unbestreitbar ihren Schwerpunkt in der Grundlagenforschung. »In der Curriculumforschung geht es vor allem um eine Aufklärung der Entscheidungsprozesse, die ablaufen, wenn Lernziele aufgestellt, konkretisiert, hierarchisiert werden usw.« (Becker u. a. 1974, S. 69). Sie kann aber auch direkt Innovationen im Bildungswesen intendieren und als Handlungsforschung die konkrete Erstellung von Curricula wissenschaftlich begleiten.

In der Bundesrepublik bestehen konkurrierend mehrere methodische Ansätze in der Curriculumforschung nebeneinander:

- der situationsanalytische Ansatz (Berliner Arbeitsgruppe um S. B. Robinsohn)
- der daseinsinterpretatorische Ansatz (von Hentig)
- der entscheidungstheoretische Ansatz (Konstanzer Arbeitsgruppe um K.-H. Flechsig) (Flechsig u. a. 1972)
- der unterrichtstechnologische Ansatz (Chr. Möller [4]1973)
- der strukturanalytische Ansatz (Münsteraner Arbeitsgruppe um H. Blankertz) (Blankertz [2]1971)

Die verschiedenen Modelle sind u. a. von J. Ziechmann (1973) sowie von H. A. Hesse und W. Manz (1972, S. 13–47) dargestellt worden. Wir wählen für unsere Darlegung als Einteilungsgrund die Terminierung sowie die Reichweite von zu konstruierenden Curricula.

20.2 Langfristige, globale Curriculumrevision

Die curriculumtheoretischen Initiativen zielten im Anfangsstadium auf eine auf längere Zeit angelegte, umfassende Reform der Bildungsinhalte. »Im Zentrum aller Bestrebungen steht die Absicht, unter Absehen von allen traditionellen Lehrinhalten, auch von bestimmten Schularten und Schulstufen, das festzustellen, was in unserer Zeit, für unsere Jugend und im Blick auf die Zukunft überhaupt als lehr- und lernwürdig zu betrachten ist« (Kopp 1971, S. 449). Das Vorhaben, den Gesamtinhalt der Lehrpläne zu revidieren, führte zwangsläufig zu einer Kritik vorhandener Ausbildungsinstitutionen. Charakteristisch für die curricularen Bestrebungen Ende der 60er Jahre ist die Orientierung an der Zeitsituation bzw. Lebenswirklichkeit des (jungen) Menschen. Man tendiert in Richtung der existenzphilosophischen Kategorie »Daseinsbewältigung«.

20.2.1 Der situationsanalytische Ansatz Robinsohns

Saul Benjamin Robinsohn, bis zu seinem Tode (1972) Direktor am Max-Planck-Institut für Bildungsforschung in Berlin, nahm sich zum Ziel, die Inhalte eines sowohl die Primar- als auch die Sekundarstufe einschließenden Curriculums zu ermitteln, m. a. W. ein Gesamtcurriculum für die Vollzeitschule zu erstellen, was nur langfristig möglich ist. Robinsohn versteht unter Erziehung die Ausstattung des Lernenden zur Bewältigung von Lebenssituationen durch den Erwerb adäquater Qualifikationen. Er geht nicht von »gewachsenen Inhalten«, sondern von den Anforderungen der Gesellschaft aus.

Die Entwicklung von Curricula nimmt bei Robinsohn und seinen Mitarbeitern (u. a. D. Knab, J. Raschert, J. Zimmer) folgenden Weg: Zunächst erfolgt die Analyse von *Lebenssituationen*, sodann die Ermittlung von (den Lebenssituationen zuzuordnenden) *Qualifikationen*, schließlich das Finden von (die Qualifikationen ermöglichenden) *Bildungsinhalten* (= Curriculumelementen). Die Frage stellt sich unmittelbar, auf welcher Stufe die »Lernziele« anzusiedeln sind: zum Teil wohl auf der Ebene der »Qualifikationen«, zum Teil auf der Ebene der »Curriculumelemente«. Als erfahrungswissenschaftliche Methoden zwecks Ermittlung von Qualifikationen kommen in erster Linie die Befragung von Personen (Konsultation von Wissenschaftlern und Experten; Abnehmer- und Adressatenbefragung) sowie die Beobachtung von Tätigkeiten in Beruf und Freizeit (u. a. Arbeitsplatzanalyse) in Betracht.

Robinsohn hat mit seiner Initialschrift von 1967 wie kaum ein anderer Autor die Curriculumdiskussion der Bundesrepublik in den ersten Jahren bestimmt. Sein Programmentwurf wird bei der Curriculumkonstruktion gern als Bezugsrahmen genommen. Freilich ist manche Erwartung unerfüllt geblieben. »Die von *Robinsohn,* fast möchte man sagen, erträumte Schulreform durch Curriculumrevision hat nicht stattgefunden« (Rülcker 1976, S. 184). Der in Hessen unternommene Versuch einer Übersetzung der Robinsohn-Konzeption in Unterrichtsmodelle mußte schließlich aufgegeben werden.

Erschwerungen bei der Realisierung des Robinsohnschen Forschungsprogramms sind u. a.:

- die Unerschöpflichkeit des Lebens und die Schwierigkeit, Lebenssituationen gegeneinander abzugrenzen
- die Uneinheitlichkeit der Aussagen der Wissenschaftler und Experten
- die Überschätzung der Rolle der Wissenschaften
- der affirmative Charakter des vorwaltenden Erziehungsverständnisses. Situationsanalysen können nur den Ist-Zustand der Gesellschaft feststellen. Es geht aber, so meinen einige Kritiker, durchaus nicht nur um eine Anpassung an den gegenwärtigen Zustand. Schule und Unterricht sollen nicht nur bedürfnisorientierte, sondern auch emanzipatorische Lernziele verfolgen.
- der Zeit- und Kostenaufwand. Ein großer Apparat wurde in Bewegung gesetzt. Das vorgesehene Analyseinstrument erweist sich als zu kompliziert und zeitraubend. Im übrigen hinken Forschungsergebnisse hinter der Zeit her.
- die Unberechenbarkeit der Zukunft
- die unzureichende Berücksichtigung futurologischer Sicht
- das Ausbleiben von verwendbaren Ergebnissen für die Unterrichtspraxis.

Es lassen sich auch einige *konzeptionelle Mängel* als Gründe für das Scheitern benennen. Da ist zunächst das spezifische *Verständnis von Erziehung* als Lebensbewältigung. Ob diese Formulierung als oberstes Bildungsziel ausreicht? Es wird in Robinsohns Entwurf vom Leben her gedacht; es geht um das Bestehen des Menschen im Diesseits. Sein Ansatz ist wirklichkeitsnah, gegenwartsbezogen, z. T. auch zukunftsorientiert. Er ist andererseits aber traditionslos, metaphysikstumpf und jenseitsblind. Im übrigen wollte bereits J. A. Comenius vor dreihundert Jahren das »recte vivere« lehren, allerdings in einem tieferen Verständnis.

20.2.2 Der daseinsinterpretatorische Ansatz von Hentigs

H. von Hentig hat zeitgemäße und wirklichkeitsadäquate »allgemeine Lernziele« unter Bezug auf den zu Mündigkeit und Selbständigkeit zu führenden jungen Menschen, also auf bildungstheoretischem Hintergrund, aufgestellt, nachdem er erkannt hat: »Wenn in den neuen Gebäuden und Organisationsformen die alte Mentalität und die alten Lehrpensen weiterherrschen, dann ist alle Veränderung vergebens gewesen« (von Hentig 1969, S. 82). Der Bielefelder Pädagogikprofessor ist um eine inhaltliche Aussage bemüht im Gegensatz zu anderen, rein formalistischen, von der Operationalisierbarkeit her denkenden curricularen Lösungsversuchen. Er nimmt eine Neuvermessung des Lernareals jenseits aller Schulfächer vor. Seine obersten Ziele gewinnt er aufgrund phänomenologischen und hermeneutischen Vorgehens unter Orientierung an den Bedingungen und Gegebenheiten unserer demokratischen und pluralistischen Industriegesellschaft. »Die Lernziele werden nicht aus den vorhandenen Einrichtungen und ihren spezifischen Gegenständen,

Möglichkeiten, Methoden und Bildungsprogrammen heraus entwickelt, sondern im Blick auf die Gesellschaft *gesetzt*. Dabei geht es selbstverständlich nicht um die bloße Erfüllung von sogenannten Bedürfnissen der Gesellschaft, sondern darum, die gesellschaftliche Existenz zugleich zu ermöglichen *und* sie zu kritisieren und zu verändern: sie also ›in Freiheit‹ zu bestehen« (von Hentig [1]1969, hier [3]1971, S. 14).

Das Leben in der Moderne gliedert sich ihm in 13 Aspekte, aus denen er behutsam in der Form von »Wenn-dann-Hypothesen« »allgemeine Lernziele« ableitet, die er nochmals in überfachliche Lernziele (zumeist »Grobziele« nach der Möllerskala) ausdifferenziert. Wir nennen an dieser Stelle lediglich die dreizehn Hauptziele:

1. Das Leben in der sich beschleunigt verändernden Welt
2. Das Leben in der arbeitsteiligen (spezialisierten) Welt
3. Das Leben in der von Wissenschaft und Technik rationalisierten Welt
4. Das Leben im Beruf zwischen Theorie und Praxis
5. Das Leben mit der Fülle der Mittel und der Vielfalt der Ziele
6. Das Leben mit der Aisthesis (Kunst)
7. Das Leben in der Demokratie, in der Politik, in der Öffentlichkeit
8. Das Leben in der Konsumgesellschaft
9. Das Leben in der säkularisierten Welt
10. Das Leben mit einigen Entlastungstechniken
11. Das Leben mit dem eigenen Körper, mit den Trieben, mit der eigenen Person
12. Das Leben mit den anderen Generationen
13. Das Leben in der Einen Welt
    (von Hentig [3]1971, S. 13–43).

H. von Hentig leistet mit seinem kreativen Entwurf einen entscheidenden Beitrag zur Curriculumdiskussion. Er berücksichtigt in gebührendem Maße die drei Lernzieldeterminanten »Gesellschaft – Lernender – Wissenschaft«. Sein Ansatz ist in ähnlicher Weise global wie der Robinsohns und eignet sich von daher als Grundlage für eine Revision des Gesamt-Curriculums. Dachte Robinsohn vom Leben her, so von Hentig auf das Leben hin. Die Konzeption von Hentigs ist aus dem Nachdenken eines einzelnen Erziehungswissenschaftlers hervorgegangen, der hier verantwortungsbewußt Antworten gibt auf die Herausforderungen unserer geschichtlichen Situation.
Eine *Kritik* an einzelnen Punkten seines Entwurfs im Sinne von kleinen Korrekturen und Ergänzungen ist sicherlich möglich. Es erhebt sich die Frage, ob die Vielfalt des modernen Lebens, eben auch des Lebens in seiner Alltäglichkeit, mit den dreizehn Aspekten hinreichend eingefangen worden ist. Einige Dimensionen sind u. E. zu wenig oder gar nicht in ihrem Stellenwert gewürdigt worden:

– das Leben mit den Mitmenschen (Verwandten, Bekannten, Partnern, Nachbarn, Arbeitskollegen)

- das Leben mit der Freizeit, mit dem Urlaub, mit dem Tourismus
- das Verhältnis des Menschen zu Schicksal, Alter, Krankheit, Tod
- das Verhältnis zum Übernatürlichen, zum Absoluten, zu Gott

»Die Probleme, die Hentigs Lernzielkatalog aufwirft, wird man in der Frage nach der Gültigkeit seiner ›ad-hoc-Interpretationen‹ und in den Defiziten an Beurteilungskriterien und empirischen Befunden sehen müssen« (Zimmermann 1977, S. 132). Der Ansatz von Hentigs ist z. Zt. in der »Laborschule« in Bielefeld auf dem Prüfstand. Dort muß sich unter seiner Leitung erweisen, ob sich die »allgemeinen Lernziele« in konkrete Curricula umsetzen lassen.

20.3 Mittelfristiger, fachdidaktischer Ansatz

In der Frühphase der Curriculumentwicklung lehnte man sich stark an den situationsanalytischen Ansatz Robinsohns an. Erst als diese in ihre eigenen Schwierigkeiten verfangene Konzeption zu keinen detaillierten Lösungsvorschlägen für die Schulpraxis führte, orientierte man sich um und verzichtete auf langfristig wirksam werdende Projekte. Es bildete sich die Einsicht heraus, daß Curriculumreform auch im bestehenden Fächergefüge ihren Anfang nehmen kann. In der Folgezeit konzentrierten sich einige Curriculumprojekte (z. B. an den Universitäten Münster und Konstanz) auf die im Bereich eines Faches leichter zu lösende Entwicklungsarbeit. Auf diese Weise entstanden Teilrevisionen von Curricula, z. B. für den englischen Grammatikunterricht, für den Pädagogikunterricht, für den Elementarunterricht und für den Französischunterricht. Die Münsteraner Projektgruppe hat für einzelne Unterrichtsbereiche besondere »didaktische Strukturgitter« (Matrix) erarbeitet (Blankertz ²1971) (= strukturanalytischer Ansatz).
Curriculumforschung mittlerer Reichweite erstrebt die Überprüfung von Zielen und Inhalten in einzelnen Fächern. Man spricht von mittelfristiger Curriculumrevision, mitunter auch von fachdidaktischer Curriculumforschung (Achtenhagen/Menck 1971). Bei der wissenschaftlichen *Konstruktion fachspezifischer Teilcurricula* ist das anfängliche curriculumtheoretische Vorhaben sowohl hinsichtlich der Reichweite als auch der Terminierung nicht unwesentlich abgeändert worden. Es besteht bei mittelfristiger Curriculumentwicklung die Gefahr, daß man im Lehrplandenken gefangen bleibt.

20.4 Schulnahe Curriculumentwicklung

Die Diskrepanz zwischen Theorie und Praxis in der Curriculumforschung ist oft beklagt worden. In den meisten Fällen werden die Curricula von Wissenschaftlerstäben in isolierten Instituten konstruiert, fernab von der Schulwirklichkeit und ohne Beteiligung der Lehrenden und Lernenden, für die die Programme schließlich

gemacht werden. Die Entwicklungsarbeit endet im allgemeinen mit der Erstellung curricularer Materialien und Tests; die Erprobung und Anwendung überläßt man den Praktikern.
Die offensichtlichen Mängel zentralisierter Curriculumforschung während der ersten Phase der Curriculumbewegung führten schließlich zu der Konzeption einer praxisnahen Curriculumforschung, die in eigens auszubauenden »Regionalen Pädagogischen Zentren« (RPZ) fest institutionalisiert werden sollte. In derartigen Einrichtungen sollen die für eine Bildungsreform so bedeutsamen Initiativen wie Curriculumentwicklung und Lehrerfortbildung organisatorisch vereint und inhaltlich koordiniert werden (Gerbaulet u. a. 1972). Nicht zuletzt sollten die Lehrer während der Konstruktionsphase an der Ausgestaltung von Curricula mitwirken, selbstverständlich auch bei der Erprobung und Anwendung.
Praxisnahe Curriculumentwicklung, die eine Schwerpunktverlagerung nach unten bewirkt, ist auch im Zuge von Demokratisierungsbestrebungen zu sehen; sie meint »Arbeit an der Basis« und wird hauptsächlich an Gesamtschulen praktiziert. Hier entstehen Curricula kürzerer Reichweite.
Bei der schulnahen Curriculumentwicklung scheint man von der einen Einseitigkeit in die andere zu fallen; denn hier glaubt man, den Rat der Wissenschaftler entbehren zu können. Jetzt kreist die Praxis in sich selbst, und es muß befürchtet werden, daß der von Robinsohn angestrebte Standard an Rationalität, sichtbar in einem stringenten Bezug zu Gesellschaft und Wissenschaft, in den Produkten praxisnaher Curriculumentwicklung nicht erreicht wird. Nur wo schulnahe Curriculumentwicklung als *Handlungsforschung* im strengen Sinne durchgeführt wird, dürfte der Graben zwischen Theorie und Praxis überbrückt werden (Klafki 1975).

21. Curriculumkonstruktion und Curriculumreform

21.1 Das Problem der Curriculumerstellung

In der Fachliteratur werden die Begriffe Curriculumkonstruktion (Ziechmann 1973), Curriculumentwicklung, Curriculumrevision (Robinsohn [1]1967), Curriculumforschung und auch Curriculumreform nicht streng voneinander getrennt. Doris Knab stellt fest, »daß Curriculumforschung, Curriculumentwicklung und Curriculumreform fast zu Synonymen wurden« (1974, S. 179). Auf jeden Fall gehören die beiden Begriffe Curriculumkonstruktion und Curriculumentwicklung aufs engste zusammen: sie bezeichnen beide den Prozeß der wissenschaftlich ausgewiesenen Erarbeitung neuer Curricula. Sofern ein Unterschied gemacht wird, verweist der Terminus »Curriculumkonstruktion« stärker auf eine Fundierung durch Grundlagenforschung, während die Bezeichnung »Curriculumentwicklung« eine größere Nähe zu

Unterrichtspraxis und Lehrerpartizipation verrät; in eben diesem Sinne spricht man von »schulnaher Curriculumentwicklung« (Gerbaulet u. a. 1972). Wir nehmen eine solche Trennung hier nicht vor.
Es gibt keine Curriculumforschung neben der Curriculumkonstruktion, sondern nur in deren Dienste. »Soweit in der Literatur überhaupt zwischen Curriculum-Theorie und Curriculum-Forschung unterschieden wird, fällt der Curriculum-Forschung die (zumeist) empirische Ermittlung aller für curriculare Entscheidungen wichtigen Daten zu« (Zimmermann 1977, S. 51 f.).
In der neueren Curriculumdiskussion spielt die Frage nach den Verfahren zur Konstruktion und Produktion von Curricula eine bedeutende Rolle, wobei man den ganzen Komplex im Auge behalten muß: »Curriculumentwicklung meint das Gesamt der Tätigkeiten der Findung, Beschreibung, Begründung, Konkretisierung, Überprüfung von Lernzielen, -inhalten, -situationen« (Rumpf 1975, S. 62).

21.2 Stadien der Curriculumentwicklung

Der stufenweise erfolgende, langwierige und komplizierte Vorgang der Herstellung von Curricula wird als *Curriculumprozeß* bezeichnet; dieser meint den »Ereignisablauf zwischen Planungsentscheidung und Unterrichtsresultat« (Elbers 1975, S. 211). Dies dürften die wichtigsten Prozeßstadien sein:

- Planungsphase
- Konstruktionsphase
- Implementationsphase
- Evaluationsphase
- Revisionsphase

Jedes dieser Stadien soll im folgenden näher gekennzeichnet werden.

Zur *Planungsphase:* In diesem Abschnitt erfolgt die Vorbereitung der Konstruktion eines Curriculums. Ein Gremium muß zunächst den Entschluß fassen, ein Curriculum zu erstellen, und eine Entscheidung über Art (offen – geschlossen), Gegenstandsbereich und Reichweite des Vorhabens herbeiführen. »Im Prozeß der *Planung* werden die Ziele der Curriculumentwicklung festgelegt, Ziele, die klar von den Lernzielen unterschieden werden sollten. Es handelt sich hier um die Zielvorstellungen über die Eigenart des zu schaffenden Curriculums . . .« (Isenegger 1975, S. 74).

Zur *Konstruktionsphase:* In diesem Stadium, das das wichtigste innerhalb des Curriculumprozesses ist, wird das Produkt »Curriculum« unter Aufwendung von viel Zeit und Mühe erarbeitet. Dazu sind mehrere Schritte erforderlich:

»1. Findung, Diskussion und Formulierung von allgemeinen und fachlichen Lernzielen
2. Auswahl der lernzielorientierten Lerninhalte

3. Zuordnung der Unterrichtsverfahren und Medien
4. Vorschläge zur Lernzielkontrolle (u. a. Tests)« (Westphalen 1973, S. 24).

Welche Aufgaben stellen sich auf jeder dieser Stufen?

Lernzielfindung: Im Zentrum der Curriculumkonstruktion steht die Bestimmung der Lernziele (der Globalziele und der Feinziele); sie wird zu Recht an den Anfang gestellt. Bei A. Treml zieht sich die Lernzielfrage wie ein roter Faden durch die verschiedenen Phasen des Curriculumprozesses. Das Zielproblem entfaltet er in diverse Aspekte (wobei wir die Reihung leicht verändert haben):

- Das Instanzenproblem (Wer vertritt oder entscheidet über das LZ?)
- Das Adressatenproblem (Für wen soll dieses Lernziel gelten?)
- Das Entdeckungsproblem (Wie ist man auf dieses LZ gekommen?) (auch: Gewinnungsproblem)
- Das Begründungs- oder Rechtfertigungsproblem (Wie wird das LZ begründet?) (auch: Legitimationsproblem)
- Das Formulierungsproblem (Was bedeutet das LZ?) (ähnlich: Operationalisierungsproblem)
- Das Klassifikationsproblem (In welcher Beziehung bzw. Ordnung steht dieses Ziel zu anderen Lernzielen?)
- Das Realisierungsproblem (Wie wird dieses LZ am besten erreicht?) (auch Implementationsproblem)
- Das Evaluationsproblem (Wie kann kontrolliert werden, ob dieses LZ erreicht ist?) (auch: Kontrollproblem)
  (Treml 1972, S. 9f.)

Wir verweisen an dieser Stelle auf unsere Ausführungen in Kap. 19. I. Classen-Bauer u. a. haben über die Curriculumentwicklung in bundesdeutschen Curriculumprojektgruppen eine empirische Erhebung durchgeführt (1975). Danach bedienten sich die Curriculumkonstrukteure bei der *Aufstellung von Lernzielen* hauptsächlich folgender Methoden:

- Analyse von Verwendungssituationen (einschließlich Arbeitsplatz- und Berufsfeldanalysen)
- Kritische Durchsicht vorliegender Lehrpläne
- Analyse einschlägiger Literatur
- Konsensbildung in der Gruppe
- Umfragen
- Analyse der Adressaten (1975, S. 99)

In der konkreten Curriculumerstellung werden häufig mehrere Verfahren miteinander kombiniert.

Als *Kriterien für die Lernzielbestimmung* gelten (Nennung mit abnehmender Häufigkeit!):

- die Bedeutung des Gegenstandes für die Verwendung in Lebenssituationen (i. S. Robinsohns)
- Gesellschaftspolitische Bedeutung

– die Bedeutung des Gegenstandes für die Wissenschaft
– die Bedeutung des Gegenstandes innerhalb der Kultur
– die Bedeutung des Gegenstandes für den Schüler (»Schülerinteresse«) (Classen-Bauer u. a. 1975, S. 100).

Diese vom UNESCO-Institut für Pädagogik in Hamburg ausgehende Befragung hat ergeben, daß kognitive Lernziele deutlich im Vordergrund standen. Dabei wurde auch auf Taxonomien aus der amerikanischen Curriculumliteratur zurückgegriffen. Aufschlußreich ist die Feststellung: »Die *Entscheidungen bei der Lernzielbestimmung* treffen in der Regel die Projektgruppen selbst« (Classen-Bauer u. a. 1975, S. 103).

Auswahl der Lerninhalte: Dieser Planungsabschnitt nimmt sich zum Ziel, Curriculumelemente (Lerninhalte, »contents«) zu ermitteln, die sich logisch schlüssig den allgemeinen und den fachbezogenen Lernzielen zuordnen lassen. Wir stoßen hier auf eine schwache Stelle der Curriculumentwicklung, ja der ganzen Curriculumdiskussion. Bei der *Hypertrophierung der Lernzielproblematik* wurde die Inhaltsdimension vernachlässigt. Es muß zwar eingeräumt werden, daß zumindest die operationalisierten Feinziele außer dem Verhaltens- stets einen Inhaltsaspekt haben. In diesem Sinne sagt H. L. Meyer: »Es ist unmöglich, Lernziele ohne die Angabe eines Lerninhalts zu formulieren« ([6]1977, S. 23).

Man könnte allenfalls zugestehen: Inhalte sind den Lernzielen bis zu einem gewissen Grade immanent. Aber die Dimension der Lerninhalte ist damit nicht annähernd ausgeschöpft. Wir halten es auch für unangemessen, vom »funktionalen Charakter der Inhalte« zu sprechen und bezweifeln, ob »mit demselben Inhalt sehr verschiedene didaktische Ziele angestrebt werden können« (Zimmermann 1977, S. 198f.). Nach unserer Auffassung ist die Korrespondenz von Inhalt und Ziel sehr viel enger, ja die Zielstellung geht nicht selten überhaupt erst aus dem so beschaffenen Lehrinhalt hervor.

Unterrichtsverfahren und Medien: Sofern eine Entscheidung über die Lernziele und ihnen zu unterstellende Curriculumelemente getroffen ist, müssen die Lerninhalte entsprechend angeordnet werden. Für die Bildung curricularer Sequenzen hält die amerikanische Curriculumforschung zwei Vorschläge bereit: den Strukturansatz und das Spiralcurriculum.

Der *Strukturansatz* ist logisch bestimmt; er gründet sich auf das von den Einzelwissenschaftlern zu erarbeitende System der wissenschaftlichen Disziplinen (the structure of the discipline). Das didaktische Konstrukt »Curriculum« kann demnach nur die Struktur der Wissenschaft abbilden. Der Strukturansatz programmiert demnach die Anordnung der Bildungsinhalte. Die Methode ist gleichsam inhaltsimmanent.

Das *Spiralcurriculum* (Bruner 1970a) knüpft an das alte Lehrgangsprinzip der konzentrischen Kreise an, überlagert das Ganze jedoch mit moderner denkpsychologischer Theorie. Man rekurriert auf Einsichten J. Piagets (1972), denen zufolge Gegenstände vom Kind zunächst handelnd, später betrachtend und schließlich verbalsymbolisch bewältigt werden. In Konsequenz dieser Erkenntnis sollten Begriffe und

Konzepte den Schülern nacheinander als enaktive, ikonische und symbolische Repräsentation begegnen. Die entsprechend den Abstraktionsgraden gebildeten diversen Repräsentationsebenen zeichnen damit eine methodische Strukturierung vor. Die Curriculumspirale gewährleistet (zeitlich versetzt) die Wiederkehr grundlegender Sachverhalte auf höheren Lernplateaus: Das gleiche am Anfang in einfacher Form behandelte Thema wird später ausgeweitet, angereichert, vertieft, »von zunehmend höherer Warte aus . . . betrachtet« (Aebli [9]1976, S. 311).
Aufs Ganze gesehen wird dem Vermittlungsproblem in der Curriculumdiskussion zu wenig Beachtung geschenkt. Am ehesten wird noch das Problem der Sequenzierung (der Abfolge der Lernschritte) gelöst. Aber im Gebiet der Unterrichtsverfahren werden ganze Fragenkomplexe ausgeblendet, z. B. die Unterrichtsformen (Partnerarbeit, Lernen in Gruppen), die Unterrichtsprinzipien, Methodik, Lehrerverhalten und das Spektrum der Unterrichtsmedien. T. Rülcker weist zu Recht darauf hin, »daß die deutsche Curriculumdiskussion . . . sich vornehmlich auf die Ziel-Inhalt-Problematik konzentriert, sich dagegen mit den Fragen nach Unterrichtsorganisation, Handlungsformen und schulischen Interaktionsprozessen wenig beschäftigt hat. Damit ist sie der Theorie-Praxis-Problematik in einem zentralen Punkte ausgewichen« (1976, S. 184f.). An dieser Stelle wird deutlich, daß die Curriculumtheorie nicht eine (Allgemeine) Didaktik ersetzen kann. Zu den Problemkomplexen Methodik und Medienarrangement (z. B. Multimediasystem) hat die Curriculumerörterung – vielleicht mit Ausnahme des Modells der Curriculumspirale – keinen konstruktiven, weiterführenden Beitrag geleistet.

Lernzielkontrolle: Als letztes Glied des Konstruktionsprozesses erfolgen die Umsetzung von Lernzielen in Prüfungsaufgaben und die Entwicklung von Kontrollverfahren. Der in der Curriculumforschung mehrfach verwendete Begriff »Evaluation« bezeichnet an dieser Stelle die lernzielorientierte individuelle Leistungsmessung, ist also »Schülerleistungs-Evaluation« in dem Sinne, daß hier festgestellt wird, ob das angestrebte Ziel (Wissen, Können, Verhalten u. dgl.) überhaupt erreicht worden ist. Der amerikanische Curriculumforscher D. K. Wheeler formuliert: »Die Evaluation ist ohne Zweifel eine sehr wichtige Phase, da man ohne einen quantitativen und qualitativen Vergleich der tatsächlichen und erwarteten Ergebnisse unmöglich erkennen kann, ob die Lernziele erreicht wurden, und wenn ja, in welchem Maße« (1974, S. 226). Der Einsatz von lernzielorientierten Tests (LOT) läßt die empirische Fundierung und das Bemühen um Objektivierung der Leistungsbeurteilung erkennen.
Kritisch ist anzumerken, daß die Lernzielkontrolle immer nur den augenblicklichen Wissens- und Könnensstand prüft. Curriculumdenken gibt sich hier mit dem einmaligen Erreichen des gewünschten Endverhaltens zufrieden.
Indem die Curriculum-Komponenten Ziele, Inhalte, Unterrichtsverfahren und Lernkontrolle zur Sprache gekommen sind, dürften die wichtigsten Aspekte der Konstruktionsphase berücksichtigt worden sein.

Zur *Implementationsphase:* Implementation (von lat. impleare = ausfüllen, vollbringen) bezeichnet die tatsächliche Einführung und Verwendung des Curriculumprodukts in entsprechenden Schularten (bzw. Schulstufen) einer Region. Die Aussendung des Curriculums wird fällig, nachdem die Materialisation (= inhaltliche Ausgestaltung) erfolgt ist. Das Curriculum hat zu diesem Zeitpunkt den Test auf seine Brauchbarkeit in Versuchsklassen bereits bestanden; eventuell notwendig gewordene Korrekturen sind vorgenommen.
Fertiggestellte Curricula führen sich nicht von selbst in den Schulen ein, vielmehr bedarf es bestimmter Maßnahmen (Instruktionen, persönliche Kontaktnahmen) von seiten der Projektgruppen. Bei zentral und »expertokratisch« erstellten Curricula, die den Lehrer nur als Adressaten der Fertigware kennen, ergeben sich bei der Übernahme nicht selten Sperren. »Die wirksamste Art der Einweisung dürfte die der Beteiligung der künftigen Realisatoren der Curricula an deren Planung und Entwicklung sein« (Classen-Bauer u. a. 1975, S. 130). In diesem Falle würden Planungs-, Konstruktions-, Implementations- und auch Evaluationsphase in einem unauflösbaren Zusammenhang stehen.

Zur *Evaluationsphase:* »Von der Konzeption des Begriffs her ist Evaluation eine der Konstruktion von Curricula zeitlich und logisch nachgeordnete Überprüfungsphase . . . Evaluation kann dabei zwei Funktionen ausfüllen: Sie dient der Verbesserung des Produktes der Curriculumkonstruktion und der Legitimation des Einsatzes dieses Produktes« (Meyer 1972, S. 120) (Text z. T. gesperrt!).

Evaluation (engl. evaluation = Wertbestimmung) meint in diesem Kontext die Feststellung der Leistungsfähigkeit eines Curriculums. Innerhalb der verschiedenen Evaluationsarten haben wir es hier mit »Ergebnisevaluation« zu tun, weil die Endleistung des Curriculumprodukts bei den Adressaten differenziert untersucht wird. Um die Effizienz möglichst objektiv feststellen zu können, werden Tests verwendet.
Aus dem Erfahrungsbericht von I. Classen-Bauer u. a. wissen wir, daß die Aufgabe der Evaluation von der Mehrzahl der Mitarbeiter als eine der schwierigsten innerhalb des Curriculumkonstruktionsprozesses eingeschätzt wird; dieser Umstand dürfte wohl dazu geführt haben, »daß verhältnismäßig viele Gruppen (30) (von etwa 100! – d. Verf.) überhaupt keine Evaluation durchführen« (1975, S. 127).

Zur *Revisionsphase:* Die Phase der Revision erwächst eigentlich aus der Stufe der Evaluation, sofern hierunter die kontinuierliche Überprüfung eines implementierten Curriculums mit entsprechender Rückmeldung an die Curriculumkonstrukteure zum Zwecke der Korrektur verstanden wird. Prinzipiell kommen Curriculumprozesse nie an ein Ende; denn es gilt, den veränderten Zeitgegebenheiten Rechnung zu tragen und auch neue Ergebnisse curricularer Grundlagenforschung einzubeziehen.

Mit der Kennzeichnung der letzten, der Revisionsphase, dürften die wesentlichen Stadien bei der Curriculumerstellung dargelegt worden sein. Kein Modell der Curriculumforschung kommt ohne diese Schrittfolge aus.

21.3 Zum Stand der Curriculumreform

Die Curriculumreform setzt sich das Ziel, durch wissenschaftliche Legitimierung die Planung und Gestaltung von Unterricht zu verbessern. Sie sucht diese Sollvorstellung zu realisieren durch Kompetenz und Transparenz bei der Lernzielermittlung, durch die Auswahl zeitgemäßer Lerninhalte, durch Optimierung der Methodenorganisation sowie durch Objektivierung der Lernzielkontrolle. F. Achtenhagen formuliert: »Erfolgreiche Schulreform erfordert eine Revision der Lernziele und Lerninhalte – diese Einsicht war und ist das Movens der Curriculumdiskussion« (1975, S. 181). Die Curriculumbewegung ist dem Bereich der inneren Schulreform zuzurechnen. Unverkennbar ist die Gesellschaftsbezogenheit curricularer Innovation. »Curriculum-Forschung und Curriculum-Revision sind ein Politikum« (Blankertz in: H. L. Meyer 1972, S. 9).

Zu den *formalen* Zielvorstellungen der Curriculumreform gehören n. K. Westphalen die

- Aktualisierung der Inhalte des Unterrichts
- Verwissenschaftlichung der Lehrplanarbeit
- Demokratisierung der Entscheidungsprozesse
- Optimierung des Unterrichts,

zu den *inhaltlichen* Absichten als oberstes Ziel die Emanzipation, ferner Mitsprache und Mitbeteiligung, Chancengleichheit und Leistungsfähigkeit (1973, S. 18f.).

Sowohl Pädagogen als auch Bildungspolitiker haben sich – aufs Ganze gesehen – mit der Zielrichtung der Curriculumreform identifiziert. Die Didaktik des schulischen ebenso wie die des außerschulischen Erziehungswesens hat den Begriff akzeptiert. Unbezweifelbar haben die Curriculumerörterungen die erziehungswissenschaftliche Fragestellung bereichert und die Reflexion auf eine höhere rationale Ebene gehoben. Aber auch die Schulpolitiker haben die Notwendigkeit einer Curriculumreform bejaht und diese gefördert. Überall im Lande konstituierten sich Kommissionen, um Lehrpläne unter Anwendung wissenschaftlicher Verfahren von Grund auf neu zu erstellen. Als willkommenes Probierfeld neu konstruierter Curricula erwiesen sich in besonderer Weise die Gesamtschulen.

»Deutlich ist . . . ein konzeptioneller Wandel in der westdeutschen Curriculumdiskussion, den man formelhaft ›von der Effektivierung zur Demokratisierung‹ beschreiben kann. In den ersten Projekten dominiert das Interesse an einer Effizienzsteigerung und Optimierung des Unterrichts, an einer Objektivierung und Kontrolle des Lernfortschritts. Im Vordergrund stehen Fragen der Lernzieloperationalisierung und Lernzielüberprüfung . . .« (Siebert 1974, S. 77f.). Die neuere Phase der Curriculumforschung setzt sich die Demokratisierung und Emanzipation der Gesellschaft zum Ziel.

Entsprechend hat sich auch das *Selbstverständnis von Curriculum* gewandelt: Der Trend geht weg vom produktbezogenen hin zum prozeßbezogenen Curriculum. Im ersten Konzept ist der Lehrer im wesentlichen auf die Rolle des Adressaten festgelegt,

im zweiten soll er an der Planung und Gestaltung des Unterrichts »partizipieren«. Aus der Erfahrung glaubt man zu wissen: »Bei demokratisch und lehrerzentriert angelegten Curriculumreformen finden die Curricula mehr Berücksichtigung bei der Unterrichtsgestaltung als beim expertokratischen Muster« (Aregger in: Isenegger/Santini 1975, S. 26). Um die Lehrer für eine aktive Mitarbeit an der Curriculumreform zu gewinnen, müßte Curriculumtheorie zum festen Bestandteil der Lehrerausbildung und Lehrerfortbildung werden. Es sollten aber auch die Grenzen isolierter curricularer Arbeit an der Basis gesehen werden.
Ende der 70er Jahre zeigt sich, wenn wir recht sehen, eine gewisse Entpolitisierung und Verfachwissenschaftlichung der Curriculumreform.
Die Curriculumdiskussion hat sich positiv in der Lernzielorientierung der neueren staatlichen Richtlinien, Teilcurricula und Lehrmaterialien niedergeschlagen. Zu sichtbaren Ergebnissen hat die Curriculumentwicklung z. B. in Hessen (»Rahmenrichtlinien«) und in Bayern (»Curricularer Lehrplan«) (Westphalen [5]1977, Bittlinger 1978) geführt, wobei drei Instanzen: Wissenschaft (Fachwissenschaften, aber auch Curriculumwissenschaft), Administration und Schulpraxis zusammenwirkten. Freilich ist man hier nicht von einem umfassenden Curriculumkonzept, sondern vom fachspezifischen Ansatz ausgegangen, so daß Veränderungen nur innerhalb der Fächergrenzen zustande kamen.
Neuere Bestrebungen der Curriculuminnovation gehen dahin, gemeinsame Lehrpläne für Europa durch kooperative Curriculumkonstruktion zwischen den Staaten hervorzubringen (Frey u. a. 1978).

21.4 Grenzen der Curriculumdiskussion

»Curriculum« ist die beschworene und beschwörende Vokabel der erziehungswissenschaftlichen Diskussion in den 70er Jahren gewesen. Die Ende der 60er Jahre in Gang gekommene Curriculumforschung und Curriculumkonstruktion hat nach anderthalb Jahrzehnten Laufzeit an Schwung verloren. Zum einen hat die Curriculumerörterung selbst einen gewissen Sättigungsgrad erreicht, zum andern hat die Pädagogik prinzipiell Abstand gewonnen vom ursprünglichen Ansatz. Manches Postulat (etwa das der Deduktion und der Operationalisierung von Lernzielen oder das einer konsentiellen Entscheidungsbildung) erscheint uns heute überzogen. Im übrigen haben sich in den vergangenen Jahren nicht alle Hoffnungen erfüllt, die Programmatiker in eine Reform des Curriculums gesetzt haben.
Während wir in den letzten Kapiteln (insbesondere 21.2) bereits beiläufig einige Einwände erhoben haben, sollen an dieser Stelle in systematischer Absicht die Grenzen der Curriculumbewegung in der Bundesrepublik aufgezeigt werden. Es handelt sich bei diesem Aufweis sowohl um konzeptionelle Schwächen der Curriculumrevision als auch um curriculare Planungs- und Organisationsdefizite. Ein Teil der Argumente bezieht sich auf den Theorieentwurf in der ersten Phase der Curricu-

lumdiskussion. Dabei ergibt sich als Nebeneffekt eine weitere Kennzeichnung der Curriculumproblematik.

Welche *Kritikpunkte* lassen sich benennen?

– *Die behavioristische Betrachtungsweise des Menschen*

Insbesondere der sozialtechnologisch orientierte Curriculumansatz während der Initialphase zeigt sich an der Frage nach dem Wesen des Menschen, seiner Subjektivität und Besonderheit, uninteressiert. »Der Mensch wird identifiziert mit seinen Verhaltensäußerungen und als das Aggregat seiner Funktionen verstanden«. Von der »Entdeckung gesetzmäßiger Zusammenhänge« ist es dann nur ein kleiner Schritt bis zu einer »Manipulation, deren Zweck es ist, ihn effektiv an die gegenwärtige oder zukünftige gesellschaftliche Umwelt anzupassen« (Leonhard 1978, S. 164). Der Mensch wird in dieser Sicht als Funktionenbündel, als steuerbarer Organismus, veranschlagt. In diesem Kontext ist auch die Richtigkeit des behavioristischen Lernverständnisses zu bezweifeln, demzufolge Lernen Verhaltensänderung ist.

– *Lebensbewältigung als oberstes Erziehungsziel?*

Hier begegnet uns eine veräußerlichte Auffassung von Erziehung; es ist nicht von »Bildung« oder »Persönlichkeit« die Rede. C. Menze bedauert vor allem die Verkürzung der bildungstheoretischen Fundierung des Robinsohn-Modells: »Orientiert an einem Begriff von Erziehung, der in der Bewältigung von Lebenssituationen aufgeht, dient es lediglich zur Konstruktion einer Schule der Lebensnot . . . Selbstbestimmung und Selbstverwirklichung der Individualität verlöschen in den Tauglichkeitsanforderungen des anonymen ›Man‹, dessen Qualifikationen die austauschbaren Techniken der Situationsbewältigung sind« (in: Achtenhagen/Meyer 1971, S. 156; vgl. auch Ballauff 1978). Es geht hier primär um Daseinsbewältigung, womöglich um ein reibungsloses Fertigwerden mit dem Vordergrund des Lebens.

– *Die Eliminierung gewisser geistiger Bereiche*

Wesentliche Fragenkomplexe sind in der Curriculumdiskussion gar nicht oder nur unzureichend erörtert worden, z. B. das Problem der Gesellschaft, das der Ethik und das der Bildung. Besonders bedauerlich ist die Ausklammerung der »Kultur« in den Curriculumtheorien. »Die kulturellen Objektivationen – wie Religion, Literatur, Kunst, Musik, Philosophie – werden nicht . . . auf ihre Stellung und Funktion in der modernen Gesellschaft untersucht . . . Der einzige Kulturbereich, der dieser Vernachlässigung entgeht, ist die Wissenschaft – im Sinne der neuzeitlichen Erfahrungswissenschaft« (Rülcker 1976, S. 118).

– *Die Schwierigkeit der Bestimmung von Lernzielen*

Allgemeine Lernziele lassen sich nicht auf eine wissenschaftlich begründete Weise ermitteln. Richtziele wie »Mündigkeit«, »Gerechtigkeit«, »Toleranz« u. dgl. korrespondieren mit weltanschaulichen Annahmen und stellen politische Vorent-

scheidungen dar. Normative Implikationen sind nicht eliminierbar; zu fordern ist jedoch, daß die Entscheidungsprozesse, die zu ihrer Legitimierung geführt haben, transparent gemacht werden. W. Zimmermann spricht von der Wichtigkeit der »gesellschaftspolitischen Dimension«, »weil curriculare Entscheidungen, auch wenn sie scheinbar rein fachlicher Natur sind, stets bewußt oder unbewußt auf politisch-ideologische Prämissen bezogen sind« (1977, S. 13).
Ungelöst ist das Deduktionsproblem, also die Frage, auf welche Weise, mit welcher Begründung und mit welcher logischen Stringenz Grobziele und Feinziele aus Leitzielen hervorgehen. H. Schulte ist der Auffassung: »Keine Theorie könne aufgrund theoretischer Überlegungen exakt festlegen, welche Teilziele, Inhalte und unterrichtliche Handlungsformen aus dem allgemeinen Postulat der ›Emanzipation‹ abzuleiten seien« (1977, S. 78). Die von oben aufgesetzten, im allgemeinen gesellschaftlich legitimierten »allgemeinen Lernziele« haben häufig in der Sachlogik der Fächer gar keine Entsprechung. »Wenn ... z. B. ›Völkerverständigung‹ als Globalziel für den Fremdsprachen-Unterricht postuliert und sogar fachdidaktisch begründet wird, so handelt es sich dabei nur scheinbar um ein aus einem Fach natürlich abgeleitetes Lernziel« (Sülzer 1976, S. 22). Eine fachliche Anbindung der allgemeinen Lernziele dürfte noch am ehesten vor einer möglichen Manipulation schützen.
Das Hinunterspielen der Ziele zu Kleinstzielen, etwa die Herleitung bestimmter Schwimmbewegungen aus dem Grobziel »Wasservertrautheit«, wirkt nicht selten gekünstelt. H.-K. Beckmann fordert einen »Abbau des Lernzielfetischismus« (1977, S. 309). H. L. Meyer spricht vom »Unfug mit der Lernzielorientierung« (1980, S. 133). Außerdem erkennen wir heute: Allgemein gehaltene Lehrziele müssen nicht »Leerformeln« im Sinne von E. Topitsch (1960) sein.
Inzwischen hat man längst von der Forderung Abstand genommen, daß die Lernziele um jeden Preis »operationalisierbar« sein müssen. »Der vermeintliche Zwang, möglichst alle Lernziele operationalisieren zu müssen, birgt die Gefahr, daß Kontrollierbarkeit schon zum *Rechtfertigungsgrund* für die Wünschbarkeit von Lernzielen wird. Die Folge wäre eine fatale Beschränkung auf kurzfristig kontrollierbare, d. h. praktisch auf isolierte Wissens- und Könnensziele. Oft steht aber die Kontrollierbarkeit eines Zieles im umgekehrten Verhältnis zu seiner Wichtigkeit« (Glöckel 1975, S. 309).
Bis zu einem gewissen Grade »autoritär« wirken Lernzielvorgaben von der Art: »Der Schüler *soll* erkennen, daß ...

– *Der esoterische Charakter der Curriculumerörterungen*

Nach W. Zimmermann »steht die Curriculum-Diskussion in der Gefahr, zum Glasperlenspiel einer elitären Expertengruppe zu werden, die die Realität der Schule noch nicht oder nicht mehr kennt« (1977, S. 61). Man denke etwa an das Abstraktions- und Formulierungsniveau der Münsteraner Curriculumprojektgruppe! Beim Vorwalten eines Science-pour-science-Standpunktes gerät die Kategorie der Realisierbarkeit des Projektierten in den Hintergrund. »Schon rein äußerlich bestehen Verständigungsschwierigkeiten, da sich die Curriculumforschung einer eigenwilligen Fachsprache bedient, die, zumeist dem anglo-amerikanischen Sprachbereich entnommen, auf Wortneuschöpfungen lateinischen Ursprungs beruht« (Westphalen 1973, S. 20). Gemeint sind Termini wie Implementation, Dissemination, Evaluation, Dezisionismus usw. Sofern Curriculumrevision lediglich als verbaler Diskurs ohne den Versuch der Übersetzung des Erkannten in die Handlungsdimension ausgetragen wird, ist Curriculumreform zum Scheitern verurteilt.

– *Die unzureichende Beteiligung der Betroffenen am Reformprozeß*

Nicht zu Unrecht spricht man von der Unmündigkeit der Lehrer und Schüler im Stadium der Erstellung von Curricula. Zum mindesten in der Anfangsphase der Curriculumbewegung waren die praktizierenden Pädagogen nicht an den Entscheidungsprozessen beteiligt; die Curriculumtheoretiker hatten für sie nur eine rezeptive Rolle vorgesehen. Erst der Ansatz einer »schulnahen Curriculumentwicklung« (s. Kap. 20.4) bescherte dem professionellen Erzieher eine konkrete Mitwirkungsmöglichkeit.
Der Schüler hingegen – von einer Partizipation der Eltern ganz zu schweigen – geht als bestimmendes Moment in die Curriculumerstellung so gut wie gar nicht ein, obwohl seine Bedürfnisse und Interessen durchaus eine Berücksichtigung verdienten.

– *Geringe Wirksamkeit der Curriculuminnovation*

Es sind zwar neue Zielvorstellungen entwickelt und konstruktive Vorschläge vorgelegt worden, aber die Umsetzung dieser Ideen in die Praxis gelang nicht in dem gewünschten Maße. »Die Hoffnungen, die auf die mit wissenschaftlichen Verfahren entwickelten ›Großcurricula‹ gesetzt wurden, haben sich zerschlagen. Sie haben die Schulen nicht wirklich erreicht« (Schulte 1977, S. 55). Forschungsprojekte mit dem Ziel einer Revision des Gesamtcurriculums haben einem »mehrfachen Reduktionsdruck« (Robinsohn ³1972, S. XII) weichen müssen; die Curriculumbewegung tendiert schließlich in Richtung mittelfristiger, fachspezifischer Unternehmungen, bei denen »die Fächer das Korsett der Curriculumentwicklung« (Rülcker 1976, S. 198) abgeben. Freilich bedeutet diese Tatsache eine Zurücknahme des ursprünglichen Anspruchs, durch eine Revision der Curricula eine Verbesserung des Bildungswesens von Grund auf herbeizuführen. »Die Vorstellung von der globalen Bildungsreform nach einheitlichem Plan zerfließt in eine kleine Anzahl unzusammenhängender Teilverbesserungen« (Westphalen 1973, S. 20).

Im Sinne eines *Rückblicks* kann zur Curriculumreform gesagt werden:

Die Curriculumbewegung ist gegenwärtig rückläufig. Dennoch kann kein Zweifel darüber bestehen, daß von der *Verwissenschaftlichung der Lehrplanarbeit* vielfältige Einsichten und Anregungen sowohl für die didaktische Theorie als auch für die Praxis des Unterrichts ausgegangen sind, die es zu bewahren gilt.

Eingrenzend sei bemerkt: Die Curriculumforschung hat didaktische und methodische Probleme im Alleingang zu lösen versucht; insofern dürfte der Vorwurf der Traditionslosigkeit zu Recht bestehen. Wir wissen heute: »Die Curriculumtheorie – und das blieb seit ihrer Begründung in der westdeutschen Diskussion größtenteils unbeachtet – kann nicht jene ›Superwissenschaft‹ sein, die alle Probleme der Planung, Durchführung und Analyse des Unterrichtsprozesses klärt. Sie ist auf den didaktischen Forschungsstand angewiesen und kann ihn nicht einfach negieren« (Reich 1977, S. 384). Inzwischen dürfte sich immer deutlicher die Erkenntnis abzeichnen: Curriculumtheorie macht nicht die ganze (Allgemeine) Didaktik aus. »Curriculum« wird sich in Zukunft in die didaktische Systematik einordnen als ein Problembereich neben anderen.

V. Lehrweisen – Unterrichtsformen

22. *Die Lehrerdarbietung*

22.1 Vorbemerkung zum Begriff »Unterrichtsformen«

Die »Darbietung« gehört systematisch in das didaktische Teilgebiet »Unterrichtsformen«. Diese werden herkömmlich unterteilt in *Lehrformen,* in denen das Handeln des Lehrers dominant ist, und in *Lernformen* (auch: Arbeitsformen), in denen die Schülerselbsttätigkeit zur Auswirkung kommt. Wenn man von Unterrichts*formen* spricht, hebt man auf etwas Wahrnehmbares ab: Gesehen wird ein bestimmter Umgang zwischen Lehrer und Schüler, aber auch der Schüler untereinander im Lehr-Lern-Prozeß. Man könnte demnach definieren: »Unterrichtsformen sind Ausprägungen personaler Verhältnisse (...) beim Aneignen der Bildungsinhalte« (Rank 1961, S. 140); sie sind »Vollzugsweisen des Unterrichts« (Wegmann 1964, S. 129). Es sind immer auch kommunikative Prozesse im Spiel, so daß es gerechtfertigt erscheint, Unterrichtsformen als »soziale Formen des Unterrichts« (Rank 1961) zu umschreiben. Der Begriff »Unterrichtsformen« bezieht sich auf die Träger des Unterrichtsprozesses und zielt in erster Linie auf die Verteilung der Aktivität auf Lehrer und Schüler vornehmlich bei der Gewinnung neuer Lehrinhalte. In diesem Sinne unterschied E. Weber »ein *aktives* Verhalten von einem nach außenhin mehr *passiv* erscheinenden (aufmerksam hinnehmenden) Verhalten des Unterrichters wie des Unterrichteten« (1925, S. 122).

Anstelle von »Unterrichtsformen« sind auch die Bezeichnungen »Bildungsformen«, »Lehrweisen«, »Unterrichtsweisen« im Gebrauch. *Lehrweisen* meinen unterschiedliche Verlaufsmodi von Lehrprozessen (s. A. Roth 1967, S. 34ff.) Dieser Begriff berührt sich mit dem der Lehrmethoden (s. Kap. 29) und mit dem der *Lehrtechniken.*

Die Fachliteratur kennt mehrere *Systematisierungsversuche*; dabei können einmal die strukturelle Beschaffenheit der Bildungsinhalte, zum anderen die Träger der Unterrichtsinitiative zum Einteilungsgrund werden. Die ältere Didaktik (z. B. Willmann [7]1956, Eggersdorfer [7]1961) benannte als Weisen des belehrenden Unterrichts *stoffeigene Formen;* sie stellte die Frage, in welcher Weise uns der Unterrichtsgegenstand gegeben sein kann, und fand: Er kann sich uns in der Wirklichkeit, in einer Darstellung (z. B. Text, Bildwerk), in der Vorstellung oder in einem Denkproblem präsentieren. Durch entsprechende Zuordnung gelangte man zur (vor-)zeigenden (bei Eggersdorfer »beobachtenden«), zur erklärenden, zur darstellenden und zur entwickelnden Lehrform. Bei diesen Systembildungen ist der Lehrinhalt in seinem Sosein formgebendes Moment. Von der (vor-)zeigenden, erklärenden und darstellen-

Unterrichtsformen

Unterrichtsformen:	Darbietung – nonverbale Darbietung – verbale Darbietung	Gemeinsame Erarbeitung – Frageunterricht – Impulsunterricht – Gesprächsunterricht	Schülerselbsttätigkeit – Einzelarbeit – Partnerarbeit – Gruppenunterricht
Lehrertätigkeit:	L: gebend, führend	L: entwickelnd, leitend	L: anregend, beratend
Schülertätigkeit:	Sch: aufnehmend, nachvollziehend	Sch: teilnehmend, mitdenkend	Sch: eigentätig, bearbeitend
Aktivität + = erforderlich (–) = weniger erforderlich	L + / Sch (–)	L + / Sch +	L (–) / Sch +

den Lehrform ist heute nur noch die »Lehrerdarbietung« übriggeblieben, während die entwickelnde Lehrform in den Frage- und Gesprächsunterricht einmündete. Spätere Systematisierungen (z. B. Stöcker [6]1960, Huber [11]1972) wählen als Einteilungsprinzip die Verteilung der Aktivität zwischen Lehrer und Schüler bei der Realisierung von Unterrichtsprozessen. Statt der üblichen Zweiteilung in Lehr- und Lernformen möchten wir eine *Dreiteilung* vornehmen; denn es scheint uns sachlich nicht gerechtfertigt zu sein, die »Gemeinsame Erarbeitung« den *Lehr*formen zuzurechnen.
Im folgenden wollen wir auf die Unterrichtsformen näher eingehen. Das *Schema* auf S. 131 soll unser Konzept verdeutlichen. Es läßt nicht nur die verschiedene Gewichtung der Aktivitäten, sondern auch die Haupttätigkeiten der Lehrenden und Lernenden erkennen.

22.2 Stellung und Funktion der Darbietung

Die Darbietung gehört zu den *Lehr*formen und damit zum unmittelbaren (direkten) Unterricht. Sie ist die dominante Lehrweise in einem lehrerorientierten Unterricht. Die Vorliebe der alten Didaktik für das »Lehren« führte zu dem Formenreichtum von (vor-)zeigender, darstellender, erklärender und entwickelnder Lehrmethode. Bereits J. A. Comenius sagte in seiner »Didactica magna« (lat. 1657) über den Lehrer in seinem Verhältnis zu den Schülern: »Er soll . . . auf dem Katheder bleiben (wo er von allen gesehen und gehört werden kann) und wie die Sonne seine Strahlen über alle verbreiten. Aber alle sollen ihm Auge, Ohr und ihre Aufmerksamkeit zuwenden und alles aufnehmen, was er vorträgt, vormacht oder vorzeigt« ([2]1960, S. 123). Der Lehrer ist hier Garant für die Richtigkeit des Gelehrten; von ihm geht alle Aktivität aus.
Mit der Lehrerdarbietung haben sich die Herbartianer in der zweiten Hälfte des 19. Jahrhunderts ausgiebig beschäftigt. Sie haben die Anforderungen, die an »gute« Darbietungsformen, insbesondere an die erzählende und vortragende, zu stellen sind, gründlich durchdacht. Die Lehrerdarbietung blieb in Geltung, bis zu Beginn unseres Jahrhunderts von seiten der Reformpädagogik, und hier vor allem der Arbeitsschulbewegung, der Gegenstoß einsetzte. H. Gaudig hat als Repräsentant einer »Akivitätspädagogik« schließlich die Forderung erhoben, der Lehrer solle ins Passivum, der Schüler ins Aktivum gesetzt werden (1963, S. 31).
In jüngster Zeit haben sich hauptsächlich H. Aebli ([9]1976) und der kanadische Pädagogische Psychologe D. P. Ausubel (1974) mit dem darbietenden Lehren und rezeptiven Lernen befaßt. Ausubel hat darauf aufmerksam gemacht, daß aufnehmendes (empfangendes) Lernen sehr wohl sinnvoll sein kann, wenn auch heutzutage versucht werde, »die Methode der verbalen Exposition in Verruf zu bringen«. Er sieht einen Grund für die Diffamierung des *expositorischen Lehrens* in der »vorherrschenden Tendenz, die Dimension Rezeption – Entdeckung des Lernprozesses mit

der Dimension mechanisch – sinnvoll zu verwechseln« (Ausubel 1974, Bd. 1, S. 92). Rezeptivität und Reaktivität sind aber nicht mit Passivität gleichzusetzen!
Die Lehrerdarbietung hat die *Aufgabe*, die Schüler mit neuen Sachverhalten bekanntzumachen: Gegenstände werden vorgezeigt, Geschehensabläufe vorgeführt, Tätigkeiten vorgemacht, Einzelkenntnisse und Problemzusammenhänge werden entfaltet, vorgestellt, ausgebreitet. Was liegt näher, als daß der Kundige von seinem Erfahrungsschatz abgibt, sich anderen Menschen mitteilt, Lernende an seinem Kenntnis- und Könnensstand teilhaben läßt! Von seiten der Schüler wird dabei erwartet, daß sie ihre Aufmerksamkeit ungeteilt auf den neuen Lehrinhalt richten. Die Darbietung findet als Lehrform überall dort Verwendung, wo die Schüler von dem neuen Bildungsinhalt entweder überhaupt nichts oder nichts Verläßliches wissen bzw. können. Dieser Fall dürfte im Schulalltag häufig gegeben sein; denn durch das ständige Fortschreiten im Lehrpensum werden die Schüler mit immer neuen Gegebenheiten (Wissen, Können, Methoden usw.) konfrontiert. Insbesondere schwierig strukturierte Sachverhalte bedürfen der Darlegung durch den Lehrer, während man bei einfachen Themen schon eher auf Textbücher zurückgreifen kann.
Unabdingbare Voraussetzung jeglichen Lehrens ist *sachliche Kompetenz*. Die dargebotenen Inhalte müssen wissenschaftlich ausgewiesen sein. Sofern ein Können intendiert wird, ist Genauigkeit und Sicherheit in der Ausübung zu fordern.

Aufgrund der strukturellen Verschiedenheit der Unterrichtsgegenstände ergeben sich verschiedene Weisen der Darbietung:

- die *nonverbale Darbietung*
  mit den Untergruppen: Vormachen, Vorzeigen, Vorführen, Vorzeichnen;
- die *verbale Darbietung*
  mit den Untergruppen: Erzählen, Schildern, Berichten, Beschreiben, Vorlesen, Vortragen, Erklären

Die wichtigsten Erscheinungsformen der Lehrerdarbietung sollen im folgenden zur Sprache kommen.

22.3 Die nonverbalen Formen der Darbietung

Die nonverbale Darbietung ist eine einfachere Weise der Kommunikation als die sprachliche. »Es gibt in der Tat eine Form der Übermittlung geistiger Gehalte, welche ohne die Zwischenschaltung eines Zeichensystems auskommt. Sie heißt in der Sprache des Alltags schlicht: *Vorzeigen* und *Nachmachen*. Fertigkeiten und Arbeitstechniken werden meistens auf diese Weise übermittelt« (Aebli [9]1976, S. 85). Das Lehrerwort tritt in diesem Falle gegenüber dem Lehrertun zurück.

22.3.1 *Das Vormachen*

Das Vortun ist im Rahmen des darbietenden Unterrichts die ursprünglichste Form der Weitergabe von Können. Hier macht der Lehrer den Schülern das, was ihnen neu ist, in der Absicht vor, es von ihnen nachahmen zu lassen. »So lernte der Grieche die Gymnastik, der Ritterknabe die Führung der Waffen, der Lehrling sein Handwerk ... So lernt man heute noch das Velo- oder Autofahren, das Schwimmen, Skifahren, Stricken, das Klavier- und Violinspiel« (Guyer [4]1964, S. 321). Das Vorexerzieren erweist sich als eine Abkürzung des menschlichen Erfahrungsweges. »Man kann vom lernenden Menschen überhaupt nicht verlangen, daß er *alles* selbst erarbeite oder im Lernprozeß jeden einzelnen Schritt selbsttätig bewältige, weder erkenntnismäßig noch im praktischen Tun« (Guyer [4]1964, S. 332).

Vortun und Nachmachen haben überall dort eine Domäne, wo die Schulung von Fertigkeiten und Techniken beabsichtigt ist. Sie können – je nach Schulfach – den Verlauf ganzer Stunden bestimmen.

Während der Lehrer eine Tätigkeit ausführt, kommt es beim Lernenden zu einem inneren Mitvollzug der beobachteten Handlungsfigur. Das Nachmachen des Schülers ist nichts anderes als die zeitlich hinausgeschobene Nachahmung der zuvor einfühlend erfaßten Demonstration des Lehrers.

Zur *Methodik* der vormachenden Lehrform ist zu bemerken: Der Lehrer hat vorweg mancherlei Überlegungen anzustellen. »Man kann nicht ›einfach‹ vormachen und vorzeigen, sondern man muß wissen, *was* und *wie* man vorzeigen soll; man muß vor allem wissen, was man im gerade gegebenen Augenblick auszuwählen, wie weit man zu elementarisieren und also das Ganze des Vorgangs in Schritte zu zerlegen hat ...« (Guyer [4]1964, S. 321 f.). Die Vorbesinnung sollte auch zu klären suchen, an welchen Punkten Widerstände zu erwarten sind, etwa beim Skiseitrutschen am Hang.

Der Lehrende wird nur dann befriedigende Resultate erzielen, wenn seine Darbietung exakt, tadellos, »vorbildlich« ist. »Die Bewegungen werden also nach Möglichkeit langsam, eindringlich, manchmal mit einer gewissen Übertreibung wesentlicher Aspekte vollzogen« (Aebli [9]1976, S. 89). Komplexe Handlungsvollzüge sollten in Abschnitte aufgegliedert werden. Der Lehrer sollte das Vormachen von Fertigkeiten und Techniken durch kurze Erläuterungen und Hinweise unterstützen; denn schließlich ist allein die einsichtige (nicht die blinde!) Nachahmung didaktisch erstrebenswert. Häufig auftretende Fehler können gemeinsam besprochen und richtiggestellt werden. In lehrhafter Absicht zeigt der Lehrer zuweilen auch einmal die unrichtige Lösungsform, z. B. nicht klatschen beim Volleyball-Pritschen.

Der Schüler muß bei der Demonstration konzentriert zuschauen und alles genau zu erfassen suchen. »Während der Darbietung eignen sich die Beobachter die modellierten Verhaltensweisen vor allem in Form symbolischer Repräsentation an. Diese leiten dann spätere angemessene Ausführungen an« (Bandura 1979, S. 31 f.). Je jünger der Mensch ist, um so eher folgen die Nachahmungsreaktionen unmittelbar den Handlungen der Modelle. Bei der verzögerten Modellierung werden die nachzubildenden

Tätigkeiten symbolisch kodiert und gespeichert, um zu einem ferneren Zeitpunkt zur Verfügung zu stehen. Die Nachbildungsleistungen unterrichten den Lehrenden darüber, wo noch Schwierigkeiten auszuräumen sind. Nicht selten werden mehrere Wiederholungen notwendig.
Die Diskussion um das Nachahmungslernen wird heute unter den Begriffen des »Modell-Lernens«, »Beobachtungslernens« und »Imitationslernens« geführt. Nach neueren Erkenntnissen durchläuft jedes Beobachtungslernen die Schrittfolge: Aufmerksamkeitsprozesse, Behaltensprozesse und motorische Reproduktionsprozesse (Bandura 1979, S. 32ff.).

22.3.2 Das Vorzeigen

Das Vorzeigen steht im Dienste der Veranschaulichung. Es ist bestrebt, Schüler mit Gegenständen aus der Wirklichkeit oder deren Abbildern bekannt zu machen. Man begnügt sich nicht mit verbalen Beschreibungsversuchen; die Sache (res) selbst soll »ad oculos demonstriert« werden. Die Schüler sollen das Vorgezeigte (z. B. Faustkeil, Kaulquappe, Bratsche, Baumwolle, Schwefelkies, Amboß u. dgl.) genau erfassen, damit sie sich eine klare Vorstellung davon machen können.
Die vorzeigende Lehrform kann auf ein reiches Arsenal an Veranschaulichungsmitteln zurückgreifen: Da ist einmal die *Wirklichkeit* selbst, die aufgesucht (z. B. Flughafen) oder aber bereitgestellt (z. B. Steinsalz) werden kann; da sind ferner die *Nachbildungen der Wirklichkeit,* die zumeist eigens als »Lehrmittel« hergestellt werden, und zwar dreidimensionale (z. B. Otto-Motor) und zweidimensionale (z. B. Bilder, Karten). Die hier genannten lehrhaften Gegenstände liegen auf unterschiedlichen Abstraktionsstufen (s. Kap. 33).
Aufgabe des Lehrers ist es, die für seine Lehrabsichten angemessenen Gegenstände auszuwählen, sinnvoll im Unterrichtsprozeß einzusetzen und vor allem sachkundig zu kommentieren.
Im Gegensatz zur vormachenden Lehrform produziert der Lehrer beim Vorzeigen nicht sich selbst, sondern er bedient sich eines Mediums (Präsentation eines Gegenstandes, Vorführung eines Films, Demonstration eines Versuches). Man spricht gern von *»Vorführen«,* wenn Geschehensabläufe wiedergegeben werden (Filme, Schulfernsehen). Zur Verwendung von Medien s. Kap. 34 und 35.
Auch das *Vorzeichnen* (s. Grüner [2]1970) erfüllt letztlich Funktionen des Vorzeigens.

22.4. Die verbalen Formen der Darbietung

Bei den verbalen Arten der Darbietung stellt das *Wort des Lehrers* das wichtigste Unterrichtsmittel dar. Da in Sprache Gedanken geborgen sind, begegnen uns die Wörter als Träger von Sinn. Rein äußerlich betrachtet scheint die mündliche Darbietung die einfachste Lehrform zu sein, weil sie – außer auf einen kenntnisreichen

Lehrer – auf keinerlei Hilfsmittel angewiesen ist. Der Psychologe H. Aebli hat bei seiner Analyse des Vorgangs der sprachlichen Kommunikation gezeigt, daß Erzählen, Vortragen usw. durchaus keine einfachen Prozesse sind. Insbesondere sind sie dadurch gekennzeichnet, daß zwischen die Bedeutungserlebnisse des Sprechers (Erzählers, Referenten, Vortragenden) und denen des Zuhörers (Schülers usw.) ein Symbolsystem (Zeichen, Sprache) eingeschaltet ist. »Zeichen sind also Bedeutungsträger. Sie gestatten dem Sprechenden, die Bedeutungen, die ihm vorschweben, kundzugeben und sie damit andern mitzuteilen«. Dadurch daß die Sprache »ein gemeinschaftlich geregeltes Zeichensystem« ist, »verbindet der Hörer die gleichen oder doch annähernd gleichen Bedeutungen mit den Zeichen wie der Sprechende« (Aebli [9]1976, S. 27f.). Die Assoziation zwischen Bedeutungserlebnis und Bedeutungsträger (Zeichen) verläuft beim Sprecher (Lehrer) und Zuhörer (Schüler) in entgegengesetzter Richtung. Der Darbietende hat zunächst ein Bedeutungserlebnis, das er sogleich in Sprache (Bedeutungsträger) kleidet. Beim Zuhörer kommt zuerst der Bedeutungsträger per Schallwelle an, den er in ein Bedeutungserlebnis zurückübersetzen muß. Dies bedeutet, daß der Sprecher dem Zuhörer stets um Sekunden an Diktion, Mimik und Gestik voraus ist: Während der Sender bereits die neue Mitteilung verschlüsselt, ist der Empfänger noch mit der Dechiffrierung der letzten Nachricht beschäftigt. Hieraus folgt für den Vortragenden, daß er dem Zuhörer Zeit lassen muß, damit dieser das Gesagte verstehen kann.
Zusammenfassend läßt sich im Hinblick auf die Didaktik sagen: »Die Absicht der verbalen Kommunikation ist darauf gerichtet, die psychischen Gehalte, die im Erzähler und Referenten lebendig sind, durch das Medium der sprachlichen Zeichen im Zuhörenden aufleben zu lassen. Nun kann dieser aber . . . in seinem Innern nur diejenigen Vorstellungen, Begriffe, Denkoperationen und übrigen Erlebnisgehalte aktivieren, die ihm schon zur Verfügung stehen. Von diesen muß jeder Unterricht ausgehen. Sie stellen das Material dar, aus dem jeder neue geistige Gehalt entwickelt werden muß« (Aebli [9]1976, S. 32).
Bei der mündlichen Darbietung überzeugen nicht nur die Worte in ihrer objektiven Bedeutung, sondern es teilen sich den Schülern auch der Gefühlsgehalt einer Sache und ihre Wertung durch den Lehrer mit. Dies ist gerade der besondere Vorteil des lebendigen Wortes gegenüber jeglicher schriftlichen Darlegung, daß es aktuell eine lebendige Beziehung zu einer individuellen Hörerschaft hat: Viva vox docet.
Die hier vorgenommene Kennzeichnung trifft für jede Form verbaler Darbietung zu. Im folgenden sollen die speziellen Aufgaben der verschiedenen Arten skizziert werden. Auffallend ist dabei, wie der Anteil der Rationalität zunimmt, während der der Emotionalität zurückgeht.

22.4.1 Erzählen

Das Erzählen hat eine ehrwürdige Tradition; es dürfte die einfachste Form der Übermittlung seelisch-geistiger Gehalte sein und auch heute noch mindestens im

Unterricht der Grundschule einen Platz haben. Ziel des Erzählens ist ein inneres Erleben. Als Inhalte kommen – außer Märchen und Geschichten – Fabeln, Schwänke, Sagen, Legenden, Ereignisse und Geschehnisse aus der sozialen Umwelt in Betracht.
An eine »gute« Erzählung sind bestimmte Anforderungen zu stellen. H. Scharrelmann hat zu Beginn unseres Jahrhunderts Kriterien einer »packenden« Erzählung formuliert: »Satteste Detaillierung, ausreichendste Motivierung und kindlichste Modernisierung – das sind die drei großen Gesichtspunkte . . .« (1904, S. 32). Er dachte dabei vor allem an biblische Erzählungen. Allgemein ist von einer Erzählung zu fordern: Sie soll kindgemäß, anschaulich, natürlich, lebendig, spannend sein und Einzelheiten ausmalen. Es sollte nur in direkter Rede erzählt werden.
Dem Erzählen verwandt sind das Schildern, das Berichten und das Beschreiben.

22.4.2 Vortragen

Der Lehrvortrag – der Predigt und der geschlossenen Rede vergleichbar – kann als die vollendetste sprachliche Darstellung des Lehrers gelten. Jahrhunderte hindurch hat man im Vortrag – nicht nur an der Universität, sondern auch in der Schule – die klassische Form des Lehrens gesehen, ja unterrichten und vortragen nicht selten identifiziert. Das Aufkommen dialogischer Lehrformen und insbesondere die Proklamierung einer auf Schülerselbsttätigkeit gegründeten Unterrichtsorganisation haben den Lehrervortrag zu einer Lehrweise neben anderen werden lassen.
In der Gegenwart sieht u. a. D. P. Ausubel eine Chance für das »Expositionslehren« (1974, Bd. 1, S. 335) insbesondere bei der Vermittlung von sog. »Stoffgebietwissen«. Hier wird dem Schüler der Hauptinhalt des zu Lernenden in einer mehr oder weniger finalen Form dargeboten. »Verbale Exposition ist gegenwärtig die wirkungsvollste Weise, Stoffgebiete zu lehren und führt zu fundierterem und weniger trivialem Wissen, als wenn Schüler ihre eigenen Pädagogen sind. Die Kunst und Wissenschaft, Ideen und Informationen effizient zu repräsentieren – so daß klare, beständige und eindeutige Bedeutungen entstehen und über lange Zeit hinweg als ein organisierter Wissenskörper behalten werden – ist somit wirklich eine der Hauptfunktionen der Pädagogie« (Ausubel 1974, Bd. 1, S. 93). Aufgabe des Schülers beim sinnvollen rezeptiven Lernen ist es, die gelehrten Inhalte zu begreifen und sie seiner kognitiven Struktur einzugliedern, damit sie zum Zwecke der Reproduktion oder aber als Gerüst beim Neuerwerb verfügbar sind.
Vom Vortragenden wird bei der Darlegung eines bestimmten Sachverhalts eine gewisse sprachliche und begriffliche Strenge verlangt. Eine logisch schlüssige Disposition garantiert das Behalten des Gedankengangs durch den Vortragenden und fördert zugleich das Verständnis beim Hörenden. »Die Darbietungen sollten einen inneren Aufbau haben, der die Hauptbedeutungen hervorhebt und Einzelheiten untergeordnet behandelt« (Cronbach 1971, S. 456). Es sollte zwischen Wesentlichem und Unwesentlichem unterschieden werden – getreu der lateinischen Lehrweisheit:

Wer gut unterscheidet, lehrt gut. Der Lehrende sollte einen einfachen Satzbau wählen und schwer verständliche Wörter vermeiden. Dem Anfänger sollte es erlaubt sein, auf stichwortartige Notizen zurückzugreifen. Allgemein kann aber gelten, daß das frei gesprochene Wort einen größeren Eindruck hinterläßt als das abgelesene. Indem der Lehrer souverän über den Lehrinhalt verfügt, dokumentiert er zugleich, daß er ihn für wissenswert hält. Um die Nachhaltigkeit der Ausführungen zu steigern, wird der Vortragende rhetorische Figuren und dramaturgische Gestaltungsmomente einbeziehen (zu den Techniken des Lehrvortrags s. Becker u. a. [2]1980, S. 261–275). Man würde die vortragende Lehrform jedoch verfälschen, wenn der Lehrer sich in ihr selbst darstellen wollte. Vielmehr wird Sachdarstellung von ihm erwartet!
Abschließend kann gesagt werden: »Der Lehrervortrag wird in bezug auf seine Wirksamkeit bei der Entwicklung der Selbsttätigkeit manchmal unterschätzt. Wenn er aber richtig gestaltet wird, erweist er sich als eine sehr rationelle Methode der Wissensvermittlung. Er veranlaßt die Schüler zum intensiven Mitdenken, gibt ihnen ein Beispiel für folgerichtiges, diszipliniertes Denken und kann auch von hoher emotionaler Wirksamkeit sein« (Drefenstedt/Kaiser/Weck [2]1973, S. 510). Aufgrund einer Schülerbefragung kommt K. H. Coppes zu dem Ergebnis, »daß der Lehrervortrag mit deutlichem Abstand die beliebteste Unterrichtssituation darstellt« (vor Gruppenarbeit, Klassengespräch usw.) ([3]1972, S. 204). Der Lehrer muß sich allerdings auf das Vortragen verstehen! Zuweilen halten sog. »alte« Lehrformen durchaus einen Vergleich mit »modernen« Unterrichtsformen aus. »Aufmerksames Zuhören kann aktivere ›Arbeit‹ sein als ›aktives‹ Reden oder Äußerungen von ›Meinungen‹ oder ›Informationen‹, die – recht verstanden – eben keine sind, sondern nur Aktivität vortäuschen. Umtrieb als Scheinaktivität!« (Vogel [3]1978, S. 19).
Nachdem man einsehen gelernt hat, daß Rezeptivität nicht mit Passivität gleichzusetzen ist, dürfte die darstellende Lehrform auch zukünftig ihren Platz in der Schule behaupten. »Ein ›guter‹ Vortrag, eine ›spannende‹ Erzählung, haben durchaus ihren didaktischen Stellenwert« (Becker u. a. [2]1980, S. 262).

22.4.3 Erklären

Erklären meint hier nicht Begründen im naturwissenschaftlichen Sinne, sondern soviel wie klären, klarmachen, erläutern, verdeutlichen in didaktischer Absicht, um dadurch Verstehen und Einsehen der Schüler zu fördern. Wie oft sind Begriffe und Wörter in den Texten der Schulbücher für den Schüler unverständlich, wenn dort von Attentat, Versicherungsprämie, Primzahl, Oktave, Investiturstreit, Manna und Wachteln, Eskalation, Halogenen, Heller und Batzen, Ode, Personalunion, Naturalwirtschaft usw. die Rede ist! Zum Verständnis eines Sachverhalts gehört es, daß man die Bedeutung der einzelnen Wörter und ihren Zusammenhang im Text erkennt. Nur auf diese Weise läßt sich der Inhalt des Dargelegten erfassen. Es ist daher Aufgabe des Lehrers, den Schülern zu einem angemessenen Verstehen zu verhelfen. In unsäglicher Kleinarbeit und immer wieder aufs neue ist ihm aufgegeben, gegen

Unverstandenes oder Halbverstandenes anzugehen. Der Lehrer sollte sich stets davon überzeugen, ob die Schüler auch das begriffen haben, was ihnen durch mündliche Eröffnung oder durch Textvorlage dargeboten worden ist (etwa wenn von Bismarcks »Blut- und Eisenpolitik«, vom Abstimmungsmodus »Hammelsprung« usw. die Rede ist).

Erklärenkönnen setzt beim Lehrer Sachkompetenz, ja gediegene Kenntnis im Detail, voraus. Er muß sich von dem zu Erläuternden zuvor selbst einen Begriff gemacht haben. Hinzu kommen muß die Fähigkeit der Mitteilung. »Das Erklärenkönnen ... erfordert ein Sichhineinversetzen in die Lage des Unwissenden ...; es stellt eine kaum analysierbare Kombination des Selbstwissens mit der Vergegenwärtigung dessen dar, was der andere noch nicht weiß« (Guyer [4]1964, S. 342).

Bei *sprachlicher Erklärung* wird die Bedeutung von Begriffen häufig durch die etymologische Ableitung einsehbar (Äquator von lat. aequus – gleich, waagerecht; Gnade von mhd. genâde = Niederneigung, verzeihende Geste usw.). Nicht selten müssen fremdsprachliche Bezeichnungen (z. B. Netto, Oktogon, Entente cordiale) übersetzt werden.

Bei der *Sacherklärung*, die sich auf Dinge und Vorgänge erstreckt, wird der Lehrer *Anschauungsmittel* zu Hilfe nehmen; an verbalen Möglichkeiten stehen ihm u. a. Umschreibungen, Exempel und Vergleiche zur Verfügung.

Unsere Andeutungen haben bereits erkennen lassen: »Den Schülern Sachverhalte zu erklären, ist eine der zentralen Aufgaben des Lehrers« (Becker u. a. [2]1980, S. 225). In einem auf die Schüler bezogenen Unterricht wird der Lehrer fragen, ob nicht einer von ihnen das anstehende Problem erklären kann; zum mindesten könnten sie an der Suche nach einer Erklärung beteiligt werden.

23. Die Lehrerfrage im Unterricht

23.1 Zur Geschichte des Frageunterrichts

Der Frageunterricht zählt – wie der Impuls- und der Gesprächsunterricht – zu den Formen der »Gemeinsamen Erarbeitung«. »Seit *Sokrates* und den Tagen der Sophisten ist man sich der Tatsache bewußt, daß das Bildungsverfahren in der Anwendung der ›heuristischen Lehrformen‹ seine höchsten Leistungen vollbringt« (Eggersdorfer [7]1961, S. 413). Die Lehrerfrage im Unterricht hat in den letzten Jahrhunderten eine wechselvolle Entwicklung durchgemacht (s. Bloch 1969). Die Aufklärungsbewegung (vgl. I. Kant: Sapere aude! [Wage, dich deines Verstandes zu bedienen!]) ist es schließlich gewesen, die der fragenden Lehrform im 18. Jahrhundert zur Einbürgerung in den Schulen verholfen hat. Man entdeckte den erkenntnisfördernden Sinn des Fragens wieder (»sokratische Methode«). Zukünftig sollte der Lehrer nicht bloß

vortragen und abfragen, sondern den neuen Lehrstoff mit Hilfe von Fragen »entwickeln«, was voraussetzt, daß er die zu lehrenden Gegenstände in eine dialogische Form umzusetzen versteht. Die Schüler sollten angeleitet werden, Erkenntnisse durch Schlußfolgerungen und Verallgemeinerung selbst zu finden, wodurch zugleich das Verstehen des Gelernten gefördert wird. Diese Tatsache bedeutete seinerzeit eine revolutionierende Wende von der monologischen zur *dialogischen Lehrform.* Sofern die Lehrerfrage im Unterricht dominiert und den Stil des Lehr-Lernprozesses determiniert, sprechen wir von *Frageunterricht.*
Im 18. und 19. Jahrhundert haben die Didaktiker die Lehrerfrage zu einer Fragetechnik weiterentwickelt; A. Diesterweg bezeichnete 1835 die fragend-entwickelnde Lehrweise als »die Krone der Lehrgeschicklichkeit« (1958, S. 115). Nicht selten jedoch pervertierte der Frageunterricht zu einem geistarmen Frage-Antwort-Mechanismus, wie er z. B. in Chr. G. Salzmanns »Ameisenbüchlein« von 1806 bei der »Betrachtung eines Kanarienvogels« nachzuweisen ist.
Derartige Auswüchse des »entwickelnden Unterrichts« sind zu Beginn unseres Jahrhunderts mit Recht angegriffen worden. So nannte Hugo Gaudig die Lehrerfrage »das fragwürdigste Mittel der Geistesbildung«, »den ärgsten Feind der *Selbsttätigkeit*«. Ja, übertreibend formulierte er: »An eine Gesundung unseres deutschen Schulwesens vermag ich nicht eher zu glauben, ehe nicht der Despotismus der Frage gebrochen ist« (1909, S. 13 u. 14). Erst in der zweiten Hälfte des 20. Jahrhunderts hat H. Aebli zur Versachlichung des Streites um die Lehrerfrage beigetragen ([9]1976).
Jede Errungenschaft muß auf der Höhe ihrer Zeit bewertet werden. Dies gilt auch vom fragend-entwickelnden Unterricht, der zweifellos die Schüler zu größerer Aufmerksamkeit und zu mehr Mitdenken zu veranlassen vermag als die älteren, rein darstellenden Verfahren.
Der Frageunterricht dürfte heute der Vergangenheit angehören, nicht jedoch die *Lehrerfrage* als Denkanstoß im Lehr-Lernprozeß.

23.2 Kennzeichnung der Frage

Man hat den Menschen ein fragendes Wesen genannt (Straus 1953). Es fragt das Kind, es fragt der Erwachsene. Philosophie und Wissenschaft heben mit dem Fragen an, das seinerseits aus Staunen und Mangel an Wissen hervorgeht. Das Fragen und die Frage sind eine Urgegebenheit des Menschen, ein irreduzibles Grundphänomen. »Wir können *einzelne* Fragen tun, weil wir im *Grunde unseres Wesens* Fragende sind« (Straus 1953, S. 139). D. Spanhel weist darauf hin, daß »die Frage als Sprachform von ihrer syntaktischen Struktur her eindeutig festgelegt und jederzeit zu erkennen ist« (1971, S. 145).
In vielfältiger Weise ist versucht worden, das *Wesen der Frage* zu bestimmen; wir können an dieser Stelle die philosophische Dimension nicht ausloten. H. Schiefele versteht unter Frage »jede Form sprachlicher Aufforderung, einen Sachverhalt

denkend anzugehen« (1969, S. 59). Klar und überzeugend hat W. Reyer die Struktur der Frage dargelegt. Er definiert: »Fragen sind lückenhafte Hinweise auf Gegenstände und Antriebe, das, was sie lückenhaft lassen, sachgemäß auszufüllen« (^{2}1954, S. 112). Der sprachlich vermittelte Hinweis auf etwas Gesuchtes enthält stets einen imperativen Faktor, insofern er zur Antwort nötigt. A. Petzelt formuliert: »Wer im Hinblick auf einen Gegenstand fragt, will dessen Eindeutigkeit als Objekt. Er ringt um Erkenntnis« (1947, S. 202).
Bei der Frage kann man in deskriptiver Absicht das Fragedatum, den Fragepunkt und die Frageergänzung unterscheiden. Jede Frage enthält – n. W. Reyer – eine Angabe, die den Gegenstand bezeichnet: das *Fragedatum*. Es hebt den Gegenstand nicht in seiner Fülle hervor, sondern weist nur auf ihn hin, so daß klar wird, welcher Gegenstand gemeint ist. Dennoch wird in diesem Teil der Frage eine Behauptung ausgesprochen. Bei der Frage »Wann regierte Adenauer?« muß über die Existenz Adenauers zwischen Fragendem und Befragtem bereits Klarheit bestehen. – Mit dem verbal gegebenen Hinweis verbindet sich eine besondere Zuwendung zum Gegenstand. Die Frage lenkt die Aufmerksamkeit auf gewisse Bestände, die der Gegenstand in sich birgt. Die in der Frage angegebene Richtung auf gegenständliche Inhalte, die bestimmt werden sollen, ist der *Fragepunkt* (auch »Fragemoment«). Der Fragepunkt ist das, worauf sich die Frage besonders richtet; er ist das Wichtigste für die Beantwortung. – Das Fragedatum und der Fragepunkt nötigen den Befragten, über den Gegenstand nachzudenken und als Resultat die Antwort, nämlich die *Frageergänzung*, zu finden. Der Fragesatz enthält im allgemeinen alle Wörter der Antwort bis auf eines, das dem Fragewort entspricht.

In psychologischer Kennzeichnung hat J. K. Kreibig beim Fragevorgang drei Stadien unterschieden:
- das Nativum (= die Bewußtseinslage bei Entstehung der Frage)
- das Rogativum (= die Willensaktion des Fragens)
- das Responsivum (= das die Regung des Wissenwollens zur Erfüllung und zum Verschwinden bringende Erlebnis) (1914, S. 162).

»Jede Frage ist demnach eine mehr oder weniger umfassende Aufgabe, die dem Bewußtsein des Befragten gestellt wird« (Reyer ^{2}1954, S. 113). Das in einem Fragesatz unvollständig vorliegende Urteil wird durch die Antwort komplettiert. Im allgemeinen erwartet der Fragende die Antwort von einer anderen Person, dem Gefragten, er kann sie aber auch selbst herbeizuführen versuchen. Bei jeder echten Frage liegt das fundamentale Verlangen vor, etwas zu erfahren, was man noch nicht weiß oder über das man noch im unklaren ist.
Zusammenfassend läßt sich sagen: »In jeder Frage steckt eine Anregung zum Denken mit der Aufforderung, über den Denkverlauf durch eine Antwort Rechenschaft zu geben« (Tille ^{2}1958, S. 50).

23.3 Die didaktische Funktion der Lehrerfrage

Aus der Geschichte der Didaktik wissen wir, daß die Lehrerfrage zunächst zum favorisierten, später zum umstrittenen »Lehrgriff« (Dolch) im Unterricht wurde. Insbesondere hat die Reformpädagogik die Frage des Lehrers stark in Zweifel gezogen: »Die Frageform ist eine künstliche Form der Erregung geistiger Energie; eine Schulform, die das *Leben* so gut wie gar nicht kennt. Im Leben wird man nicht von jemand gefragt, der uns das wissen lassen will, was er weiß, sondern wenn man uns fragt, so will der Fragende von uns das wissen, was er nicht weiß« (Gaudig 1909, S. 14). Wir wissen heute, daß die Frage nicht nur den Zweck der Erkundigung verfolgt, sondern auch in den Dienst didaktischer Intentionen treten kann. »Frage ist nicht nur Ausdruck des Nichtwissens, sondern positiv: meinendes Ansprechen gesuchter Sachverhalte. Richtig gestellte Fragen führen sachlich und gedanklich weiter; ja das Fragen ist ein Grundbaustein des Erkennens« (Hehlmann [6]1960, S. 154). Ähnlich heißt es bei W. Reyer: Die Frage ist »ein Denkantrieb besonderer Art« ([2]1954, S. 112).

Den Unterschied zwischen *Erkundigungsfrage* und *didaktischer Frage* hat H. Aebli herausgearbeitet, dem wir hier in seinen wichtigsten Passagen folgen wollen. Er bezeichnet Gaudigs Auffassung als einen »Trugschluß«. »Der Lehrer, der eine Frage stellt, täuscht nicht vor, etwas nicht zu wissen, was er ganz genau weiß, und er fordert den Schüler nicht auf, über etwas Auskunft zu geben, das ihm unbekannt ist. Er fordert ihn ganz einfach auf, einen vorliegenden Gegenstand unter einem bestimmten Gesichtspunkt zu betrachten. Die Frage ›Wie viele‹ schlägt dem Schüler vor, den Gegenstand unter dem Gesichtspunkt der Anzahl zu betrachten, die Frage ›Wo‹ läßt ihn den Gegenstand auf seine Lage untersuchen, die Frage ›Warum‹ schlägt die kausale Betrachtungsweise einer Erscheinung vor usw.« ([9]1976, S. 218). Nach seiner Beurteilung schafft das fragend-entwickelnde Unterrichtsverfahren durchaus eine natürliche Erkenntnissituation: »Der Lehrer sieht den Schüler vor dem neuen Gegenstand. Er weiß, was es daran festzustellen gibt. Aber nicht nur das. Als Pädagoge weiß er auch, auf welche Weise der Schüler diese Erkenntnis selber gewinnen kann. Er teilt ihm daher nicht das fertige Ergebnis mit, sondern leitet ihn zum Vollzug der Erkenntnisakte, zur Anwendung der Auffassungstätigkeiten und Gesichtspunkte an, von denen er weiß, daß sie zum gewünschten Ergebnis führen. Die Antwort des Schülers zeigt ihm, ob er den Erkenntnisakt richtig durchgeführt hat« ([9]1976, S. 219). H. Aebli gelangt zu dem Ergebnis: »Die didaktische Frage ist damit als eines der wichtigsten Mittel der Leitung der geistigen Arbeit des Schülers erwiesen« (Aebli [9]1976, S. 219). W. Reyer schreibt nur jenen Fragen einen Bildungswert zu, die als echte Verstandesfragen die Schüler zum Nachdenken über einen Sachverhalt anregen.

Auf eine Besonderheit in unserem sachlichen Kontext macht G. Simmel aufmerksam. »Nun muß man freilich sagen: Die Frage als solche geht ja nicht darauf, wann die Schlacht bei Mühlberg war, sondern darauf, ob der Schüler *weiß*, wann sie war.

Wollte man ihren Sinn genau ausdrücken, so dürfte man nicht fragen: Wann war die Schlacht bei Mühlberg? sondern: Weißt du, wann die Schlacht bei Mühlberg war?« (1922, S. 64). Bei didaktisch gemeinten Fragen müßte man sich also immer die Worte »Weißt du?« bzw. »Wissen Sie?« vorangestellt denken.

Daß der Lehrer sich den Sachgehalt der Frage selber beantworten kann, ist dem Schüler durchaus bekannt. »Er weiß so gut wie der Lehrer, daß er durch die Fragen solcher Art zur Klarheit über einen Begriff, zur Erkenntnis eines Wissensgebietes, zur Durchdringung eines geistigen Zusammenhanges geführt werden soll« (Münch 1952, S. 112).

Im Sinne der Vertiefung unserer Fragestellung kann man mit G. Schindler sagen: »Der Lehrer muß sich darüber klar sein, daß nicht er die Frage stellt, sondern daß es in Wirklichkeit das Bildungsgut ist, von dem die Frage gestellt wird« ([2]1956, S. 264) (im Original gesperrt!). Der Lehrer handelt hier nicht aus eigener Machtvollkommenheit; er ist nur Sprachrohr der Sache. Man könnte sagen: Es fragt in ihm. »Die Lehrerfrage stiftet stellvertretend eine bestimmte Beziehung zwischen Schüler und Gegenstand. Ziel dieser Frage ist aber letztlich die Frageautonomie des Schülers« (Schiefele 1971, S. 94).

Indem unsere Erörterung bis zu diesem Punkt gelangt ist, tangiert sie das moderne Verständnis von Bildung, für das die Fragefähigkeit des Menschen ein bedeutendes Kriterium geistiger Regsamkeit ist und die Erziehung des Schülers zu einem fragenden Menschen zum pädagogischen Ziel wird. »Wer nicht wissen will, fragt nicht. Wer nicht fragt, kommt nicht zu Wissen« (Schiefele 1971, S. 92). In ähnlicher Weise betont O. Kampmüller, »daß Neugierde nichts anderes ist, als der Umwelt mit Fragen zu begegnen, Bildung nichts anderes als Fragehaltung zu bewahren, Unterricht nichts anderes als den Schüler immer wieder zu Fragen zu ermuntern« (1971, S. 443).

23.4 Arten der Lehrerfrage

Dem Lehrer stehen in seinem Unterricht mehrere Arten von Fragen zur Verfügung, die jeweils ihre besondere Bestimmung haben. Verschiedene Einteilungen sind möglich.

23.4.1 Unterscheidung nach der logischen Beschaffenheit

Hinsichtlich des intendierten Inhalts und der ihm entsprechenden logisch-sprachlichen Qualität sind die im Unterricht vorkommenden Fragen entweder *Ergänzungsfragen* oder *Entscheidungsfragen.*

– *Ergänzungsfragen* (auch Bestimmungsfragen) fordern die nähere Bestimmung oder Ergänzung eines Urteils.

Die Ergänzungsfragen beginnen mit einem Fragepronomen. Da diese im Deutschen mit einem »W« anfangen, nennt man sie W-Fragen. »Die Ergänzungsfrage stellt ... einen lückenhaften, blankettartigen Wissenskomplex dar, von dem mindestens ein erst noch auszufüllendes Bestimmungsstück fehlt, das durch das Fragewort (Wer, Was, Wo, Wann, Wieviel?) kategorial gekennzeichnet ist« (Rieder 1968, S. 21f.).

– *Entscheidungsfragen* (auch Alternativfragen) fordern eine Entscheidung oder Wahl zwischen einem Ja oder Nein. Sie enthalten eine Behauptung, über deren Gültigkeit entschieden werden soll. Diese Fragen werden ohne Fragewort eingeleitet; an ihre Spitze tritt ein Verb oder ein Hilfsverb (daher auch »Verbalfragen«). Bei indirekter Rede steht das Einleitungswort »ob«.
Sofern mit Ja oder Nein geantwortet wird, sollte der Lehrer eine Begründung der Entscheidung erbitten, da die richtige Antwort zu 50% erraten sein kann.
Ergänzungsfragen sind wertvoller als Entscheidungsfragen, weil sie den Schüler zu größerer geistiger und sprachlicher Aktivität herausfordern.

23.4.2 Unterscheidung nach dem didaktischen Zweck

Je nach der Absicht der Lehrerfrage lassen sich Zergliederungsfragen, Entwicklungsfragen, Prüfungsfragen und Wiederholungsfragen voneinander abheben.

– »*Zergliederungsfragen* sind solche Fragen, die den Unterrichtsstoff in seine Einzelteile zerlegen, um so dem Schüler das Verständnis und die Aneignung zu erleichtern« (Bloch 1969, S. 7). Als »katechetische« Fragen haben sie insbesondere die Aufgabe der Erläuterung von Texten und Gedankenganzen.

– *Entwicklungsfragen* »wendet man an, wenn man das Kind zu einer neuen Erkenntnis führen will. Vom Bekannten geht man aus, und durch geschickte Wendungen leitet man das Kind allmählich auf das Unbekannte hin« (Seyfert [7]1949, S. 100). Man spricht auch von »heuristischen« Fragen. Im allgemeinen wird ein logischer Prozeß (z. B. Satz des Pythagoras) verfolgt.

– *Wiederholungsfragen* rufen Gelerntes und Behaltenes ins Bewußtsein zurück; sie sollen gespeichertes Wissen mobilisieren.

– *Prüfungsfragen* (auch Kontrollfragen) bezwecken die Feststellung des Wissensstandes und der Urteilsfähigkeit. Man kann sie in Wissens- und Denkfragen einteilen. Sie geben Auskunft sowohl über die Lernleistung des Schülers als auch über den Lehrerfolg des Lehrers.
Becker u. a. unterscheiden Lehrerfragen mit einer motivationalen, einer aktualisierenden, einer steuernden, einer klärenden, einer organisierenden und mit einer kontrollierenden Funktion ([2]1980, S. 100f.).

23.4.3 *Unterscheidung nach der Echtheit der Frage*

In jedem Unterricht gibt es unter dem Gesichtspunkt des Wissensbegehrens wirkliche Fragen und Scheinfragen.

»Wirkliche Fragen« (auch »echte« Fragen) sind solche, bei denen der Lehrer etwas vom Schüler wissen möchte, was er nicht weiß. So schickt er etwa seinem Unterricht eine Reihe von erschließenden Fragen voraus, die ihn darüber informieren sollen, mit welchen Kenntnissen, Erfahrungen, Erlebnissen und Vorstellungen er als »Apperzeptionshilfen« rechnen kann. Beispiel: »Wer von euch hat schon das Gezeitenkraftwerk in St. Malo gesehen?«
Solche »Erkundungsfragen« sind echte Lehrerfragen. Sie können zu jeder Zeit im Unterricht gestellt werden, z. B.: »Woher hast du diese Statistik?«
Durch Fragen dieser Art will der Lehrer wirklich etwas Neues vom Schüler erfahren; sie stechen übrigens durch ihre Natürlichkeit auffallend gegenüber den (üblichen) »Schulfragen« ab.

Scheinfragen (auch »fiktive« Fragen) sind die meisten Lehrerfragen, sofern es um den Sachgehalt der Erkundigung geht; denn der Fragende ist ja selbst im Besitz der Antwort. Anders sieht es aus, wenn wir die didaktische Funktion der Lehrerfrage ins Auge fassen.
Weitere Untergruppen sind hier die rhetorischen Fragen, die Suggestivfragen sowie die Rätsel- und Scherzfragen.
Abschließend läßt sich sagen: »Das Wichtigste am entwickelnden Unterricht, am Impulsunterricht und im Gespräch ist die *Pause,* in der weder der Lehrer noch die Kinder reden. Hier geschieht das Eigentliche: das Nachdenken über das in der Frage enthaltene Problem« (Jannasch/Joppich [5]1964, S. 81). Es erfolgt hier die Suche nach dem Fragepunkt, wenn etwa die Frage gestellt wird: »Wieviele Staaten durchfließt bzw. berührt die Donau in ihrem Lauf?« Zwischen jeder Frage und ihrer Antwort soll genügend »Zeit zum Auffassen der Frage . . ., zum Nachdenken, zum Formulieren einer Antwort und zum Artikulieren eines Beitrags« (Becker u. a. [2]1980, S. 104f.) liegen: Antworten sind erst dann entgegenzunehmen, wenn die Gewähr gegeben ist, daß sie genügend überlegt worden sind.
Es gehört einige Erfahrung dazu, um zu spüren, wie lange die Spannung einer Frage anhält. Manche Lehrer fürchten die Pausen und füllen sie mit unnötigen Wiederholungen ihrer Frage und anderen Reden (vermeintlichen Hilfen!) aus. Zu rasches Aufrufen wiederum verleitet die Schüler zum Raten. Durch zu lange Denkpausen kann allerdings der Unterrichtsgang verschleppt werden. Man soll auf eine Antwort nicht endlos warten: Sie kann u. U. ja ausbleiben.
Jeder Lehranfänger muß das richtige Fragen lernen und sich darin üben. »In der Beherrschung einer einwandfreien Fragetechnik, ja ›*Fragekunst*‹ liegt eine der wesentlichen Voraussetzungen des guten Unterrichts« (Stöcker [6]1960, S. 135).

24. Impulsgebung im Unterricht

24.1 Impuls und Impulsunterricht

Je mehr man die Grenzen des Frageunterrichts erkannte, um so mehr suchte man nach anderen Formen gedanklicher Lenkung. Die Didaktiker der Arbeitsschulbewegung (z. B. H. Gaudig) haben an die Stelle der Lehrerfrage den »Unterrichtsimpuls« als elastischeres Mittel der Unterrichtsführung gesetzt. Der *Impuls* (von lat. impulsus = Anstoß, Stoß; Antrieb, Anregung) zählt als didaktischer Begriff zu den methodischen Kleintechniken des Lehrers, zu den Skills (Grell [9]1979). Gleichsinnig steht für Impuls auch »Denkanstoß«, zuweilen auch »Lehreraufforderung«. Chr. Salzmann formuliert: »Impulse dienen . . . der Realisierung von Aufgaben, indem sie helfen, die kindliche Aktivität in Gang zu setzen, anzutreiben und zu steuern« (1969, S. 24). Als methodische Kunstgriffe verfolgen sie das Ziel, den Schüler zum Weiterdenken, zum Stellungnehmen und zum Werten zu veranlassen. »Impulse als Lernanreize lassen sich einerseits unter lern- und motivationspsychologischen Gesichtspunkten erläutern, soweit es um ihre motivationale Funktion geht; andererseits lassen sie sich auch unter denkpsychologischen Gesichtspunkten sehen, soweit es um ihre steuernde Funktion im Lernprozeß geht« (Aschersleben [3]1979, S. 49). Der Lehrerimpuls ist hinsichtlich seiner Formulierung nicht so zugespitzt wie die Frage; er ist mehr allgemeiner, formaler Natur. Er wirkt außerdem nicht so examenhaft wie eine Frage, lockert vielmehr den Unterricht auf und begünstigt ein partnerschaftliches Verhältnis zwischen Lehrer und Schülern.
Sofern Impulse den Unterrichtsstil prägen und nicht nur punktuell als »Lehrgriff« eingesetzt werden, können wir von *Impulsunterricht* sprechen. Reinen Impulsunterricht dürfte es heute in den Schulen kaum geben; Lehrerimpulse begegnen uns hauptsächlich als »Hilfen zur Weiterführung des Unterrichtsgesprächs« (Köck 1972, S. 40).

24.2 Arten von Unterrichtsimpulsen

Chr. Salzmann spricht von der Medialität des Impulses und versteht darunter: »Jeder Impuls bedarf eines Mediums, einer Ausdrucksform, in der er wirksam werden kann« (1969, S. 39). Je nachdem, ob der Anstoß zum Nachdenken durch das Mittel der Sprache oder allein durch Mimik, Gestik und Sprechpausen ausgelöst wird, kann man sprachliche (verbale) und nicht-sprachliche (inverbale) Lehrerimpulse unterscheiden. *Sprachliche Impulse* können auftreten als:

- *Imperativ* (z. B.: Beschreibe! Beobachtet! Go on! Begründen Sie!)
- *allgemeine Äußerung* (z. B.: Interessant! Weiter!). Als Konjunktion (Dann! Und!) sind sie der Floskel nahe.

- Einspruch (z. B.: Das glaube ich nicht! Da bin ich anderer Meinung!). Mit seinem Widerspruch will der Lehrer die Schüler zu Aussagen bewegen. Seine Behauptung ist als Lehrhilfe, nicht als Tadel gedacht.
- *Wiederholung.* In diesem Falle liegt in der Betonung des Rekapitulierten eine Aufforderung zur Stellungnahme (z. B.: Sch: Die EG-Staaten räumen sich gegenseitig Präferenzzölle ein. L: »*Präferenzzölle*« sagst du).

Zu den *nicht-sprachlichen Impulsen* ist zu sagen: Die Gesten des Lehrers können nicht nur eine sprachunterstützende, sondern auch eine sprachersetzende Funktion haben. Folgende inverbale Kommunikationshilfen sind im Unterricht möglich:

- *Mimische Impulse:* Ein zustimmender Blick des Lehrers kann einen Schüler zu weiteren Beiträgen ermutigen; ein nachdenkliches Gesicht veranlaßt ihn zur Einschränkung seiner Rede. Die Gebärdensprache (z. B. auch Schulter-, Kopf- und Armbewegung) kennt vielerlei Ausdrucksbekundungen der Zustimmung, Ablehnung, des Zweifels, der Aneiferung, der Beschwichtigung usw., die der Lehrer dosiert nutzen sollte.
- *Sprechpause:* Hierher gehört das Schweigen des Lehrers zum Zwecke der Aufgabenbewältigung: das Innehalten im Anschluß an eine Schüleräußerung als Signal dafür, daß das Mitgeteilte noch unbefriedigend ist.
- *Mediale Impulse* (i. e. S.): Bei dieser Form inverbaler Impulse erfolgt eine stumme Konfrontation der Schüler mit einem Gegenstand. Im einzelnen kommen in Betracht: die Präsentation eines interesseweckenden Modells (z. B. eines Telluriums), die Demonstration eines Versuches (z. B. Säurenachweis durch Lackmuspapier), wortloses Deuten auf eine Einzelheit auf einem Bild (bzw. einer Karte) usw. Ein derartiger Vor-wurf sollte nach Möglichkeit ein Überraschungsmoment in sich bergen. Grundsätzlich kommen hier sämtliche Lehrmaterialien in Betracht, seien sie auditiver oder visueller Natur. In allen diesen Fällen geht die Gedankenanregung von einem »Reizgegenstand« aus, der unausgesprochen die Aufforderung enthält, das Offerierte im Hinblick auf die gestellte Aufgabe, auf das anstehende Problem, auszulegen: Vergleiche anzustellen, Begründungen zu suchen usw.

Die von uns aufgezeigten verbalen und inverbalen Impulse sind je nach der didaktischen Absicht und der Unterrichtssituation zu verwenden.

24.3 Didaktische Bedeutung von Impuls und Frage

An dieser Stelle soll ein Wort zu Identität und Differenz von Lehrerfrage und Lehrerimpuls gesagt werden. Die spezifische Leistungsfähigkeit beider Lehrgriffe als Mittel gedanklicher Fortbewegung soll im folgenden anhand einiger Punkte aufgezeigt werden:

– *Art und Ausmaß der Denkanregung*
Während die Lehrerfrage, insbesondere die Fragenkette, das Denken des Schülers auf eine Denklinie festlegt, eröffnet der Impuls ein ganzes Denkfeld für mögliche Äußerungen. Der Schüler muß hier selbständig an ein Problem herangehen. Der »Denkanstoß« dürfte seine größeren Möglichkeiten im Bereich des divergenten Denkens (Guilford) haben. »Zur Auslösung konvergenter Denkvorgänge ist ein feststellender Denkanstoß wenig geeignet« (Grell [9]1979, S. 193).

– *die sprachliche Situation*
Bei der Lehrerfrage erfolgt die Entgegnung häufig nur mit einem einzigen Wort. Selbst bei einem Antworten im ganzen Satz bleibt der Satzplan vom Lehrer vorgegeben. Bei der Impulsgebung ist dagegen der Schüler zur freien Formulierung seiner Absichten gezwungen. Ein kurzer Anstoß kann u. U. längere Äußerungen hervorrufen.

– *materialer Aussagegehalt*
In semantischer Hinsicht konkurrieren beide Skills. »Vom Inhalt her gesehen, gibt es überhaupt keinen Unterschied. Jede Frage kann unmittelbar in eine Aufforderung umgesetzt werden, und umgekehrt . . . Statt zu fragen »Warum?« kann der Lehrer auffordern »Sucht Gründe!« . . . Die Hilfe, die wir dem Schüler anbieten, indem wir ihm eine Frage statt einer Aufforderung oder umgekehrt, geben, ist also, sachlich gesehen, genau die gleiche« (Aebli [9]1976, S. 220). Impulse sind häufig verkappte Lehrerfragen. Das Verstehen einer (zumal schwierigen) Frage ist bereits eine Leistung.

– *Unvertauschbarkeit*
Die Lehrerfrage ist als Wiederholungs- und Prüfungsfrage unersetzbar, weil sie einen Sachverhalt präziser als ein »Denkanstoß« anzusprechen vermag. Impulse eignen sich mehr zur Mobilisierung von bereits Erkanntem als zur Neufindung von Einsichten; sie sind zuweilen stärker verlaufssteuernd als denkvertiefend.

Abschließend kann festgestellt werden: Lehrerfragen müssen nicht »schlecht«, Impulse nicht »gut« sein. Wie es treffend formulierte Fragen gibt, so auch leere, richtungslose und floskelhafte Lehrimpulse. Beide Lenkungsinstrumente haben ihre spezifischen Möglichkeiten und sollten daher in der Unterrichtsgestaltung nebeneinander Verwendung finden. Ihre Gemeinsamkeit liegt darin, daß sie die gedankliche Tätigkeit der Schüler anzuregen und fortzubewegen vermögen. Bei beiden Lehrweisen wird der Unterricht vom Lehrer geleitet und gefördert.

24.4 Schülerantwort und Schülerfrage

24.4.1 Die Schülerantwort

Auf jede Frage (bzw. auf jeden Impuls) des Lehrers erwartet er ein »Gegenwort« des Schülers, das in engster Verbindung zu Art und Sinngehalt der didaktisch gemeinten Ansprache steht. Die Schülerantwort ist das Pendant und die Ergänzung zur Lehrerfrage; sie legt Zeugnis ab vom Nachdenken. Die Antwort entspricht im allgemeinen der Lehrerfrage: Auf einen unklaren Denkanstoß wird kaum eine präzise Antwort zu erwarten sein; umgekehrt geben deutliche, sachlich und sprachlich einwandfreie Fragen noch am ehesten die Gewähr dafür, daß Schüler richtig entgegnen können.

Von den Antworten ist zu fordern, daß sie die Lösung der in der Frage gestellten Aufgabe enthalten. Die Antwort ermöglicht die Feststellung von Kenntnissen, der Denkfähigkeit (u. a. Beurteilungsfähigkeit, Unterscheidungsvermögen, Abstraktion, Kritikfähigkeit, Transfer), von Problemlösungsverhalten und immer auch der Sprachfertigkeit (z. B. verbalisieren, problematisieren, argumentieren können). Die Schülerantwort muß ebenso wie die Lehrerfrage nach Form und Gehalt richtig sein; sie ist dann sachlich zutreffend, wenn sie logisch auf das in der Frage enthaltene Problem eingeht. Die Antwort soll sich denknotwendig an die Frage anschließen, wenn sie auch nicht deren genauen Wortlaut zu übernehmen braucht. »Wer antwortet, muß sich verantworten« (Petzelt 1947, S. 62).
Wie es vom Gegenstand her richtige und falsche Fragen gibt, so ist auch eine entsprechende Einstufung der Antworten möglich. Bei definitem Wissen ist die Bewertung einer Antwort als »richtig« oder »falsch« unproblematisch.
Hinsichtlich der Schülerantworten ergeben sich u. E. vier Möglichkeiten: Die Antwort kann sachlich richtig, teilweise richtig, unrichtig sein oder ganz ausbleiben. Man kann kurz, ausführlich, begründend und ausweichend antworten.
Auf die Beteiligung am Unterricht sowie auf die Motivation der Lernenden wirkt sich die Tatsache negativ aus, daß nach N. A. Flanders Lehrer kaum auf die Äußerungen ihrer Schüler eingehen. Nach seinen empirischen Befunden sind nur 3 bis 9% der Lehreräußerungen im Unterricht als Reaktionen auf die Beiträge der Schüler zu verstehen; »their ideas are not dealt with adequately« (1970, S. 13). Ein Teil dieser Reaktionen ist übrigens punitiv. Dabei werden Beiträge von Schülern mit hohem Leistungsniveau häufiger und auch wohlwollender entgegengenommen als Antworten von Leistungsschwachen (vgl. Brophy/Good 1976, S. 294ff.). Auf diese Weise gibt es kaum eine Kommunikation zwischen Lehrer und schwachen Schülern. Becker u. a. haben einige Teaching-skills aufgelistet, wie Lehrer Schülerbeiträge positiv würdigen können ([2]1980, S. 113ff.).

24.4.2 Die Schülerfrage

Jahrhundertelang hat sich uneingeschränkt die Situation durchgehalten, daß der Lehrer fragt und der Schüler zu antworten hat. Neuere Unterrichtsbestrebungen haben diese Selbstverständlichkeit in Zweifel gezogen: Die moderne Schule kennt auch den fragenden *Schüler.* A. Petzelt sagt: »Schüler sein wollen und fragen müssen ist eines und dasselbe« (1947, S. 221) (im Original gesperrt!). Wissenwollen ist ein Wesenszug des Lernenden; es muß ihm zur Selbstverständlichkeit werden, nach dem zu fragen, was er nicht weiß.

In diesem Punkt scheinen allerdings Theorie und Praxis auseinanderzuklaffen. Was die Quantität von Fragen der Schüler im Unterricht betrifft, so stehen sie in einem klaren Mißverhältnis zur Frageomnipotenz des Lehrers. R. Tausch und A.-M. Tausch kommen aufgrund minutiöser empirischer Erhebungen zu dem Resultat: »Bei durchschnittlich 30 Schülern je Klasse und 5 Unterrichtsstunden täglich stellt somit ein Schüler durchschnittlich jeden dritten Tag eine Frage an den Lehrer, während der Lehrer innerhalb von 3 Schultagen über 800 Fragen an alle Schüler der Klasse richtet. In 30% der untersuchten Unterrichtsstunden wurde *keine* Schülerfrage registriert« (^{5}1970, S. 210).

Der Lehrer sollte durch die Art seiner Unterrichtsgestaltung zu Schülerinitiativen ermutigen, Schülerfragen aufgreifen, verstärken und nach Möglichkeit seinen Gedankengang daran anschließen. Auf diese Weise zeigt er, daß ihm die Mitarbeit der Schüler wirklich ernst ist und er auf ihren Gesprächsbeitrag Wert legt. »Fragen werden vermehrt in einer angstfreien, akzeptierenden Atmosphäre gestellt« (Becker u. a. ^{2}1980, S. 234). Da der Anreiz zur *Schülerfrage* von der Sache ausgehen soll, muß der Unterricht problemhaltig sein. Schülerfragen müssen einem echten Nichtwissen mit aufrichtigem Antwortbegehren entspringen. Abzulehnen ist ein Fragen um des Fragens willen und ein Fragen dem Lehrer zuliebe. Der Lehrer muß sich »hüten, sich durch Schülerfragen vom gesetzten Lernziel abbringen zu lassen. Dies geschieht häufig, wenn der Unterricht nicht vorbereitet ist, oder man gerne über persönliche Liebhabereien oder Probleme spricht« (Dubs 1978, S. 90).

25. Gespräch im Unterricht

25.1 Gespräch und Gesprächsunterricht

Eine weit ausholende Betrachtung hätte mit der Herausstellung der Bedeutung von Sprache und *Gespräch* für die menschliche Existenz zu beginnen. Ein Gespräch besteht aus Rede und Gegenrede; mindestens zwei Gesprächspartner tauschen ihre Gedanken und Ansichten aus. Das Gespräch unterscheidet sich durch einen höheren

Grad von Ernsthaftigkeit von der Unterhaltung und erst recht von Plauderei, Gerede u. ä. Es hat eine vergleichsweise engere Beziehung zu Konversation, Diskussion, Debatte (s. Rössner 1967), Disputation, Dialog und Kolloquium als Formen des Miteinander-Sprechens.

»Ein Gespräch kann nur zustande kommen, wenn alle Teilnehmer willens sind, sich gegenseitig in der Erkenntnis zu fördern. Verschiedenheit der Meinungen, der Erfahrungen und des jeweiligen Erkenntnisstandes sind bewegende Momente; aber Meinungen durchzusetzen und zu überreden, widerspricht seinem Wesen. Das Gespräch hat Partner, womit recht ausdrücklich gesagt ist, daß prinzipielle Gleichrangigkeit unter allen Teilnehmern besteht« (Odenbach [4]1970, S. 50). Die Gesprächspartner müssen aufeinander hören und das von einzelnen Sprechern Gesagte in ihren Äußerungen berücksichtigen.

Das *Gespräch als Unterrichtsform* ist entstanden, indem man die im Leben vorkommende Kommunikationsweise »Gespräch« in die Schule übernommen hat. Einige Autoren haben auf die unglückliche Wortkombination in dem Begriff »Unterrichts-Gespräch« hinweisen wollen: Die Freiheit der Thematik, die Offenheit der Situation und die grundsätzliche Gleichrangigkeit der Partner beim »echten« Gespräch sei unverträglich mit der inhaltlichen Bindung, der Intentionalität und dem sozialen Gefälle von Lehrer und Schüler beim Unterricht. Man wird u. E. der Besonderheit von Unterrichtsgespräch in didaktischer Argumentation nur gerecht, wenn man das Gespräch im Unterricht als positive Weiterentwicklung des unbefriedigenden und als vorläufig zu erachtenden Frage- und Impulsunterrichts sieht und wenn man bedenkt, daß sich etwa in den Jahren von 1910 bis 1930 durch diese Neuerung eine ganz andere Art von Lehren und Lernen in der Schule durchzusetzen begann. Die Sprachpsychologie hat festgestellt, »daß das Gespräch die aktivste und vollste Form der Sprechdenkarbeit ist«, so daß angenommen werden kann, »die hier zur Geltung gebrachte geistige Aktivität der Schüler müsse sowohl der Erarbeitung des Lehrstoffs als auch seiner Aneignung durch den Schüler entgegenkommen. Das, worüber man einmal debattiert hat, merkt man sich besser und länger als alles stumm Gelesene oder in einem dozierenden Vortrag Gehörte« (Kainz 1973, S. 341 f.).

Es können folgende *didaktische Gesprächsarten* unterschieden werden:

- das *Lehrgespräch,* das als variierte Fortführung des fragend-entwickelnden Unterrichts bezeichnet werden kann, das lehrstoffgebunden ist, einen logischen Gedankengang kennt, vom Lehrer zielsicher geführt wird und vor allem im mathematisch-naturwissenschaftlichen Bereich methodisch gerechtfertigt ist.
- das *Unterrichtsgespräch* (i. e. S.), verstanden als geordnete lehrhafte Unterhaltung, das thematisch gebunden oder frei sein kann, bei der die Schüler aktiv zum Gesamtresultat beitragen und der Lehrer erster unter gleichen ist. Das Gespräch in seiner Vollform ist »das Symphilosophein, der *gemeinsame geistige Dienst* am *gleichen Thema,* das durch eine Kollektivaktivität geklärt werden soll« (Kainz 1973, S. 348). Nicht ohne Grund haben wir das Unterrichtsgespräch als Unter-

richtsform der Untergruppe der »Gemeinsamen Erarbeitung« zugerechnet (s. Kap. 22.1).

- das *Schülergespräch*, das von den Lernenden weithin in eigener Regie geführt wird (s. Höller [3]1970). Die Didaktiker der Arbeitsschule haben in freien Schülergesprächen die Hochform der Schüleraktivität gesehen.

Sofern eine dieser Gesprächsarten für kürzere oder längere Zeit den Stil der Lehr-Lernprozesse nachhaltig bestimmt, kann man von *Gesprächsunterricht* reden. Wir beschränken uns im folgenden auf das Unterrichtsgespräch (i. e. S.).

25.2 Freies und gebundenes Unterrichtsgespräch

Zwei ganz verschiedene Ursprungsgestalten haben zu der Differenz von »freiem« und »gebundenem« Unterrichtsgespräch geführt: Das *freie* Unterrichtsgespräch hat sich aus dem »Gesamtunterricht« B. Ottos entwickelt, das *gebundene* aus dem im vorigen Jahrhundert so bedeutsamen fragend-entwickelnden Verfahren. Wodurch werden diese beiden Ausprägungen von Unterrichtsgespräch charakterisiert?

25.2.1 Das freie Unterrichtsgespräch

Das freie Unterrichtsgespräch ist eng mit dem Namen des Pädagogen Berthold Otto (1859–1933) verbunden, der an seiner Berliner Reformschule eine Methode schuf, die sich in besonderer Weise der Entwicklungsstufe des jungen Menschen anzupassen suchte (s. Schwerdt [12]1959). In seinem *»Gesamtunterricht«* (der nicht der gesamte Unterricht war!) wurde in eigens anberaumten Stunden die lehrhafte Unterhaltung von den *Fragen und Interessen der Schüler* bestimmt. Bei den aus allen Lebensbereichen frei gewählten Themen äußerten sich zunächst die jüngeren, danach die älteren. Die Erörterung dauerte so lange, wie das Interesse der Mitschüler an der jeweiligen Fragestellung lebendig war. Es konnte ein beherrschendes Problem im Mittelpunkt stehen; zumeist ergab sich eine bunte Vielfalt bekundeter Vermutungen und geäußerter Zweifel. Die freie Gedankenbewegung und die Pflege von Interessen sind hier Selbstzweck. Ein bestimmtes (etwa dem Lehrplan verpflichtetes) inhaltliches Ergebnis wird von keiner Seite intendiert. Man könnte von einem kindertümlichen Philosophieren über Gott und die Welt sprechen.

Das freie Unterrichtsgespräch hat inzwischen längst den »Gesamtunterricht« Ottoscher Prägung hinter sich gelassen und sich zu einer selbständigen Unterrichtsform herausgebildet. Es begegnet uns heute in Gestalt der Erlebnisberichte in der Grundschule, besonderer Fragestunden und vor allem des *Gelegenheitsunterrichts;* im letzten Falle wird ein besonderes Vorkommnis, z. B. ein Verkehrsunfall in Schulnähe, eine Naturkatastrophe, ein aktuelles politisches Ereignis, zum unüberhörbaren Gesprächsthema inmitten geplanten Unterrichts.

25.2.2 Das gebundene Unterrichtsgespräch

Diese Gesprächsform, wie sie u. a. von H. Gaudig gefordert wurde, ist strenger einer intentionalen Bildung verpflichtet. Während das freie Unterrichtsgespräch mehr erlebnisbetonte Sprechanlässe kennt, wählt das gebundene Unterrichtsgespräch stärker eine *sachbezogene Gesprächsbasis*, seien es nun Texte, Bilder, Tabellen, Graphiken, reale Gegenstände oder Sachprobleme. Das gebundene Unterrichtsgespräch verfolgt die Absicht, Vorstellungen zu klären und Problemlösungen zu suchen. Das Thema erwächst im allgemeinen aus dem Lehrplan. Lehrer und Schüler sind in gleicher Weise auf den Gesprächsgegenstand konzentriert. Die Erörterung ist auf die Erreichung eines Lehrziels gerichtet. Der Lehrer hat die aufgewendete Zeit zu verantworten.
Rückblickend kann gesagt werden: »Dem *freien und dem gebundenen Unterrichtsgespräch* gemeinsam ist, daß sich der Lehrer als Gesprächsleiter zurückhält und die Schüler unter- und miteinander sprechen. Dabei sollen folgende Voraussetzungen erfüllt werden: die Schüler sollen möglichst selbständige Beiträge zum Gesprächsthema bringen, es ist also nicht erwünscht, sich den Lehreräußerungen anzupassen oder sich vom Lehrer direkt lenken zu lassen« (Aschersleben [3]1979, S. 111). Damit kommt das Unterrichtsgespräch der Realisierung von Schülerselbsttätigkeit einen guten Schritt näher.

25.3 Voraussetzungen des Unterrichtsgesprächs

Das Unterrichtsgespräch ist eine anspruchsvolle Unterrichtsform, die nur unter bestimmten Umständen praktiziert werden kann. Welche Bedingungen müssen erfüllt sein?

– *gesprächsfördernde Sitzordnung*

Im Hörblock läßt sich kaum ein Gespräch führen. Die Sitzgelegenheiten sollten beweglich sein, damit die Gesprächspartner sich auch äußerlich einander zuwenden können. P. Petersen hat gesagt: »Der Kreis konzentriert nicht nur stark auf den Gegenstand des Gesprächs, sondern gleich stark auf die Haltung eines jeden einzelnen . . . Weiter macht der Kreis jeden einzelnen wunderbar frei vor dem andern und bereit, sich ihm zu öffnen« ([7]1963, S. 99). Mimik und Gestik können auf diese Weise als zusätzliche Verständnishilfen wirksam werden. Man sollte als Lehrer gewisse *äußere Gegebenheiten* wie Raumkonstellation, Stimmung, Sitzanordnung u. dgl. nicht unterschätzen; diese konstituieren allein gewiß noch nicht die Gesprächssituation, aber sie begünstigen das Zustandekommen von Gesprächen. Zu den organisatorischen Vorbedingungen gehört auch die Regelung des formalen Ablaufs von Unterrichtsgesprächen.

– *geeignete Inhalte*

Zu den *inneren Voraussetzungen* des Unterrichtsgesprächs gehört eine gesprächsweckende Situation, ein Gesprächsthema. Zum Gesprächsanlaß können sowohl ein Erlebnis als auch der Problemgehalt eines Unterrichtsgegenstandes werden. Eine gemeinsame Gesprächsbasis ist durch eingebrachtes Vorwissen entweder vorhanden, oder sie muß im Unterrichtsvollzug erst hergestellt werden. Wenn der Gesprächsinhalt aus der Interessenwelt der Lernenden genommen wird, bedarf es keiner zusätzlichen Motivation, um sie zu Äußerungen und Stellungnahmen zu veranlassen. Das freie Unterrichtsgespräch gründet sich weithin auf Erlebnisse, die ihrerseits spontane Einfälle und Assoziationen wecken.

Nicht selten muß bei dem *gebundenen Unterrichtsgespräch* zunächst für eine Diskussionsgrundlage gesorgt werden. Die Präsentation eines Gegenstandes, die Lektüre eines Textes (z. B. einer Fabel, eines Märchens [s. das Gesprächsprotokoll »Der alte Großvater und der Enkel» bei Rössner 1967, S. 83 ff.], eines Gleichnisses, eines Gedichts, einer Geschichtsquelle o. ä.), das Vorzeigen eines Films, eines Bildes, einer Karte, einer Statistik usw. vermögen eine gemeinsame sachliche Erörterung in Gang zu bringen.

Für das gebundene Unterrichtsgespräch eignen sich vorzugsweise *problemhaltige Themen,* bei denen von den Schülern Lösungsmöglichkeiten zu erwägen sind. Es bewährt sich überall dort, wo es etwas zu beurteilen und zu bewerten gibt. Als Diskussionsinhalte kommen u. a. religiöse, ethische, ästhetische, wirtschaftliche, soziale und politische Fragen in Betracht. Es dürften demnach einige Schulfächer (z. B. Religionsunterricht, Literaturunterricht, Kunstunterricht, Geschichtsunterricht, Politikunterricht, Wirtschaftskunde) in besonderer Weise Chancen für die Verwirklichung von Gesprächen im Unterricht bieten. »Wenn es sich um Beurteilung eines Ereignisses, einer Handlung, einer Person, sei es in der Wirklichkeit, sei es im Kunstwerk, handelt, ergibt sich eine Situation, die ein Unterrichtsgespräch geradezu herausfordert« (Rösner 1951, S. 206). Dispute und Rollengespräche ziehen in hohem Maße die Aufmerksamkeit der Teilnehmer auf sich. Das Erwägen des Pro und Contra bei Themen wie: der 20. Juli 1944, Sozialbindung des Eigentums, Konsumaskese, Geburtenregelung, Umweltschutz, Transplantation von Organen u. ä. erzwingen geradezu eine persönliche Stellungnahme.

– *vertrauensvolle Atmosphäre*

Sprechanlässe allein genügen nicht. Gespräche im Unterricht sind nur möglich, wenn die Schüler zum Lehrer Vertrauen haben. Sie müssen sicher sein, daß sie in der Gesprächsrunde offen sagen dürfen, was sie denken, und daß gewisse Äußerungen über die vier Wände nicht hinausdringen. Nur in einem Klima gegenseitiger Achtung ist ein Gedankenaustausch möglich.

– *gesprächsfähige Schüler*

»Das Unterrichtsgespräch stellt erhöhte Ansprüche an das selbständige Denken, setzt aber vor allem die Fähigkeit, seine Gedanken verständlich mitzuteilen, voraus«

(Göldner 1971, S. 302). Die Schule kann hier Hilfen bieten und z. B. gewisse Gesprächstechniken lehren. Die Schüler müssen lernen, vorgebrachte Positionen zu verstehen und zu beurteilen sowie einen Gedankengang zusammenhängend zu äußern. Das Verfügen über gewisse Redewendungen wie »Darf ich dazu noch etwas sagen?« u. dgl. erlauben die volle Konzentration auf den Gesprächsinhalt. Man denke hier auch an die zwölf Regeln bei E. Höller ([3]1970, S. 23ff.). »Die Fähigkeit, dem Gedanken eines Mitschülers zu folgen und diesen im eigenen Gesprächsbeitrag nicht durch einen ganz anderen Ansatz abzulösen, entwickelt sich erst allmählich in der Gesprächspraxis« (Holstein 1976, S. 82).

– *gesprächsbereite Lehrer*

Gespräche im Unterricht gelingen besonders bei einem demokratischen (bzw. integrativen) Führungsstil. »Die Gesprächsfähigkeit des Lehrers, die sich . . . besonders in einem zurückhaltenden Verbalverhalten dokumentiert, bildet die grundlegende Voraussetzung für die Gesprächsfähigkeit der Schüler« (Ritz-Fröhlich 1977, S. 79). Ein Lehrer, der sich für die Verwirklichung von Gesprächen im Unterricht entscheidet, anerkennt den aktiven Part der Schüler im Lehr-Lernprozeß sowie die veränderte eigene Rolle. »Während des Gesprächs hat der Lehrer lediglich die Funktion des Moderators: er lenkt gegebenenfalls das Gespräch, wenn zum Beispiel die Schüler vom Thema abkommen, oder er motiviert die Schüler, wenn sie anscheinend ermüden und das Gespräch versiegt« (Aschersleben [3]1979, S. 116). Seine Eingriffe gelten der Verlaufssteuerung, der Ermutigung und immer auch der sachlichen Klarstellung.

G. E. Becker u. a. geben Anleitungen zum Gesprächsleiterverhalten und nennen verschiedene trainierbare Einzeltechniken der Gesprächsführung, z. B. im Gespräch:
– Vorkenntnisse aktualisieren
– ein bestimmtes Ergebnis erarbeiten
– zu Einfällen anregen
– Informationen bewerten
– verschiedene Sichtweisen diskutieren
– gegensätzliche Positionen erörtern ([2]1980, S. 126ff.).

Der Lehrer wird Gespräche auch wegen der erziehlichen Wirkung realisieren. Beiläufig werden – neben der Entwicklung formaler Qualitäten wie sprachliche Ausdruckskraft, Artikulationsvermögen, Argumentationsfähigkeit usw. – bestimmte soziale Tugenden, z. B. Einfühlungsvermögen, Selbständigkeit, Rücksichtnahme, Toleranz u. ä., eingeübt. Er wird geradezu eine Aufgabe in der *Erziehung zum Gespräch* sehen.
Wo immer im Raume der Schule Gespräche verwirklicht werden, bildet sich eine gelöste, »menschliche«Atmosphäre heraus; die Unterrichtsgestaltung wirkt lebendig und ungezwungen. Der Lehrer kann bei der Praktizierung dieser Unterrichtsform der Zustimmung der Schüler sicher sein.

26. *Einzelarbeit*

26.1 Kennzeichnung der Schülerselbsttätigkeit

Wir wenden uns jetzt der dritten Gruppe der Unterrichtsformen, der *»Schülerselbsttätigkeit«* mit der Gliederung in Einzelarbeit, Partnerarbeit und Gruppenarbeit, zu. Für sie ist es charakteristisch, daß der Lehrer hierbei anregende, aufgebende und beratende Funktionen ausübt, während die Schüler eigentätig und bearbeitend am Unterricht teilnehmen. Den Wert der Schülerselbsttätigkeit hat bereits O. Willmann erkannt: »Die Gelegenheit, die Schüler eine Erweiterung ihres Wissens selbst vornehmen zu lassen, bietet sich doch häufiger, als es scheint . . . Es sollte . . . die Maxime gelten: Nichts sagen, was sich der Schüler sagen, nichts geben, was er finden kann« ([6]1957, S. 496f.) (im Original z. T. gesperrt!).
Einzelarbeit, Partnerarbeit und Gruppenunterricht stehen im Dienste der Verwirklichung des Aktivitätsprinzips. Bereits Fr. W. Dörpfeld hat »die Selbstthätigkeit der Schüler« als »die Krone und Spitze alles Lernens« (1898, S. 21) bezeichnet. Diese Erkenntnis bedeutet in der Konsequenz eine veränderte Auffassung vom Lehr-Lernprozeß mit bestimmten unterrichtsorganisatorischen Weiterungen. Nach neuerer didaktischer Sicht erscheint *Unterricht* als ein Phänomen, das nicht primär durch das Lehren des Lehrers als vielmehr durch das *Lernen des Schülers* bestimmt wird. Durch Selbsttätigkeit soll letztlich zu geistiger Mündigkeit geführt werden.
Ein auf die *Selbstbildung der Lernenden* gerichteter Unterricht bedingt eine veränderte Schüler- und Lehrerrolle. Der *Schüler* rückt bei den Formen des »mittelbaren« (»indirekten«) Unterrichts, wie es H. Gaudig gefordert hat, ins Aktivum, der Lehrer ins Passivum. Er wird zur persona agens. Die moderne Motivationspsychologie stützt die Erfahrungstatsache, daß das Selbstfinden die geistigen Kräfte in besonderer Weise fördert und daß das Selbsterkundete besser als alles bloß Angelernte behalten wird. Die Schüler nehmen außerdem interessierter und engagierter am Unterrichtsgeschehen teil.
Der *Lehrer* wird zum Organisator der Eigentätigkeit des Schülers: er inszeniert den Lernprozeß, schafft die Voraussetzungen für sein Gelingen und überwacht die Arbeit. Er nimmt sich aus seiner einst dominierenden Stellung im Unterrichtsgeschehen auf die Funktion des Anregers, Helfers und Beraters zurück. Als Initiator von Lernvollzügen führt er Regie aus dem Hintergrund, während die Schüler die eigentlichen Akteure sind.
Das Engagement von Lehrer und Schüler differiert in den einzelnen Stadien des Unterrichtsprozesses. Wenn wir die drei Phasen des arbeitsteiligen Klassenunterrichts von O. Scheibner ([5]1962, S. 170) zugrunde legen, nämlich

- Zerlegung des Arbeitsganzen (= Aufteilung der Aufgabe)
- Ausführung der Eigenarbeiten (= eigentlicher Arbeitsprozeß des einzelnen Schülers)
- Vereinigung der Teilarbeiten (= Arbeitsprüfung),

so wird deutlich, daß die Schüler in der 2. Phase, dem Hauptteil mit der größten zeitlichen Erstreckung, am meisten gefordert sind. Vorrangige Aufgabe des Lehrers ist es, in der ersten Phase das Selbstlernen in Gang zu bringen und dann in der dritten die Lernresultate zu sichern.
Was die Art der Bewältigung von Aufgaben betrifft, so hat die überkommene Didaktik zwischen reproduktiver und produktiver Alleinarbeit des Schülers unterschieden. Die *reproduktive* Form, die die älteste ist, hat wiederholenden und übenden Charakter: Etwas im darbietenden oder erarbeitenden Unterricht Durchgenommenes soll in einem angehängten Abschnitt mittelbaren Unterrichts festgehalten werden (z. B. Abschreiben eines Tafeltextes, Übertragen einer Mathematiklösung ins Heft).
Die *produktive* Alleinarbeit sieht in jedem Falle die Bewältigung einer neuen Aufgabe (bzw. Schwierigkeit) vor. Sie kann im einzelnen

- *weiterführender* Art sein (z. B. Aufsetzen eines Berichts anhand von Stichwörtern, Vollendung einer Zeichnung) oder
- *vorarbeitender* Natur (z. B. Sammelaufgaben, Beobachtungs- und Erkundigungsaufträge zwecks Vorbereitung eines Stundenthemas; Präparation von Klassikerlektüre).

Die vorarbeitende Form kann auch unabhängig von Hausaufgabenerledigung realisiert werden, ja sie erreicht ihren Höhepunkt, wo sie als Selbstlernen (Selbststudium) der Schüler schulstundenbestimmend wird. Gerade dies erschien den Vertretern der »freien geistigen Schularbeit« (Gaudig) als das eigentliche didaktische Novum.

26.2 Bedingungen der Schülerselbstarbeit

Die ganz auf die Initiative der Lernenden angewiesene »Schülerselbstarbeit« umgreift die Unterrichtsformen der Einzel-, Partner- und Gruppenarbeit. Diese kann man nicht von heute auf morgen im Unterricht einführen; sie müssen vielmehr vom Lehrer langfristig und behutsam angebahnt werden. Zunächst soll angedeutet werden, welche Aufgaben auf den *Lehrer* beim mittelbaren Unterricht zukommen:

- *Erteilung klarer Aufträge und eindeutiger Arbeitsanweisungen*

Die Aufgabenstellung muß sinnvoll aus dem Unterrichtsgeschehen hervorgehen. Die im Zweifelsfall schriftlich auszugebenden Arbeitsziele müssen unmißverständlich formuliert und grundsätzlich realisierbar sein.

– *Bereitstellung entsprechender Arbeitsmittel*

Die Alleinarbeit der Schüler hängt entscheidend von dem Vorhandensein und der Qualität der Informationsquellen und der Arbeitsmaterialien (z. B. Anzahl von Exemplaren, Experimentiergeräten usw.) ab. Arbeitsmittel sind das bedeutsame Medium, ohne das es keine Erarbeitung von Wissen und keinen Erwerb von Fertigkeiten durch den Schüler gibt (s. Kap. 33.4).

– *Beratung der Schüler*

In der Stillarbeitsphase sollte der Lehrer die Lernenden durch flankierende Maßnahmen (Auskunft, Hinweise, Hilfestellung u. dgl.) unterstützen.

– *Sicherung der Ergebnisse*

Auch mittelbarer Unterricht ist Unterricht! Der Lehrer muß vor allem darauf achten, daß die von den Schülern selbständig bearbeiteten Teilstücke wieder zu einem Ganzen zusammengefügt werden und daß ein Gesamtergebnis für die Klasse (Gruppe) sichtbar wird.
Bei den Formen des mittelbaren Unterrichts dürfte die Arbeitssituation für den *Schüler* zweifellos anspruchsvoller und schwieriger als im herkömmlichen direkten Unterricht sein. Welche Verhaltens- und Arbeitsweisen sollte er erwerben?

– *Verfügen über eine bestimmte Arbeitshaltung*

Als »Tugenden der Geistesarbeit« (Scheibner [5]1962, S. 81) können u. a. Aufgabenbewußtsein, Fleiß, Zielstrebigkeit, Selbständigkeit, Konzentrationsvermögen, Spontaneität, Kreativität, Durchhaltevermögen und Sorgfalt genannt werden. Zu diesen Qualitäten müssen die Lernenden mit aufsteigenden Schuljahren erzogen werden. In frühen Entwicklungsstadien werden sich die Schüler mit dem Arbeitsvorsatz des Lehrers identifizieren; das Fernziel muß jedoch sein, die Motive zum Lernen an die Schüler selbst zu delegieren.

– *Vertrautsein mit Arbeitsmitteln*

Bei jeder Eigentätigkeit muß der Schüler mit Arbeitsmitteln umgehen können. Hier ist zunächst an die normalen Lehrbücher, an Atlanten, Lexika usw. zu denken. Hinzu kommen die von der Lehrmittelindustrie eigens für das Selbststudium geschaffenen Arbeitskarten, Arbeitshefte und Arbeitsbücher. Arbeitsmittel sind für die Informationsbeschaffung unentbehrlich. Es gibt Arbeitsunterlagen, die primär für die Wiederholung und Übung, wieder andere, die vorrangig als Selbstbildungsmittel für Neulernen gedacht sind (s. Kap. 33.4).

– *Beherrschung von Arbeitstechniken*

»Selbstbildung ist nicht möglich ohne die entsprechende methodische Zurüstung. Die Selbsttätigkeit im Bildungserwerb ist zu einem bedeutenden Teil an die sichere Handhabung von Arbeitstechniken gebunden« (Michael 1963, S. 250). Aus diesem Grunde sollten mit den Schülern feste Arbeitsverfahren eingeübt werden, auf die sie bei der Eigentätigkeit zurückgreifen können. Eine weitschauend angelegte Qualifizierung für selbstinstruierendes Lernen könnte etwa folgende Lerntechniken und methodischen Kunstgriffe als Lehrziele anvisieren:

- Gebrauch von Nachschlagewerken (Kenntnis des Alphabets in der zweiten und dritten Stelle; Umlaute!) (s. E. Jungmann in: Döring 1971)
- Nutzung von Inhaltsverzeichnissen und Registern
- Technik des Interviews
- Protokoll- und Stichworttechnik
- Auswerten von Tabellen, Statistiken, Spezialkarten u. dgl.
- Ordnen und Gliedern von Informationsmaterial
- Aufsatztechnik
- Lesetechnik (u. a. Fähigkeit, diagonal zu lesen)
- Übersetzung von einer Darstellungsart (z. B. Schaubild) in eine andere (z. B. Text)
- Verfassen und Vortragen von Berichten
- Umgang mit Apparaten und Meßgeräten

Das Verfügen über derartige Skills ermöglicht ein zielstrebiges, arbeitsökonomisches Vorgehen bei geistiger Arbeit. Arbeitstechniken als Repertoire der Schüler verstehen sich nicht von selbst; Peter Petersen kannte seinerzeit direkte Einschulungskurse (s. u. a. Vettiger/Kobel/Kummer 1979).

26.3 Erscheinungsformen der Einzelarbeit

26.3.1 Begriffliche Vorklärung

Bevor wir auf die einzelnen Ausprägungen von Einzelarbeit eingehen, seien einige erläuternde Bemerkungen vorangestellt:
Einzelarbeit ist nicht mit *Einzelunterricht* gleichzusetzen. Einzelunterricht als Unterweisung eines einzelnen Schülers durch einen oder mehrere Lehrer, wie sie bei der Hofmeister- und Hauslehrererziehung sowie bei Privatunterricht angetroffen wird, gehört systematisch zum direkten Unterricht; Einzelarbeit dagegen zählt zum indirekten Unterricht.
Schließlich könnte man auf den Umstand verweisen, daß jede im Unterricht geforderte geistige Arbeit letztlich Anstrengung des einzelnen ist: Der an alle Schüler gerichtete Lehrervortrag wird von jedem einzeln erfaßt und behalten. Gewisse an die ganze Klasse gerichtete Aufgaben (Lehrerfrage, Gedichtsprechen, Aufsatz, Test, Klassenarbeiten, Zeichnungen u. ä.) laufen auf Leistungen des einzelnen Schülers im Sinne der *Singularisierung* hinaus. Aber so weit sollte der Begriff »Einzelarbeit« hier

nicht gefaßt werden. Während es in den genannten Beispielen um Auftragshandlungen geht, erstrebt die Alleinarbeit ein Tätigwerden aus eigenem Engagement.
Einzelarbeit hat auf jeden Fall eine Nähe zum *»individuellen« Lernen.* G. Kerschensteiner formulierte seinerzeit: »Bildung ist Selbstbildung« (1926, S. 92). In diesem Zusammenhang ist der Begriff der *»inneren Differenzierung«* (auch Binnendifferenzierung) einschlägig. Er basiert auf einer Hochschätzung der menschlichen Individualität; deshalb spricht man gleichsinnig auch von *Individualisierung.* Ziel der inneren Differenzierung ist, »der individuellen Leistungsfähigkeit, den unterschiedlichen Begabungen, den besonderen Interessen und Neigungen sowie den spezifischen Lernbedürfnissen und Lernschwierigkeiten der Schüler gerecht zu werden« (Geppert/Preuß 1978, S. 12). Durch individualisierendes Vorgehen soll der Lehrer der besonderen Art des Lernens beim Einzelschüler entsprechen. »Dies kann durch die Variierung der Lehrziele, der Lehr-/Lernverfahren, der Lernmaterialien, der Lernhilfen, der Lernzeit erreicht und durch schulorganisatorische Maßnahmen unterstützt werden« (Meyer-Willner 1979, S. 24). Außerdem kann sich die Individualisierung auf die Arbeitsweisen, auf den Stoffumfang und auf den Schwierigkeitsgrad beziehen.
Das Prinzip der inneren Differenzierung bezweckt einmal eine Leistungssteigerung durch adäquate Anforderungen, zum anderen eine bessere Motivation durch selbstgewählte Inhalte.
Von den Unterrichtsformen stehen insbesondere die *Einzelarbeit,* die *Partnerarbeit* sowie der *Gruppenunterricht* im Dienste des Differenzierungsgedankens. Die Lehrer machen noch zu wenig Gebrauch von *individualisierten Hausaufgaben.* Auch der *Programmierte Unterricht* (s. Kap. 34.3) hat in diesem sachlichen Kontext seinen Stellenwert.
Mögliche Nachteile der Differenzierung sind die Überbewertung (momentaner) Interessenpräferenzen, das Sich-Auseinanderentwickeln der Lernniveaus und die Unmöglichkeit des Vergleichs von Schülerleistungen.

26.3.2 Einzelne Ausprägungsformen

Hier stellen wir die Frage, welche Erscheinungsweisen von Einzelarbeit heute unterrichtsrelevant sind.

– *Einzelarbeit als Übungs- und Anwendungsphase im Schulunterricht*

B. Michael bezeichnet die »Übung und Anwendung des Gelernten« als »Elementarform der Selbstbildung« (1963, S. 11). Als Anhängsel des unmittelbaren Unterrichts dient die »Stillarbeit« der individuellen Verarbeitung des behandelten Lehrstoffs. In ihr wird der Test darauf gemacht, ob der einzelne Schüler die Lehrinhalte verstanden hat.

– *Einzelarbeit als Hausaufgabenerledigung*

Bei den »Schularbeiten« handelt es sich zumeist um Übungs-, Anwendungs- und Transferaufgaben, die aus dem Unterrichtsprozeß ausgegliedert und ins Elternhaus verlagert werden. Den größeren didaktischen Nutzen erwartet man neuerdings von Hausaufgaben vorbereitenden Charakters (s. Geißler/Plock [2]1974). Eine ins einzelne gehende Darstellung kann hier nicht gegeben werden (s. Steindorf [3]1976, S. 172ff.). Die Erledigung der Hausaufgabe ist prinzipiell als individuelles Leistungsaufkommen konzipiert; ihr Sinn wird durch die Mithilfe von Eltern, Geschwistern und Nachhilfelehrern eigentlich verfälscht.

– *Einzelarbeit als Selbstbildung im Schulunterricht*

Die Wurzel eines arbeitsmittelzentrierten eigentätigen Bildungserwerbs liegt in der Landschule und zwar dort, wo Lehrer den entscheidenden Wandel von bloßer Stillbeschäftigung zur Still-*arbeit* vollzogen. Die Ausgestaltung dieses Ansatzes zu einer engumschriebenen Lernform des mittelbaren Unterrichts erfolgte in der Arbeitsschulbewegung von 1910 bis etwa 1930, vertreten durch G. Kerschensteiner, H. Gaudig, O. Scheibner u. a. Der Leipziger Reformer H. Gaudig suchte die Aktivität und Spontaneität des Lernenden für dessen Bildung, für die »Persönlichkeitsbildung«, fruchtbar zu machen. Um den Ernstcharakter des Selbstlernens zu betonen, haben die Arbeitsschuldidaktiker gern den Begriff »Arbeit« assoziiert.
Das Leitbild der »freien geistigen Tätigkeit« bewirkte einen völligen Wandel im Verständnis von Unterricht. Die Forderung der »didactica nova« (Scheibner [5]1962, S. 115) geht dahin, »daß der Schüler, sooft als es möglich und wertvoll ist, aus eigenen Kräften das Ganze einer Unterrichtsarbeit bestreite, von Anfang bis Ende ... Er soll ... *sich selbst* zu einer Lernsache – einem Wissensstoffe, einer Aufgabe, einem Problem – bestimmen, *selbst* das Arbeitsziel setzen, *selbst* den Arbeitsweg planen, *selbst* Arbeitsmittel bereitstellen, *selbst* die Arbeitsschritte vollziehen, *selbst* das Arbeitsergebnis prüfen und auswerten« (Scheibner [5]1962, S. 81). Durch Selbsttätigkeit sollen die Schüler zur Selbständigkeit gelangen.
Das Konzept des selbständigen Kenntniserwerbs führte zur Herausbildung einer *»Arbeitsmittelpädagogik«* (Petersen [7]1963, Kade 1956), die eine Vielfalt von selbstinstruierendem Lernmaterial (z. B. das Arbeitsmittelsystem von F. Kade) kreativ hervorgebracht hat.

– *Einzelarbeit als Programmierter Unterricht*

Auch hier lernen die Schüler mit Hilfe eines Mediums: des Lehrprogramms. Bei dieser modernen Lehrweise wird vor allem die Aufgabe der Informationsvermittlung von Datenträgern übernommen. Bestimmende Prinzipien sind das der Individualisierung, das der Intensivierung und das der Lehrobjektivierung. Das Bemühen um individuelles Lernen wird z. B. in den Lernschleifen (loops) der Programme sichtbar, ferner in dem Lerntempo, das dem einzelnen zugestanden wird (s. Kap. 34.5).

– *Einzelarbeit als Fernunterricht und Fernstudium*

Die selbsttragenden Systeme sind ganz auf die isolierte Bearbeitung von Lehrbriefen und Begleitmaterialien durch den einzelnen Kursteilnehmer an verschiedenen Lernorten hin konzipiert (s. Peters 1973). Alle versuchte emotionale Rückbindung an das informationsspendende Institut (etwa durch persönliche Kontakte, Telephon, Arbeitstreffen, Korrekturbogen u. ä.) vermag gewisse Vereinsamungseffekte nicht aufzuheben.

Nachdem verschiedene Möglichkeiten von zu praktizierender Einzelarbeit aufgewiesen worden sind, muß abschließend noch ein Wort zu den *Grenzen* gesagt werden, »welche dem Selbstunterricht durch die Enge des didaktischen Materials und die weitgehende Vereinzelung des Schülers gezogen sind«; es gibt im übrigen Aufgaben, »die nur von Lehrer und Schülern gemeinsam gelöst werden können« (Michael 1963, S. 285).

Einzellernen sollte nicht zu einem Konkurrenzlernen unter Mitschülern führen, wie es im Gefolge des Numerus-clausus-Problems heute leider nicht selten der Fall ist. Individuelles Lernen bedarf der Ergänzung durch »soziales Lernen« (s. Kap. 5.2). Einzelarbeit wird aus diesem Grunde nur eine Form von Unterricht neben anderen sein können.

27. *Partnerarbeit*

27.1 Charakteristik der Partnerarbeit

In der Gegenwart werden von der Didaktik die sozialen Unterrichtsformen (z. B. Unterrichtsgespräch und Gruppenunterricht) begünstigt. In diesen Umkreis gehört auch die *Partnerarbeit*. Sie ist eine verhältnismäßig junge Arbeitsweise: Erst nach dem Zweiten Weltkrieg wurde sie von dem Dozenten A. Simon mit einer Gruppe Münchener Lehrer entwickelt (Simon [2]1959). Inzwischen sind mehrere empirische Untersuchungen zur Partnerarbeit (u. a. Coppes [3]1972, Hirzel 1969, Schell [2]1975) vorgelegt worden.

Partnerarbeit hat ihren systematischen Ort zwischen Frontalunterricht und Individualunterricht; innerhalb des mittelbaren Unterrichts ist sie Bindeglied zwischen Einzelarbeit und Gruppenunterricht. Die Bezeichnung »Partnerarbeit« spricht bereits für sich: Sie meint die *Kooperation von zwei Lernenden im Unterricht*; sie ist Schülerarbeit zu zweien, Zweierarbeit, Paararbeit. Die in der Regel aus den beiden Tischnachbarn bestehende Partnergruppe bildet vorübergehend eine Arbeitsgemeinschaft. Beide Schüler sind – im Gegensatz zum »Helfersystem« – gleichrangig und bemühen sich gemeinsam um einen Sachverhalt; einer fördert den andern. »Die

Partnerarbeit ist eine freie Arbeitsform der Schüler, die jedoch vom Lehrer veranlaßt und organisiert wird. Sie läßt in der Konfrontation mit dem Lerngegenstand den Ideen, Gedanken und Gefühlen der Partner freien Lauf und ebnet den Weg zu einer ›originalen‹ sachlichen und menschlichen Begegnung. Sie ist jedoch vom Lehrer als dem berufenen Garanten der Leistung und der partnerschaftlichen Haltung seiner Schüler abhängig« (Coppes [3]1972, S. 26). Basis und Inhalt der Kooperation ist ein der Partnergruppe vom Lehrer erteilter (zumeist themengleicher) Arbeitsauftrag; Partnerarbeit realisiert sich in vielen Fällen als Partner*gespräch*.
Partnerarbeit kann in jeder *Phase* des Unterrichtsprozesses als belebendes Element eingesetzt werden; sie kann gleichermaßen der Motivation, der Vertiefung, der Wiederholung und der Übung dienen. Die Meinungen differieren in der Frage, ob Partnerarbeit eine eigenständige Arbeitsform des mittelbaren Unterrichts mit ihr eigenen Gesetzlichkeiten ist oder ob sie lediglich als Durchgangsstadium (Vorform) zum Gruppenunterricht verstanden werden kann. Gegen ihren Rang als Unterrichtsform scheint rein äußerlich der Umstand zu sprechen, daß sie nicht eine ganze Unterrichtsstunde, vielmehr nur gewisse Teilstrecken von etwa 30 Minuten je Tag ausfüllt. Die Partnerarbeit ist in der Hauptsache als Zwischenstufe, weniger als Dauerform gedacht.

27.2 Didaktische Möglichkeiten der Partnerarbeit

An dieser Stelle erhebt sich die Frage, welche unterrichtlichen Teilaufgaben mit Hilfe der Partnerarbeit gelöst werden können. Was ihren Einsatz in den Unterrichtsfächern betrifft, so eröffnen sich Möglichkeiten in verschiedenen Bereichen, nicht zuletzt in Deutsch, Mathematik und in den Sachfächern; grundsätzlich ist sie als Lernform an kein bestimmtes Fach gebunden. In Betracht kommen abgegrenzte, konkrete Themen, die den Schülern zu selbständiger Bearbeitung auch zugemutet werden können. Im einzelnen können genannt werden:

– *Wiederholungs- und Sammelaufgaben*

Überschaubare Arbeitsaufträge sind für die ersten Versuche mit Partnerarbeit besonders geeignet. A. Simon bringt als Beispiel für eine *Wiederholung* das Thema »Der Schwarzwald« (Erdkunde, 5. Schuljahr; jetzt notwendig, um daran die Eigenart der Rhön deutlich zu machen!). Er stellt die Partnerarbeit dem Frontalunterricht gegenüber. Der partnerschaftlich unterrichtende Lehrer spricht die Schülerpaare etwa so an: »Fünf Minuten Zeit! Schwarzwald! Partnerarbeit – je zwei arbeiten zusammen, schreiben in Stichwörtern untereinander, was ihnen dazu einfällt. Wir wollen sehen, was jede Partnergruppe findet« (Simon [2]1959, S. 46). Als Vorteile der Paararbeit können mit A. Simon u. a. genannt werden:

- Alle Schüler der Klasse gehen sofort an die Arbeit, während bei der üblichen mündlichen Wiederholung immer nur ein paar Schüler aufgerufen werden.
- Ein gewisser Gruppenwettbewerb setzt ein.
- Zwei Schülern fällt im allgemeinen mehr ein als einem; denn im Gespräch und Austausch der Vorschläge tauchen neue Erinnerungen auf.
- Das Wissen wird beim gemeinsamen Zusammentragen nochmals aktualisiert; der Lehrer kann bei der abschließenden Auswertung besondere Leistungen von Partnergruppen entsprechend honorieren.

Das Sammeln von Fakten und Daten eignet sich für die Partnerarbeit besonders gut, weniger dagegen die Erarbeitung von neuem Wissen.

– *Kontrolle von Auswendiggelerntem*

Die Partner können gespeicherte Kenntnisse (z. B. Gedichte, Liedstrophen, Sprüche, Regeln, Formeln, Zahlen u. dgl.) gegenseitig abrufen. Auch Vokabeln können auf diese Weise abgehört werden.
Als weitere Möglichkeiten seien erwähnt: das Partnerdiktat, Wortschatz- und Ausdrucksübungen, das wechselseitige Vorlesen von (auch fremdsprachlichen!) Texten und die »Fehlerkarte« (Simon [2]1959, S. 161 ff.). K. H. Coppes bestätigt die Feststellung Simons, daß Übungen, Anwendungen, Wiederholungen, Vertiefungen und Übungsspiele eine führende Rolle in der Partnerarbeit einnehmen ([3]1972, S. 174). Grundsätzlich bietet die Partnerarbeit auf allen Schulstufen Chancen.

27.3 Bedeutung der Partnerarbeit

Die Relevanz der Partnerarbeit sollte sowohl unter dem Gesichtspunkt der Unterrichtsgestaltung als auch unter dem der Sozialerziehung gesehen werden.

Zu ihrer *unterrichtspraktischen Bedeutung* ist zu sagen:
Partnerarbeit stellt einen modernen Weg zur *Aktivierung der Schüler* dar; sie befriedigt in hohem Maße das Streben der Schüler nach Selbsttätigkeit und Selbständigkeit. Die Untersuchungen von K. H. Coppes haben ergeben, »daß die Schüler im Unterricht aktiv sein wollen. Sie haben den Wunsch, dem anderen zu helfen, ihre Meinung zu äußern und auf andere zu hören, dem Nachbarn Fragen zu stellen und Antworten zu geben, sich zu beraten und zu korrigieren. Weil die Partnerarbeit nach ihrer Meinung solches Tätigwerden ermöglicht, ist sie bei den meisten Schülern beliebt« ([3]1972, S. 212). Die Paararbeit wirkt aneifernd und weckt Arbeitsfreude; sie sichert außerdem das Drankommen aller (auch der schwächeren!) Schüler. Bei gleichem Zeitaufwand werden mehr Schüler am Lernprozeß beteiligt als im üblichen Frontalunterricht. Partnerarbeit erweist sich als »ausgezeichnete Hilfe für den Lehrer, der einen im autoritären Geiste groß gewordenen Schülerblock langsam auflok-

kern will, ohne zu viel von der mitgebrachten Ordnung zu zerstören« (Simon [2]1959, S. 35).

Zur *sozialerziehlichen Bedeutung* der Partnerarbeit ist zu bemerken:

Partnerarbeit stellt nicht nur ein Mittel zur Belebung der Unterrichtsgestaltung und eine Möglichkeit der Differenzierung und Individualisierung von Lernprozessen dar; sie ist letztlich dem Gedanken der *Sozialerziehung* verpflichtet. »Das eigentliche Ziel, das man mit Hilfe der Partnerarbeit erreichen möchte, ist die Erziehung des jungen Menschen zur Partnerschaft, also zur Hilfsbereitschaft, Freundlichkeit, Mitmenschlichkeit, Verantwortung, Fairneß und Liebe. Die Partnerarbeit bedeutet dabei nur ein Bauelement, das in der Aktion die Schüler erfahren läßt, was unter Partnerschaft verstanden wird« (Coppes [3]1972, S. 27). Der einzelne Schüler wird veranlaßt, seine Isolation aufzugeben und sich dem Partner zu öffnen. Eine partnerschaftliche Haltung schließt an weiteren sozialen Tugenden u. a. Kameradschaft, Helferwille, Altruismus, Rücksichtnahme, Entgegenkommen, Kompromißbereitschaft und Eintreten für den anderen ein. Durch die Anbahnung von Partnerschaft durch Partnerarbeit wird eine wichtige Vorarbeit für das Zusammenleben der Menschen in verschiedenen Bereichen der demokratischen Gesellschaft (Familie und Beruf, Gemeinde und Staat) geleistet.

Die *Praktizierung* von Partnerarbeit bedarf keiner äußeren Voraussetzungen und ist unter diesem Aspekt jedem Lehrer zumutbar. Selbst die aus dem Frontalunterricht gekannte Sitzanordnung braucht nicht verändert zu werden. Als kurz bemessene Vor- bzw. Nacharbeit zum Direktunterricht läßt sie sich beim Vorhandensein klarer Arbeitsaufträge ohne Schwierigkeit verwirklichen. Gerade die weitgehende Unabhängigkeit von speziellem Schulmobiliar sichert der Partnerarbeit in dieser Hinsicht unbezweifelbar einen Vorsprung gegenüber dem Gruppenunterricht.

Partnerarbeit ist sogar mit Programmiertem Unterrricht vereinbar. M. Hirzel hat den Nachweis führen können, daß sich »Partnerarbeit an Programmen als erfolgversprechende Alternative zur bisher vorherrschenden Praxis des programmierten Lernens in Einzelsituationen« rechtfertigen läßt (1969, S. 145). Des weiteren konnte durch eine empirische Untersuchung gesichert werden, daß der Wechsel von Partnerarbeit und Einzelarbeit die Lern-, Behaltens- und Transferleistungen der Schüler begünstigt: »Alternanz von individueller und kooperativer Arbeitsform wirkt sich im Vergleich zu ausschließlicher Einzelarbeit positiv auf den Lernerfolg aus« (Schell [2]1975, S. 89).

Als mögliche *Schwächen* bei der Realisierung von Partnerarbeit können u. a. genannt werden:

- Der Lehrer sollte die Ergebnisse der Partnergruppe als gemeinsame Leistung respektieren und nicht den Beitrag des einzelnen ergründen wollen.
- Die Tischnachbarn ergeben nicht immer eine gut funktionierende Arbeitsgruppe.
- Es ist nicht ganz unbedenklich, den Mitschüler zum Richter über Wahr und Falsch im Tun des Partners zu machen. Beide stehen auf derselben Ausbildungsstufe und sind sachlich (z. B. bei der Aussprache von Vokabeln) oft nicht kompetent.

In vielen Schulen (auch Gesamtschulen) ist die Partnerarbeit nicht mehr wegzudenken. Sie findet bei Lehrern und Schülern Zustimmung und zeitigt Erfolge in unterrichtlicher und erziehlicher Hinsicht. Partnerarbeit, die in die Nähe der modernen Forderung nach »sozialem Lernen« (s. Kap. 5.2) rückt, läßt endlich im Raum der Schule eine unterrichtliche Kontaktnahme der Schüler und damit soziale Kommunikation zu.

28. Gruppenunterricht

28.1 Standortbestimmung

Der Gruppenunterricht ist, wenn wir von Vorformen einmal absehen, im wesentlichen eine Errungenschaft des 20. Jahrhunderts. Die historischen Ausformungen auf deutschem Boden (u. a. Kerschensteiner, Gaudig, Scheibner und nicht zuletzt Petersen) sowie die ausländischen Anregungen (u. a. Dewey, Kilpatrick, Decroly, Cousinet, Washburne) sind u. a. von K. Seidelmann (1975) dargestellt worden. Die Konzeption des Gruppenunterrichts ist nach 1945 vor allem von E. Meyer ([7]1975), H. Fuhrich und G. Gick ([2]1954) sowie von G. Slotta (1955) sowohl hinsichtlich der Zielsetzung als auch der methodischen Umsetzung ausgestaltet worden.
Der *Gruppenunterricht* tritt als neue Form des mittelbaren Unterrichts mit dem Anspruch auf, im Vergleich zu anderen didaktischen Lehrweisen, vor allem zum Frontalunterricht, die effektivere Stilform hinsichtlich des Leistungsaufkommens des Schülers sowie der Ausbildung sozialer Verhaltensweisen zu sein. Bestimmte Aufgaben (gleichartige oder verschiedenartige Themen) werden (freien oder festen) Tischgruppen von 3 bis 4 (selten 5 bis 6) Schülern zu selbständiger Bearbeitung zugewiesen. Die einzelnen Schülergruppen werden auf diese Weise zu den eigentlichen Trägern des Lernprozesses. Man könnte beim gruppenunterrichtlichen Verfahren von einer Molekularisierung der Klasse sprechen, die zum Zwekke der Differenzierung des Unterrichts vorgenommen wird. Wie die Arbeitsaufträge aus dem Unterricht im Klassenverband hervorgehen, so müssen die Teilergebnisse der Gruppen auf der Stufe der Arbeitsvereinigung wieder in das Ganze integriert werden. Als »sozial-orientierter Unterricht« (E. Meyer [7]1975, S. 187) zählt der Gruppenunterricht zu den *sozialen* Formen des Unterrichts (s. Rank 1961).
Wir machen keinen Unterschied zwischen *Gruppenunterricht* und *Gruppenarbeit.* »Gruppenunterricht« bezeichnet eindeutig eine Unterrichtsform (Unterricht in Form von Gruppen); demgegenüber betont »Gruppenarbeit« stärker das Handlungsgeschehen auf seiten der Schüler (Arbeiten in Gruppen). Seit einigen Jahren wird häufig der Terminus *»Kleingruppenarbeit«* verwendet, da die geschlossene

»Schulklasse« bereits den soziologischen Tatbestand einer »Gruppe« erfüllt. Noch größere Arbeitsverbände (z. B. beim Medienverbundunterricht) nennt man zum Unterschied »Großgruppe«.
Bei systematischer Betrachtung des Phänomens »Gruppenunterricht« stößt man sogleich auf einen didaktisch-methodischen und auf einen erziehlichen Aspekt: Gruppenunterricht kann – ähnlich wie die Partnerarbeit – ausschließlich als ein unterrichtsorganisatorisches Arrangement oder als ein Erziehungsmittel im Zusammenhang mit der *Gruppenpädagogik* verstanden werden.
Das sozialerzieherische Moment wird (neben M. Kelber) von Ursula Walz betont. Nach ihrer Auffassung hat die Gruppenarbeit die »individuelle *soziale Reifung des Menschen* in der pädagogisch geführten Gruppe« ([3]1968, S. 13) zum Ziel. Sie setzt sich mit der Frage auseinander, »was Gruppenunterricht und Gruppenarbeit im Sinne der Gruppenpädagogik für die Erziehung zur demokratischen Lebensform in der Schule beitragen können« ([3]1968, S. 11). In diesem Kontext wird auf die Bedeutung des demokratischen Führungs- und Erziehungsstils hingewiesen.
In die gleiche Richtung weist die Formulierung: »Der Wert des Gruppenunterrichts liegt nicht in erster Linie darin, die schulischen Leistungen zu steigern, sondern vielmehr in seiner sozialerzieherisch positiven Wirkung« (Dumann/Scharff 1967, S. 10). In wieder anderer Weise ist versucht worden, Kleingruppenarbeit als Realisierungshilfe des Erziehungszieles »Teamfähigkeit« zu verstehen (Bürger 1978).
Auch in der unterrichtspraktischen Literatur (z. B. E. Meyer [7]1975) wird die sozialerziehliche Wirkung des Gruppenunterrichts im allgemeinen nicht verkannt.
Der Anwalt des *unterrichtlichen* Moments ist G. Slotta (1955). Er legt den Schwerpunkt auf die didaktisch-methodische Seite beim Gruppenunterricht unter Zurückstellung der gruppenpädagogischen Intention. Folgerichtig sieht er die primäre Aufgabe des Gruppenunterrichts in der Bewältigung von Sachaufgaben, nicht in der Lösung von sozialen Problemen.

28.2 Formen des Gruppenunterrichts

Die Bezeichnung »Gruppenunterricht« erweist sich selbst als Sammelbegriff für verschiedene Unterformen, nämlich den arbeitsgleichen, den arbeitsteiligen und den gemischt-arbeitsteiligen Gruppenunterricht. Im folgenden sollen die einzelnen Arten gekennzeichnet und in ihrer Funktion gewürdigt werden.

28.2.1 Arbeitsgleicher Gruppenunterricht

Bei dieser Form bearbeiten die Tischgruppen einer Klasse dieselbe Aufgabe (daher auch: thematisch übereinstimmender Gruppenunterricht). Als positiv wird dabei

veranschlagt, daß die Gruppen in einen Wettbewerb untereinander treten (daher auch: konkurrierender Gruppenunterricht). Die Arbeitsanweisungen werden vom Lehrer in den meisten Fällen mündlich gegeben. E. Meyer bringt u. a. das Beispiel: »Wir bestimmen das spezifische Gewicht« ([7]1975, S. 108ff.). Das problematisierende Eingangsgespräch in der Klasse führt schließlich zu der Fragestellung: »Was ist schwerer, Holz oder Kreide? Wir müssen wissen, wie schwer gleiche Raummengen sind«. Jede Gruppe bekommt einen Holzquader von 60 ccm und ein Stück Kreide zum Wiegen. Die Schüler gelangen auf diesem Wege zu dem Ergebnis: 1 ccm Holz wiegt 0,7 g, 1 ccm Kreide 1,2 g. Gewonnene Erkenntnis: Gleiche Raummengen können verschieden schwer sein. Jeder Stoff hat sein eigenes (»spezifisches«) Gewicht.
Arbeitsgleicher Gruppenunterricht kommt dann zum Einsatz, wenn besonders wichtige Lehrinhalte erarbeitet werden sollen. Voraussetzung ist allerdings, daß das notwendige Arbeitsmaterial in hinreichender Zahl zur Verfügung steht. Bei der abschließenden Berichterstattung möchte jede Schülergruppe ihre Leistung zeigen. Die Arbeitsvereinigung erfolgt in der Regel im Gespräch mit der ganzen Klasse.

28.2.2 Arbeitsteiliger Gruppenunterricht

In diesem Falle wird eine Gesamtaufgabe in Teilaufträge gegliedert, so daß jede Gruppe ein anderes Unterthema bekommt. Der arbeitsteilige Gruppenunterricht eignet sich besonders dort, wo nicht »Kernwissen«, sondern »Randwissen« (Poppelreuter 1933) vermittelt werden soll. Die in der Literatur mitgeteilten Beispiele überzeugen nicht immer. Man kann nicht bei der geographischen Behandlung von Italien einer Gruppe die Lombardei, der zweiten die Toscana, der dritten Apulien, der vierten Calabrien usw. zu gesonderter Erledigung zuweisen, wo doch didaktisch zu fordern ist, daß die Schüler ein Elementarwissen über alle italienischen Provinzen erlangen. Die flüchtigen Abschlußberichte der Gruppen erfüllen diese Funktion nicht! Wohl könnte – um ein Gegenbeispiel zu nennen – die historische Dimension der *Verkehrsmittel* verdeutlicht werden zum Zwecke der Einsicht: Jedes Fahrzeug hat sich aus einfachen Anfängen zu immer größerer Perfektion entwickelt. Folgende Teilaufgaben wären für die einzelnen Gruppen möglich:

1. Schiff (vom Einbaum zum Ozeanriesen!)
2. Eisenbahn (von der Dampflokomotive zur Alwegbahn!)
3. Auto (von der Kraftdroschke zum modernen Luxusauto!)
4. Fahrrad (von der Draisine zum Zehn-Gang-Rad!)
5. Flugzeug (vom Gleitflugzeug zum Jet!) usw.

Jeder Schüler erfährt auf diese Weise exemplarisch die Kulturgeschichte eines Fahrzeugs und erkennt, daß der jeweils erreichte Entwicklungsstand überholbar ist.
Bei dem arbeitsteiligen Gruppenunterricht können die (vier) Schüler einer Gruppe

mit demselben Thema beschäftigt sein (a) oder die Arbeitsteilung – und zwar thematisch wie methodisch – noch weiter steigern (b).

Schematisch: (a)

+	+
+	+

(b)

+	/
−	×

G. Slotta illustriert die potenzierte Möglichkeit anhand des Themas »Deutsche Forscher und Erfinder«: 1. Gruppe: Robert Koch, 2. W. v. Siemens, 3. Benz, 4. Lilienthal, 5. Röntgen, 6. Diesel. Jedes der Gruppenthemen kann, sofern die Schüler in der Gruppenarbeit hinreichend gefördert sind, *inhaltlich* weiter aufgegliedert werden, z. B. das erste Thema:

1. Schüler: Robert Kochs Kindheit und Jugend
2. Schüler: Wie Robert Koch den Tuberkulosebazillus entdeckte
3. Seine anderen Entdeckungen
4. Robert Koch erhält den Nobelpreis.

Es ist auch eine Arbeitsteilung nach der *Darstellungs- und Arbeitsweise* der Schüler möglich: exzerpieren, schriftlich darstellen, Karte zeichnen, etwas berechnen o. ä. (s. Rank 1961, S. 148).

Aus medialer Sicht empfiehlt sich arbeitsteiliges Verfahren dort, wo der Lehrer verschiedenartiges Arbeitsmaterial zur Hand hat. Die Programmatiker des Gruppenunterrichts sehen in dieser Form das Endziel. Die Hochform ist dann erreicht, wenn die Gruppenarbeit als ein Mittel verwendet werden kann, »um ein umfangreicheres inhaltliches Ganzes in verhältnismäßig kurzer Zeit zu erarbeiten« (Slotta 1955, S. 72) (im Original gesperrt!).

28.2.3 Gemischt-arbeitsteiliger Gruppenunterricht

Hier präsentiert sich uns eine Mischform: Einige Schüler operieren arbeitsgleich (z. B. beschäftigen sich beim Problem »Sicherheit im Straßenverkehr« zwei oder gar drei Gruppen mit dem Teilthema »Unfallstatistik«), andere arbeitsteilig. Sie vereinigt die Vorteile des themengleichen (Konkurrenz) mit denen des differenzierenden Verfahrens (Arbeitsökonomie) in sich. Zum Einsatz dieser Zwischenform kann es aus verschiedenen Gründen kommen:

- Der Ausbildungsstand der Klasse kann dazu nötigen: Nicht alle Lernenden sind hinsichtlich ihres methodischen Könnens oder ihres Arbeitsstils so weit fortgeschritten, daß sie zu selbständiger Neuerarbeitung fähig wären.
- Bei schwierigen Themen bedeutet es für den Lehrer eine Sicherheit, wenn sich mehrere Gruppen auf die gleiche Materie konzentrieren.
- Es kann auch der Fall eintreten, daß der anstehende Lehrgegenstand von der Sache her nur eine Differenzierung in einige wenige Teilthemen zuläßt, so daß einige

Schüler arbeitsgleich vorgehen müssen. Gerade durch die Praktizierung dieser Zwischenform wird eine unnötige Ausweitung des Lehrstoffes vermieden.
- Gemischt-arbeitsteiliger Gruppenunterricht kommt ferner in Betracht, wenn die Arbeitsunterlagen zahlenmäßig für einen arbeitsteiligen Unterricht der ganzen Klasse nicht ausreichen.
- Schließlich kann der gemischt-arbeitsteilige Gruppenunterricht als Übergangsform von der themengleichen zur arbeitsteiligen Variante eingestuft werden.

Zusammenfassend kann zu den verschiedenen Versionen von Gruppenunterricht gesagt werden: Ein Lehrer, der sich für die Durchführung von Gruppenarbeit entschieden hat, wird sich vermutlich nicht einer der genannten Formen verschreiben, sondern im konkreten Falle sich in seiner Wahl von dem Reifegrad der Schüler, von Thema und Lehrziel und nicht zuletzt von Qualität und Quantität vorhandener Lehrhilfen (Medien, Quellen u. dgl.) bestimmen lassen.

28.3 Hinführung zur Gruppenarbeit

Mancherlei firmiert heute unter der Bezeichnung »Gruppenunterricht« (z. B. »Abteilungsunterricht«, jegliche »Kleingruppenarbeit«), was, streng genommen, mit der zentralen Intention dieser Unterrichtsform wenig zu tun hat. Im Sinne der Klarstellung sei betont: »Zum Wesen des Gruppenunterrichts gehören Kooperation, Arbeitsteilung und Austausch der Gruppenergebnisse« (Schröter 1969, S. 212f.). Der Gruppenunterricht stellt zweifellos eine anspruchsvolle Form der Unterrichtsgestaltung dar; sie kann daher nicht unvermittelt in einer Schulklasse eingeführt werden, sondern setzt eine langfristig geplante *Anbahnung* mit sich steigernden Schwierigkeitsgraden voraus. Bereits in der Lehrerausbildung müßten die Pädagogen auf diese soziale Form des Unterrichts vorbereitet werden, Kenntnisse über gruppendynamische Prozesse gewinnen oder gar ein entsprechendes Verhaltenstraining absolvieren. Gruppenunterricht ist nur bei einem partnerschaftlichen Unterrichtsstil des Lehrers möglich; »denn er verlegt den Schwerpunkt seines Wirkens vom Dozieren einer Wissenschaft hinüber in die Organisation des kindlichen eigentätigen Schaffens« (Scheibner [5]1962, S. 174).

Die *Umsetzung* der Konzeption des Gruppenunterrichts *in die Schulpraxis* stellt den Lehrer vor besondere Probleme:

- Mit der Gruppenarbeit kann zwischen dem 3. und 5. Schuljahr begonnen werden.
- Beizeiten muß das Problem der *Gruppenbildung* gelöst werden. Sie ist auf mehrfache Weise möglich: Entweder setzen sich die Partner nach freier Wahl aufgrund von Sympathie und Freundschaft zusammen, oder der Lehrer konstituiert die Gruppen – vor allem im Anfangsstadium – nach eigener Einschätzung, nicht zuletzt unter dem Gedanken der Arbeitsergiebigkeit; dabei kann das Soziogramm hilfreich sein.

– Für die *Funktion des Leiters* der Gruppe müssen geeignete Schüler besonders vorbereitet werden. Von deren Fähigkeit und Integrationskraft hängt das Gelingen der Arbeit innerhalb der Gruppe wesentlich ab.
– Zu Anfang sollte der Lehrer nicht zu schwierige Aufgaben auswählen. Zunächst kommen Übungsaufträge, später erst selbsttätige Neuerarbeitungen in Betracht.

– Die thematisch übereinstimmende Form des Gruppenunterrichts ist zuerst in die Tat umzusetzen. Dasselbe Thema für die Schüler einer Gruppe erleichtert die Kommunikation unter den Mitschülern, die Arbeitsdurchführung und das Redigieren des Gruppenberichts. Erst nach einem gewissen Erfahrungsgewinn kann zu dem schwierigeren arbeitsteiligen Verfahren übergegangen werden.

Der Lehrer muß die *Verlaufsstruktur des Gruppenunterrichts* mit seinen Hauptphasen »Arbeitsplanung«, »Arbeitsausführung« (= eigentlicher Arbeitsprozeß) und »Arbeitsprüfung« (s. hierzu Vogel [3]1978, S. 26ff.) genau kennen; denn aus deren Bestimmung leiten sich die von ihm zu treffenden Maßnahmen unmittelbar her.

Dies scheinen uns die *kritischen Punkte* bei den Stufen des Gruppenunterrichts zu sein:
– das Eröffnungsgespräch, das der Themafindung dient. Aus der Problematisierung eines Sachverhalts sollen untersuchungswürdige Teilaufgaben mit Aufforderungscharakter erwachsen, mit denen sich die Schülergruppen identifizieren können;
– der eigentliche Beginn der Eigentätigkeit, bei dem zunächst die Strategie des Vorgehens (interne Planung, Arbeitsverteilung, Materialbeschaffung usw.) überlegt wird und der tote Punkt zu überwinden ist;
– das Abfassen des vor der Klasse vorzutragenden Schlußberichts innerhalb der Gruppe;
– das Erstatten des Ergebnisberichts vor dem Plenum. Die Crux der Arbeitsvereinigung wird allgemein erkannt: »Ich halte die Phase des Gruppenberichtes für die kritischste während einer Gruppenunterrichts-Einheit. Mit ihrer Qualität steht und fällt der Erfolg der gesamten Arbeit« (Schröter 1969, S. 217) (im Original gesperrt!).

Rückblickend kann festgestellt werden: Das rechtzeitige Erkennen gewisser in der Sache selbst liegender Schwierigkeiten wird den Gruppenunterricht praktizierenden Lehrer vor Enttäuschung und Mißerfolg bewahren. Methodische Hinweise für eine angemessene Realisierung von Gruppenunterricht werden in der unterrichtspraktischen Literatur mehrfach gegeben (Fuhrich/Gick [2]1954, Kober [2]1965, Schröter 1967). Konkrete Entwürfe für schulische Gruppenarbeit finden sich u. a. bei Forsberg/Meyer 1973. Moderne Intentionen zielen dahin, durch die Entwicklung von Gruppenlernprogrammen programmiertes und gruppenhaftes Lernen miteinander zu verbinden (Bennack 1977).

28.4 Kritische Würdigung

Da der Gruppenunterricht eine voraussetzungsvolle Unterrichtsform darstellt, ist er auch – vor allem im Anfangsstadium – besonders anfällig. Im folgenden sollen einige *mögliche Erschwerungen* zur Sprache gebracht werden, denen der Lehrer jedoch z. T. begegnen kann.

Grenzen in den äußeren Umständen

- Die Zahl der Schüler kann zu groß sein.
- Der Klassenraum kann unzweckmäßig ausgestattet sein (starre Bänke, unbefriedigende Lichtverhältnisse); günstig sind Nebenräume (Gruppenräume).
- Es kann quantitativ und qualitativ an Arbeitsmitteln fehlen; diese sind aber eine unabdingbare Voraussetzung für die Selbsttätigkeit der Schüler.
- Die Schüler können in den notwendigen Arbeitstechniken nicht genügend geschult sein.

Grenzen im Sozialen und Erziehlichen

- Das Sicheinfügen in die Gruppe kann auch aus vitaler Schwäche erfolgen; es fehlt dann an individuellem Durchsetzungsvermögen.
- Die Gruppenarbeit kennt Arbeiter und »Mitläufer«; schwächere Schüler können sich im anonymen Dunkel der Gruppe hinter aktiven und arbeitsamen Mitschülern verstecken.
- Der Wettbewerb zwischen den Gruppen darf nicht zu Gruppenegoismus führen.

Grenzen in den Lehrinhalten

- Nicht geeignet sind gefühls- und erlebnisbetonte Unterrichtsinhalte sowie solche, die eine individuelle Leistung erfordern (z. B. Aufsatz, Kunstgestaltung). Ausgeschlossen bleiben ferner Inhalte, die der Interpretation durch den Lehrer bedürfen.
- Für eine selbsttätige Erarbeitung scheiden ferner zu schwierige Lehrinhalte aus.
- Beim arbeitsteiligen Gruppenunterricht besteht die Gefahr der Themenflut. Wenn jede Gruppe (oder gar jeder Schüler der Gruppe) einer eigenen Teilaufgabe nachgeht und vor dem Plenum darüber Rechenschaft ablegt, kann es leicht zu einer Überbürdung mit Lehrstoff kommen. Als Ausweg bietet sich das gemischtarbeitsteilige Verfahren an.

Grenzen im Schüler

- In jeder Klasse gibt es typische Individualisten, die einer Zusammenarbeit mit anderen abgeneigt sind. Hinzu kommt ein phasenmäßiger Individualismus: Jugendliche lehnen im Stadium der Vorpubertät und der Reife – zumindest vorübergehend – eine Vergruppung ab, weil sie ihre Individuation behindert. Anderer-

seits bietet die Gruppenarbeit in diesen Jahren aus didaktischer Sicht besondere Chancen.
- Eine wirkliche Klippe bilden (vor allem beim arbeitsteiligen Gruppenunterricht) die *Ergebnisberichte* der Schüler. Die Lernenden sind hier häufig überfordert, weil sie als Berichterstatter Lehrfunktionen wahrnehmen sollen. Die Bedenken gelten sowohl der Form (z. B. Verlesen von Texten) als auch dem Inhalt der Berichte (zuweilen wird aus Nachschlagewerken abgeschrieben, so daß das Referierte auch Unverstandenes enthalten kann). Bei der arbeitsteiligen Form sind die diffugen Berichte wenig geeignet, ein Basiswissen bei allen Schülern der Klasse zu sichern. Die Schüler kennen mitunter ganze Themenbereiche nur vom Hörensagen. In der Phase der Arbeitsvereinigung muß sich der Lehrer vermehrt einschalten.

Nach dem Aufweis einiger Gefahrenpunkte des Gruppenunterrichts sollen nun die nicht zu übersehenden *Vorteile* dieser Unterrichtsform herausgestellt werden. Eine positive Würdigung weiß pädagogische und didaktische Argumente vorzubringen.

Pädagogische Gründe

- Forschungen über den Gruppenunterricht haben ergeben, »daß durch ihn im jungen Menschen die für das Leben notwendigen sozialen Tugenden entwickelt, die gesittete Form der Zusammenarbeit, die gegenseitige Hilfe, die Solidarität und das gegenseitige Verständnis gefördert werden . . . Steigerung des Selbstwertgefühls, Bereitschaft zur Verantwortung, kritische Fragehaltung sind besondere Kriterien, die als Ergebnis sichtbar werden« (E. Meyer [7]1975, S. 187).
- Der Gruppenunterricht verfolgt nicht zuletzt Ziele der Sozialerziehung. »Gruppenarbeit in der Schule ist Vorübung zur Teamarbeit im Leben« (Walz [3]1968, S. 251) (im Original gesperrt!).

Didaktische Gründe

- Der Gruppenunterricht verwirklicht das Aktivitätsprinzip. Ähnlich wie die Einzelarbeit und die Partnerarbeit bietet er dem Schüler die Möglichkeit, selbsttätig und in eigener Verantwortung zu lernen. Er realisiert den Grundsatz der Arbeitsschuldidaktik: durch Selbsttätigkeit zur Selbständigkeit. Freilich sind nicht alle Schüler gleichermaßen eigentätig.
- Der Gruppenunterricht erhöht die kommunikative Kompetenz. »Bei der *Realisierung der Kleingruppenarbeit* handelt es sich u. a. *um einen entscheidenden Beitrag* . . . zur *Erhöhung der Interaktionschancen* des einzelnen und somit zur Förderung sprachlich gehemmter Kinder . . .« (E. Meyer 1977, S. 462).
- Der Gruppenunterricht erlaubt durch seine Arbeitsteilung eine *Individualisierung*. Durch Differenzierung in den Aufträgen kann den individuellen Fähigkeiten in einem hohen Maße entsprochen werden. Auf diese Weise werden die besonderen Neigungen, Begabungen und Interessen sowie das Arbeitstempo des einzelnen

Schülers berücksichtigt. Jedoch sollte die Fixierung auf eine bestimmte Rolle innerhalb der Gruppentätigkeit vermieden werden.

- Der Gruppenunterricht ermutigt den schwachen Schüler. Während der schwächere Schüler sich beim Klassenunterricht kaum mitzusprechen getraut, nimmt die Intimgruppe ihm die Angst. Im kleinen Kreis wird er sich eher hervorwagen und einen Beitrag leisten.
- Nach den Untersuchungen von G. Dietrich zeigt der Gruppenunterricht eine Überlegenheit gegenüber frontalunterrichtlich geführten Klassen im Bereich der objektiv feststellbaren Leistung, in der Reproduktion von Wissensbeständen und in der Beherrschung geistiger Arbeitstechniken. »Des weiteren ist die Versuchsgruppe den Kontrollgruppen im Hinblick auf die sozialen Verhaltensweisen erkennbar überlegen« (G. Dietrich 1969, S. 185).

Zusammenfassend kann festgestellt werden: Der Gruppenunterricht ist aus Bestrebungen der Didaktik hervorgegangen, wirkungsvollere Formen der Leistungs- und Sozialerziehung als beim überkommenen Klassenunterricht zu entwickeln. Die theoretische Diskussion hat zwar einen beachtlichen Stand erreicht, aber »in der Schulwirklichkeit ist der Gruppenunterricht eine Ausnahme« (Aschersleben [3]1979, S. 130). Der hauptsächlich im Raume der früheren Volksschule praktizierte Gruppenunterricht ist in engstem Zusammenhang mit dem Klassenlehrerprinzip zu sehen. Der Durchführung von Gruppenunterricht steht heute das dominierende Fachlehrersystem erschwerend im Wege. Es ist kaum möglich, das Schulmobiliar fortwährend umzugruppieren. Außerdem fehlt die Kontinuität in der Arbeit. Aber auch gewisse innere Voraussetzungen müssen gegeben sein. Man kann sich aufgrund der ungünstigen Ausgangssituation nur wünschen, daß einiges von der Grundidee des Gruppenunterrichts auch unter veränderten Bedingungen (u. U. auch in der »Partnerarbeit«) in der Schule bewahrt bleibt.

VI. Methoden – Unterrichtsgestaltung

29. Das Problem der Unterrichtsmethode

29.1 Begriffliche Bestimmung

Das aus dem Griechischen stammende Wort *»Methode«* kann mit Weg zum Ziel übersetzt werden; gemeint ist ein überlegtes Vorgehen, ein kalkuliertes Verfahren. Nicht nur in der Schule gibt es Methoden: Die Wissenschaft arbeitet mit Forschungsmethoden; die Kunst hat ihre Darstellungsmethoden. Weiter gibt es Untersuchungs-, Meß-, Behandlungs- und Herstellungsmethoden. In der Schule geht es um *Vermittlungsmethoden*. Schule ist dadurch gekennzeichnet, daß in ihr planmäßig und reflektiert gelehrt wird; das Lernen soll hier nicht dem Zufall überlassen werden, sondern System haben. Es ist »der methodisch aufgebaute Unterricht das eigentliche Rückgrat der Schule« (G. Geißler 1960, S. 276).
Das Problem der Unterrichtsmethode hat eine ehrwürdige Tradition. G. Hausmann hat festgestellt, daß die Theorie der Methode von Anfang an eines der entscheidenden Hauptmotive der Didaktik gewesen ist (1959, S. 32); dies gilt verstärkt seit dem Bemühen der Didaktiker des 17. Jahrhunderts (Ratke, Comenius u. a.). Von dieser Zeit ab ist die Methodenlehre ein fester Bestandteil der Didaktik. Eine Geschichte der Methoden kann hier nicht ausgebreitet werden: Wir verweisen u. a. auf K. Rebel (1970), der unserer Frage von den Sophisten bis zu den Herbartianern nachgegangen ist, auf W. Klafki (1961) sowie auf G. Geißler ([8]1970) und Th. Schwerdt ([12]1959), die die neueren Ansätze darstellen.
Im Begriff »Methode« schwingt seine ganze Geschichte mit. Von Ratke bis zur Gegenwart herauf zeigt er zahlreiche Sinnschattierungen: Das Gewicht kann dabei mehr auf den Unterrichts*formen* (z. B. Katechese), auf den Unterrichts*stufen* (so bei den Herbartianern) oder auf den Unterrichts*weisen* (z. B. Vortragen; Erzählen bei Scharrelmann) liegen. »Nach dem gegenwärtigen Stand der pädagogischen Reflexion wäre . . . dem faktischen Befund nur noch ein sehr umfassender Begriff ›Methode‹ angemessen, der alle drei Bestimmungen (Unterrichtsstufen, Unterrichtsweisen, Unterrichtsformen) . . . in sich schließt« (Stettner 1955, S. 67f.; s. auch A. Roth 1967). Gerade die verschiedene Lagerung der einzelnen Konstituentien und ihr integraler Zusammenhang führen zu der bekannten Methodenvielfalt.
Methoden im Unterricht sind Verfahrensweisen, die der planmäßigen Gestaltung von Lernvorgängen dienen; sie sind »die Organisations- und Vollzugsformen des Lehrens und Lernens« (Klafki 1976, S. 58). Unterrichtsmethode kann mit Lehrgang, Unterrichtsverfahren, Verlaufsgestaltung des Unterrichts, mit Regelung von Lehr-Lern-

prozessen zwecks Erreichung bestimmter Lehrziele unter Einschluß von Lehrhilfen und Medien umschrieben werden.
»Unterrichtsmethode« fungiert als Oberbegriff von Lehrmethode und Lernmethode. »Die Unterrichtsmethode kann nur aus dem dialektischen Zusammenhang von *Lehrmethode* (Methode der Vermittlung, der Führung, des Lehrens usw.) und *Lernmethode* (Methode der Aneignung, der Erkenntnis, des Lernens usw.) verstanden werden« (Klingberg 1972, S. 289). Unterrichtsmethode meint im didaktischen Schrifttum jedoch vorrangig *Lehr*methode. »Lehrmethode umfaßt einen ganzen Fächer von Dimensionen: kognitive Strukturierung des Unterrichts, soziale Strukturierung, organisatorische Maßnahmen, sachstrukturelle Anordnung (Sequentierung) u. a. m.« (Einsiedler 1976, S. 122). Wir verweisen an dieser Stelle auf Kap. 6 und 7.

29.2 Einzelmomente der Unterrichtsmethode

Die Aussagen der didaktischen Literatur über das Wesen der Methode sind wenig konkret und für die Umsetzung in die Praxis nicht immer verwertbar. Wir wollen daher im Sinne der Präzisierung unseres Themas einige Teilprobleme zur Sprache bringen:

– *Zur Struktur der Unterrichtsmethode*

Durch phänomenologische Reduktion, d. h. durch Absehen von allem Zufälligen, für den Einzelfall Charakteristischen, ist man zur Erkenntnis der *Struktur* einer jeden Vermittlungsmethode gelangt. Unterrichtsmethode ist für E. Weniger »der infolge der menschlichen Anlagen und Begabungen oder Neigungen und Interessen gegebene Weg, um einen Sachverhalt zum Eigentum eines Menschen zu machen« ([3]1960, S. 18). W. Flitner definiert Methoden als »Wegbahnungen für den Zögling und die Gesamtheit der Einwirkungen auf ihn« ([13]1970, S. 134).
Die didaktische Theorie betont in der Gegenwart den *Prozeßcharakter von Methode:* Jede Methode arbeitet mit der Vorstellung eines Ausgangspunktes und eines angestrebten Zieles. Methode i. e. S. versteht sich als der Weg zu dem gewünschten Endzustand. Dieser Lehr-Gang erfolgt nicht nur schrittweise. »Das Bild, das dem methodischen Denken durchweg zu Grunde liegt, ist das einer Treppe: das geistige Fortschreiten des Schülers stellt sich als ein Hinaufschreiten von Stufe zu Stufe dar« (G. Geißler [8]1970, S. 5). (Bereits in Platons »Höhlengleichnis« geschieht »Paideia« als Emporführung, als Aufstieg; man denke auch an die nicht zufälligen Bezeichnungen wie »Grundschule«, »Mittelschule«, »höhere Schule« und »Hochschule«!). Es ist Aufgabe wissenschaftlicher Didaktik, durch Analyse der geistigen Prozesse die Lernebenen zu identifizieren und dementsprechend den Aufbau des Unterrichts zu arrangieren (s. Schwager 1958). »Was bildlich als ›Weg‹ bezeichnet wird, stellt nichts anderes dar als die unterrichtlichen Tätigkeiten und Hilfsmittel, die zum Ziele führen

sollen« (Gärtner 1964, S. 166). Zugleich wird mit Lehr-Gang die Dimension der Zeit angedeutet. Bei methodischem Vorgehen werden die Lernprozesse im Unterricht systematisiert (d. h. so organisiert, daß alle wichtigen Sachverhalte geordnet vermittelt werden) und ökonomisiert (d. h. mit einem Minimum an Aufwand soll ein Maximum an Effekt erreicht werden). Schließlich muß Unterrichtszeit verantwortet werden.

– *Die Beachtung sachlogischer und psychologischer Gegebenheiten*

Alles unterrichtsmethodische Denken kreist um die Frage, wie eine fruchtbare Begegnung zwischen Lernenden und Lerninhalt ermöglicht werden kann (H. Roth [14]1973, S. 109ff.), wie es zu einer »Synthese zwischen Schüler und Gegenstand« (Martin 1964, S. 61) kommt. Es handelt sich hier um einen Sonderfall des allgemeinen Seele-Welt-Dialogs (Schiefele 1963). Die Unterrichtsmethode wird bei diesen Bemühungen zum Brückenschlag zwischen Schüler und Lehrinhalt. Sie muß sich dabei sowohl von der Rücksicht auf den Lehrgegenstand als auch von der Respektierung des Lernenden leiten lassen. Das Unterrichtsverfahren ist insofern von objektiven und subjektiven Faktoren abhängig; anders ausgedrückt: Es hat zwischen Sachlogik und Psychologik dialektisch zu vermitteln.
Die Schwierigkeit methodischen Vorgehens besteht darin, daß der Unterrichtsgegenstand ganz verschieden strukturiert (z. B. von unterschiedlichem Schwierigkeitsgrad) sein kann und daß ferner die Lernenden von ihrem Entwicklungsstand und ihrer Lerngeschichte her jeweils unterschiedlich beschaffen sind. Ganz allgemein kann gesagt werden, daß mit zunehmendem Alter der Schüler der Lehrer in der Wahl seiner Methode sich mehr und mehr vom Sachpol leiten lassen kann (Logotropie!).

– *Die Ausgewogenheit von Können und Leistungsforderung*

»Im Hinblick auf den Lernenden ist das rechte Verhältnis von ›Kraft‹ (des Lernenden) und ›Anforderung‹ (durch den Lehrer) das entscheidende Kriterium fruchtbarer Unterrichtsmethoden« (Klafki 1961, Sp. 624). Dabei sollte »Kraft« nicht statisch, sondern vielmehr als in Entwicklung begriffene Größe, die eine zunehmende Beanspruchung erlaubt, verstanden werden – gemäß der Devise: Fördern durch Fordern! Rousseau hat seinerzeit von dem Gleichgewicht von Wollen und Können gesprochen. Die Kunst der Methode liegt demnach in der rechten Dosierung.
Wir berühren hier das didaktisch-methodische Problem der *Vorwegnahme*. Der Vorgriff auf künftig zu realisierende Verhaltens- und Leistungsmöglichkeiten ist für die Institution »Schule« bezeichnend; ist doch schulische Aneignung wesensmäßig Lernen auf Vorrat (s. Steindorf [3]1976, S. 46ff.). Bei dieser vom Auftrag her notwendigen Antizipation sollte jedoch eine *Verfrühung* vermieden werden. Ein Sachverhalt sollte erst dann vermittelt bzw. erarbeitet werden, wenn Aussicht auf Verständnis und Bewältigung vorhanden ist. Aus diesem Grunde sollte in der kognitiven Entwicklung (Abstrahieren, Differenzieren) nichts forciert werden. Eine pädagogisch verantwortete Vorwegnahme wird um die rechte Balance wissen.

Ebenso wie die Verfrühung ist auch eine *»Verspätung«* abzulehnen: Es können zu einem günstigen Zeitpunkt Entfaltungschancen vertan werden (z. B. bei der Befolgung des Erziehungsgrundsatzes: Bewahrung statt Bewährung!). Aus dem Prinzip der Vorwegnahme resultiert die Forderung, geeignete Fördermaßnahmen im richtigen Augenblick einzuleiten – jedoch durchaus in der Weise, daß pädagogische Vorgriffe eine Anreizfunktion für die Herausbildung von Anlagen ausüben.

– *Übermittelbarkeit und methodische Aufbereitung*

Die zu lehrenden Sachverhalte besitzen entweder von sich aus Übermittelbarkeit (dies wird bei einfach strukturierten Gegenständen der Fall sein!), oder sie werden wenigstens dadurch lehrbar, daß sie methodisch aufbereitet werden. Aufgrund des Kompliziertheitsgrades der im Unterricht zu vermittelnden Begriffe, Prinzipien, Regeln, Methoden usw. wird vom Lehrer in vielen Fällen ein besonderes didaktisches Arrangement zu treffen sein. Als methodische Möglichkeiten stehen ihm zu diesem Zwecke verschiedene Lehrweisen, z. B. Deutung, Erklärung, Darstellung, Entwicklung, Vorzeigen, Veranschaulichen, Vergleich, Bebeispielung, zur Verfügung.

Bei der methodischen Formgebung stellt sich von der Sache her zumeist das Problem der *Vereinfachung* der Lehrgegenstände, die nicht zur Entstellung, zur Verfälschung des Objekts oder zur Simplifizierung werden darf (s. hierzu Salzmann 1970).

– *Unterrichtsmethode als Imitation der Forschungsmethode?*

Die methodische Notwendigkeit, den Schüler mit der Sache zu »verhaken« (H. Roth), kann bei gegebenem Anlaß (z. B. bei der Bestimmung der Erbregeln Mendels oder bei der Konstruktion des Wagnerschen Hammers) dazu führen, das Lehrverfahren dem Forschungsprozeß anzugleichen. Um den Schüler für eine Sache zu gewinnen, wird (als pia fraus paedagogica) der Eindruck erweckt, als wäre der betreffende Gegenstand noch gar nicht erkannt, als wäre die Wahrheit erst zu suchen. An dieser Stelle ergibt sich eine direkte Verbindung zum entdeckenden Lernen (s. Kap. 10), zum Neugierverhalten des Schülers, zu den Bemühungen um eine rechte Motivation und zu der problementwickelnden oder genetischen Lehrstrategie (s. Lehner 1979, S. 97ff.).

29.3 Einsichten der Methodenlehre

Das in der Vergangenheit gewonnene Fachwissen über Art und Weise der Weitergabe von Lehrinhalten hat sich zu einer Methodenlehre (bzw. Methodik) verdichtet. *Methodik* ist als Teildisziplin der Allgemeinen Didaktik die Theorie von der Bildungsvermittlung, von den anzuwendenden Lehr- und Lernverfahren. Nachstehend sollen einige Erkenntnisse der Methodenlehre thematisiert werden:

– *Zum Verhältnis von Didaktik und Methodik*

Der Satz der geisteswissenschaftlichen Pädagogik vom Primat der Didaktik i. e. S. (verstanden als Inhaltslehre) im Verhältnis zur Methodik (aufgefaßt als Weglehre) gilt prinzipiell noch heute: »In Wirklichkeit können methodische Anordnungen immer erst getroffen, Regeln erst empfohlen werden, wenn die didaktischen Voraussetzungen geklärt und die didaktischen Fragen entschieden sind. So ist die Methode immer etwas Zweites und nur ein relativ, unter ganz bestimmten Bedingungen Gültiges« (Weniger [3]1960, S. 19). Allerdings ist unter der Nachwirkung der Curriculumtheorie der Zielkomplex gegenüber der Inhaltskomponente stärker betont worden (Klafki 1976).
An der Position der »Inhalts«-Didaktik hat bereits P. Heimann Kritik geübt: »Die Ausklammerung der Methodenorganisation oder der Medienwahl aus dem Didaktikbegriff ist ein Akt folgenschwerer Desintegration, der sich nicht nur gegen das Ganze des Unterrichts, sondern sogar gegen den der ›Inhaltlichkeit‹ selbst richtet. Denken über ›Inhalte als lehrbare‹ impliziert das Methodische und die Medienwahl. Methoden und Medien sind auch Dimensionen des Inhalts-Kalküls« (1962, S. 418). Ein Beweis für die Richtigkeit dieser Annahme dürfte der Programmierte Unterricht sein! (s. Kap. 34.3).
Heutzutage wird eine strenge Trennung von Didaktik (i. e. S.) und Methodik nicht mehr vorgenommen. Man kann die Methodik nicht als bloßes Anhängsel der Didaktik (i. e. S.) bewerten. Methodenprobleme haben ihre eigene Qualität. Gerade bei den im Zusammenhang mit der Planung und Gestaltung von Unterricht notwendig werdenden Überlegungen (s. Kap. 31 und 32) verbinden sich didaktisches und methodisches Fachwissen des Lehrers in einzigartiger Weise.

– *Methodenvielfalt als Faktum*

Aus der Geschichte sind uns verschiedene Methoden überliefert worden. Sie haben in den seltensten Fällen einander abgelöst (wie die Lautiermethode die Buchstabiermethode oder der Gesprächsunterricht das Frage-Antwort-Verfahren). In der Regel existieren diverse Gestaltungsformen nebeneinander. E. Weniger sagt: »Gegeben ist die faktische Verschiedenheit der Methoden bei gleichen Gegenständen, gegeben auch die gleichen Methoden bei verschiedenen Gegenständen« ([2]1962, S. 61). Dieser Methodenpluralismus verwirrt den Anfänger im Lehramt leicht. Nicht selten liegen die methodischen Richtungen (z. B. die [alte] Lernschule, die Arbeitsschuldidaktik, die Erlebnismethode, die Projektmethode, der Programmierte Unterricht, die analytische und synthetische Lesemethode) im Kampf miteinander und scheinen sich gegenseitig auszuschließen.

– *Die Frage nach dem Rang einer Unterrichtsmethode*

Nicht jede irgendwie besondere Weise des Unterrichtens, nicht jede »Manier«, verdient das Prädikat »Methode«. Wir stimmen in diesem Punkte O. Willmann zu: »Die Methode ist eine *durchgehende* Behandlungsweise« ([6]1957, S. 458), die stilgebend ist. Hier wären der Verbalismus, der Logizismus Herbarts und der Herbartianer, die Anschauungsmethode, die Erfahrungsmethode, die (den Schüler aktivierende) Arbeitsschulmethode, der Projektunterricht und die Programmierte Unterweisung zu nennen.

– Die Abhängigkeit der Unterrichtsmethode von theoretischen Voranahmen

»Theorie und Praxis der Unterrichtsmethode führen nie ein Eigenleben unabhängig von jeweils vorherrschenden allgemeineren Erkenntnis- und Erklärungsweisen der Welt. Der Begriff der Unterrichtsmethode geht immer auf einen generellen Begriff von Methode zurück, mit dem ein theoretischer Zugriff, ein gedankliches Erfassen, schließlich Denken überhaupt gemeint ist« (Einsiedler 1976, S. 4). So ist n. W. Einsiedler

- die Methode des Rationalismus, demzufolge das Subjekt durch vernünftiges Denken zur Einsicht gelangt, der Verbalismus,
- die Methode des Empirismus-Sensualismus, demzufolge die Realität mittels der Sinne erfaßt wird, der Anschauungsunterricht,
- die Methode des Pragmatismus, demzufolge Denken und Handeln in einem unauflösbaren Zusammenhang stehen, das »learning by doing«, der Tätigkeitsunterricht,
- die Methode des Konstruktivismus, demzufolge das Subjekt die Strukturen schafft, der Strukturalismus (s. Kap. 7.3) usw.

– Die Absage an eine »Universalmethode«

Zu allen Zeiten hat man sich die Frage gestellt, ob es eine allgemeingültige, eine objektive (vom Lehrer mit Sicherheit zu erlernende) Methode des Unterrichts gibt. So erstrebte Pestalozzi – unter Anknüpfung an Rousseau –, daß der Unterricht dem Gang der Natur folgen, also »naturgemäß« sein solle; der Lehrer sollte nur »Handbietung« bei der Entfaltung der menschlichen Kräfte leisten. Auf der Basis einer rationalistischen Psychologie suchte die Formalstufentheorie ihre Rechtfertigung in gewissen allgemeinen Gesetzen der geistigen Aneignung. Auch der Programmierte Unterricht stellt eine Absolutsetzung dar. G. Hausmann setzt sich kritisch von derartigen Bestrebungen ab; er spricht von der »Suggestionskraft der universalistischen Methodenidee« und von »doktrinärem Methodismus« (1959, S. 39).
Die gegenwärtige erziehungswissenschaftliche Theorie ist nicht mehr auf der Suche nach *der* Methode. Sie weiß, daß die Methodenvielfalt aus den sich in der konkreten Situation ergebenden unterschiedlichen sachlogischen und psychologischen Voraussetzungen resultiert.

– Individualisierung der Unterrichtsmethode?

Es ist eine bekannte Tatsache, daß manche Personen bei einer bestimmten Methode gut, andere weniger erfolgreich lernen. Diese Beobachtung läßt offensichtlich auf eine Wechselwirkung zwischen gewissen Schülermerkmalen und bestimmten Unterrichtsmethoden schließen. Aus diesem Grunde sollte man aufhören, »nach der einen ›besten‹ Unterrichtsmethode für alle Schüler zu suchen, um statt dessen lieber deren individuelle Unterschiede zu betrachten und Methoden zu entwickeln, die sich diesen Unterschieden so anpassen lassen, daß jeder Schüler davon am besten profitiert« (Schwarzer/Steinhagen 1975, S. 7). Im »adaptiven Unterricht« sind die Lehr- und Lernmethoden auf die Persönlichkeitsmerkmale (Fähigkeiten, Interessen, Denkstrukturen usw.) abgestimmt. Ein solches Konzept ist selbstverständlich mit »Massenunterricht« kaum vereinbar.

– *Lehrmethoden auf der Basis von Lernmethoden?*

In diesem Kontext stellt sich die Frage nach der Beziehung von Lehrverfahren und Prinzipien des Lernens. F. Weinert gelangt zu der Feststellung, »daß bisher wenig zur Entwicklung von Lehrmethoden auf der Grundlage wissenschaftlicher Erkenntnisse über das Lernen getan worden ist« (1970, Sp. 1258). Die am häufigsten vertretenen Lehrmethoden, so meint er, seien entweder auf eine philosophische Tradition oder auf die persönlichen Bedürfnisse der Lehrer zurückzuführen. Er folgert aus dieser Situation: »Es ist an der Zeit, daß Lehrmethoden auf ein Lernmodell gegründet werden, das aus der psychologischen Forschung stammt« (1970, Sp. 1304). Diese Bedingung dürfte beispielsweise bei dem Programmierten Unterricht erfüllt sein.

– *Die Notwendigkeit der Aktivierung des Schülers*

Eine ernsthafte Begegnung des Schülers mit dem Unterrichtsinhalt kommt nur zustande, wenn die Unterrichtsmethoden die Selbsttätigkeit des jungen Menschen ansprechen. Es geht im Unterrichtsprozeß zunächst darum, Interesse an einer Fragestellung zu wecken, den Schüler zu motivieren. Das letzte Ziel rechter methodischer Führung besteht darin, sich als Lehrer überflüssig zu machen, d. h. aus einer vom Lehrer gebotenen Hilfe soll ein vom Schüler gehandhabtes Werkzeug werden. Hier ist an eine Anleitung zum Selbststudium zu denken.

– *Lehrer und Unterrichtsmethode*

Jeder Lehrer benutzt bestimmte Methoden; zumeist entscheidet die »Brauchbarkeit« (Effektivität) über ihre Verwendung. Prinzipiell stellt sich hier die Frage, ob jedem Lehrer jede Methode zuzumuten ist. Es besteht ohne Zweifel ein Zusammenhang zwischen dem jeweiligen Unterrichtsstil des Lehrers und den von ihm bevorzugten Lehr- und Lernmethoden. F. Huber spricht hier von der »Lehrerbedingtheit der Unterrichtsmethode« ([11]1972, S. 100ff.).
In diesem Zusammenhang ist auf die dem Lehrer gewährte *Methodenfreiheit* hinzuweisen. Dieses Zugeständnis kann nur bedeuten: Freiheit in der Methodenwahl, nicht Befreiung von jeglicher methodischen Bindung. Es ist gut verträglich mit der modernen Auffassung vom professionellen Erzieher.

– *Methode wirkt nicht schon als solche*

Unterrichtsmethoden sind in ihrer Funktion entscheidend mitbestimmt von der Schulatmosphäre, vom Unterrichtsstil des Lehrers (autoritär oder demokratisch), von der mitmenschlichen Interaktion, von der sprachlichen Kommunikation und nicht zuletzt von der Präsentation der zu vermittelnden Lehrgehalte in der Person des Lehrers (der Lehrerin). E. Weniger sagt: ». . . ohne pädagogischen Bezug . . ., ohne diese besondere erzieherische Weise des Umgangs unter Menschen ist jede, auch die beste, auch die angemessenste Methode nur eine leere Hülse« (²1962, S. 57).

– *Methoden können Inhalt von Unterricht werden*

Nicht allein Wissen und Fertigkeiten, sondern auch Verfahren und Vorgehensweisen (z. B. Methoden des Mikroskopierens, des naturwissenschaftlichen Demonstrierens usw.) können Gegenstand des Unterrichts sein. Der Lehrer kann außerdem bei gelegentlichem »Meta-Unterricht« mit den Schülern gemeinsam sein Lehrgeschick problematisieren.

30. Unterrichtsstufen

30.1 Das Faktum der Artikulation des Unterrichts

Das Thema »Unterrichtsstufen« gehört in den größeren Zusammenhang der Unterrichtsmethode. Seit Jahrhunderten hat man die methodische Gliederung, in der sich alles Lehren und Lernen vollzieht, durchdacht und zu organisieren versucht. Schon Ratke und Comenius sind der Frage der unterrichtlichen Stufung nachgegangen, aber erst mit der Verbreitung der katechetischen Methode setzt sich der aus der Pastoralinstruktion des 18. Jahrhunderts übernommene Dreischritt von »propositio« (Darstellung), »explicatio« (Deutung) und »applicatio« (Anwendung) durch. Eine andere, aus dem Rationalismus stammende, Wurzel des Stufengedankens findet sich in den methodischen Schriften Pestalozzis, wenn er 1801 sagt: »Also geht unsere Erkenntnis von Verwirrung zur Bestimmtheit, von Bestimmtheit zur Klarheit, und von Klarheit zur Deutlichkeit hinüber« – dies alles aufgrund unserer Natur, »vermöge welcher sich unser Geist von dunkeln Anschauungen zu deutlichen Begriffen emporschwingt« (1961, S. 109 u. 104).
J. Fr. Herbart ist es gewesen, der den Grund zu einer *Theorie der Unterrichtsstufen* gelegt hat; er sprach nicht von Gliederung, sondern von »Artikulation« (von lat. articulus = Teil, Abschnitt). Gemeint ist die Unterteilung des Lehr-Lernprozesses in Stufen, Phasen oder Schritte. Herbart und seine Nachfolger haben erkannt, daß der Lehrstoff eines Unterrichtsfaches nicht auf einmal, sondern nach und nach durchgenommen werden sollte. T. Ziller sagt: »Es darf nur das . . . Material niemals

massenweise, ungeordnet, in zu langen, zu verwickelten, zu heterogenen Reihen auftreten. Immer muß es *abschnittsweise durchlaufen* werden ...« ([2]1884, S. 263). Die führenden Pädagogen der damaligen Zeit setzten sich intensiv mit der Frage des rechten Aufbaus einer Unterrichtseinheit auseinander. Interessanterweise haben auch andere, nicht im Gefolge der Herbartianer stehende, Pädagogen an dem Gedanken einer Stufung des Unterrichts festgehalten. Bis in die Gegenwart sind immer wieder neue Entwürfe für formale Stufen des Unterrichts vorgelegt worden. Von den Didaktikern sind die Lehrstufen verschiedenartig benannt und begründet worden. Allgemein spricht man von Unterrichtsstufen, Formalstufen, Lehrstufen, Lernstufen, Arbeitsstufen und Lernschritten. Die Bezeichnung »Unterrichtsstufen« kann als Oberbegriff von Lehr- und Lernstufen gelten.
Unterrichtsstufen sind »einzelne hervortretende Phasen des Unterrichtsablaufes innerhalb einer Unterrichtseinheit« (Tille [2]1958, S. 106), die sich regelmäßig in den verschiedenen Unterrichtsformen wiederholen. »Die Kategorie der Stufung ... liefert die Kriterien für die Aufbaustruktur und die zieladäquate Verlaufsform einer Unterrichtseinheit« (A. Roth 1967, S. 74). Durch mehr oder weniger deutlich hervortretende Zäsuren in der Abfolge der Lehr-Lernprozesse gewinnen die Schulstunden erst Kontur. Im übrigen gibt die Artikulation dem Lehrer Sicherheit in der Planung und Gestaltung seines Unterrichts.

30.2 Ausblick auf einige Stufenlehren

Die Geschichte der Didaktik kennt eine Vielzahl von *Artikulationsschemata*. Diese wurden im allgemeinen auf der Höhe ihrer Zeit und in engstem Zusammenhang mit der jeweils vorherrschenden Auffassung von lehrhafter Unterweisung konzipiert. Die verschiedenen Stufenlehren können an dieser Stelle nicht um ihrer selbst willen gewürdigt werden (s. hierzu Wegmann 1964, Dietrich [4]1973, Vogel 1973). Wir stellen im folgenden eine Auswahl in einer *Übersicht* dar und schließen einige erläuternde Bemerkungen an.

Der Ursprung der Theorie von den »Formalstufen« (»formal« deshalb, weil sie für jeden Inhalt gleichermaßen gelten sollten) ist in Herbarts rationalistischer Psychologie zu suchen. *Herbart* (1776–1841) selbst formulierte noch keine Lektionsstufen. Er entdeckte aber den bei jedem Erkenntnisgewinn vorwaltenden geistigen Urrhythmus von »Vertiefung« und »Besinnung«, die jeweils »ruhend« und »fortschreitend« gedacht wurden, wodurch er zu seinem Viererschritt von Klarheit, Assoziation, System und Methode gelangte ([7]1965, S. 47ff.). »Erst in den Stufen Zillers und nicht schon in den formalen Grundbegriffen Herbarts ist uns die Artikulation als Element der Unterrichtsmethode gegeben, wobei es sich um eine Artikulation handelt, die weit unschematischer ist, als immer wieder behauptet wird« (Scheffler 1977, S. 253).

Herbart	Klarheit		Assoziation	System	Methode
Ziller	Analyse	Synthese	Assoziation	System	Methode
Rein	Vorbereitung	Darbietung	Verknüpfung	Zusammenfassung	Anwendung
Dörpfeld	Anschauen	Denken	Anwenden		
Willmann	Auffassen	Verständnis	Betätigung		
Weber	Eindruck	Aneignung	Ausdruck		
v. Sallwürk	Hinleitung	Darstellung	Verarbeitung		
Lay	Beobachtung	geistige Verarbeitung	Darstellung		
Itschner	Stoffvermittlung	Stoffbemeisterung	Stoffverwertung		
Scheibner	Arbeitsplanung	Arbeitsausführung	Arbeitsprüfung		
Muckle	Problemstufe	Lösungsstufe	Verwertungsstufe		
Kilpatrick	Zielsetzung (Purposing)	Planung (Planning)	Ausführung (Executing)	Beurteilung (Judging)	
Rösner	Erwartungsstufe	Erfüllungsstufe	Besinnungsstufe		
Wegmann	Aktivierungsstufe	Ausrichtungsstufe	Konfrontierungsstufe	Auseinandersetzungsstufe	Ablösungsstufe
Huber	Einführung	Erschließung	Besinnung	Bewältigung	

W. Rein (1847–1929) hat im wesentlichen die Stufentheorie Zillers (1817–1882) übernommen. Er stellt fest: »Der Lernprozeß durchläuft aber im großen und ganzen zwei Hauptstufen. Er ist in seiner ersten Hälfte ein Apperzeptions-, in seiner zweiten ein Abstraktionsprozeß . . . Der erste Akt führt das wertvolle Rohmaterial herbei; der zweite verarbeitet dasselbe zu den feineren Geistesprodukten, zu Begriffen, Regeln, Gesetzen, Grundsätzen, in welchen wir die Blüte unseres gesamten Geisteslebens zu suchen haben« ([8]1908, S. 117 u. 121). (Man vergleiche diese über einhundert Jahre alte Äußerung mit den Erkenntnissen der modernen Kognitionspsychologie!). W. Rein hat die fremdwörtlichen Bezeichnungen Zillers (Analyse usw.) frei übersetzt und den einzelnen Stufen folgende Funktionen zugedacht:

- Vorbereitung (mit Zielangabe) (Aufbereitung des bereits Bekannten)
- Darbietung (des Neuen)
- Verknüpfung (des Gelernten unter sich und mit älterem Gelernten)

– Zusammenfassung (des Begriffenen bzw. zum Begrifflichen)
– Anwendung (des gewonnenen Allgemeinen auf das Besondere).

Durch diese Verdeutschung erhielt der Lehrer konkrete (ja imperativische) Anweisungen für sein Unterrichtshandeln: Bereite vor, biete dar! usw. In diese fünf Stufen sind viele Generationen von Volksschullehrern eingeübt worden. »Man glaubte, die allgemein gültige Form des Unterrichts gefunden zu haben« (Kopp 1965, S. 193).

Das Stufenschema hat durchaus seine Verdienste: »Es machte die bloße Unterweisung zu einem tiefer gegründeten Tun; es verhalf der induktiven Methode – vom Gegenstand zum Begriff, von der Erscheinung zum Gesetz – zur allgemeinen Anerkennung; es sorgte für ein geordnetes und verbundenes Wissen; es ließ die Übung, die im Eifer des Unterrichts so oft übersehene, zur regelmäßigen Gewöhnung werden« (Fikenscher [2]1953, S. 61). Inzwischen ist ja der »Vorwurf des unterrichtsmethodischen Schematismus« wissenschaftlich überprüft worden (Scheffler 1977; s. auch Adl-Amini u. a. 1979). Wo kognitive Bildung intendiert wird, haben die Formalstufen auch heute noch einen heuristischen Wert.
Die Stufenlehren der *Nachherbartianer* Fr. W. Dörpfeld und O. Willmann basieren auf einer alten Tradition; sie leiten sich letztlich von den drei Seelenteilen »Wahrnehmen« (Sinnlichkeit), »Denken« (Verstand) und »Wollen« (Streben) der »Nikomachischen Ethik« (VI, 2) des Aristoteles her. Folglich unterscheiden sie bei der Aneignung von Lehrinhalten ein empirisches, ein rationales und ein technisches Moment. Ganz in dieser Richtung liegt auch F. X. Eggersdorfer mit seinem Dreischritt: empirisches Erfassen, logisches Begreifen, praktisches Verfügen. Wir wissen heute, daß Auffassen und Denken nicht getrennt voneinander ablaufen; die Wahrnehmung ist bereits selektierend, strukturierend, integrierend.
Die *Reformpädagogik* vor und unmittelbar nach der Jahrhundertwende war an einer Verbesserung der formalen Stufen, nicht jedoch an ihrer Überwindung interessiert. Vor allem wurde die rationalistische Verengung aufgegeben. So konstruierten E. Weber und W. Neubert unter Bezug auf Diltheys lebensphilosophischen Dreischritt von Erlebnis – Verstehen – Ausdruck Lehrstufen für die Erlebnisvermittlung (z. B. Märchenstunde, Kunst, Musik). Durch eine Gliederung des Unterrichts in »Einstimmung« (bzw. Bereitmachung) – »Darbietung« (bzw. Darstellung) – »Besinnung« – »Ausdrucksgestaltung« (bzw. Aufruf zur Tat) glaubte Waltraud Neubert, am besten die Gesetzmäßigkeiten des Erlebnisablaufs nachzubilden.
Die Stufenmodelle H. Itschners, O. Scheibners und Ph. Muckles sind auf dem Hintergrund der *Arbeitsschuldidaktik* zu sehen. Sie verstehen sich als Arbeitsstufen und sind auf die Schülerselbsttätigkeit im Sinne »freier geistiger Schularbeit« (Gaudig) abgestellt. Kilpatrick ist – wie Dewey – ein Vertreter der *Projektmethode*.
Zu den nach 1945 vorgetragenen Stufenlehren gehören die überwiegend schulpraktisch orientierten Entwürfe von M. Rösner, R. Wegmann und F. Huber. Ganz allgemein geht die Tendenz in der Gegenwart dahin, *Lern*stufen in Entsprechung zum psychologisch analysierten Lernprozeß zu benennen. Unterricht wird hier in

erster Linie als Auffassungs- und Aneignungsvorgang des Schülers aspektiert. Nach Ansicht von H. Roth, der sich auf W. Guyer ([4]1964) bezieht, durchläuft ein Lernvorgang sechs Stationen: die Stufe der Motivation, die Stufe der Schwierigkeiten, die Stufe der Lösung, die Stufe des Tuns und Ausführens, die Stufe des Behaltens und Übens und die Stufe des Bereitstellens, der Übertragung und der Integration des Gelernten ([14]1973). H. Bach ([3]1962) versucht, durch eine achtstufige Phasenfolge den Arbeitsrhythmus des Schülers bei der Begegnung mit einer Sache zu beschreiben.
Nicht nur in angelsächsischen, sondern auch in den sozialistischen Ländern wird die Frage der Artikulation des Unterrichts ausgiebig erörtert (Klingberg 1972).
Aus unserer Übersicht geht hervor, daß die Stufen der Anzahl nach differieren, daß sie jedoch in die gleiche Richtung weisen, selbst wenn die Bezeichnungen anders lauten. Seit der Existenz von Stufentheorien wissen wir um die Verlaufsstruktur des Bildungsgeschehens, um »die Prozeßhaftigkeit des Unterrichts« (Maskus 1976, S. 121), um die innere Gliederung des Lehrgangs von einem Ausgangspunkt zu einem Ziel. Alle Artikulationsvorschläge haben dazu beigetragen, das Lerngeschehen zu strukturieren und den Unterrichtserfolg zu sichern. Daher »ist der Grundgedanke formaler Unterrichtsstufen selbst wert, unverlierbares Eigentum des didaktischen Denkens zu bleiben . . .« (Fischer 1950, S. 219). Wo Gliederungsschemata jedoch einseitig und schablonenhaft angewendet wurden, haben sie den Unterricht eingeengt und behindert.
Nach unseren heutigen methodischen Einsichten kann es nicht ein Normalverfahren für alle Lernanlässe gleichermaßen geben. Die Didaktik ist heute weniger an allgemeinen als vielmehr an fachspezifischen Phasen-Modellen (s. Kunert 1977, S. 34ff.) orientiert.

30.3 Struktur und Begründung der Unterrichtsstufen

Wir haben an dieser Stelle nach den Gründen zu fragen, die die Artikulation des Unterrichts rechtfertigen. Wenn wir recht sehen, hängt der Aufbau einer Unterrichtsstunde und die Abfolge der einzelnen Lehr- und Lernschritte von den psychischen Bedingungen des Lernenden, von der Struktur der Lehrinhalte, von dem richtungsweisenden Lehrziel und von der Dynamik der Stundengestaltung des Lehrers ab. Demnach könnte man von einem lernpsychologischen, einem inhaltlichen, einem lehrzielbezogenen und einem dramatischen Aspekt der Artikulation sprechen. Die verschiedenen Momente sollen kurz erläutert werden:

– Der *lernpsychologische Aspekt* sieht eine Rechtfertigung für die Stufeneinteilung in dem psychischen Lerngeschehen: in der Aufmerksamkeit des Schülers, seiner Fassungskraft, seinem Verständnis, seinem Interesse, seiner Motivation, seiner Ermüdbarkeit usw. Stufen sind um der Schüler willen notwendig. Gewisse Zäsuren begünstigen das Verstehen und Behalten. Unterrichtsstufen erscheinen hier als

Lernstufen, die ihrerseits auf psychologischen Gesetzmäßigkeiten des Lernprozesses basieren.

– Der *inhaltliche Aspekt* betont die Abhängigkeit der unterrichtlichen Stufung von sachstrukturellen Faktoren. Eine umfassende Lehrstoffeinheit muß zum Zwecke des Lehrens und Lernens portioniert werden. Dabei können die Vorgaben für die Gliederung in der Dynamik des Lehrinhalts selbst liegen, z. B. stellt das Thema »Der Zweite Weltkrieg« einen zusammenhängenden Geschehensablauf mit markanten Einschnitten (z. B. Stalingrad) dar.

– Der *lehrzielbezogene Aspekt* besagt, daß die Stufungsmodelle nicht unabhängig von den besonderen unterrichtlichen Zielsetzungen gesehen werden dürfen. Die Abfolge variiert, je nachdem ob Kenntnisse, Fertigkeiten, Erlebnisse oder Pragmata intendiert werden. Die neuere Lehr- und Lernforschung untersucht u. a. den Zusammenhang zwischen Lehrziel, Lehrinhalten und Lehrstufen und gelangt auf diese Weise zu lehrzielbezogenen Stufenmodellen.

– Der *dramatische Aspekt* bezieht sich auf das darstellerische Vermögen und die gestalterischen Akte des Lehrers in einem lehrerorientierten Unterricht. Wie das Geschehen auf der Bühne, so kennt das Agieren des Lehrers Ouvertüren, bestimmte erregende Momente, Anspannung und einen Abschwung. Wir stoßen hier auf das Phänomen der Unterrichtskunst. »Didaktik« kommt in diesem Zusammenhang als »Dramaturgie des Unterrichts« (Hausmann 1959) in den Blick.

Zusammenfassend können wir sagen: Die theoretische Beschäftigung mit den verschiedenen Stufenmodellen hat zunehmend deren Struktur freigelegt. Bei kritischer Betrachtung der aufgeführten Artikulationsschemata wird man feststellen können, daß sie jeweils einem der genannten vier Aspekte besonders verhaftet sind. Gerade die mehrfache Begründung dürfte für die Unverzichtbarkeit der Unterrichtsstufen sprechen.

31. Unterrichtsplanung

31.1 Aufgaben und Arten der Unterrichtsplanung

31.1.1 Sinn der Unterrichtsplanung

Zwei wichtige Tätigkeiten werden vom Lehrer erwartet: die Planung und die Gestaltung des Unterrichts. In diesem Kapitel soll zunächst auf die Planung des Unterrichts eingegangen werden.
Aus dem intentionalen Charakter des Schulunterrichts ergibt sich zwingend die

Konsequenz, daß Lehr- und Lernprozesse im voraus zu durchdenken und bewußt zu steuern sind. Die Unterrichtsplanung ist der gedankliche Vorentwurf zukünftigen unterrichtlichen Handelns. Der Lehrer ist dabei an gewisse amtliche Vorgaben (z. B. Lehrplan, Curriculum, Fachpläne, Stundentafel u. dgl.) gebunden; vor allem muß er bei der Verwirklichung der gesetzten Ziele den örtlichen und individuellen Gegebenheiten (z. B. Klasse, Gruppe, Einzelschüler; äußere Verhältnisse) Rechnung tragen.
Die Vorbereitung auf den Unterricht des nächsten Tages ist normalerweise – neben den Korrekturen – die wichtigste Nachmittagsbeschäftigung des Lehrers; »sie ist der Öffentlichkeit kaum bewußt, obwohl die Solidität der Berufsarbeit des Lehrers auf Dauer in einer gewissenhaften Vorbereitung liegt« (Beckmann in: Beckmann/Biller 1978, S. 10). An dieser Stelle wird zunächst an die Unterrichtsvorbereitung des *Lehrers* gedacht, obwohl es auch eine Unterrichtsvorbereitung des Schülers gibt. In der neueren methodischen Literatur wird im allgemeinen kein Unterschied zwischen »Unterrichtsplanung« und »Unterrichtsvorbereitung« gemacht.
Wo der Lehrer »geschlossene Curricula« und detaillierte, vorgefertigte Unterrichtseinheiten – wie beim Programmierten Unterricht – als Rahmenbedingungen antrifft, bleibt ihm für eigenes Disponieren kaum Spielraum. Sind Richtlinien dagegen freiheitlich gehalten und auf den professionellen Erzieher ausgelegt, kommt auf den Lehrer die verantwortliche Aufgabe des Auswählens und Entscheidens zu.
In diesem Zusammenhang ist nach der *Leistungsfähigkeit der Unterrichtsvorbereitung* zu fragen. Welche positiven Argumente lassen sich vorbringen?

- »Unterricht muß sorgfältig geplant werden aus stellvertretender Verantwortung für den Schüler« (Glöckel in: Hacker/Poschardt 1977, S. 24).
- Die Unterrichtsvorbereitung verhindert, daß notwendige Unterrichtsmaßnahmen übersehen oder zur unrechten Zeit eingesetzt werden.
- Sie sichert Zielgerichtetheit und planmäßige Wegführung. Es scheint »die Qualität von Unterricht u. a. erheblich von der Gründlichkeit der Vorbereitungen abzuhängen« (Dichanz/Mohrmann 1976, S. 7).
- Sie macht das Unterrichten des Lehrers zu einem begründeten Handeln.
- Sie gewährt die notwendige Souveränität, um auf unvorhergesehene Situationen flexibel reagieren zu können.
- »Planung unterrichtlicher Vorhaben bringt in ihrem Gefolge für den Lehrer eine geeignete Möglichkeit zur Verbesserung und Verfeinerung seiner Lehrfähigkeiten«, die »in ihren unmittelbaren und mittelbaren Konsequenzen auf die Lernfähigkeiten der Schüler Einfluß nimmt« (Schnitzer 1977, S. 132).

W. Barsig und H. Berkmüller erwarten von der »schriftlichen« Unterrichtsvorbereitung:

- »Sicherheit im Auftreten vor der Klasse,
- Souveränität in der Führung der Dialoge,
- Klarheit im Bestimmen der Lernschritte,
- sachliche und fachliche Richtigkeit,
- präzises Ansteuern der Lernziele,
- Rücksichtnahme auf die Ansprüche der Klasse, der Gruppe, des einzelnen Kindes
- und den Einbau des Details in den Rahmen des Themas bzw. in das Lernfeld« ([5]1975, S. 12).

Zusammenfassend kann gesagt werden: Unterrichtsplanung ist auf dem Hintergrund der Effektivitätssteigerung zu sehen. Sie unterscheidet den Schulunterricht vom zufälligen Lernen. Jede Lehr- und Lernplanung geht von dem Vorsatz aus, »über eine Veränderung von Vorbereitungsformen eine Verbesserung des didaktischen Handelns im Unterricht zu erreichen« (Loser/Terhart 1979, S. 406). Die Notwendigkeit einer sorgfältigen Unterrichtsvorbereitung resultiert nicht zuletzt aus der Forderung nach wissenschaftsorientiertem Lernen (s. Kap. 3.1).

31.1.2 Arten der Unterrichtsplanung

Was den Zeitraum betrifft, so kann man zwischen längerfristiger (Jahres-, Halbjahresplanung), mittelfristiger (Monats- und Wochenplanung; »Unterrichtseinheiten«) und kurzfristiger Unterrichtsplanung (Tagesplanung und Stundenplanung; »Lektionen«) unterscheiden. P. Franke (1977) spricht von »Grobplanung« (Jahresarbeits- und Wochenpläne) und »Feinplanung« (Tägliche Planungsarbeit). Begrifflich klar ist auch die Zweiteilung in Makro- und Mikroplanung.
Die *Makroplanung* zielt auf die Festlegung von fachlichen Zielen und Inhalten über einen längeren Zeitraum (Semester, Trimester). Sie kommt weithin auf den »Lehrstoffverteilungsplan« (Arbeitsplan) hinaus, dem Bildungspläne, Richtlinien, Curricula u. dgl. vorgeordnet sind. Die Lehrstoffplanung ist

- zum einen *Sachplanung* (Identifikation der Ziele und Inhalte eines Faches für ein Schuljahr [Schulstufe]: Qualifizierung, Quantifizierung und Portionierung),
- zum andern *Zeitplanung* (Synchronisation auf 40 Schulwochen, Beachtung von Jahreszäsuren; Einarbeiten des Schulfunkprogramms, Bestellen von Filmen usw.).

Die Lehrstoffplanung des einzelnen Lehrers (bzw. der Einzelschule) hat gegenüber den landesweit geltenden allgemeinen Rahmen-Lehrplänen die Aufgabe der Lokalisierung (evtl. Standortlehrpläne), der Konkretisierung (z. B. Exemplifizierung des Genossenschaftsgedankens anhand der Molkerei- oder der Winzer- oder der Deichgenossenschaft), der Detaillierung (Finden von Bildungsinhalten für Bildungsgehalte) und der Individualisierung (Berücksichtigung der Situation der Klasse/Lerngruppe).
Die *Mikroplanung*, die stets die Ziele und Inhalte der Makroplanung vor Augen

haben muß und den sachlichen Kontext zu den übergeordneten Unterrichtseinheiten zu wahren hat, versteht sich als aktuelle, unmittelbare, als Tagesplanung. Sie meint die schriftlich oder nur gedanklich vorzunehmende »Unterrichtsvorbereitung« von Tag zu Tag, die Präparation der Einzel- und Doppelstunde.
Die Unterrichtsplanung kann – etwa auf der Ebene von Jahrgangsstufen – auch von *Lehrerteams* durchgeführt werden. Moderne Bestrebungen – vor allem die eines schülerorientierten Unterrichts (s. Kap. 3.3) – zielen dahin, die *Schüler* als die eigentlichen Adressaten unterrichtlicher Bemühungen stärker als bisher an den Planungsprozessen zu beteiligen.

31.2 Die einzelnen Vorbereitungsschritte

Die Mikroplanung umfaßt mehrere Planungsstadien, die nicht isoliert voneinander ablaufen, sondern in einem integrativen Zusammenhang stehen. Der Lehranfänger kann sich bei der Vorbereitung des Unterrichts von verschiedenen Planungsmodellen leiten lassen:

- von den Hauptfragen der »Didaktischen Analyse« nach W. Klafki oder W. Kramp (1962),
- von den »Entscheidungsfeldern« (Intention, Thematik, Methoden, Medien) und »Bedingungsfeldern« (anthropogene Bedingungen und sozial-kulturelle Voraussetzungen) nach P. Heimann und W. Schulz ([9]1977),
- von den Aspekten der »Kunst der rechten Vorbereitung« nach H. Roth ([14]1973)
- oder von den Gesichtspunkten »lernzielorientierter Konzepte« nach R. Mager (1965), Chr. Möller ([4]1973) und U. P. Lattmann (1971).

»Durchgehende Absicht solcher Schemata ist es, einerseits die Beachtung der wichtigsten Faktoren von Vorbereitungsüberlegungen sicherzustellen, andererseits aber auch dem Lehrer ein leicht handhabbares Instrument an die Hand zu geben, damit er seine Vorbereitungen zeitökonomisch durchführen kann« (Dichanz/Mohrmann 1976, S. 134).
Im folgenden soll nach dem Sinn der einzelnen Planungsstadien bei der Mikroplanung gefragt werden, wobei wir uns für die nachstehenden Vorbereitungsschritte entscheiden:

- sachliche Vorbereitung
- didaktische Vorbesinnung
- methodische Vorbesinnung
- technische Vorbereitung.

31.2.1 Sachliche Vorbereitung

Es geht auf der ersten Stufe um ein gründliches Vertrautsein mit dem Lehrgegenstand, um Sachkompetenz als Voraussetzung jeglichen Lehrens. Ziel der Sachanalyse ist die einwandfreie Beherrschung des Lehrstoffs durch den Lehrer, Hingabe an die Sache, ein »eigenpersönliches, eigenlebendiges Verhältnis zu dem Kulturgut ...« (H. Roth [14]1973, S. 119). Zunächst ist die didaktische Umsetzung ohne Belang. H. Roth formuliert zu Recht: »Es ist völlig verkehrt, bei diesen ersten Bemühungen schon an das Kind oder den Jugendlichen zu denken. Es geht zunächst nur um die *Sache*. Um das, was größer ist als wir. Was nicht wir zwingen, sondern was uns zwingt: die Wahrheit« ([14] 1973, S. 120). F. X. Eggersdorfer ist der Auffassung: »Der Lehrmeister braucht mehr noch als Reichtum des Wissens und Könnens die Klarheit im Gegenstand. Er muß den großen Zug, die wesentliche Linie, die Leitidee der Sache beherrschen« ([7]1961, S. 328).

Aus einer (nicht repräsentativen) Befragung von Lehrern geht hervor, »daß in der täglichen Unterrichtsvorbereitung des Lehrers die Auseinandersetzung mit dem Stoff, das Eindringen in die Sache im Vordergrund steht. Dies gilt sowohl für den Grundschullehrer wie für den Sekundarstufen-II-Lehrer ...« (Dichanz/Hage 1979, S. 422). Nach Meinung der Lehrenden sei die souveräne Übersicht über den Stoff die Voraussetzung dafür, daß der Lehrer sich auf Schülerwünsche einlassen und Schülerbeiträge stoffbezogen berücksichtigen kann. Man kann die Einarbeitung in allerlei wissenswerte Sachverhalte als eine interessante Seite des Lehrerberufs bezeichnen.

31.2.2 Didaktische Vorbesinnung

Die didaktische Vorbesinnung fragt nicht mehr nach dem objektiven Gehalt, sondern nach seiner unterrichtlichen Ergiebigkeit. Hier kommt alles auf die »Erfassung der menschlichen Bedeutsamkeiten und Bildsamkeiten eines Gegenstandes« (H. Roth [14]1973, S. 121) an. Nach der Vorstellung der Berliner Didaktikerschule kreist auf dieser Stufe das Planungsdenken um »Intentionalität« und »Thematik«. Eine curriculumtheoretisch ausgerichtete Didaktik stellt hier die Frage nach der Zuordnung von Lernzielen und Lerninhalten. Die bildungstheoretisch orientierte Didaktik hat die didaktische Besinnung zu dem diffizilen Instrumentarium der *»Didaktischen Analyse«* (Klafki 1962, Kramp 1962) ausgebaut, die als Herzstück der Unterrichtsvorbereitung bezeichnet wird. Danach soll jeder Lehrer bei der Mikroplanung einen ganzen Katalog von Haupt- und Einzelfragen beachten, die hauptsächlich auf die Zukunfts- und Gegenwartsbedeutung des Unterrichtsgegenstandes zielen, ferner seine Struktur und erschließende Wirkung sowie seine Zugänglichkeit und Ergiebigkeit eruieren. Die didaktische Vorbesinnung soll Auskunft darüber geben, inwiefern ein Gegenstand als ein zu lehrender Sachverhalt zu rechtfertigen ist.

31.2.3 Methodische Vorbesinnung

Die Unterrichtsmethode verfolgt nach E. Weniger das Ziel, etwas zum geistigen Eigentum eines anderen zu machen. Nachdem Klarheit über die Ziele und Aufgaben einer Unterrichtsstunde besteht, sind auf dieser Stufe folgende Punkte zu durchdenken:

- der Unterrichtsaufbau (= die Gliederung der Stunde; die Stufung)
- die Unterrichtsform (= Lehrweise und Sozialformen des Unterrichts)
- die Unterrichtsmittel (= herkömmliche Lehrmittel; technische Medien)

Dieser Vorbereitungsschritt setzt die Kenntnis der Grundbegriffe aus der Allgemeinen Didaktik und Methodik (s. Kap. 29) voraus. Hier ist der eigentliche Umschlagplatz von Planungstheorie in methodische Formgebung.
Besondere methodische Überlegungen gelten Wort- und Sacherklärungen in Lehrbuchtexten sowie der Beseitigung von Verständnisschwierigkeiten.

31.2.4 Technische Vorbereitung

Die technische Unterrichtsvorbereitung sucht die äußeren – vor allem die organisatorischen – Voraussetzungen für effektives Lehren und Lernen zu sichern. In diesem Planungsabschnitt verläßt der Lehrer die Ebene der Reflexion, um die notwendigen Unterrichtsbedingungen zu schaffen. Als Rahmenfaktoren kommen u. a. in Betracht:

- die rechtzeitige Bereitstellung der Unterrichtsmittel (z. B. Anfertigung von Folien und Tafelskizzen; Einbeziehung von Schulfunk und Schulfernsehen)
- die Prüfung der Zuverlässigkeit der Apparaturen bei Lehrversuchen
- die Information über Öffnungszeiten von Museen, Abfahrtszeiten bei Schulausflügen u. dgl.
- die Einübung bestimmter Lehrtechniken (Normalschrift, Instrumentalbegleitung usw.) (s. Bach [3]1962, S. 104 ff.).

Man sollte die Bedeutung solcher Vorbereitungsarbeit nicht verkennen; nicht selten wird der Erfolg des Unterrichts durch die Nichtbeachtung derartiger »Kleinigkeiten« in Frage gestellt.
Der kurzen Kennzeichnung der einzelnen Vorbereitungsschritte und ihrer Intentionen soll ein *Rück- und Ausblick* angeschlossen werden:

- Das unaufgebbare Minimum einer kurzfristigen Unterrichtsplanung stellen die Sachanalyse und die methodische Formgebung dar.
- Zuweilen (z. B. bei W. Kramp 1962) gehört die sachliche Vorbereitung nicht zu den offiziellen Planungsphasen.
- H. Dichanz und K. Hage kommen aufgrund einer (nicht repräsentativen) Umfrage unter Lehrern zu dem Ergebnis: »Auffallend ist, . . . daß eine besondere Berücksichtigung der Zielkomponente unterrichtlicher Vorhaben bei der Vorbereitung

kaum eine eigene Rolle spielt, daß sie der Stoffdimension als implizit betrachtet wird. Hieran scheint auch die Lernzieldiskussion wenig geändert zu haben« (1979, S. 423).
- Die »psychologische Vorbesinnung« kommt in den neueren Planungsmodellen zu kurz; sie ist allenfalls rudimentär in der pädagogischen bzw. didaktischen Vorbesinnung enthalten. Man begnügt sich im allgemeinen mit einigen Bemerkungen über die »Situation der Klasse«. Jedenfalls werden entwicklungspsychologische Aspekte (dies wohl nur bei der ausführlichen schriftlichen Unterrichtsvorbereitung!) und vor allem unterrichtspsychologische Faktoren u. E. nicht genügend beachtet. Zum letzten Punkt gehören Betrachtungen über die Konkretheit bzw. Abstraktheit des Unterrichtsgegenstandes, über die Lernmotivation, über die affektive Bedeutung eines Themas für die Schüler, über kognitive Voraussetzungen, Tätigkeitswechsel usw.
- Auch »erzieherische Aspekte« sind bei der Unterrichtsvorbereitung zu bedenken (Biller in: Beckmann/Biller 1978).

Beispiele für die Vorbereitung von Unterrichtsstunden finden sich bei mehreren Autoren (z. B. Heimann/Otto/Schulz [9]1977, Hoffmann/Loch/Persch 1975, Eckert 1977, Witzenbacher 1976). Die Unterrichtsentwürfe bei Beckmann/Biller (1978) zeigen, wie flexibel und abwechslungsreich Aufbau und Art der Planungsschritte sein können. Der Berufsanfänger kann die eigene Mikroplanung anhand einer »Checkliste« (Buck 1976) überprüfen.

31.3 Unterrichtsentwurf und Nachbesinnung

31.3.1 Unterrichtsentwurf

Die Unterrichtsvorbereitung des Lehrers kann in einem bloßen Überdenken der Stunde bestehen; sie kann sich darüber hinaus schriftlich niederschlagen. Es hat durchaus seinen Sinn, wenn der Lehranfänger sich in der Anfertigung ausführlicher und begründender Lehrdarstellungen übt; der erfahrene Lehrer wird sich mit einer Lehrskizze, die den beabsichtigten Verlauf des Unterrichts nur in großen Zügen festhält, begnügen können. Der schriftliche Unterrichtsentwurf besteht, wenn man von der Nachbesinnung absieht, aus zwei Teilen:

- aus der Vorbesinnung (= Theorie der Stundengestaltung) und
- aus dem geplanten Stundenverlauf (= Verlaufsplanung; »Stundenfahrplan«).

Zunächst zur *Theorie der Stundengestaltung*:
Es ist üblich und zweckmäßig, den eigentlichen Planungsaufzeichnungen einen Kopfteil mit gewissen *Orientierungsdaten* (Angaben über Fach, Thema, Klasse, Unterrichtenden, Datum usw.) voranzustellen. Was den Grad der Ausführlichkeit

betrifft, so kann man bei den theoretischen Vorerwägungen eine Lang- und eine Kurzform unterscheiden.

Die *Langform*, die vom Auszubildenden erwartet und bei Prüfungen favorisiert wird, greift darstellend und argumentierend die verschiedenen – unter 31.2 aufgeführten – Vorbereitungsschritte auf. Die persönliche Einarbeitung in das Thema wird zu diesem Zeitpunkt vorausgesetzt und bleibt im Entwurf selbst unerwähnt.

Bei der *Kurzform* kann die grundsätzliche Vorklärung zu *einer* Phase, nämlich der didaktisch-methodischen Vorbesinnung, zusammengefaßt werden. Während bei den methodischen Vorüberlegungen kaum Abstriche zu verantworten sein dürften, verdichten sich die übrigen Planungsschritte in dem Unterpunkt »Unterrichtsaufgabe«. Hier sind etwa folgende Betrachtungen anzustellen:

Didaktisch-methodische Vorbesinnung

1. *Unterrichtsaufgabe:* Wie lautet das Thema (Bezug zur größeren Unterrichtseinheit)? Einschlägige Aussagen der Richtlinien und Fachlehrpläne. Was soll erreicht werden (Ziel und Schwerpunkt der Stunde bzw. Doppelstunde)?. Evtl. Lernzielbeschreibung: Grobziel, Feinziele.
2. *Unterrichtsform:* Welche Lehrweisen und Sozialformen kommen – je nach Lehrinhalt – zur Anwendung (Lehrerdarbietung, Unterrichtsgespräch, Schüleralleinarbeit), und wie folgen sie aufeinander (Wechsel von Lehr- und Lernphasen!)?
3. *Unterrichtsprinzipien:* In welcher Beziehung steht der Unterrichtsgegenstand zum Leben und Erleben dieser Schüler? Wo ergeben sich Anknüpfungsmöglichkeiten? Inwiefern trägt der Unterricht zur Bildung klarer Vorstellungen und deutlicher Begriffe bei? Welcher Freiraum ergibt sich für Schülerinitiativen? (s. Oswald 1964 u. Wöhler 1979)
4. *Unterrichtsmedien:* Welche Unterrichtsmittel werden eingesetzt (z. B. Gegenstände aus der Wirklichkeit, Modelle, Bild, Karte, Tafel, Folien, Programme, Textbücher, audio-visuelle Medien)? Funktion und Zeitpunkt des Einsatzes.
5. *Effektivitätskontrolle:* Inwiefern erfolgt eine Lernzielevaluation? Wie werden Leistung und Erfolg des Unterrichts gesichert? Welche Maßnahmen des Einprägens und Einübens sind vorgesehen?

Die Kurzform braucht u. E. nicht in Aufsatzform abgefaßt zu sein; Stichworte genügen.

Zur *Verlaufsplanung* ist zu sagen:

Bei der Fixierung des geplanten Stundenverlaufs sind die einzelnen Unterrichtsschritte im Hinblick auf das Ziel (sowie die Übergänge von einer Phase zur anderen) darzulegen, die Einzelmaßnahmen zu einem Ganzen zu gestalten und zeitlich anzuordnen.

Für die Niederschrift der Verlaufsplanung haben sich bestimmte *Raster* herausgebildet, die der Übersichtlichkeit und besseren Lesbarkeit dienen. Zumeist wird das *Spaltenschema* (mit einer Zeitleiste am Rande) bevorzugt, das sich vertikal und horizontal aufschlüsseln läßt und eine Zusammenschau des komplexen unterrichtlichen Geschehens erlaubt. In den Seminaren der Zweiten Phase hält man sich sehr oft an die Begrifflichkeit der Berliner Didaktiker, die »nahezu zum Betriebswissen der Lehrerausbilder geworden« (H. L. Meyer 1980, S. 118) ist:

Erwartetes Schülerverhalten	Geplantes Lehrerverhalten	Didaktischer Kommentar

Aus der Erfahrung wissen wir, daß die Konkretisierung, Anordnung und Synchronisation des in der Vorbesinnung als notwendig Erkannten zumindest dem Lehranfänger Sorge bereitet. Es sollte auf jeden Fall vermieden werden, daß Unterrichtsentwürfe zum Selbstzweck werden, wo sie doch Orientierungshilfe für die Unterrichtsgestaltung des Lehrers sein sollen!

31.3.2 Nachbesinnung

Jede Reflexion des Lehrers auf abgelaufene Lehr- und Lernprozesse basiert auf der Annahme, daß Unterrichten ein wissenschaftlich legitimiertes Handeln ist. Grundsätzlich kommen für eine derartige selbstkritische Vergegenwärtigung sämtliche Kategorien der Unterrichtsbeobachtung und der Unterrichtsforschung (s. u. a. G. Bachmair [3]1977) in Betracht. Ausführliche Fragenkataloge finden sich u. a. bei Jannasch/Joppich ([5]1964) und bei H. Bach ([3]1962).
Zusammenfassend kann zur Nachbesinnung bemerkt werden: »Didaktisch-methodisches Können bedarf zu seiner Sicherung und Steigerung der permanenten Selbstprüfung. – Die Nachbesinnung sollte sachlich und kritisch sein. Es gilt, aus dem Unterricht einige Probleme herauszulösen, sie schwerpunktmäßig zu reflektieren und so zu generalisierenden Erkenntnissen zu kommen für zukünftige didaktische und methodische Entscheidungen. Eine so verstandene und praktische Nachbesinnung ist kurz- und langfristig Unterrichtsvorbereitung im besten Sinne« (Hoffmann u. a. 1975, S. 41).

31.4 Planungstheorie und Planungswirklichkeit

In diesem Abschnitt sollen noch einige besondere Fragen der Mikroplanung zur Sprache gebracht werden:

– *Die Bedeutung der Unterrichtskonzeptionen für die Unterrichtsplanung*

Aus jeder konkret vollzogenen Planung läßt sich die jeweils vorwaltende Sichtweise von Unterricht herauslesen. »Dieses *unterschiedliche Unterrichtsverständ-*

nis zeigt sich insbesondere darin, welche Vorstellungen man von den im Unterricht handelnden Personen hat« (Schittko 1976, S. 602). Indem die differierenden Unterrichtskonzepte (s. Kap. 3) die Lehrer- und Schülerrolle unterschiedlich definieren, ergeben sich daraus unmittelbar Konsequenzen für die Unterrichtsplanung. Die älteren Planungsmodelle sind lehrerorientiert (wie weithin die Unterrichtsforschung!). Bei schülerorientierter, kommunikativer und interaktionistischer (Gebauer u. a. 1977) Unterrichtsauffassung gilt die Planung als »offen«; sie konstituiert sich erst in den konkreten Lehr-Lernsituationen. Beim technologischen Ansatz bleibt für den einzelnen Lehrer nicht viel Entscheidungsspielraum: Alles ist beschlossene Sache; der Lehrende garantiert im wesentlichen den Ablauf vorgegebener Programme.

– *Zur Intensität der Vorbereitungsarbeit*

Erfahrungsberichte besagen: »Schon kurze Zeit nach dem Zweiten Examen werden die in der Ausbildungsphase eingeübten Raster und Schemata kaum mehr benutzt; auch die in vielen Seminaren empfohlenen Kurz-Raster zur Unterrichtsvorbereitung verschwinden. Statt dessen ist die Vorbereitung stichwortartig, oft nur noch *mündlich* . . .; sie ist methoden- und *medien*bezogener, die Ziel- und Inhaltsfragen werden oft nur noch implizit durch die Lehrbuch- oder Lernmaterialentscheidung getroffen« (H. L. Meyer in: H. Geißler 1979, S. 146). Nach den Untersuchungen von Dichanz/Hage spielen in den alltäglichen Unterrichtsvorbereitungen didaktisch-methodische Theorien keine nennenswerte Rolle: »Mit dem Verlassen der schriftlichen Unterrichtsvorbereitungen, die natürlich (!) auf die Zeit des Referendariats beschränkt sind, wird auch die Ebene didaktisch-theoretischer Argumentation verlassen« (1979, S. 426). Hier steht »Alltagsdidaktik« neben »Sonntagsdidaktik«.

– *Überschätzung der Planungsvoraussetzungen*

H. L. Meyer spricht von »unrealistischen Annahmen didaktischer Konzepte«, z. B.:

»– Sie rechnen mit einem *Maximum an verfügbarer Zeit* für die Unterrichtsvorbereitung.
– Sie rechnen mit einer sehr hohen *Motivation* des Lehrers für die Planungstätigkeit.
– Sie rechnen mit einer sehr hohen *theoretischen und praktischen Handlungskompetenz* des Lehrers . . .
– Sie rechnen schließlich mit einer breiten Palette *verfügbaren empirischen Wissens* über die soziokulturellen Lebensbedingungen, über Lernvoraussetzungen der Schüler, über die Wirksamkeit bestimmter Unterrichtsmethoden usw.« (in: H. Geißler 1979, S. 147).

In diesem Zusammenhang verwendet H. L. Meyer für diese Konzepte das Wort »Feiertagsdidaktiken«; denn gewisse Rahmenbedingungen seien nur in Ausnahmesituationen gegeben. Insbesondere das notwendige »empirische Wissen« kann heute angesichts der geringen Stundenzahl für die »Erziehungswissenschaften« an den Lehrerausbildungsinstitutionen einiger Bundesländer (z. B. Nordrhein-Westfalen) nicht (mehr) vorausgesetzt werden.

– *Das Defizit an empirischen Untersuchungen zur Unterrichtsvorbereitung*

Auch F. Loser und E. Terhart weisen auf die Diskrepanz von feiertäglicher Unterrichtsvorbereitung bei Lehrproben und Schulratsbesuchen und alltäglicher Planungsarbeit des Lehrers hin, die von den Bedingungen der Arbeitsplatzstruktur des Lehrers geleitet sei. Konsequenterweise fordern sie Untersuchungen zur Empirie des Planungsprozesses: »Die Strukturen, Formen und Inhalte alltäglicher Unterrichtsvorbereitung durch die Lehrer sind nach wie vor unbekannt; man weiß noch immer nicht genau, was Lehrer tun, wenn sie ihren Unterricht vorbereiten« (1979, S. 405).

32. Unterrichtsgestaltung

Unterrichtsgestaltung hängt aufs engste mit der Unterrichtsplanung zusammen; denn in der konkreten Unterrichtsstunde wird das in der aktuellen Unterrichtsvorbereitung Intendierte realisiert. Hier ist auch an unsere Ausführungen über die Unterrichtsstufen (Kap. 30) anzuknüpfen. In den Lehr- und Lernstufen sehen wir heute nicht mehr verpflichtende Normen, sondern Empfehlungen für den Stundenablauf. Das Mindestmaß von Artikulation dürfte eine Dreigliederung sein, die eine Einleitungs-, eine Haupt- und eine Schlußphase umfaßt (Bönsch 1965). Sinnvoll und praktikabel ist auch eine *Viergliederung,* wie sie F. Huber vorschlägt: Einführung – Erschließung – Besinnung – Bewältigung ([11]1972).
Für welches der Stufenmodelle man sich auch entscheiden mag, sie verstehen sich alle als Hilfen beim Aufbau einer Unterrichtsstunde. Die im Unterricht einzuleitenden methodischen Maßnahmen variieren je nach Fach und Unterrichtsaufgabe, so daß wir *Einzelakte* innerhalb der *Hauptstufen* unterscheiden können. Vor allem das jeweils dominierende Lehrziel (Vermittlung von Kenntnissen, Erkenntnissen, Fähigkeiten, Fertigkeiten, Erlebnissen; Einschulung in Methoden usw.) ist eine Determinante der didaktischen Formgebung. Primär wird an dieser Stelle an Neueinführungsstunden, weniger an Übungsstunden, gedacht.
Wir wollen hier vier Stufen zugrunde legen, und zwar sind diese so formal gehalten, daß möglichst viele Unterrichtssituationen dadurch erfaßt werden können:

- Stundeneröffnung
- Begegnung mit dem Neuen
- Vertiefung
- Stundenabschluß

Im folgenden sollen Sinn und Funktion einer jeden Stufe kurz gekennzeichnet und Variationsmöglichkeiten hinsichtlich der methodischen Einzelakte herausgestellt werden. Unterrichtsgestaltung wird im folgenden weithin als Stundengestaltung verstanden.

32.1 Stundeneröffnung

32.1.1 Sinn dieser Stufe

In der Phase der Einführung geht es zunächst um die Aktivierung der Lernbereitschaft der Schüler. »Die Frage nach der Eröffnungsstrategie und der Motivation stellt sich . . . vornehmlich als ein *Kommunikationsproblem*« (Keck 1973, S. 285). Die Schüler sollen auf dieser Stufe in eine Erwartungshaltung versetzt werden (vgl. M. Rösner: Erwartungsstufe!): Es bahnt sich etwas Neues an; was wird es sein? Dieser Spannungszustand wird im allgemeinen durch die Zielangabe des Lehrers gelöst. Bei dieser »Anwärmphase« spielen psychologische und gegenstandstheoretische Probleme eine Rolle. »Die Hinführung hat die Aufgabe, den Schüler in Kontakt zum Gegenstand einer Unterrichtsstunde (oder einer ganzen Unterrichtseinheit) zu bringen. Durch eine erste Subjekt-Objekt-Zuwendung sollen Neugierde und Interesse des Schülers geweckt und dadurch seine Aufmerksamkeit auf die Lehrinhalte hin ausgerichtet werden. Sachliche, kommunikative und soziale Momente einer Hinführung müssen sinnfällig koordiniert sein, denn von ihrem Gelingen hängt die Produktivität des Unterrichts maßgeblich ab« (Kozdon 1978, S. 108).
Die Einleitungsphase soll kurz, prägnant und logisch zwingend sein. »Sie soll keinen wesentlichen Kraft- und Zeitverbrauch mit sich bringen, denn sie ist Mittel, nicht Selbstzweck« (Gärtner 1964, S. 199). Die Einführung kann bei reiferen Schülern u. U. aus einem Satz bestehen, der die Zielangabe enthält.

32.1.2 Gestaltungsmöglichkeiten

Bei der »Stundeneröffnung« lassen sich – je nach Thema und Lehrintention – verschiedene Einzelakte unterscheiden, von denen in jeder Stunde nur eine Variante in Frage kommt:

– *Überprüfung von Hausaufgaben*
Diese Form des Stundenbeginns kommt im Schulalltag recht häufig vor, zumal schriftliche und mündliche Arbeitsaufträge in einem sinnvollen Kontext zu Lehrplan und Unterricht stehen sollen. Häufig wird auf diese Weise auch der Grund für die Neudurchnahme gelegt.

– *Wiederholung der letzten Unterrichtsergebnisse*
z. B.: Der Tod Kaiser Wilhelms I. und die Inthronisation von Wilhelm II. werden ins Gedächtnis zurückgerufen als Voraussetzung für das Verstehen des neuen Themas: Bismarcks Entlassung.

– *Anknüpfung an ein früheres Unterrichtsthema*
z. B.: Die Steigerung des Adjektivs wird reaktiviert, um die des Partizips anzuschließen. Hier lassen sich auch die Rückgabe und Besprechung von Klassenarbeiten einreihen.

– *Sachliche Vorbesprechung*
z. B. erfolgen geschichtliche Vorbemerkungen zu einer Dichtung oder zu einem Kunstwerk; Geographie des Vierwaldstätter Sees bei Schillers »Wilhelm Tell«; Erläuterung von Begriffen, die das Verstehen des Neuen erschweren.

– *Konfrontation mit einem Gegenstand*
Sie pflegt die Lernmotivation zu stimulieren, z. B. ein Kurzfilm über das Eisfischen in Ostpreußen, das Zeigen eines Faustkeils, ein Experiment.

– *Problementfaltung*
z. B. Statistik über die Bevölkerungsexplosion; Daten zur Umweltverschmutzung.

– *»Einstieg«*
Nicht jede Stundeneröffnung ist ein »Einstieg«! M. Wagenschein (1959) bezeichnet damit den relativ unvermittelten Zugang zu einem komplexen Sachverhalt. Durch die Begegnung mit etwas Unerwartetem, Außergewöhnlichem, Merkwürdigem (vgl. Copeis Beispiel mit der Milchdose!) soll der Schüler »erschüttert« werden.

– *Vorübung*
z. B. im Sportunterricht; Kopfrechnen, Kurzdiktat.

– *Beobachtungs-, Erfahrungs- und Erlebnisberichte der Schüler*
Schüler referieren über thematisch einschlägige Vorkommnisse und Einsichten – etwa aus dem Bereich der Naturwissenschaften.

– *Einstimmung*
im Sinne der Erlebnispädagogik, z. B. beim Märchen, Gedicht, Bildnis. Sie ist heiter oder ernst – je nach dem Gehalt. Auch Medien können hier einbezogen werden.

– *Arbeitsplanung*
Beim Gruppenunterricht z. B. werden anfangs gemeinsame Überlegungen über Ziel, Arbeitsmittel, Vorgehen u. dgl. angestellt.

32.2 Begegnung mit dem Neuen

32.2.1 Sinn dieser Stufe

Wenn es der Stundeneröffnung gelungen ist, Interesse zu wecken und Aufnahmebereitschaft zu erzeugen, dann kann der Unterrichtsablauf in seine zweite Phase eintreten, »in die Phase der ›Konfrontierung‹, die allgemein als Höhepunkt der unterrichtlichen Begegnung gilt. Es ist der Moment, wo Schüler und Stoff durch das Bekanntschaftsarrangement des Lehrers zusammenkommen, wo Eindrücke aufgenommen und Lösungswege gesucht werden. Die Stufe, auf der eine verantwortliche Lernführung dafür zu sorgen hat, daß sich der Unterrichtsgegenstand von seiner repräsentativsten Seite zeigt« (Wegmann 1964, S. 86). Auf dieser Stufe sollen die Schüler mit neuen Lerninhalten vertraut gemacht werden. Dabei genügt eine oberflächliche Behandlung nicht. Herbart sagt (1806) zu Recht: ». . . welcher Gewinn auf dem Wege der Bildung läßt sich so ganz ohne Verweilung erhaschen, daß man nicht nötig hätte, eine Zeitlang von allem Andern die Gedanken abzuziehen, um sich hier einzusenken!« (⁷1965, S. 47). Bei kognitiven Lehrzielen erfolgt hier eine sich schrittweise vollziehende, geordnete Darlegung bzw. Entwicklung eines Gedankengangs. Wenn hier nicht verantwortlich ein Grund gelegt wird, ist die Chance für eine ergiebige Sachbegegnung verpaßt. Nach Möglichkeit sollten Unterrichtsmedien (s. Kap. 33–35) unterstützend herangezogen werden. Diese eindringende Auseinandersetzung nimmt zeitlich den größten Teil der Unterrichtsstunde in Anspruch.

32.2.2 Gestaltungsmöglichkeiten

In der Fachliteratur wird diese wichtige Phase erstaunlicherweise wenig bedacht. Es ist jeweils nur eine Grundform für den unmittelbaren Unterricht, für die gemeinsame Erarbeitung und für die Schülerselbsttätigkeit vorgesehen:

– *Darstellung eines neuen Sachverhalts durch den Lehrer*
Der Lehrer muß hier entscheiden, ob er das neue Thema als Ganzes oder in Abschnitten behandeln will. Oft empfiehlt sich ein gestuftes Vorgehen unter zunehmender Ausweitung bzw. Ausschöpfung des Sachverhalts, was eine weitere, interne Unterteilung der zweiten Stufe notwendig macht.

– *Gemeinsame Erarbeitung* (z. B. in Form des Unterrichtsgesprächs)

– *Arbeitsausführung* (z. B. beim Gruppenunterricht)
»Soll die Neudurchnahme durch die Schüler selber (Still-, Paar- oder Gruppenarbeit) erfolgen, dann empfiehlt es sich immer, den Unterricht in *Blockstunden* einzuteilen, weil nur dann genügend Zeit für selbständige Materialbereitstellung, Stofferarbeitung und anschließende Zusammenfassung zur Verfügung steht« (E. E. Geißler 1973, S. 266).

32.3 Vertiefung

32.3.1 Sinn dieser Stufe

Während die Stufe der Neubegegnung die Schüler mit einem Lehrinhalt im großen und ganzen vertraut macht, zielt die Phase der Vertiefung auf die Erfassung der einzelnen Gedanken und besonderen Aspekte eines Themas. Auf dieser Stufe geht es zum einen um eine detaillierte Besinnung auf das Neue, zum andern um ein weiteres Eindringen und ein tieferes Verständnis des Unterrichtsgegenstandes. Nach intensiver Auseinandersetzung mit der Sache wird sich der Lehrinhalt am Ende dieser Phase zu allgemeinen Erkenntnissen (zur Schau von Zusammenhängen oder Ursache-Wirkungs-Verhältnissen, zu Regeln, Gesetzen u. dgl.) verdichten. G. Grüner spricht von der »Stufe der Verwesentlichung des Lehrstoffes« ([2]1970, S. 61).

32.3.2 Gestaltungsmöglichkeiten

Auch auf dieser Stufe lassen sich verschiedene Einzelakte unterscheiden:

– *Wiederholung des Vorgetragenen bzw. Erarbeiteten und weitere Klärung*
Allein wegen der Ergebnissicherung ist eine Rekapitulation empfehlenswert; sie läßt im übrigen Verständnisschwierigkeiten erkennen und wird den Lehrer zu einem neuen Verdeutlichungsversuch veranlassen.

– *Erstellung einer Gliederung*
Das Bilden von Teilüberschriften bei Lesestücken sowie das Erfassen einzelner Abschnitte bei Dichtungen, Musikstücken u. dgl. lassen deutlich die Struktur erkennen.

– *Herausarbeiten von Gesetzen, Regeln, Begriffen ...*
Aus einer Reihe von Versuchen geht ein physikalisches Gesetz hervor; aus mehreren Beispielen erwächst eine orthographische Regel; ein Sachverhalt wird mit dem zutreffenden Fachausdruck belegt.

– *Erarbeitung von Übersichten, Tabellen, Merksätzen, Sachtexten*
Im Erdkundeunterricht können z. B. die Bodenerzeugnisse eines Landes oder Import und Export eines Staates aufgelistet werden. Es kann der Aufbau eines Orchesters in einem Schaubild festgehalten werden. Eine Tabelle gibt Auskunft über das Klima in Australien. Wichtige Punkte aus dem Gespräch (in der zweiten Phase) werden in einigen Protokollsätzen festgehalten. Ein Sachtext wird erstellt.

– *Herausarbeiten des Kerngedankens*
(z. B. bei Gedichten, Fabeln usw.), des »Skopus« (z. B. beim Gleichnis), der Bedeutung (z. B. bei einer Institution).

– *Auslegung und Deutung*
Hier ist die Interpretation von Gedichten, Bildern, Musikwerken u. dgl. gemeint.

– *Überhöhung*
Die Überhöhung stellt eine Wesensaussage, eine treffende Bemerkung, eine brillante Formulierung zur rechten Zeit dar. Hier haben auch die Anekdote und der politische Witz einen Platz.

– *Vergleiche mit Bekanntem, Ähnlichem*
Auf dieser Stufe werden zuweilen bewußt Vergleiche vorgenommen (s. Eichberg 1972).

– *Herausstellen von Ursachen, Wirkungen, Beziehungen*
Hier geht es um Fälle wie den Zusammenhang von Weltwirtschaftskrise und Aufschwung der NSDAP u. dgl.

– *Rückbesinnung auf den Unterrichtsverlauf*
Es handelt sich hier um ein Innehalten beim Meta-Unterricht, beim Einüben von Methoden, Lerntechniken und Fertigkeiten, um sich bestimmte Handlungssequenzen bewußt zu machen.

Abschließend kann gesagt werden: Die Stufe der »Vertiefung« ist eine wichtige Phase innerhalb der Unterrichtsgestaltung, die das persönliche Engagement des Lehrers erfordert. Sie ist Ausdruck des Bemühens, es im Schulunterricht nicht bei der Vermittlung von isoliertem Wissen zu belassen, sondern zu Erkenntnissen (»Kategorien«) fortzuschreiten.

32.4 Stundenabschluß

32.4.1 Sinn dieser Stufe

Alle Stufenmodelle sehen eine Schlußphase vor, mag sie nun Zusammenfassung, Anwendung, Verwertung, Übung, Transfer, Problemlösung oder – wie beim Vorhaben/Projekt – Werkvollendung heißen. In diesen Bezeichnungen wird bereits Wesentliches über die Funktion der Stundenbeendigung ausgesagt. Zu einem befriedigenden Abschluß ist der Lernvorgang erst dann gekommen, wenn der Schüler den Lehrgegenstand sich wirklich zu eigen gemacht hat, so daß er zukünftig frei darüber verfügen kann. Erfahrungsgemäß genügt ein einmaliger Durchgang durch den Lerninhalt nicht; daher unterstellt sich die Schlußphase mit Recht dem Prinzip der Erfolgssicherung und der Leistungssteigerung.

32.4.2 Gestaltungsmöglichkeiten

– *Ergebnisfeststellung mit abschließender Betrachtung*
Am Ende einer Lehr-Lernsequenz findet häufig eine Zusammenfassung statt, die der »Feststellung des Erreichten« (Bönsch 1965, S. 102) dient. Hier werden z. B. Texte, Übersichten, Skizzen fixiert und die Resultate gewürdigt (u. a. durch Lückentexte und Rätsel).

– *Einlern- und Übungsaufgaben*
Sie dienen der Wiederholung von Kenntnissen, der Schulung von Fähigkeiten und der Festigung von Fertigkeiten. Die Arbeitsaufträge sollten »mechanische« Lösungen gar nicht erst zulassen.

– *Anwendungsaufgaben (Transfer)*
Erkenntnisse, Regeln, Gesetze u. dgl. sollen auf gleiche und ähnliche Anforderungen frei übertragen werden.

– *Ausdrucks- und Gestaltungsaufgaben*
Dabei wird u. a. an sprachliche, zeichnerische, graphische, plastische und szenische Darstellungen der Schüler gedacht.

– *Überarbeitung von Schülerexposés*
Hier geht es um die kritische Durchsicht und Vervollständigung von Schüleraufsätzen, Nacherzählungen, Zeichnungen, Klassenarbeiten und Übungstests.

– *Arbeitsauswertung*
Diese Variante verweist auf die Formen der Schülerselbstarbeit, vor allem auf die Partner- und Gruppenarbeit mit ihren Schlußberichten und Zusammenfassungen (s. Kap. 27 u. 28).

– *Überleitung zu einer angemessenen Hausaufgabe*
Hausaufgaben sollen in einem sinnvollen Kontext zum Vormittagsunterricht stehen; sie bedürfen häufig – nicht zuletzt im Sinne der Ermutigung – einer ausdrücklichen Vorbesprechung. Die Schüler müssen Gelegenheit haben, ihre Aufgaben zu überdenken und Rückfragen zu stellen. Die Aufträge sollten mehr als bisher individualisiert werden. Abwechslungsreiche Hausaufgabengestaltung baut der Lernunlust vor.

– *Erkundungsauftrag als Fortführung*
Diese »Schlußfigur« nennt R. Keck: »Hier wird versucht, den Schüler im Anschluß an einen behandelten Stoff für eine eigene *Weiterführung des Themas* zu *motivieren*« (1973, S. 289).
Indem der Lehrer auf dieser Stufe den individuellen Lernfortschritt feststellt, werden auch Rückschlüsse auf die Effektivität der Lehre möglich. Gerade die abschließende Lernkontrolle hat durch den lernzielorientierten Unterricht als »Evaluation« eine große Bedeutung bekommen.
Im *Rückblick* kann angemerkt werden: Durch unseren Aufweis der vier Stufen mit

ihren Einzelakten soll nicht dem (alten) Lektionismus das Wort geredet werden. Die Einzelstunde (die aufgrund des Fachlehrersystems Wirklichkeit ist!) ebenso wie die Blockstunde sind als Glied übergeordneter Unterrichtseinheiten und Sachfelder zu sehen. Die von uns genannten Beispiele sind als Illustration zu verstehen. Der Lehrer sollte in der konkreten Unterrichtssituation gemäß den gegebenen Bedingungen geeignete Einzelakte aus den Hauptstufen auswählen und miteinander in Beziehung setzen. Die Kenntnis der vielfältigen Variations- und Kombinationsmöglichkeiten wird nicht zuletzt dem Lehranfänger eine geistig anregende und abwechslungsreiche Unterrichtsgestaltung ermöglichen.

VII. Unterrichtsmittel – Medien

33. Lehr-, Lern- und Arbeitsmittel

33.1 Begriff und Bedeutung der Lehr- und Lernmittel

Das älteste und zugleich unscheinbarste Unterrichtsmittel ist das *belehrende Wort,* sei es das gesprochene Wort des Lehrers oder das schriftlich niedergelegte Wort des Dichters, Propheten, Gelehrten usw. Die Erfindung und der Einsatz spezieller *Anschauungsmittel* entzündete sich an dem Ungenügen einer Belehrung nur mit dem Mittel der Sprache. Der Pädagoge Johann Amos Comenius ist es gewesen, der um die Mitte des 17. Jahrhunderts lehrhafte Texte durch Abbildungen unterstützte und mit seinem »Orbis sensualium pictus« eine gemalte Welt vor die Sinne der Schüler stellte. Die Entwicklung führte schließlich zur Ablösung des bis dahin in den Schulen vorwaltenden *Verbalismus* durch den *Sensualismus*; vgl. auch den Gedanken Kants, daß alle Erkenntnis in der Anschauung anhebe! Pestalozzi bezeichnet 1801 die Anschauung als das absolute Fundament aller Erkenntnis (n. Pfeffer 1961, S. 159).
Die Lehr- und Lernmittel hatten lange Zeit den Charakter von Veranschaulichungsmitteln. Erst die Postulierung des Prinzips der Selbsttätigkeit (Aktivität) im ersten Drittel unseres Jahrhunderts brachte eine neue Qualität von Lernmitteln hervor: die *Arbeitsmittel.*
Wer die geschichtliche Heraufkunft der Lehr- und Lernmittel genauer verfolgen will, sei an K. W. Döring ([2]1973) verwiesen.
Wir wenden uns in diesem Kapitel zunächst den nicht-technischen Unterrichtsmitteln zu. Verschiedene Termini sind im Gebrauch (z. B. Lehrmittel, Anschauungsmittel, Arbeitsmittel, Selbstbildungsmittel, Übungsmittel usw.); sie alle bezeichnen Hilfsmittel bei der Verwirklichung didaktischer Intentionen.

- *Lehrmittel* stehen im Dienste des Lehrens; sie setzt der Lehrer vor der Klasse (Gruppe) unter seiner Leitung ein (z. B. Wandkarten). Das gebräuchlichste Lehrmittel ist die Wandtafel. Die Veranschaulichungsmittel bilden unter den Lehrmitteln eine wichtige Gruppe.
- *Lernmittel* erfüllen substantiell die gleichen Aufgaben wie die Lehrmittel; sie sind kleinformatig und befinden sich in den Händen der Schüler.

Die Grenze zwischen Lehr- und Lernmitteln ist fließend; dies wird z. B. am Unterrichtsmittel »Buch« deutlich: »Lehrbuch« in der Hand des Lehrers, »Schulbuch« (z. B. Fibel, Lese-, Rechen-, Sprach- und Sachbuch, Atlanten) in der Hand des Schülers. K. W. Döring versteht unter Lehr- und Lernmitteln »alle zusätzlichen, das Lehren und Lernen im Unterricht unterstützenden Hilfsmittel (Medien), welche

primär selbst keinen Lerninhalt darstellen, sondern lediglich dessen optimale Präsentation zum Zwecke haben« ([2]1973, S. 16). Man sollte demnach zwischen Mittel und Inhalt unterscheiden.
Die Lehr-, Lern- und Arbeitsmittel sind unter der zusammenfassenden Bezeichnung *»Unterrichtsmittel«* bis in die jüngste Gegenwart ein Kapitel innerhalb der Unterrichtsmethodik gewesen. Erst in unseren Tagen hat sich diese Fragestellung, nicht zuletzt durch die Entfaltung und Ausweitung der technischen Medien, verselbständigt und seit Mitte der 60er Jahre ein eigenes, neues Teilgebiet, die *Mediendidaktik*, begründet. Es gibt spezielle Zeitschriften im Mediensektor.
Was das Ausmaß und Gewicht unseres Themas betrifft, so tangiert es

- das ökonomische Problem der Beschaffung der Mittel,
- das bildungspolitische Problem der Lehr- und Lernmittelfreiheit,
- das administrative Problem der Genehmigungspflicht von Schulbüchern und
- das schulpädagogische Problem der Lehrmittelausstattung der Schulen.

Für die Anerkennung der pädagogischen Bedeutung der Unterrichtsmedien sowie für die allgemeine öffentliche Wertschätzung dieses Produktionssektors sprechen auch die regelmäßig stattfindenden Lehr- und Lernmittelmessen (»Didacta«).

33.2 Einteilung der Unterrichtsmittel

Wir verstehen an dieser Stelle Sprache, Mimik und Gestik der am Lehr-Lernprozeß Beteiligten nicht als Unterrichtsmedien, sondern nur gewisse *materiale* unterrichtliche Hilfsmittel. Es gibt mehrere Klassifikationssysteme, um die Fülle der unterrichtlichen Medien in eine stimmige Ordnung zu bringen, z. B. die Gliederung nach dem Grad der Anschauung bzw. nach dem Abstraktionsniveau. Hier spannt sich das Spektrum von der »Realbegegnung« über Modelle und Bilder bis hin zur symbolischen Repräsentation (u. a. Sprache). Der nicht unbestrittenen Realismus-Theorie der Unterrichtsmedien liegt die Annahme zugrunde, daß den wirklichen Dingen in jedem Falle der höhere Stellenwert zuzuerkennen sei, von denen her alle anderen Repräsentationsformen (Stellvertretungen) sich entsprechend abstufen.

Wir folgen hier grundsätzlich der Vierteilung von K. W. Döring ([2]1973), nehmen jedoch einige Ergänzungen vor. Dies sind die vier großen Gruppen von Lehr- und Lernmitteln:
1. *Bücher und Zeitungen*
mit den Untergruppen: Schulbücher, Lexika, Ganzschriften, Sachbücher, Anthologien, Buchprogramme; Zeitungen, Schülerzeitungen.
Wohl die gebräuchlichsten Lehr- und Lernmittel dürften im Unterricht die diversen – pro Lehrfach ausgelegten – Schulbücher sein. Schulbuch kann umschrieben werden als »ein Orientierungs-, Begleit- und Arbeitsbuch für die Hand des Schülers«

(Kozdon 1974, S. 23). Die Printmedien haben auch heute noch neben den audiovisuellen Bildungsmitteln ihren Platz; zu »Zeitung im Unterricht« s. u. a. H.-D. Fischer (1979).

2. *Lehr- und Lernmaterial*
mit den Untergruppen: Anschauungsmittel, Spielmittel, Memoriermittel, Bearbeitungsmittel, Arbeitsmittel und Selbstinstruierendes Material.
Hier wären aus unserer Sicht nachzutragen: Lehrmittel für den Erstunterricht, Tafeln (u. a. Haft- und Magnettafeln), Karten (z. B. aus Erdkunde und Geschichte), Umrißstempel, Reliefs, Bilder (z. B. Wandbilder, Lehrtafeln, Geschichtsfriese) und gewisse schülerzentrierte Lern- und Übungsmittel.

3. *Reale Gegenstände*
Zu den Gegenständen aus der Wirklichkeit gehören u. a. Naturdinge (z. B. Paprika), Kulturdinge (z. B. römische Münze, Fischernetz), Gesteinssammlungen, Textil- und Materialproben, ferner wirtschaftliche und politische Systeme (wie Betriebe, Gemeindeparlamente), biologische Systeme (wie Aquarien, Terrarien, Zoologische Gärten, Schulgärten) und Kunstsammlungen (Museen, Galerien).

Von den »realen Gegenständen« sollten deutlich die Ab- und Nachbildungen der Wirklichkeit unterschieden werden. Zu dieser Kategorie sind alle (dreidimensionalen) Modelle (»Lehrmodelle«) (z. B. geometrische Körper, technische Konstruktionen), Globus, Sandkasten, Präparate (von Tieren und Pflanzen), Skelette u. ä. zu zählen.

4. *Technische Medien*
mit den Untergruppen »Apparate für Versuch, Beobachtung, Anschauung« und »Audio-visuelle Medien«, die ihrerseits noch einmal in Geräte für die visuelle, für die auditive und für die audio-visuelle Perzeption aufgeteilt werden (s. hierzu Kap. 34 u. 35). Zur ersten Untergruppe sind u. a. Laborgeräte, Lupe, Mikroskop und Fernrohr zu rechnen.
Die Fülle der Lehr- und Lernmaterialien wird umfassend in dem »Lehrmittelberater« (1963) dokumentiert.
Mit guten Gründen setzt K. W. Döring ([2]1973, S. 15f.) die »Lehr- und Lernmittel« von der *»Schul- und Unterrichtsausstattung«* ab. Hierunter subsumiert er u. a. Möbel, Wandtafel, Kartenständer, Schreibgeräte, Werkzeuge, »Sportgeräte« und »Musikinstrumente«. Wenn wir einmal von der »Wandtafel« absehen, so dürften auf jeden Fall die Sportgeräte und die Musikinstrumente, sofern man in ihnen Lehr- und Übungsgeräte sieht, zu den Lehr- und Lernmitteln tendieren.

33.3 Die didaktische Funktion der Lehr- und Lernmittel

Die Lehr- und Lernmittel müssen ganz bestimmte *Anforderungen* erfüllen; dies ist z. B. der Sinn der amtlichen Schulbuchzulassung. Sie müssen mit den Verfassungs- und Bildungszielen übereinstimmen; sie müssen darüber hinaus bestimmten pädagogischen und didaktischen Kriterien genügen. So wird z. B. gefordert, daß die Lehr- und Lernmittel die Probleme (Themen) »gegenstandsspezifisch« (z. B. bei der Demonstration eines Vulkanausbruchs: »Bewegung kann allein durch Laufbilder [Film, Fernsehen] deutlich gemacht werden«) und »altersspezifisch« (= gemäß der Leistungsfähigkeit) präsentieren (Borowski/Hielscher/ Schwab [2]1976, S. 78f.). Außerdem sollen sie von ästhetischer Qualität sein, anschaulich wirken, Aufforderungscharakter besitzen und Spontaneität erzeugen. »Lehrmittel, die eine aktive Teilnahme des Schülers fordern oder ermöglichen, sind vorzuziehen gegenüber Lehrmitteln, die den Schüler in eine passive und nur aufnehmende Rolle versetzen« (Skowronek [11]1977, S. 492).

Lehr- und Lernmittel können qualitativ ganz verschiedene *Aufgaben* im Lehr-Lernprozeß wahrnehmen. Nach E. Dauenhauer können Medien zur Motivation beitragen, den Unterrichtsprinzipien (Anschauung, Erfolgssicherung usw.) dienen, vorwiegend die Repräsentanz des Stoffes bewerkstelligen und sowohl die methodische als auch die zeitliche Führung des Lernens übernehmen ([2]1970, S. 296). Ferner können sie die Funktion der Individualisierung, der Vergrößerung, der Zeitraffung und der Zeitverzögerung ausüben.

Was den *zeitlichen Einsatz* betrifft, so können Medien in jeder Unterrichtsstufe (z. B. bei der Einführung, in der Phase der Problematisierung, bei der Darbietung und Erarbeitung sowie bei der Zusammenfassung, Wiederholung und Übung) wirksam werden. »Die Medien dürfen nicht isoliert im unterrichtlichen Ablauf stehen, sondern müssen funktional in die Lehr- und Lernaktivitäten eingefügt werden« (Einsiedler 1978, S. 108). Gut geeignet sind dazu Beobachtungsaufträge, provokative Fragen oder Anwendungsaufgaben.

Ganz sicher ist eine wichtige Funktion der Lehrmittel in der *Veranschaulichung* zu sehen. »Die wenigen Untersuchungen, die bisher vorliegen, beweisen ... recht eindrucksvoll die Überlegenheit eines Unterrichts mit Medien gegenüber einem Unterricht, in dem auf Anschauung weitgehend verzichtet wird« (Aschersleben [3]1979, S. 164). Man vergleiche hierzu die Untersuchungen von H. Düker und R. Tausch (in: Döring 1971).

Überall, wo mit Lehr- und Lernmitteln gearbeitet wird, muß kritisch die Frage nach der Angemessenheit und sachlichen Richtigkeit der Abbildung im Verhältnis zum Abzubildenden gestellt werden. Eine wie unzureichende Vorstellung von dem vielgestaltigen Pyrenäen-Gebirge wird z. B. erzeugt, wenn es in den Schüleratlanten mit einem daumenbreiten braunen Balken wiedergegeben wird!

Was die *Verwirklichung* eines lehr- und lernmittelgesteuerten Unterrichts betrifft, so dürfte feststehen, »daß die differenzierte Handhabung eines vielseitigen didaktischen

Instrumentariums ohne eine entsprechende pädagogische Qualifikation der Lehrerschaft kaum möglich sein dürfte« (Döring 1971, S. 111). Der Lehrer sollte sich speziell in den in seinen Lehrfächern vorhandenen Medien und insbesondere in den auf dem Markt befindlichen einschlägigen Schülerbüchern (Schulbüchern) auskennen. Aus dieser Einsicht resultiert die Konsequenz, daß die Didaktik der Unterrichtsmedien Bestandteil der Lehreraus- und -weiterbildung sein sollte. Vor allem für Lehranfänger dürfte der Aufsatz »Was ein Lehrer über Medien lernen muß« (Brucker 1976) hilfreich sein.

33.4 Die spezifische Aufgabe der Arbeitsmittel

Arbeitsmittel sind eine Variante der Lernmittel. Sie haben überall dort ihren Platz, wo Unterricht auf Schülerselbsttätigkeit umgestellt werden soll. »Im Schulalltag spricht man von Arbeitsmittel, wenn der Schüler durch das Medium zur sichtbaren Aktivität gebracht wird . . .« (Dauenhauer [2]1970, S. 297). Eine ausgesprochene *Arbeitsmitteldidaktik* hat sich während der Weimarer Republik und dann erneut in den 50er Jahren (Kade 1956) herausgebildet. Bedeutende Anstöße zur Entwicklung selbstunterrichtenden Materials sind von der Arbeitsschulbewegung ausgegangen, die versuchte, »passives und rezeptives Lernen durch eigenschöpferisches, auf Spontaneität und Aktivität beruhendes Lernen zu ersetzen. Aus einer Lern- wurde so eine Arbeitsschule, die Lernmittel verwandelten sich in Arbeitsmittel« (Döring 1971, S. 175).

P. Petersen hat in seiner »Führungslehre des Unterrichts« der »Pädagogik der Arbeitsmittel« ein eigenes Kapitel gewidmet. Von ihm stammt die Definition: »Arbeitsmittel ist ein Gegenstand, der mit eindeutiger didaktischer Absicht geladen ist, hergestellt, damit sich das Kind frei und selbständig dadurch bilden kann« ([7]1963, S. 182). Er hat auch gewisse Anforderungen an Arbeitsmittel gestellt: Sie müssen u. a. Einladungs- und Aufforderungscharakter haben, zu Wiederholung und zu Weitergehen anreizen und zugleich eine selbständige Lernkontrolle ermöglichen.
Innerhalb der Gruppe der Arbeitsmittel ist eine weitergehende Gliederung in Übungsmittel und Erarbeitungsmittel sinnvoll:

- *Übungsmittel* dienen dem Training, der Festigung und Anwendung; sie waren bereits der »alten« Schule bekannt.
- *Erarbeitungsmittel* (besser: Selbsterarbeitungsmittel) sind eine Errungenschaft der »Neuen Schule«; sie basieren auf der Eigenaktivität und dem individuellen Arbeitstempo der Schüler und verstehen sich letztlich als Mittel der Selbstbildung. H. Holstein formuliert: »Zur pädagogischen Entwicklung der Arbeitsmittel gehört die Einsicht in ihre autonome didaktische Funktion« ([3]1973, S. 19). Die autodidaktische Komponente tritt deutlich hervor. Zumindest die selbstinstruierenden Arbeitsmittel dienen wesentlich der »selbsttätigen, lehrerunabhängigen Erarbeitung neuer Inhalte« (Döring 1971, S. 177).

K. W. Döring unterscheidet in phänomenologischer Absicht vier Gruppen von Arbeitsmitteln: Spiele und Rätsel, Einzelarbeitsanweisungen, Arbeitshefte und Arbeitsmappen sowie Arbeits- und Ordnungskästen (1971, S. 177f.).
Die Arbeitsmittel insgesamt suchen in erster Linie dem Prinzip der Selbsttätigkeit und Eigenbildung gerecht zu werden. Sie leisten außerdem einen Beitrag zur inneren Differenzierung. Im allgemeinen sind sie didaktisch und methodisch vielseitig verwendungsfähig.
Abschließend kann gesagt werden: In der gegenwärtigen Medienliteratur spielen die traditionellen (»vortechnischen«) Lehr- und Lernmittel angesichts der Dominanz der audio-visuellen Bildungsmittel nur eine untergeordnete Rolle; dies gilt in besonderem Maße von den Arbeitsmitteln. Von den äußeren Umständen her ist das heute vorherrschende Fachlehrersystem der Durchsetzung einer Arbeitsmitteldidaktik nicht förderlich. Dabei muß eingeräumt werden, daß gewisse von ihr verfolgte Intentionen – wenigstens im kognitiven Bereich – vom Programmierten Unterricht aufgegriffen und weitergeführt worden sind.

34. Medienverwendung im Unterricht

34.1 Begriff und Arten audio-visueller Medien

Es dürfte wohl unbestritten sein, »daß die neuzeitliche Schule bis heute eine vorwiegend verbale Schule ist, sich manifestierend im Wort des Lehrenden, im gedruckten Wort des Lehrbuchs, nur sporadisch unterbrochen durch Veranschaulichungen und Demonstrationen« (Eigler 1971, S. 9). G. Eigler fordert daher eine »audio-visuelle Schule« (1971), deren Unterricht durch veränderte Weisen der Bildungsvermittlung charakterisiert ist. Hier ist an den Einsatz sogenannter audio-visueller Medien zwecks Effektivierung des Lernprozesses zu denken.
»Das Medium ist Mittel, Mittler, Vermittler, Träger einer Mitteilung, einer Botschaft oder Information« (Hubalek 1974, S. 15). *»Medien«* wären demnach alle im Unterricht verwendeten Hilfsmittel; im eingeschränkten Sinne meint man jedoch die modernen *technischen* und elektronischen *Unterrichtsmittel.* Es trägt nicht zur Eindeutigkeit der Diskussion bei, daß »Medien« sowohl für die Apparate als auch für die durch sie repräsentierten Inhalte steht. »Im Zweifelsfall muß daher immer präzisiert werden, ob nur die Geräte, nur die Programme und AV-Materialien oder beides als Einheit gemeint sind« (Armbruster/Hertkorn 1978, S. 44).
Die audio-visuellen Unterrichtsmittel werden je nach physiologischer Beanspruchung bzw. nach dem frequentierten Kommunikationskanal in visuelle, auditive und audio-visuelle Medien eingeteilt.

- *Visuelle Medien* beanspruchen den optischen Sinn. Ein der Anschauung fähiger und bedürftiger Sachverhalt wird dem Gesichtssinn des Lernenden dargeboten, und zwar durch Buchprogramm (bei Programmiertem Unterricht), Lehrbrief (bei Fernunterricht und Fernstudium), Diaprojektion, Epiprojektion, Projektion von Transparenten durch den Overheadprojektor und Stummfilm.
- *Auditive Medien* wie Schallplatte, Schulfunk, Tonband, Kassette, Sprachlabor sind um einen akustischen Eindruck bemüht.
- Bei *audio-visuellen Medien* findet die Kommunikation zwischen Lehrenden und Lernenden auf der Grundlage des Hör- *und* Gesichtssinns statt. Hier sind z. B. Tonfilm, Ton-Bild-Schau, Schulfernsehen zu nennen.

Über die Geräte, die Technik und die Methode der audio-visuellen Medien, die eigentlich zur technischen Ausstattung einer zeitgemäßen Schule gehören sollten, unterrichtet u. a. H. Heinrichs (1972).

34.2 Leistung technischer Medien

Die Medienverwendung im Unterricht hat in den letzten Jahren eine immer reichere Ausgestaltung erfahren. Mit G. Tulodziecki können folgende Leistungen audiovisueller Unterrichtsmittel genannt werden:

- Medien können Prozesse und Sachverhalte aus dem Mikro- und Makrobereich veranschaulichen, u. U. überhaupt erst sichtbar machen.
- Medien können Sekundärerfahrungen auch da vermitteln, wo Primärerfahrungen nicht mehr möglich sind (etwa aus zeitlichen Gründen).
- Medien können Lehrfunktionen (z. B. Motivation und Informationsvermittlung) übernehmen, um den Lehrer in einzelnen Phasen des Lehrprozesses zu entlasten.
- Medien können verwendet werden, um flexiblere und wirkungsvollere Lehr- und Lernverfahren zu ermöglichen (z. B. im Sinne der Individualisierung und der Differenzierung).
- Medien können unter Nutzung des Multiplikationseffektes dazu dienen, für große Schülerpopulationen ein vergleichbares Lehrangebot bereitzustellen (hier ist an den Ausgleich von Ausstattungsdefiziten einzelner Schulen, z. B. durch Schulfernsehsendungen, zu denken).
- Medien haben im Rahmen von Lehr- und Lernprozessen nicht nur vermittelnde, instrumentale Funktionen, sie können und sollen auch selbst zum Gegenstand der Analyse und Beurteilung werden (etwa mit dem Ziel der Aufdeckung von Manipulationstechniken) (1978, S. 5f.).

Wohl die wichtigste Funktion, die audio-visuelle Medien wahrnehmen, ist u. E. die der *Vermittlung von Informationen.*
Als ein weiteres Positivum wird die stärkere *Visualisierung des Unterrichts* hervorge-

hoben; der multisensorische Charakter der audio-visuellen Bildungsmittel ist herkömmlichen Veranschaulichungsmitteln eindeutig überlegen.
Neben den Prinzipien der Rationalisierung, Zentralisierung und Optimierung wird in der Argumentation stets auf die *Lehrobjektivierung* hingewiesen. Dieser Terminus zielt auf die Ablösung der Lehrakte von lehrenden Personen und die Delegierung von Lehrfunktionen an nicht-personale (eben objekthafte!) Medien, wodurch zugleich die Befreiung von gewissen (u. U. den Schüler schädigenden) Subjektivismen der konkreten Lehrer erreicht werden soll.
In den letzten Jahrzehnten hat sich eine interdisziplinäre *Medienforschung* entwickelt, die insbesondere die Wirkung von Medien (vor allem der Massenmedien!) untersucht. Die Medienfrage ist auch von der Erziehungswissenschaft rezipiert worden und hat hier zur Herausbildung neuer Problemfelder geführt:

- *»Unterrichtstechnologie«* meint das Eindringen technischer Medien (auch des Programmierten Unterrichts) in den Raum der Schule einschließlich der einschlägigen Theoriebildung.
- Die *»Mediendidaktik«* beschäftigt sich allgemein mit der Förderung von Lehr- und Lernprozessen durch audio-visuelle Perzeption und im besonderen mit unterrichtsmethodischen Fragen des Einsatzes der diversen Unterrichtsmedien (Dichanz u. a. 1974). Hier kommt es sogar zu Spezialisierungen wie Didaktik des Schulfunks, Didaktik des Schulfernsehens usw.
- Die *»Medienpädagogik«* wendet sich als Handlungs- und Reflexionszusammenhang der Frage zu, wie Kinder und Jugendliche angesichts der wachsenden Bedeutung der Massenmedien zu einem verantwortlichen Umgang mit den Informationsträgern und Unterhaltungsmitteln erzogen werden können.
- Die *»Medienkunde«* thematisiert die verschiedenen Medien im Unterricht und vermittelt den Lernenden Erkenntnisse über die mediengesteuerte Kommunikation (Kerstiens ²1971).

34.3 Programmierter und computerunterstützter Unterricht

Der *Programmierte Unterricht* (auch programmierte Unterweisung, programmierte Instruktion und programmiertes Lernen genannt) hat in den 60er Jahren die erziehungswissenschaftliche Diskussion im deutschsprachigen Raum nachhaltig beeinflußt und zahlreiche Veröffentlichungen hervorgerufen. »Die lernpsychologischen Grundlagen des Programmierten Unterrichts wurden zunächst ausschließlich von behavioristisch orientierten Lernmodellen (S-R-Theorien) bestimmt, später wirkten sich auch Informationstheorie und Kybernetik auf die Programmgestaltung aus« (Schröder 1978b, S. 642). Bei dieser Lehrmethode übernimmt das *Lehrprogramm* (im allgemeinen das Buchprogramm) – sei es das lineare (n. Skinner) oder das verzweigte (n. Crowder) – wichtige Funktionen des Lehrers, nämlich die Auswahl, Aufgliederung und Anordnung des zu ver-

mittelnden Lehrinhalts. Aufgrund des kleinschrittigen Vorgehens und unter ständiger Lernverstärkung ist es dem Schüler möglich, Lehrsequenzen – bei eigener Wahl des Tempos – selbständig durchzuarbeiten. Der dadurch frei werdende Lehrer kann sich pädagogischen Aufgaben widmen, die seine persönliche Zuwendung erfordern.
Die *Vorteile* des Programmierten Unterrichts sind zu sehen in der Lernzielbezogenheit, in der systematischen Steuerung des Lernprozesses, in der Aktivierung des Lernenden, in der unmittelbaren Erfolgskontrolle und in der Individualisierung des Unterrichts. Programmierte Instruktion eröffnet Möglichkeiten zur inneren Differenzierung sowie zum Nacharbeiten von Lehrstoff. Sie eignet sich hauptsächlich zur Informationsvermittlung und fördert konvergentes Denken.
Nachteile erwachsen dem Programmierten Unterricht aus der Unzulänglichkeit des behavioristischen Lernmodells, aus der Vereinzelung der Lernsituation, aus der Fixierung auf ein spurendes Verstehen, aus der Einschränkung des divergenten (kreativen) Denkens, aus der Ausblendung affektiver und musischer Lerninhalte, aus der Ausklammerung erzieherischer Einflußnahme des Lehrers sowie aus der Eliminierung sozialer Bezüge.
Zusammenfassend kann man mit H. Aebli sagen: »So scheint uns diese neue didaktische Technik ein Mittel darzustellen, das der aufgeschlossene Pädagoge nicht ungeprüft ablehnen, sondern vielmehr kritisch würdigen und am rechten Orte sinngemäß anwenden sollte« ([9]1976, S. 398).
Das allgemeine Interesse am Programmierten Unterricht verebbte Ende der 60er Jahre mit dem Aufkommen der Curriculumdiskussion (s. Kap. 18). Manche anfangs gehegte Hoffnung hatte sich nicht erfüllt. Der Programmierte Unterricht hatte ohnehin seine größere Verbreitung nicht im Schulsektor, sondern im Ausbildungswesen gefunden. Die Durchsetzung dieser Methode als mögliches allgemeines Lehrverfahren scheiterte sowohl an konzeptionellen Mängeln als auch an ihrer Aufwendigkeit. Man hat sich inzwischen darauf besonnen, ein wie kostengünstiges und dazu variables Universalprogramm die Person des Lehrers darstellt.
Die konsequente Weiterführung des Prinzips der Programmierten Unterweisung begegnet uns in der Gestalt des *computerunterstützten Unterrichts.* Die computergesteuerten Darbietungen sind volladaptive Programme; das bedeutet, daß hier die Lehrprozesse total an den individuellen Lernprozeß angepaßt sind. Mit Hilfe elektronischer Datenverarbeitung ist eine Vielzahl von Programmen eingefüttert worden, die einen »Dialog« des Lernenden mit dem Computer erlaubt. Der Lernautomat verarbeitet die Informationen, die er vom Lernenden erhält, und »antwortet« ihm unmittelbar über Bildschirm, Ausgedrucktes oder Lautsprecher. Aufgrund der großen Speicherfähigkeit sowie hoher Datenverarbeitungsgeschwindigkeit vermag er dem Lernenden ein individualisiertes Lernangebot zu machen. Der Computer – und damit transzendiert er den Status eines technischen Mediums – übernimmt sogar Tutorenfunktionen, indem er den Schüler über einzuschlagende Lernwege berät.
Was die Zukunft des computerunterstützten Unterrichts betrifft, so ist ein *Lernen*

mit Automaten – abgesehen von der Kostenfrage – bei der augenblicklichen Arbeitsmarktlage für Lehrer bildungspolitisch wenig gefragt.
Es können an dieser Stelle nicht alle technischen Medien ausführlich gewürdigt werden. Wir verweisen daher nur auf das *Sprachlabor* (eine elektronische Sprachlehranlage verschiedenen Typs zur Ausbildung der sprachlichen Fertigkeiten des Hörens und Sprechens insbesondere im Fremdsprachenunterricht) (s. u. a. Freudenstein [2]1971) sowie auf den universal verwendbaren *Overhead-Projektor* (mit diversen Möglichkeiten als Schreib- oder als Demonstrationsprojektor, mit vorgefertigten oder selbsthergestellten Arbeitstransparenten, mit Grundtransparent und Aufleger [overlay], nach Möglichkeit in Verbindung mit einem Thermkopiergerät und einem Spiritumdrucker) (s. u. a. Ketzer/Krankenhagen 1974, Ostertag/Spiering 1975).

35. Unterrichtsfilm, Schulfunk, Schulfernsehen

35.1 Die Verwendung des Unterrichtsfilms

Die *Herstellung spezieller Unterrichtsfilme* erfolgt in Deutschland seit 1934, zunächst im 16mm-Schmalfilmformat und als Schwarzweißfilm. Die Möglichkeit, fortan Bewegungsabläufe darstellen zu können, bedeutete gegenüber dem Stehbild (Diaskop, Epidiaskop) entschieden eine unterrichtliche Neuerung. Im Jahre 1934 bzw. 1940 wurden die Schulfilmbestrebungen in Berlin zentralisiert und institutionalisiert. Nachfolgeeinrichtung ist seit 1950 das »Institut für Film und Bild in Wissenschaft und Unterricht« (FWU) in München. Dieses Institut, das allen Bildstellen in den deutschen Bundesländern mit Servicefunktionen zur Verfügung steht, produziert z. T. selbst Lichtbildreihen und Unterrichtsfilme. Zu allem von ihm ausgeliehenen Filmmaterial gibt es Begleithefte mit Inhaltsangaben und methodischen Hinweisen für den Lehrer.
Die Entwicklung führte vom Schwarzweißfilm zum Farb- und Tonfilm. Seit 1967 haben sich – neben dem 16mm-Format – auch Unterrichtsfilme im (kostengünstigeren) Super-8mm-Format durchgesetzt. Neben ausgesprochenen Unterrichtsfilmen werden *»Arbeitsstreifen«* (Elementfilme, single-concept-Filme) im 8mm-Schmalfilm-Format mit kurzer Laufzeit und begrenzter Thematik hergestellt, die als filmische Montageteile für den Unterricht – z. B. als visueller Stimulus bei naturwissenschaftlichen und technologischen Themen – konzipiert sind.

Der Unterrichtsfilm hat n. H. Krauß (1972) folgende *Funktionen*: Er vertritt die Wirklichkeit, er interpretiert sie, er vermittelt Wissen, er erleichtert das Lehren und Lernen (indem er z. B. motiviert, veranschaulicht, problematisiert und prozeßhaft darstellt), und er objektiviert Lehrfunktionen.

Je nach der *Intention* ergeben sich unterschiedliche *Filmformen*: Filme mit Dokumentationscharakter, mit Informationscharakter, mit Motivationscharakter und Filme mit geschlossener didaktischer Intention (sei es als Lehrfilm oder als programmierter Film) (Ruprecht 1970, S. 54). Bei der letzten Version tritt der Lehrer die Leitfunktion ganz an das Medium ab, während er sonst – bei der Verwendung von Filmteilen – als Moderator auftritt und den Lernprozeß steuert.

Unterrichtsfilme und Arbeitsstreifen können in allen *Phasen* einer Unterrichtseinheit verwendet werden, z. B. als Stundeneröffnung (etwa durch einen Problemfilm), als Darbietung (etwa: Torfstechen im Emsland) und als geordnete Zusammenfassung (s. Kap. 32).
Über Einsatzmöglichkeiten des Films im Sachunterricht orientieren Fusshöller/ Schröter (1977).

35.2 Der Einsatz des Schulfunks

Schulfunk bedeutet die Nutzung des Rundfunks für didaktische Zwecke. Wie beim allgemeinen Hörfunk, so werden auch vom Schulfunk alle Möglichkeiten akustischer Einflußnahme durch Sprache, Geräusch, Musik und Stille in dramaturgischer Absicht ausgeschöpft, allerdings auf die unterrichtliche Kommunikation bezogen. Die Geburtsstunde des Schulhörfunks in Deutschland ist das Jahr 1924.
Der Schulfunk war zunächst, was die *Konzeption* betrifft, als Illustration und »abwechslungsreiche Beigabe« zum Lehrerunterricht im Sinne des Enrichmentmodells gedacht; seit Mitte der 60er Jahre werden auch Sendereihen als Direktunterricht und damit als Lehrerersatz produziert. Im allgemeinen beziehen die einzelnen Schulen heute die Sendungen als Ergänzung der eigenen Lehrintentionen ein. H. Holstein führt als Begründungen für den Schulfunk u. a. auf: die Belehrung und Information; die Hörerziehung; die Förderung von Phantasie, Kreativität und Produktivität sowie die Stimulierung von Motivation (1979, S. 63ff.). Gerade das Zuhören-lernen stellt ein notwendiges Gegengewicht zur visuellen Reizüberflutung unserer Tage dar.
Die Hörfolgen verfügen über eigene Gestaltungsmomente, die sich vorzüglich zur Verdeutlichung akustischer Sachverhalte, aber beispielsweise auch zur Aktualisierung geschichtlicher Begebenheiten, eignen. Gute *Möglichkeiten* bietet der Schulfunk bei politischen und sozialen Themen. In den Halbstundenproduktionen werden Einzelwerke bzw. Lebensbilder von Dichtern, Musikern, Erfindern, Entdeckern, Pionieren u. dgl. vorgestellt. Dabei bedient sich die Darstellung in einem hohen Maße des Dialogs. Häufig tritt auch ein Sprecher als Moderator auf. Fremdsprachliche Sendungen können authentisch ausgestrahlt werden; z. T. gibt es regulären Sprachunterricht. Der Musikunterricht profitiert mit der Chance vielfältiger Demonstration in besonderer Weise. Das Zuhören übt bei allen Schulfunksendungen eine stark konzentrierende Wirkung aus. Bei den Programmen ist niemals eine enge Bindung an Lehrfächer beabsichtigt.

Kritisch muß der Einwand gemacht werden, daß Schulfunksendungen oft viel schmückendes Detail und Beiwerk, z. T. ein Übermaß an agierenden Personen, enthalten. Diese Umstände mögen dramaturgisch gerechtfertigt erscheinen; der didaktischen Verdichtung einer Fragestellung sind sie im allgemeinen abträglich.
Das *Tonband,* das als technisches Medium durchaus über eigene Qualitäten verfügt (man denke an die Lernhilfe beim Sprachunterricht und bei der Sprecherziehung, an die Vermittlung von Hörerlebnissen der verschiedensten Art usw.), spielt im Zusammenhang mit dem Schulfunk eine wichtige Rolle; denn die seit 1951 mögliche Speicherung von Sendungen auf Magnettongeräten macht die unterrichtliche Verwendung von Schulfunkproduktionen frei von den starren Sendezeiten und erlaubt ihren flexiblen Einbau in den eigenen Stundenplan.
Die Rundfunkanstalten kommen den Einzelschulen weit entgegen. Der Sendeplan erscheint so rechtzeitig, daß die Programme mit dem individuellen Lehrplan des Lehrers abgestimmt werden können. Fast alle Schulfunksendungen werden zu einem bestimmten Zeitpunkt vor der offiziellen Ausstrahlung »vorgesendet«, so daß die Lehrenden sich informieren können. Alle Sender geben Lehrerbeihefte heraus, die Literaturangaben, Tabellen, Statistiken, weiterführende Texte, Bilder, Karten sowie methodische Hinweise enthalten. Diese zusätzlichen Materialien stellen eine wirkliche Hilfe bei der Auswertung des Gehörten im Sinne der Ausweitung und Vertiefung dar.
Gegenwärtig wird allerdings der Schulfunk – ähnlich wie der Unterrichtsfilm – durch das Schulfernsehen zurückgedrängt.

35.3 Möglichkeiten des Schulfernsehens

35.3.1 Begründung des Schulfernsehens

Das Schulfernsehen hat sich inzwischen in allen Schulformen und -stufen einen festen Platz sichern können. Die allgemeine Faszination, die vom Fernsehen als Massenmedium ausgeht – man denke an den Live-Effekt, den Multiplikations- und den inszenatorischen Effekt –, hat dieses Instrument auch für Bildungszwecke erstrebenswert werden lassen.

Bei der Auswertung des Schulfernsehversuchs des WDR Köln im Jahre 1966 wurden u. a. folgende Einsichten gewonnen:

- Schulfernsehsendungen können eine wesentliche Funktion im Unterricht übernehmen.
- Schulfernsehsendungen müssen im Informationsmaterial, in der Sprache und im didaktischen Aufbau dem Niveau ihrer Adressaten angepaßt sein.
- Schulfernsehsendungen müssen das intendierte Lernziel deutlich erkennen lassen.
- Schulfernsehsendungen können nicht den Lehrer substituieren; sie ersetzen in

keiner Weise den sozialen Prozeß, der im Unterrichtsgeschehen zwischen Lehrer und Schüler untereinander abläuft (n. Ankerstein 1970, S. 92ff.).

H. Heinrichs nennt an positiven Argumenten für das Schulfernsehen:

- Das Schulfernsehen bietet zahlreiche bisher unbekannte Methoden der Veranschaulichung.
- Die Universalität seiner Inhaltsmöglichkeiten macht das Medium für jeden Sachbereich attraktiv.
- Schulfernsehen bedeutet: Erziehung zum Medium, Orientierungsübung für junge Zuschauer in einer Zeit starken Reizandrangs.
- Schulfernsehen stellt den optimalen Fachlehrer vor die Klasse.
- Schulfernsehen hilft lehrmittelarmen Schulen, bestimmte dort vernachlässigte Sachbereiche (z. B. Physik, Biologie usw.) aufzuarbeiten (o. J. (1971), S. 19f.).

Indem Schulfernsehen »Abbilder praktischen Lebens außerhalb der Schulmauern an die Schüler heranträgt«, hilft es »dadurch die Kluft zwischen Schule und Leben zu überbrücken« (Dohmen in: Eßer 1977, S. 177). Die Integration von Lernen und Fernsehen dokumentiert sich u. a. in dem Kunstwort »Lernsehen«.
Wir beschränken uns im folgenden auf das *öffentliche Schulfernsehen*, wie es von den Sendeanstalten in didaktischer Absicht ausgestrahlt wird, lassen also andere Formen des Schulfernsehens wie z. B. das schulinterne und klasseninterne Fernsehen außer Betracht (s. auch Eßer 1977).

35.3.2 Didaktische Konzeptionen des Schulfernsehens

Im großen und ganzen werden heute drei Modelle von Schulfernsehen praktiziert:
- das Bereicherungs-Modell
- das Kontext-Modell
- das Direct-Teaching-Modell

(s. hierzu u. a. Bergmann 1969, S. 31ff. u. Siepmann 1977, S. 98f.).

Beim *Bereicherungs-Modell* (Enrichment-Modell) ist die Fernsehsendung nicht notwendiger Bestandteil des Lehrprozesses; der Unterricht kann jedoch durch sie profitieren. Hier gibt das Fernsehen dem Lehrer zu einem von ihm behandelten Thema »Hilfen«. »Sie bestehen vornehmlich darin, den Stoff besser zu veranschaulichen, zu beleben, stärker zu aktualisieren, verständlicher zu machen, zu vertiefen und abzurunden« (Bergmann 1969, S. 32).

Beim *Kontext-Modell* ist das Schulfernsehen integriertes Element des Unterrichts. Nach dieser Konzeption übernimmt der Lehrer in der Klasse bestimmte Teile der Unterrichtsgestaltung, während andere den Sendungen vorbehalten sind. Der Bildschirm bestreitet gewisse Lehrschritte (z. B. die Motivierung, Neudarbietung, Vertiefung, Wiederholung, Weiterführung), die der Lehrer als Montageteile seinen didaktischen Absichten gemäß einbaut. Da die Sendereihen in ihren Intentionen durch sendungsbezogenes Begleitmaterial (Schülerarbeitshefte oder -bogen, evtl. Programme u. ä.) unterstützt werden, spricht man gleichsinnig auch von *Schulfernsehen im Medienverbund.*

Beim *Direct-Teaching-Modell* (Direktunterricht) wird Schulfernsehen als »vollständiges Lehren« (total teaching) verstanden. Hier wird der Unterricht ganz an das Medium delegiert. Die »Fernsehmacher« erstellen in diesem Falle selbstlehrende Programme, die den Lehrer in der Klasse prinzipiell ersetzen. Diese Sendeform wird z. B. in Fächern mit Lehrermangel sowie in den Entwicklungsländern bevorzugt. Da beim Direktunterricht die Fernsehproduzenten die Planung und Gestaltung des gesamten Lehrprozesses übernehmen, ist der Lehrer vor Ort von der Aufgabe der sachlichen Vorbereitung und der Informationsübermittlung (nicht jedoch von der Nachbereitung!) befreit. »Diese Konzeption von Schulfernsehen hat ihre Grenzen überall dort, wo es um die soziale Komponente des Lernens geht, wo Austausch, Kommunikation beim Lernen notwendig ist« (Tulodziecki/Zimmermann 1976, S. 42).
Die drei genannten Modelle haben nicht den gleichen Stellenwert. Im Jahre 1974 haben sich die Schulfernsehleiter der ARD eindeutig für das *Kontext-Modell* ausgesprochen, also für die Produktion von Schulfernsehen im Medienverbund. In der praktischen teledidaktischen Arbeit lassen sich die einzelnen Funktionen nicht immer voneinander trennen.

35.3.3 Verwendung des Schulfernsehens

Jeder Lehrer sollte während seines Ausbildungsgangs in den Umgang mit audiovisuellen Medien eingeübt werden. Hinsichtlich des Schulfernsehens könnten folgende Lehrziele angestrebt werden:
Die Lehrer sollen Analyse- und Beurteilungskriterien für Schulfernsehprogramme kennen und anwenden, eine reflektierte Einstellung zum Schulfernsehen gewinnen, ihre im Medienverbund veränderte Rolle kennen und in der Lage sein, das Schulfernsehen effektiv im Unterricht zu verwenden (n. W. Nowak in: Tulodziecki/Zimmermann 1976, S. 4; s. auch Brucker 1976 und Rebel in: Eßer 1977). Eine neuere Untersuchung kommt zu der Erkenntnis: »Die Einstellung der Lehrer zum Einsatz von Schulfernsehsendungen hat sich sehr stark im positiven Sinne gewandelt« (Siepmann 1977, S. 44).

Tonbildaufzeichnungsgeräte (Videorecorder) ermöglichen es seit einigen Jahren, Schulfernsehsendungen zu konservieren und sie – unabhängig vom Sendetermin – zum didaktisch richtigen Zeitpunkt in den Unterricht einzuspielen. Schließlich können die Bänder archiviert werden. Die Lehrerschaft begrüßt den Informationsgehalt der Beihefte. Hier bekommt man einen genauen Einblick in die Sendung, Literaturangaben und auch gewisse Hinweise für die Auswertung. Diese Aufgabe, das follow-up-work, kommt speziell dem Lehrer vor Ort zu. Da Fernsehen eine Ein-

Weg-Kommunikation ohne die Möglichkeit der direkten personalen Rückkoppelung während der Ausstrahlung ist, muß nach der audio-visuellen Darbietung von der Form her dringend ein Gegengewicht geschaffen werden, etwa durch erarbeitende Verfahren (z. B. Gespräch) oder Möglichkeiten der Schülerselbsttätigkeit (Einzel-, Partner-, Gruppenarbeit). Die Lernenden müssen in diesem Augenblick ihre rezeptive oder gar passive Einstellung aufgeben, »besonders dann, wenn die Schüler durch außerschulische Fernseherfahrung eine Konsumentenhaltung mit bloßer Unterhaltungserwartung entwickelt haben« (Tulodziecki in: Siepmann 1977, S. 102).

Empirische *Untersuchungen* haben die Vermutung bestätigt: »Emotional stark ansprechende Darstellungen und Inhalte bewirken besonders hohe Lernerfolge« (Glogauer 1974, S. 158f.). Zur Wirkungsforschung des Schulfernsehens hat auch N. Barth (1978) beigetragen. Begleituntersuchungen zu Schulfernsehprojekten in der Bundesrepublik Deutschland haben u. a. zu dem Ergebnis geführt, daß Lehrer von Fernsehsendungen vor allem die Funktionen der Motivation, des Problemaufrisses, der Informationsvermittlung und der Veranschaulichung erwarten. Sie wollen jedoch keine Aufgabe vollständig auf ein Medium übertragen wissen, wünschen vielmehr nur »didaktisch-methodische Anregungen für den eigenen Unterricht«. »Lehrer neigen dazu, den ausschließlich ihren Lehraktivitäten (ohne Medieneinsatz) zurechenbaren Anteil am Lernerfolg zu überschätzen« (Tulodziecki u. a. in: Eßer 1977, S. 145).

35.4 Grenzen audio-visueller Medien

Rückblickend läßt sich zum Medieneinsatz in der Schule sagen: Die Entwicklung der methodischen Vermittlung in der Schule ging vom lehrerzentrierten Verbalunterricht zu medienunterstützten Lehr- und Lernprozessen. Nicht zuletzt übernehmen Schulfunk und Schulfernsehen Funktionen der Wissensvermittlung, wodurch sich auch die Rolle des Lehrers verändert. Eine besondere Effizienz des Lehrens und Lernens erwartet man von *Multimediensystemen,* d. h. von einer Kombination und Integration mehrerer audio-visueller Medien mit je eigenen Möglichkeiten, wie sie vom Fernunterricht (Peters 1973) bevorzugt wird. Heute erstrebt man die Einrichtung von *Schulmediotheken,* die sich umfassend als Medienzentrale, als Lern- und Freizeitraum sowie als Informations- und Beratungszentrale verstehen (Pötter 1978).
Was die *Realisierung* der Medienverwendung durch die Lehrer betrifft, so sollte man die Situation nicht überschätzen. »Obwohl die Unterrichtsmedien häufig eine gute Lernhilfe wären, finden sie in vielen Schulen noch wenig Verwendung« (Einsiedler 1978, S. 107). B. Bachmair ist der Auffassung: »Audiovisuelle Medien tragen technologische Kommunikationsprinzipien in die Schulen, die mit dem personalen Unterricht kollidieren« (1979, S. 7). Die Lehrer befürchten ferner, daß ihnen die Planungsaufgabe abgenommen wird, daß sie nur noch Organisationsfunktionen auszuüben

haben. »Eine gewisse Unbehaglichkeit greift um sich, wenn anonyme technische Mächte über Inhalte und Intentionen verfügen« (Holstein 1979, S. 2). Im konkreten Lehr- und Lernprozeß muß es zu einem Wechsel zwischen den nichtpersonalen Kommunikationsformen der technischen Mittler und den personalen Interaktionen der Beteiligten kommen.

Die Hauptstärke der audio-visuellen Bildungsmittel dürfte in ihrer Visualisierung zu sehen sein; kritisch ist dazu jedoch anzumerken: »Es ist ja nicht Aufgabe des Unterrichts, Anschauung um ihrer selbst zu betreiben; vielmehr geht es um kognitive Verarbeitung des angebotenen Anschauungsmaterials. Dieses ist nur Ausgang und hat nur methodische Funktion« (Aschersleben ³1979, S. 163). Es muß auch das Problem aufgeworfen werden, ob nicht die Schule gewisse Bildungsabsichten aufgibt, wenn sie sich so eng an die Massenmedien bindet. E. Schmack bemerkt zu Recht: »Weil die außerschulische Welt eine faszinierende Welt der Medien ist, werden nicht selten auch vom didaktischen Medium attraktive, stimulierende oder gar unterhaltende Wirkungen erwartet; diese können jedoch hier nicht immer und ohne weiteres erreicht werden. Deshalb zeigen bei Verwendung eines bestimmten Medienprodukts Spontaneität und Motivation oft nicht das erwartete und notwendige Handlungsmaß. Es hat den Anschein, daß, je weiter der Einfluß der allgemeinen Medienwelt auf die heranwachsende Generation zunimmt, um so weniger gefolgert werden kann, daß das Medium den Unterricht intensiviert, optimiert, multipliziert« (1978a, S. 34). Betrachtungen dieser Art verweisen unmittelbar auf die Aufgaben der Medienpädagogik.

Literaturverzeichnis

Achtenhagen, F.: Findung, Auswahl und Begründung von Lernzielen und Lerninhalten. In: Frey, K. (Hrsg.): Curriculum-Handbuch, Bd. II – München 1975, S. 181–187.

Achtenhagen, F. u. P. Menck: Langfristige Curriculumentwicklung und mittelfristige Curriculumforschung. In: Achtenhagen, F. u. H. L. Meyer (Hrsg.): Curriculumrevision – Möglichkeiten und Grenzen. – München 1971, S. 197–215.

Achtenhagen, F. u. H. L. Meyer (Hrsg.): Curriculumrevision – Möglichkeiten und Grenzen. – München 1971.

Adl-Amini, B., J. Oelkers u. D. Neumann (Hrsg): Didaktik in der Unterrichtspraxis. Grundlegung und Auswirkungen der Theorie der Formalstufen in Erziehung und Unterricht. – Bern 1979.

Aebli, H.: Grundformen des Lehrens. Eine Allgemeine Didaktik auf kognitionspsychologischer Grundlage. – Stuttgart [9]1976.

ders.: Psychologische Didaktik. – Stuttgart [6]1976.

Affemann, R.: Lernziel Leben. Der Mensch als Maß der Schule. – Stuttgart 1976.

Ankerstein, H. S. (Hrsg.): Die Funktion des Fernsehens in der Schule. – Köln-Braunsfeld 1970.

Antenbrink, H.: Unterricht als Determinante kognitiven Lernens. Eine Untersuchung über die Auswirkungen von didaktischen Instruktionsmethoden auf kognitive Lernprozesse. – Weinheim 1973.

Armbruster, B. u. O. Hertkorn: Allgemeine Mediendidaktik. – Köln 1978.

Aschersleben, K.: Einführung in die Unterrichtsmethodik. – Stuttgart [3]1979.

Ausubel D. P.: The use of advance organizers in the learning and retention of meaningful verbal material. – J. educ. Psychol. 1960, p. 267–272.

ders.: A cognitive-structure view of school learning. In: Instruction, ed. by L. Siegel. – San Francisco 1967, p. 207–260.

ders.: Psychologie des Unterrichts. 2 Bde. – (Dt.) Weinheim 1974.

Baacke, D.: Kommunikation und Kompetenz. Grundlegung einer Didaktik der Kommunikation und ihrer Medien. – München 1973.

Bach, H.: Die Unterrichtsvorbereitung. – Hannover [3]1962.

Bachmair, B.: Medienverwendung in der Schule. Analyse und Planungsbeispiele für den Unterricht mit audiovisuellen Medien. – Berlin 1979.

Bachmair, G.: Unterrichtsanalyse. – Weinheim [3]1977.

Ballauff, Th.: Die Grundstruktur der Bildung. – Weinheim o. J. (1953).

ders.: Systematische Pädagogik. – Heidelberg 1962 ([3]1970).

ders.: Philosophische Begründungen der Pädagogik. Die Frage nach Ursprung und Maß der Bildung. – Berlin 1966.

ders.: Skeptische Didaktik. – Heidelberg 1970.

ders.: Unterricht als Einbezug ins Denken. In: Flügge, J. (Hrsg.): Zur Pathologie des Unterrichts. – Bad Heilbrunn 1971, S. 116–122.

ders.: Weshalb Schule? – Vierteljahresschrift für wissenschaftliche Pädagogik 1975, S. 372–391.

ders.: Antithesen zur Lerntheorie. – Pädagogische Rundschau 1978, S. 308–316.

Bandura, A.: Sozial-kognitive Lerntheorie. – (Dt.) Stuttgart 1979.
Barsig W. u. H. Berkmüller: Die Unterrichtsvorbereitung für die Schule von heute. – Donauwörth [5]1975.
Barth, N.: Schulfernsehen – Effektivität und Konsequenzen für den Unterricht. – Weinheim 1978.
Becker G. E., B. Clemens-Lodde u. K. Köhl: Unterrichtssituationen. Ein Trainingsbuch für Lehrer und Ausbilder. – München [2]1980.
Becker, H. u. a.: Das Curriculum. Praxis, Wissenschaft und Politik. – München 1974.
Beckmann, H.-K.: Schulleben – vergessene oder überholte Dimension der Schule? – Westermanns Pädagogische Beiträge 1977, S. 309.
Beckmann, H.-K. u. K. Biller (Hrsg.): Unterrichtsvorbereitung. Probleme und Materialien. – Braunschweig 1978.
Bednarik, K.: Die Lerngesellschaft. – Wien/München 1966.
Bennack, J.: Programmiertes Gruppenlernen. – Köln 1977.
Bentzien, K.: Der Epochenunterricht auf der Oberstufe der Volksschule. – Stuttgart [2]1964.
Bergius, R.: Einleitung: Begriffe, Prinzipien, Methoden. In: Handbuch der Psychologie. Bd. I, 2. Halbbd. – Göttingen 1964, S. 3–35.
Bergmann, E.: Audiovisuelle Mittel in der modernen Schule. – München 1970.
ders. unter Mitarb. v. G. Behrsing: Schulfernsehen. Zur Entwicklung, Didaktik und Praxis. – Frankfurt/M. 1969.
Bichler, A.: Bildungsziele deutscher Lehrpläne. Eine Analyse der Richtlinien in der Bundesrepublik Deutschland und in der DDR. – München 1979.
Biermann, R.: Interaktion im Unterricht. Didaktische Ansätze, Beiträge, Perspektiven. – Darmstadt 1978.
Deutscher Bildungsrat: Strukturplan für das Bildungswesen. – Stuttgart [3]1971.
ders.: Zur Förderung praxisnaher Curriculum-Entwicklung. – Bonn 1974.
Bittlinger, L.: Elemente einer Theorie des Bildungsprozesses und der Curriculare Lehrplan. – München 1978.
Blättner, F.: Das Gymnasium. Aufgaben der höheren Schule in Geschichte und Gegenwart. – Heidelberg 1960.
ders.: Die Methoden des Unterrichts in der Jugendschule. – Weinheim [2]1963.
Blankertz, H.: Theorien und Modelle der Didaktik. – München [4]1970.
ders.: Curriculumforschung – Strategien, Strukturierung, Konstruktion. – Essen [2]1971.
Bloch, K. H.: Der Streit um die Lehrerfrage im Unterricht in der Pädagogik der Neuzeit. – Wuppertal 1969.
Bloom, B. S. (Hrsg.): Taxonomie von Lernzielen im kognitiven Bereich. – (Dt.) Weinheim [5]1976.
Boeckmann, K. (Hrsg.): Lernziele und Erfolgskontrolle. – Bad Heilbrunn 1974.
Bönsch, M. Situationen im Unterricht. Ihre Gestalt und ihre Gestaltungsfaktoren. – Ratingen 1965.
ders.: Beiträge zu einer kritischen und instrumentellen Didaktik. – München 1975.
ders. (Hrsg.): Unterricht mit audio-visuellen Medien. – Donauwörth 1973.
Boettcher, W. u. a.: Lehrer und Schüler machen Unterricht. – München [2]1978.
Bohusch, O. (Hrsg.): Der Konzentrationsunterricht. – Frankfurt/M. o. J.
Bonn, P.: Projekt – Projektorientierter Unterricht – Projektstudium. In: Wulf, Chr. (Hrsg.): Wörterbuch der Erziehung. – München 1974, S. 470–474.

Bonne, L.: Lernpsychologie und Didaktik. Zur Integration der kognitiven Lerntheorie in die Didaktik. – Weinheim 1978.
Born, W. u. G. Otto: Didaktische Trends. – München 1978.
Borowski, G., H. Hielscher u. M. Schwab: Einführung in die Allgemeine Didaktik. – Heidelberg ²1976.
Braun, D., A. Buckenmaier u. W. Kalbreyer: Lernzielorientierter Unterricht. Planung und Kontrolle. – Heidelberg 1976.
Braun, W.: Erziehender Unterricht. Historische Entwicklung und Krise in der Gegenwart. – Saarbrücken 1973.
Brinkmann, G. (Hrsg.): Offenes Curriculum – Lösung für die Praxis. – Kronberg/Ts. 1975.
Brophy, J. E. u. T. L. Good: Die Lehrer-Schüler-Interaktion. Hrsg. v. D. Ulich. – (Dt.) München 1976.
Brucker, A.: Was ein Lehrer über Medien lernen muß. – Lehrmittel aktuell 1976, Heft 1, S. 31–33.
Brügelmann, H.: Die englischen Teachers' Centres. – Die Deutsche Schule 1972, S. 534–546.
ders.: Strategien zur Curriculumreform. – Tübingen 1975.
Bruner, J. S.: Der Prozeß der Erziehung. – (Dt.) Berlin/Düsseldorf 1970a.
ders.: Entwurf einer Unterrichtstheorie. – (Dt.) Berlin/Düsseldorf 1970b.
ders.: Der Akt der Entdeckung. In: Neber, H. (Hrsg.): Entdeckendes Lernen. – Weinheim 1973, S. 15–27.
Brunnhuber, P. Prinzipien effektiver Unterrichtsgestaltung. – Donauwörth ⁹1976.
Brunnhuber, P. u. H. Zöpfl: Erziehungsziele konkret. Erziehung zum kritischen Ja – ein Programm zur inneren Schulreform. – Donauwörth 1975.
Buck, P.: Eine »Checkliste« zur Überprüfung der eigenen Unterrichtsplanung. – Die Deutsche Schule 1976, S. 672–678.
Bürger, W.: Teamfähigkeit im Gruppenunterricht. Zur Konkretisierung, Realisierung und Begründung eines Erziehungszieles. – Weinheim 1978.
Bund-Länder-Kommission für Bildungsplanung: Bildungsgesamtplan. Bd. I. – Stuttgart 1973.
Burkert, A.: Erziehung. Theorie und Praxis in evangelischer Sicht. – München 1963.
Campe, J. H. (Hrsg.): Wörterbuch der Deutschen Sprache. Dritter Teil. L bis R. – Braunschweig 1809.
Chiout, H. u. W. Steffens: Unterrichtsvorbereitung und Unterrichtsbeurteilung. – Frankfurt/M. ⁴1978.
Classen-Bauer, I., G. Hausmann u. In Ku Kim: Curriculumentwicklung in der Bundesrepublik Deutschland. Studie einer Arbeitsgruppe beim UNESCO Institut für Pädagogik in Hamburg. – Bonn 1975.
Claußen, B.: Didaktische Konzeptionen zum sozialen Lernen. Übersicht und Vorüberlegungen zur Integration. – Ravensburg 1978.
Coburn-Staege, U.: Soziales Handeln durch Rollenspiel. – Zeitschrift für Pädagogik 1974, S. 553–566.
Comenius, J. A.: Große Didaktik. Übers. u. hrsg. v. A. Flitner. – Düsseldorf ²1960.
Copei, Fr.: Der fruchtbare Moment im Bildungsprozeß. – Heidelberg ⁵1960.
Coppes, K. H.: Partnerarbeit im Unterrichtsgeschehen der Grund- und Hauptschule. – Weinheim ³1972.
Correll, W.: Programmiertes Lernen und Lehrmaschinen. – Braunschweig ⁴1970.

Corte, E. de u. a.: Grundlagen didaktischen Handelns. Von der Didaktik zur Didaxologie. – (Dt.) Weinheim 1975.

Cronbach, L. J.: Einführung in die Pädagogische Psychologie. – (Dt.) Weinheim 1971.

Cropley, A. J.: Unterricht ohne Schablone – Wege zur Kreativität. – (Dt.) Ravensburg 1978.

Cube, F. von: Erziehungswissenschaft. Möglichkeiten. Grenzen. Politischer Mißbrauch. Eine systematische Einführung. – Stuttgart 1977.

Dahlhoff, Th. (Hrsg.): Schulfunk – Zur Didaktik und Methodik. – Bochum 1971.

Dahms, G.: Nachdenken im Unterricht. Fragemethode und Anleitung zum argumentativen Gespräch. – Königstein/Ts. 1979.

Danilow, M.: Über den Unterrichtsprozeß in der sowjetischen Schule. – (Dt.) Berlin (Ost) 1963.

Dauenhauer, E.: Kategoriale Didaktik. – Rinteln [2]1970.

Derbolav, J.: Versuch einer wissenschaftstheoretischen Grundlegung der Didaktik. In: Zeitschrift für Pädagogik, 2. Beiheft. – Weinheim 1960, S. 17–45.

ders.: Was heißt »wissenschaftsorientierter Unterricht«? – Zeitschrift für Pädagogik 1977, S. 935–945.

Dichanz, H.: Unterricht. Eine Einführung. – München 1978.

ders. u. a.: Medien im Unterrichtsprozeß. Grundlagen. Probleme. Perspektiven. – München 1974.

Dichanz, H. u. K. Mohrmann: Unterrichtsvorbereitung. Probleme, Beispiele, Vorbereitungshilfen. – Stuttgart 1976.

Dichanz, H. u. K. Hage: Alltägliche Unterrichtsvorbereitung – Spiegel didaktisch-methodischer Ansprüche. – Bildung und Erziehung 1979, S. 418–430.

Diesterweg, A.: Wegweiser zur Bildung für deutsche Lehrer (1835). Besorgt v. J. Scheveling. – Paderborn 1958.

Dietrich, G.: Bildungswirkungen des Gruppenunterrichts. – München 1969.

Dietrich, Th.: Der schülerorientierte Unterricht – ein Grundprinzip der Pädagogik in Vergangenheit und Gegenwart. In: Schmaderer, F. O. (Hrsg.): Die Bedeutung eines schülerorientierten Unterrichts. Grundsätze. Möglichkeiten. Maßnahmen. – München 1976, S. 9–17.

ders. (Hrsg.): Unterrichtsbeispiele von Herbart bis zur Gegenwart. – Bad Heilbrunn [4]1973.

Dinter, G. F.: G. F. Dinter's Leben, von ihm selbst beschrieben. Mit Erläuterungen und Kommentar versehen von Robert Niedergesäß. – Wien 1879.

Döring, K. W.: Lehr- und Lernmittel: Medien des Unterrichts. Zur Geschichte und Didaktik der materialen unterrichtlichen Hilfsmittel. – Weinheim [2]1973.

ders. (Hrsg.): Unterricht mit Lehr- und Lernmitteln. – Weinheim 1971.

Döring, W. O.: Psychologie des Bildungsgutes. – Leipzig 1933.

Dörner, D.: Problemlösen als Informationsverarbeitung. – Stuttgart [2]1979.

Dörpfeld, Fr. W.: Gutachten über die vierklassige und achtklassige Volksschule. In: Gesammelte Schriften VIII. 3. Teil. – Gütersloh 1898.

Dohmen, G. u. F. Maurer (Hrsg.): Unterricht. Aufbau und Kritik. – München [6]1976.

Dohmen, G., F. Maurer u. W. Popp (Hrsg.): Unterrichtsforschung und didaktische Theorie. – München [2]1972.

Dolch, J.: Grundbegriffe der pädagogischen Fachsprache. – München [3]1960.

ders.: Lehrplan des Abendlandes. Zweieinhalb Jahrtausende seiner Geschichte. – Ratingen [2]1965 ([1]1959).

Drechsler, J.: Bildungstheorie und Prinzipienlehre der Didaktik. – Heidelberg 1967.

Drefenstedt, E., H. Kaiser u. H. Weck: Die methodische Gestaltung des Unterrichts. In: Neuner, G. u. a.: Allgemeinbildung – Lehrplanwerk – Unterricht. – Berlin (Ost) ²1973.
Dubs, R.: Aspekte des Lehrerverhaltens. Theorie, Praxis, Beobachtung. Ein Beitrag zum Unterrichtsgespräch. – Aarau 1978.
Dumann, H. u. G. Scharff: Persönlichkeitsbildung im Gruppenunterricht. – München 1967.
Dumke, A.: Der Unterricht im Dienst der Erziehung. In: Horney, W. u. W. Schultze (Hrsg.): Handbuch für Lehrer. Bd. 3. – Gütersloh 1963, S. 504–520.
Ebeling, H. u. H. Wacker: Anschauen – behandeln – begreifen. Zur Didaktik und Methodik der Arbeit mit Bildern im Unterricht. – Hannover ⁴1971.
Eckert, R.: Die tägliche Unterrichtsvorbereitung. Modelle in drei Stufen für Primar- und Sekundarstufe I. – Ansbach 1977.
Edelmann, W.: Einführung in die Lernpsychologie. Bd. 2: Kognitive Lerntheorien und schulisches Lernen. – München 1979.
Edelstein, W.: Struktur, Prozeß, Diskurs. In: Lenzen, D. (Hrsg.): Die Struktur der Erziehung und des Unterrichts. Strukturalismus in der Erziehungswissenschaft? – Kronberg/Ts. 1976, S. 153–181.
Eggers, Ph., F. J. Steinbacher u. C. Weiß: Pädagogische Soziologie. – Bad Heilbrunn 1979.
Eggersdorfer, F. X.: Jugendbildung. Allgemeine Theorie des Schulunterrichts. – München ⁷1961.
Eichberg, E.: Über das Vergleichen im Unterricht. – Hannover 1972.
Eigler, G.: Auf dem Weg zu einer audio-visuellen Schule. – München 1971.
ders. u. a.: Grundkurs Lehren und Lernen. – Weinheim 1973.
Einsiedler, W.: Schulpädagogischer Grundkurs. – Donauwörth 1974.
ders.: Lehrstrategien und Lernerfolg. Eine Untersuchung zur lehrziel- und schülerorientierten Unterrichtsforschung. – Weinheim 1976.
ders.: Faktoren des Unterrichts. – Donauwörth 1978.
Einsiedler, W. u. H. Härle (Hrsg.): Schülerorientierter Unterricht. – Donauwörth 1976.
Elbers, D.: Analyse von Curriculumprozessen – der weitere Ansatz ... In: Frey, K. (Hrsg.): Curriculum-Handbuch, Bd. I. – München 1975, S. 211–220.
Ennenbach, W.: Prototypen des Lernens und Unterrichtens. – München/Basel 1970.
Ennenbach, W. u. E. Westphal (Hrsg.): Kognitive Strukturierungshilfen im Unterricht. Beiträge zur Theorie und Praxis kognitiver Lehr-, Lern- und Entwicklungshilfen im Unterricht. – Düsseldorf 1980.
Eßer, A. (Hrsg.): Handbuch Schulfernsehen. Ein Kompendium für Studium, Fortbildung und Praxis. – Weinheim 1977.
Feil, H.-D.: Normativer Unterricht. Ein didaktisches Konzept zur Transparenz von Normen. – München 1977.
Fichtner, B.: Der Zusammenhang von Wissensstruktur und Lernstruktur als ein Grundproblem der Didaktik. – Kastellaun 1977.
Fikenscher, F.: Unterrichtskunst und Unterrichtserfolg. – Ansbach ²1953.
Fischer, A.: Psychologie der Arbeit. In: Aloys Fischer. Leben und Werk, hrsg. v. K. Kreitmair, Bd. 2. – München 1950, S. 171–243.
Fischer, H.-D. (Hrsg.): Lehr- und Lernmittel »Presse«. Beiträge zur Medienpädagogik. – Kastellaun 1979.
Fischer, M.: Die innere Differenzierung des Unterrichts in der Volksschule. – Weinheim ¹¹1975.

Flammer, A.: Individuelle Unterschiede im Lernen. – Weinheim 1975.
Flanders, N. A.: Analyzing teaching behavior. – Reading, Mass. 1970.
Flechsig, K.-H. u. a.: Ein erfahrungswissenschaftlich-entscheidungstheoretischer Ansatz einer Theorie der Curriculum-Entwicklung. In: Hoffmann, D. u. H. Tütken (Hrsg.): Realistische Erziehungswissenschaft. – Hannover 1972. S. 89–138.
Flechsig, K.-H. u. H.-D. Haller: Einführung in didaktisches Handeln. – Stuttgart 1975.
Flitner, W.: Allgemeine Pädagogik. – Stuttgart [13] 1970.
ders.: Verwissenschaftlichung der Schule? – Zeitschrift für Pädagogik 1977, S. 947–955.
Flügge, J.: Die Lernzielproblematik. In: Ders. (Hrsg.): Pädagogischer Fortschritt ? – Bad Heilbrunn 1972.
Foppa, K.: Lernen, Gedächtnis, Verhalten. Ergebnisse und Probleme der Lernpsychologie. – Köln/Berlin [2]1966.
Forsberg, B. u. E. Meyer (Hrsg.): Einführung in die Praxis der schulischen Gruppenarbeit. – Heidelberg 1973.
Franke, P.: Unterricht planen – Unterricht vorbereiten. – Donauwörth 1977.
Freudenstein, R.: Die Funktion moderner Mittler im Lehr- und Lernprozeß. In: Funk-Kolleg Erziehungswissenschaft 2. – Frankfurt/M. 1970, S. 209–227.
ders.: Unterrichtsmittel Sprachlabor. Technik, Methodik, Didaktik. – Bochum [2]1971.
Frey, K.: Theorien des Curriculums. – Weinheim 1971.
ders.: Formulierung von Lernzielen in der Curriculumkonstruktion und Unterrichtsvorbereitung. In: Ders. (Hrsg.): Curriculum-Handbuch, Bd. II. – München 1975a, S. 404–411.
ders.: Lernziele in der Curriculumkonstruktion und Unterrichtsvorbereitung. In: Potthoff, W. (Hrsg.): Schulpädagogik. – Freiburg 1975b, S. 83–93.
ders. (Hrsg.): Curriculum-Handbuch. Bd. I–III. – München 1975c.
ders. u. a.: Curriculumreform unter europäischen Perspektiven. – Frankfurt/M. 1978.
Fritz, J. : Methoden des sozialen Lernens. – München 1977.
Füglister, P.: Lehrzielberatung. Zur Reflexion didaktischen Handelns mit Schülern. – München 1978.
Fuhr, R. u. B. Kayser: Individuell unterrichten. Anregungen zur Reflexion und Gestaltung didaktischer Praxis. – Braunschweig 1979.
Fuhrich, H. u. G. Gick: Der Gruppenunterricht. Theorie – Praxis. – Ansbach [2]1954.
Furth, H. G. u. H. Wachs: Denken geht zur Schule. Piagets Theorie in der Praxis. – (Dt.) Weinheim 1978.
Fusshöller, W. u. E. Schröter: Der Film im Sachunterricht. Modelle und Anregungen für die Praxis. – Weinheim 1977.
Gärtner, Fr.: Planung und Gestaltung des Unterrichts. – München 1964.
Gage, N. L.: Theorien des Lehrens. In: Strom, R. D. (Hrsg.): Lehrer und Lernprozeß, Bd. 1. – (Dt.) München 1976, S. 182–201.
Gagné, R. M.: Die Bedingungen des menschlichen Lernens. – (Dt.) Hannover [3]1973.
Gaudig, H.: Didaktische Präludien. – Leipzig/Berlin 1909.
ders.: Die Schule im Dienste der werdenden Persönlichkeit. Bd. 1. – Leipzig [2]1922.
ders.: Die Schule der Selbsttätigkeit, hrsg. v. L. Müller. – Bad Heilbrunn 1963.
Gebauer, M. u. a.: Theorie der Unterrichtsvorbereitung – eine handlungstheoretische Begründung. – Stuttgart 1977.
Geisert, E.: Lehren, bilden, erziehen. Probleme des Unterrichts. Theorie und Praxis. – Bühl 1960.

Geißler, E. E.: Herbarts Lehre vom erziehenden Unterricht. – Heidelberg 1970.
ders.: Analyse des Unterrichts. – Bochum 1973.
Geißler, E. E. u. H. Plock: Hausaufgaben – Hausarbeiten. – Bad Heilbrunn ²1974.
Geißler, G.: Die Schule. In: Scheibe, W. (Hrsg.): Die Pädagogik im XX. Jahrhundert. – Stuttgart 1960, S. 275–294.
ders. (Bearb.): Das Problem der Unterrichtsmethode in der pädagogischen Bewegung. – Weinheim ⁸1970.
Geißler, H. (Hrsg.): Unterrichtsplanung zwischen Theorie und Praxis: Unterricht von 1861 bis zur Gegenwart. – Stuttgart 1979.
Geppert, K. u. E. Preuß: Differenzierender Unterricht – konkret. – Bad Heilbrunn 1978.
dies. (Hrsg.): Selbständiges Lernen. Zur Methode des Schülers im Unterricht. – Bad Heilbrunn 1980.
Gerbaulet, S. u. a.: Schulnahe Curriculumentwicklung. Ein Vorschlag zur Errichtung Regionaler Pädagogischer Zentren. – Stuttgart 1972.
Gerner, B. (Hrsg.): Das exemplarische Prinzip. – Darmstadt ⁴1970.
Gerstorfer, W. u. F. Seitz: Der Mensch in der Mitte. – Bonn 1958.
Giera, F.: Formen des Unterrichts. In: Ahrens, E. (Hrsg.): Einführung in die Schulpraxis. – Heidelberg 1974, S. 47–71.
Glöckel, H.: 44 Thesen über Sinn und Grenzen von »Lernzielen«. – Die Deutsche Schule 1975, S. 306–314.
ders.: Schülerorientierter Unterricht. Allgemeine Deutung – spezielle Auffassungen – reale Möglichkeiten. – Pädagogische Welt 1977, S. 20–33.
Glogauer, W.: Zur Lernwirksamkeit des Schulfernsehens. Empirische Untersuchungen. – Saarbrücken 1974.
Göldner, H.-D.: Planmäßige Pflege des Unterrichtsgesprächs. – Blätter für Lehrerfortbildung 1971, S. 298–309.
Göttler, J.: System der Pädagogik. – München ⁹1950.
Grau, R., F. R. Stuke u. D. Zimmermann: Lernen mit Medien. Handbuch zur Medienpraxis in der Schule. – Braunschweig 1977.
Grell, J.: Techniken des Lehrerverhaltens. – Weinheim ⁹1979.
Grell, J. u. M. Grell: Unterrichtsrezepte. – München 1979.
Groß, E.: Erziehung im Dienste des »Establishment«? Bemerkungen zum Gesellschaftsbild unserer Lehrpläne. – Westermanns Pädagogische Beiträge 1968, S. 20–25.
Grüner, G.: Tafel und Kreide in der Schule. – Braunschweig ²1970.
Grünfeldt, W. u. H.-J. Apel: Schule als gesellschaftlicher Spannungsraum. – Ratingen 1978.
Grundke, P.: Interaktionserziehung in der Schule. Modell eines therapeutischen Unterrichts. – München 1975.
Grzesick, J.: Unterrichtsplanung. Eine Einführung in ihre Theorie und Praxis. – Heidelberg 1979.
Guilford, J. P. u. R. Hoepfner: Analyse der Intelligenz. – (Dt.) Weinheim 1976.
Gutte, R.: Gruppenarbeit: Theorie und Praxis des sozialen Lernens. – Frankfurt/M. 1976.
Guyer, W.: Wie wir lernen. – Erlenbach-Zürich ⁴1964.
Hacker, H.: Elemente des Curriculums. – Donauwörth 1979.
Hacker, H. u. D. Poschardt (Hrsg.): Zur Frage der Lernplanung und Unterrichtsgestaltung. Lernpsychologische Grundlagen – pädagogische Perspektiven. – Hannover 1977.
Haft, H. u. U. Hameyer (Hrsg.): Curriculumplanung – Theorie und Praxis. – München 1975.

Haseloff, O. W. u. E. Jorswieck: Psychologie des Lernens. Methoden, Ergebnisse, Anwendungen. – Berlin/New York ²1971.
Hausmann, G.: Didaktik als Dramaturgie des Unterrichts. – Heidelberg 1959.
Hehlmann, W.: Wörterbuch der Pädagogik. – Stuttgart ⁶1960.
Heiland, H.: Motivieren und Interessieren. Probleme der Motivation in der Schule. – Bad Heilbrunn 1979.
ders. (Hrsg.): Didaktik und Lerntheorie. – Bad Heilbrunn ²1973.
Heimann, P.: Didaktik als Theorie und Lehre. – Die Deutsche Schule 1962, S. 407–427.
ders.: Didaktik als Unterrichtswissenschaft, hrsg. u. eingel. v. K. Reich u. H. Thomas. – Stuttgart 1976.
Heimann, P., G. Otto u. W. Schulz: Unterricht. Analyse und Planung. – Hannover ⁹1977.
Heinrichs, H.: Roboter vor der Schultür? Vom Schulfernsehen zum Lernautomaten. – Bochum o. J.
ders.: Schulfernsehdidaktik. – Bochum o. J. (1971).
ders.: Audio-visuelle Praxis in Wort und Bild. Geräte. Technik. Methode. – München 1972.
ders. (Hrsg.): Lexikon der audio-visuellen Bildungsmittel. – München 1971.
Heinze, Th.: Unterricht als soziale Situation. Zur Interaktion von Schülern und Lehrern. – München 1976.
Heller, K., H. Nickel u. W. Neubauer: Verhalten und Lernen. – Stuttgart ²1978.
Hentig, H. von: Wie hoch ist die Höhere Schule? Eine Kritik. – Stuttgart 1962.
ders.: Spielraum und Ernstfall. – Stuttgart 1969.
ders.: Allgemeine Lernziele der Gesamtschule. In: Lernziele der Gesamtschule (Gutachten und Studien der Bildungskomission. Bd. 12). – Stuttgart ³1971, S. 13–43.
Herbart, J. Fr.: Allgemeine Pädagogik aus dem Zweck der Erziehung abgeleitet (1806). – Weinheim ⁷1965.
ders.: Umriß pädagogischer Vorlesungen (1835); besorgt v. J. Esterhues. – Paderborn ²1964.
Hesse, H. A. u. W. Manz: Einführung in die Curriculumforschung. – Stuttgart 1972.
Hettwer, H. (Hrsg.): Lehr- und Bildungspläne 1921–1974. – Bad Heilbrunn 1976.
Heuß, G. E.: Lernzielkontrolle. In: Meißner, O. u. H. Zöpfl (Hrsg.): Handbuch der Unterrichtspraxis. Bd. 1. – München 1973, S. 33–39.
Hielscher, H. (Hrsg.): Sozialerziehung konkret. Bd. 1. – Hannover ²1978.
Hilgard, E. R. u. G. H. Bower: Theorien des Lernens I. – (Dt.) Stuttgart ³1973.
Himmerich, W.: Didaktik als Erziehungswissenschaft. Einführung. – Frankfurt/M. 1970.
Hirzel, M.: Partnerarbeit im programmierten Unterricht. Eine Möglichkeit zur Differenzierung. – Stuttgart 1969.
Höller, E.: Theorie und Praxis des Schülergespräches. – Wien ³1970.
Hoffmann, A., W. Loch u. J. Persch: Unterrichtsvorbereitung. Inhalt und Aufbau. Theorie und Praxis. – Dornburg 1975.
Holstein, H.: Arbeitsmittel im Unterricht. Pädagogik, Didaktik und methodische Möglichkeiten. – Bochum ³1973.
ders.: Zur Medienabhängigkeit des Schulunterrichts. Anspruch und Leistung von Medien in Unterricht und Schule. – Ratingen 1973.
ders.: Unterrichtslehre '73. Formen und Tendenzen gegenwärtiger Unterrichtstheorie. – Ratingen 1974.
ders.: Unterrichtsgespräch – Sprachgestalt und Lehrmethode. – Kastellaun 1976.

ders.: Schulfunk im Schulunterricht. Didaktische und methodische Medienleistungen des Hörfunks im Medienverbund. – Frankfurt/M. 1979.
Holstein, H. u. H. Büttner: Die Erfassung von Unterricht durch Analyse. – Ratingen 1972.
Holstein, H. u. H. Liekenbrock: Unterrichtsplanung und Unterrichtsprozeß. – Kastellaun 1976.
Hubalek, F.: Audio-visuelle Medien im Unterricht. – Wien 1974.
Huber, F.: Allgemeine Unterrichtslehre. – Bad Heilbrunn [11]1972.
Hummerich, A.: Der Gesinnungsunterricht bei Tuiskon Ziller. Ein problemgeschichtlicher Beitrag zur Methode sittlicher Bildung und Erziehung. – Bonn, Phil.-Diss. 1968.
Iben, G.: Sozialerziehung – Soziales Lernen. In: Wulf, Chr. (Hrsg.): Wörterbuch der Erziehung. – München 1974, S. 538–540.
Ingenkamp, F. D.: Zielerreichendes Lernen – Mastery Learning. Grundlagen – Forschungsbericht – Praxis. – Ravensburg 1979.
Ingenkamp, K. (Hrsg.): Handbuch der Unterrichtsforschung. 3 Bde. – Weinheim 1970.
Ipfling, H.-J. (Hrsg.): Grundbegriffe der pädagogischen Fachsprache. – München [2]1975.
Isenegger, U.: Curricula und Curriculum-Konstruktion. In: Potthoff, W. (Hrsg.): Schulpädagogik. – Freiburg 1975, S. 71–76.
Isenegger, U. u. B. Santini (Hrsg.): Begriff und Funktionen des Curriculums. – Weinheim 1975.
Jäger, A. O.: Dimensionen der Intelligenz. – Göttingen [2]1970.
Jamroszczyk, J. J.: Grundlagen einer schülerorientierten Didaktik. Probleme und Perspektiven. – Kastellaun 1978.
Jannasch, H.-W. u. G. Joppich: Unterrichtspraxis. – Hannover [5]1964.
Jeziorsky, W.: Selbstbildungsmittel in der Grundschule. – Braunschweig [3]1971.
Jörg, H.: Unterrichtspraxis. Grundbegriffe und Grundfragen der Schulpädagogik und Allgemeinen Didaktik. – Oberursel 1970.
Joerger, K.: Lernprozesse bei Schülern. – Stuttgart 1975.
Kade, F.: Schule im Werden. – Bonn 1956.
Kainz, Fr.: Sprachpsychologische Bemerkungen zum Thema »Schülergespräch«. In: Spanhel, D. (Hrsg.): Schülersprache und Lernprozesse. – Düsseldorf 1973, S. 341–351.
Kampmüller, O.: Wie man das Fragen lehrt. Neugierde als Unterrichtsprinzip. – Pädagogische Welt 1971, S. 442–444.
Keck, R. W.: Art. »Das Klassische«, »Eröffnungsstrategien (-Figuren)« u. »Schlußfiguren«. In: Nicklis, W. S. (Hrsg.): Handwörterbuch der Schulpädagogik. – Bad Heilbrunn 1973, S. 243f., 284f., 288f.
ders.: Zielorientierte Unterrichtsplanung. – Bochum 1975.
Keil, W.: Psychologie des Unterrichts. – München 1977.
Kerschensteiner, G.: Das Grundaxiom des Bildungsprozesses. – München/Düsseldorf/Stuttgart [8]1953.
ders.: Begriff der Arbeitsschule. – München/Stuttgart [15]1964.
ders.: Theorie der Bildung. – Leipzig/Berlin 1926.
Kerstiens, L.: Medienkunde in der Schule. Lernziele und Vorschläge für den Unterricht. – Bad Heilbrunn [2]1971.
Ketzer, G. u. G. Krankenhagen (Hrsg.): Die Arbeitsprojektion im Unterricht. – Stuttgart 1974.

Klafki, W.: Methode, Methodik. In: Pädagogisches Lexikon. Hrsg. v. H.-H. Groothoff u. M. Stallmann. – Stuttgart 1961, Sp. 617–625.
ders.: Didaktische Analyse als Kern der Unterrichtsvorbereitung. In: Roth, H. u. A. Blumenthal (Hrsg.): Didaktische Analyse. – Hannover 1962, S. 5–32.
ders.: Das pädagogische Problem des Elementaren und die Theorie der kategorialen Bildung. – Weinheim [4]1964 ([1]1959).
ders.: Studien zur Bildungstheorie und Didaktik. – Weinheim [2]1964.
ders.: Schulnahe Curriculumentwicklung in Form von Handlungsforschung. – Bildung und Erziehung 1975, S. 101–116.
ders.: Zum Verhältnis von Didaktik und Methodik. In: Probleme stufenbezogener Didaktik – Grundfragen I. – Düsseldorf 1976, S. 43–68.
Klauer, K. J.: Methodik der Lehrzieldefinition und Lehrstoffanalyse. – Düsseldorf 1974.
ders.: Intelligenztraining im Kindesalter. – Weinheim 1975.
Kleber, E. W. u. a.: Lernvoraussetzungen und Unterricht. – Weinheim 1977.
Klingberg, L.: Einführung in die Allgemeine Didaktik. Vorlesungen. – Berlin (Ost) 1972.
Kluwe, R.: Wissen und Denken. Modelle, empirische Befunde und Perspektiven für den Unterricht. – Stuttgart 1979.
Knab, D.: Curriculumreform auf dem Weg zur Schule. – Zeitschrift für Pädagogik 1974, S. 177–188.
Knörzer, W.: Lernmotivation. – Weinheim 1976.
Kober, H. u. R. Kober: Gruppenarbeit in der Praxis. – Frankfurt/M. [2]1965.
Kochan, D. C. (Hrsg.): Allgemeine Didaktik – Fachdidaktik – Fachwissenschaft. – Darmstadt 1970.
Köck, P.: Moderne Unterrichtsführung durch Impuls und Appell. – Donauwörth 1972.
ders.: Didaktik der Medien. – Donauwörth 1974.
König, E. u. H. Riedel: Systemtheoretische Didaktik. – Weinheim [3]1976.
Kösel, E.: Sozialformen des Unterrichts. – Ravensburg 1973.
Kösel, E. u. J. Schneider: Übung – Grundlage des Lernens. – Ravensburg 1978.
Kopp, F.: Didaktik in Leitgedanken. – Donauwörth 1965.
ders.: Progressive Curricula oder bescheidene Lehrplankorrekturen? – Pädagogische Welt 1971, S. 449f.
Kossakowski, A. u. a.: Psychologische Grundlagen der Persönlichkeitsentwicklung im pädagogischen Prozeß. – Köln 1977.
Kozdon, B.: Wird das Schulbuch im Unterricht noch gebraucht? Situationsanalyse eines Mediums. – Bad Heilbrunn 1974.
ders.: Grundbegriffe der Schulpädagogik. – Bad Heilbrunn 1978.
Kramp, W.: Hinweise zur Unterrichtsvorbereitung für Anfänger. In: Roth, H. u. A. Blumenthal (Hrsg.): Didaktische Analyse. – Hannover 1962, S. 33–65.
Krankenhagen, G. (Hrsg.): Videoarbeit im Unterricht. – Stuttgart 1977.
Krathwohl, D. R., B. S. Bloom u. B. B. Masia: Taxonomie von Lernzielen im affektiven Bereich. – (Dt.) Weinheim 1975.
Krauß, H.: Der Unterrichtsfilm. Form – Funktion – Methode. Ein Beitrag zur Mediendidaktik. – Donauwörth 1972.
Kreibig, J. K.: Beiträge zur Psychologie und Logik der Frage. – Archiv für die gesamte Psychologie. 33. Bd., 1914, 1. u. 2. H., S. 152–212.
Kroh, O.: Revision der Erziehung. – Heidelberg [6]1962.

Kron, Fr. W. (Hrsg.): Persönlichkeitsbildung und soziales Lernen. – Bad Heilbrunn 1980.
Kronen, H.: Zeiteingabe und Lernerfolg. – Die Deutsche Schule 1973, S. 425–434.
Krüger, R.: Projekt Lernen durch Lehren. – Bad Heilbrunn 1975.
ders.: Der Schüler – Beruf und Rolle. Ansätze zu einer schülerorientierten Schule. – Ansbach 1978.
Kunert, K.: Lernorganisation. Planung – Integration – Öffnung des Unterrichts. Ein Arbeitsbuch. – München 1977.
Lattmann, U. P.: Lernziele und Unterrichtsvorbereitung. EBAC-Projekt, Bericht 7. – Freiburg 1971.
Laubis, J.: Vorhaben und Projekte im Unterricht. – Ravensburg 1976.
Lefrancois, G. R.: Psychologie des Lernens. – (Dt.) Berlin 1976.
Lehmann, J. (Hrsg.): Simulations- und Planspiele in der Schule. – Bad Heilbrunn 1977.
Lehmann, J. u. G. Portele (Hrsg.): Simulationsspiele in der Erziehung. – Weinheim 1976.
Lehner, H.: Erkenntnis durch Irrtum als Lehrmethode. – Bochum 1979.
Deutscher Lehrmittelverband (Hrsg.): Deutscher Lehrmittel-Berater. – Schlüchtern 1963.
Lenzen, D.: Didaktik und Kommunikation. – Frankfurt/M. 1973.
Leonhard, H.-W.: Behaviorismus und Pädagogik. Kritik behavioristischer Psychologie und ihrer Anwendung in der Pädagogik. – Bad Heilbrunn 1978.
Loch, W.: Curriculare Kompetenz und pädagogische Paradigmen. Zur anthropologischen Grundlegung einer biographischen Erziehungstheorie. – Bildung und Erziehung 1979, S. 241–266.
Lompscher, J. (Hrsg.): Psychologie des Lernens in der Unterstufe. – Berlin (Ost) 1972.
Loser, F.: Lehren. In: Wörterbuch der Pädagogik, Bd. 2. – Freiburg 1977a, S. 209–214.
ders.: Lehr- und Lernstufen. In: Wörterbuch der Pädagogik, Bd. 2. – Freiburg 1977b, S. 230–232.
ders.: Alltägliche Unterrichtsvorbereitung und Unterrichtstheorie. – Bildung und Erziehung 1979, S. 395–403.
Loser, F. u. E. Terhart: Alltägliche Unterrichtsvorbereitung: Die Perspektive der Lehrer und die Perspektive der Schüler. – Bildung und Erziehung 1979, S. 404–417.
dies. (Hrsg.): Theorien des Lehrens. – Stuttgart 1977.
Lückert, H.-R. (Hrsg.): Begabungsforschung und Bildungsförderung als Gegenwartsaufgabe. – München/Basel 1969.
Macke, G.: Lernen als Prozeß. Überlegungen zur Konzeption einer operativen Lehr-Lern-Theorie. – Weinheim 1978.
Mager, R. F.: Lernziele und Unterricht. – (Dt.) Weinheim 1965.
Maier, H. u. H. J. Pfistner: Grundlagen der Unterrichtstheorie und Unterrichtspraxis. – Heidelberg ²1976.
Martin, E.: Grundformen des Gegenstandsbezuges im Unterricht. – Bern 1964.
Maskus, R.: Motivation in Erziehung und Unterricht. – Neuburgweier/Karlsruhe ³1978.
ders.: Unterricht als Prozeß. Dynamisch-integratives Strukturmodell. – Bad Heilbrunn 1976.
Massialas, B. G. u. J. Zevin: Kreativität im Unterricht. Unterrichtsbeispiele nach amerikanischen Lerntheorien. – (Dt.) Stuttgart 1969.
Meister, R.: Beiträge zur Theorie der Erziehung. – Wien 1946 (Neue Folge. – Graz/Köln 1965).
Memmert, W.: Didaktik in Grafiken und Tabellen. – Bad Heilbrunn 1977.
Menck, P.: Unterrichtsanalyse und didaktische Konstruktion. Studien zu einer Theorie des Lehrplans und des Unterrichts. – Frankfurt/M. 1975.

Menck, P. u. G. Thoma (Hrsg.): Unterrichtsmethode. – München 1972.
Menze, C.: Wissenschaft und Schule – Zur Wissenschaftsorientierung als Problem der Schule. – Vierteljahresschrift für wissenschaftliche Pädagogik 1980, S. 177–188.
Messer, A., J. Schneider und Th. Spiering: Planungsaufgabe Unterricht. – Ravensburg 1974.
Messner, R. u. a.: Kind, Schule, Unterricht. – Stuttgart 1975.
Metzger, W.: Erziehung zum fruchtbaren Denken. In: Strunz, K. (Hrsg.): Pädagogische Psychologie für höhere Schulen. – München/Basel [4]1967, S. 242–273.
Meyer, E.: Gruppenunterricht. Grundlegung und Beispiel. – Oberursel [7]1975.
ders.: Gruppenarbeit als metakommunikative Lernsituation. – Die Deutsche Schule 1977, S. 452–463.
ders. (Hrsg.): Planung und Analyse von Gruppenprozessen. – Grafenau 1979.
Meyer, H. L.: Einführung in die Curriculum-Methodologie. – München 1972.
ders.: Trainingsprogramm zur Lernzielanalyse. – Frankfurt/M. [6]1977.
ders.: Leitfaden zur Unterrichtsvorbereitung. – Königstein/Ts. 1980.
Meyer-Willner, G.: Differenzieren und Individualisieren. Begründung und Darstellung des Differenzierungsproblems. – Bad Heilbrunn 1979.
Michael, B.: Selbstbildung im Schulunterricht. – Weinheim 1963.
Minsel, W.-R. (Hrsg.): Curriculum und Lehrplan. – München 1978.
Möller, Chr.: Zur Methodik der Lehrplanaufstellung. – Bildung und Erziehung 1966, S. 44–58.
dies.: Technik der Lernplanung. Methoden und Probleme der Lernzielerstellung. – Weinheim [4]1973.
Mörschner, M.: Sozialerziehung. – Ehrenwirth Grundschulmagazin 1979, H. 6, S. 3f.
de Montaigne, M.: Die Essais und das Reisetagebuch, hrsg. v. P. Sakmann. – Stuttgart 1948.
Mücke, R.: Der Grundschulunterricht. – Bad Heilbrunn [5]1973.
Müller, K.: Denken und Lernen als Organisieren. In: Handbuch der Psychologie. Bd. I, 2. Halbbd. – Göttingen 1964, S. 118–143.
Münch, R.: Lernkunde und Lehrkunst. – Hannover 1952.
Muth, J.: Schulpädagogik. Einführung in ihre aktuellen Fragestellungen. – Essen 1978.
Mutschler, D. u. E. H. Ott: Über den Zusammenhang von Lehren und Lernen. – Die Deutsche Schule 1976, S. 17–26.
Neber, H. (Hrsg.): Entdeckendes Lernen. – Weinheim 1973.
Neuhaus, E.: Reform des Primarbereichs. – Düsseldorf 1974.
Neumann, G. u. H. Stiehl: Unterricht als kommunikatives Handeln. – Hannover 1976.
Nickel, H., K. Heller u. D. Dumke: Unterrichten und Erziehen. – Stuttgart 1978.
Nicklis, W. S. (Hrsg.): Handwörterbuch der Schulpädagogik. – Bad Heilbrunn [2]1975.
ders. (Hrsg.): Hauptschule. Erscheinung und Gestaltung. – Bad Heilbrunn 1980.
Nipkow, K. E.: Allgemeindidaktische Theorien der Gegenwart. Gegenstandsfeld und Theoriebegriff. – Zeitschrift für Pädagogik 1968, S. 335–365.
Nohl, H.: Die pädagogische Bewegung in Deutschland und ihre Theorie. – Frankfurt/M. [5]1961.
Nuthall, G. u. I. Snook: Modelle des Lehrens. In: Loser, F. u. E. Terhart (Hrsg.): Theorien des Lehrens. – Stuttgart 1977, S. 50–97.
Odenbach, K.: Studien zur Didaktik der Gegenwart. – Braunschweig [4]1970.
Oerter, R. u. E. Weber (Hrsg.): Der Aspekt des Emotionalen in Unterricht und Erziehung. – Donauwörth 1975.
Offermann, J.: Zur Problematik des Sozialen Lernens in der Grundschule. In: Schmack, E. (Hrsg.): Unterrichtsanalytische Studien. – Kastellaun 1977, S. 33–54.

Ostertag, H.-P. u. Th. Spiering: Unterrichtsmedien, Technologie und Didaktik. – Ravensburg 1975.
Oswald, P.: Bildungsprinzipien im Unterricht. – Ratingen 1964.
van Parreren, C. F.: Lernprozeß und Lernerfolg. – (Dt.) Braunschweig ²1972.
van Parreren, C. F., J. Peeck u. E. Velema: Erfolgreich studieren. Praktische Hinweise für das Hochschulstudium. – (Dt.) Wien 1969.
Paulsen, Fr.: Pädagogik. – Stuttgart/Berlin ³1911.
ders.: Ausgewählte pädagogische Abhandlungen. Besorgt v. C. Menze. – Paderborn 1960.
Pestalozzi, J. H.: Wie Gertrud ihre Kinder lehrt und Ausgewählte Schriften zur Methode. Besorgt v. F. Pfeffer. – Paderborn 1961.
Peter, R.: Grundlegender Unterricht. Zugleich eine Einführung in didaktisches Denken überhaupt. – Bad Heilbrunn 1954.
Peters, O.: Die didaktische Struktur des Fernunterrichts. Untersuchungen zu einer industrialisierten Form des Lehrens und Lernens. – Weinheim 1973.
Petersen, P.: Führungslehre des Unterrichts. – Braunschweig ⁷1963.
Peterßen, W. H.: Grundlagen und Praxis des lernzielorientierten Unterrichts. – Ravensburg 1974.
ders.: Gegenwärtige Didaktik: Positionen, Entwürfe, Modelle. – Ravensburg 1977.
Petrat, G.: Schulunterricht. Seine Sozialgeschichte in Deutschland 1750 bis 1850. – München 1979.
ders. u. a.: Prozeßorientierter Unterricht. – München 1977.
Petzelt, A.: Grundzüge systematischer Pädagogik. – Stuttgart 1947.
Piaget, J.: Theorien und Methoden der modernen Erziehung. – (Dt.) Wien 1972.
Pleines, J.-E. (Hrsg.): Bildungstheorien. Probleme und Positionen. – Freiburg 1978.
Pöggeler, F.: Probleme des lebendigen Unterrichts. In: Der Lernprozeß. Anthropologie, Psychologie, Biologie des Lernens; hrsg. v. Willmann-Institut. – Freiburg 1969, S. 258–274.
Pöppel, K. G.: Fertigkeiten/Fähigkeiten. In: Ipfling, H.-J. (Hrsg.): Grundbegriffe der pädagogischen Fachsprache. – München ²1975, S. 115–117.
Pötter, K.: Schulmediotheken. Einsatz und Organisation von Medien in der Schule. – Braunschweig 1978.
Poppelreuter, W.: Psychokritische Pädagogik. – München 1933.
Posner, M. I.: Kognitive Psychologie. – München 1976.
Priesemann, G.: Zur Theorie der Unterrichtssprache. – Düsseldorf ²1974.
Rainer, W. u. F. Völkl: Lernen lernen. Eine Implikation der Didaktik. Ein Auftrag, Möglichkeiten und Schwierigkeiten. – Klagenfurt 1976.
Rank, K.: Die sozialen Formen des Unterrichts. In: Handbuch für Lehrer, Bd. 2. – Gütersloh 1961, S. 139–159.
Rapp, G.: Blockunterricht. Zur Effizienz von Doppel- und Einzelstunden. – Stuttgart 1970.
Rauschenberger, H.: Über das Lehren und seine Momente. In: Heydorn, H.-J. u. a. (Hrsg.): Zum Bildungsbegriff der Gegenwart. – Frankfurt/M. 1967, S. 64–110.
Rebel, K.: Das Problem der Unterrichtsmethode, dargestellt an ausgewählten Beispielen aus der Geschichte der Pädagogik. In: Ingenkamp, K. (Hrsg.): Handbuch der Unterrichtsforschung, Teil I, Sp. 1–132, (Weinheim 1970).
Redaktion betrifft:erziehung (Hrsg.): Projektorientierter Unterricht. – Weinheim 1976.
Reich, K.: Theorien der Allgemeinen Didaktik. – Stuttgart 1977.

ders.: Unterricht – Bedingungsanalyse und Entscheidungsfindung. Ansätze zur neuen Grundlegung der Berliner Schule der Didaktik. – Stuttgart 1979.
Rein, W., A. Pickel u. E. Scheller (Hrsg.): Das erste Schuljahr. – Leipzig [8]1908.
Reisse, W.: Verschiedene Begriffsbestimmungen von »Curriculum«: Überblick und Ansätze zur Präzisierung. In: Frey, K. (Hrsg.): Curriculum-Handbuch, Bd. I. – München 1975, S. 46–59.
Reyer, W.: Allgemeine Erziehungs- und Unterrichtslehre. – Berlin[2]1954.
Riedel, H.: Allgemeine Didaktik und unterrichtliche Praxis. – München 1977.
Rieder, O.: Die Entwicklung des kindlichen Fragens. – München/Basel 1968.
Riedler, R.: Schulfunk und Schulpraxis. Anregungen zur Didaktik des akustischen Unterrichtsmittels. – München 1976.
Ritz-Fröhlich, G.: Das Gespräch im Unterricht. Anleitung – Phasen – Verlaufsformen. – Bad Heilbrunn 1977.
Robinsohn, S. B.: Bildungsreform als Revision des Curriculum und Ein Strukturkonzept für Curriculumentwicklung. – Neuwied [3]1972 ([1]1967).
Röhrs, H. (Hrsg.): Didaktik. – Frankfurt/M. [2]1974.
Rösner, M.: Unterrichtstechnik. – Hannover 1951.
Rössner, L.: Gespräch, Diskussion und Debatte im Unterricht der Grund- und Hauptschule. – Frankfurt/M. 1967.
Rombach, H.: Anthropologie des Lernens. In: Der Lernprozeß. Anthropologie, Psychologie, Biologie des Lernens; hrsg. v. Willmann-Institut. – Freiburg 1969, S. 3–46.
Rommel, H.: Das Schulbuch im 18. Jahrhundert. – Wiesbaden 1968.
Roth, A.: Die Elemente der Unterrichtsmethode. – München 1967.
Roth, H.: Jugend und Schule zwischen Reform und Restauration. – Hannover [2]1965.
ders.: Die psychologischen Lerntheorien und die Bedeutung ihrer Forschungsergebnisse für Unterricht und Erziehung. In: Strunz, K. (Hrsg.): Pädagogische Psychologie an höheren Schulen. – München/Basel [4]1967, S. 214–248.
ders.: Erziehungswissenschaft, Erziehungsfeld und Lehrerbildung. Gesammelte Abhandlungen 1957–1967. – Hannover 1967.
ders.: Stimmen die deutschen Lehrpläne noch? oder Die kommende Revolution der Inhalte. – Die Deutsche Schule 1968, S. 69–76.
ders.: Pädagogische Psychologie des Lehrens und Lernens. – Hannover [14]1973.
ders.: Kreativität lernen? – Die Deutsche Schule 1976, S. 142–159.
Roth, J.: Lehrer und Schüler. Interaktion und Kommunikation in der Schule. – München 1980.
Roth, L.: Effektivität von Unterrichtsmethoden. – Hannover [2]1977.
Rülcker, T.: Bildung, Gesellschaft, Wissenschaft. Eine Einführung in Grundbegriffe, Perspektiven und Grenzen der deutschen Curriculumdiskussion. – Heidelberg 1976.
Rüppel, H. u. M. Rüppel: Intelligenzförderung – Möglichkeiten und Grenzen. – Basel 1976.
Rumpf, H.: Scheinklarheiten. Sondierungen von Schule und Unterrichtsforschung. – Braunschweig 1971.
ders.: Einführende Verdeutlichungen zur curricularen Fachsprache. In: Frey, K. (Hrsg.): Curriculum-Handbuch, Bd. I. – München 1975, S. 60–69.
ders.: Unterricht und Identität. Perspektiven für ein humanes Lernen. – München 1976.
Ruprecht, H.: Lehren und Lernen mit Filmen. – Bad Heilbrunn 1970.
ders.: Theorien des Lernens in erziehungswissenschaftlicher Sicht. – München 1974.
ders. u. a.: Modelle grundlegender didaktischer Theorien. – Hannover [3]1976.

Salzmann, Chr.: Impuls – Denkanstoß – Lehrerfrage. Zum Problem der Aufgabenstellung im Unterricht. – Essen 1969.
ders.: Die Vereinfachung als didaktisch-methodisches Problem. – Pädagogische Rundschau 1970, S. 106–118.
ders.: Unterrichtsplanung. In: Wörterbuch der Pädagogik, Bd. 3. – Freiburg 1977, S. 274–277.
Schäfer, K.-H. u. K. Schaller: Kritische Erziehungswissenschaft und kommunikative Didaktik. – Heidelberg [3]1976.
Schaller, K.: Einführung in die Kommunikative Pädagogik. Ein Studienbuch. – Freiburg 1978.
Schaller, K. u. G. Wodraschke (Hrsg.): Information und Kommunikation. Ein Repertorium zur Unterrichtslehre und Lerntheorie. – Hamburg 1968.
Scharrelmann, H.: Weg zur Kraft. – Hamburg 1904.
Scheffler, H.: Zillers Formalstufentheorie und der Vorwurf des unterrichtsmethodischen Schematismus. – Kastellaun 1977.
Scheibner, O.: Arbeitsschule in Idee und Gestaltung. – Heidelberg [5]1962.
Scheler, M.: Philosophische Weltanschauung. – Bern/München 1954.
Schell, Chr.: Partnerarbeit im Unterricht. Psychologische und pädagogische Voraussetzungen. – München/Basel [2]1975.
Scheuerl, H.: Die exemplarische Lehre. Sinn und Grenzen eines didaktischen Prinzips. – Tübingen 1958.
ders.: Das Problem der Stoffülle. In: Probleme einer Schulreform. – Stuttgart 1959, S. 71–85.
Schiefele, H.: Motivation im Unterricht. – München 1963.
ders.: Schule von heute – Schule für morgen? Die Herausforderung der Schule durch die Lerngesellschaft. – München 1969.
ders.: Über die Führung von Denkvollzügen durch die Lehrerfrage. In: Zöpfl, H. u. R. Seitz (Hrsg.): Schulpädagogik. Grundlagen – Probleme – Tendenzen. – München 1971, S. 86–95.
ders.: Lernmotivation und Motivlernen. Grundzüge einer erziehungswissenschaftlichen Motivationslehre. – München 1974.
Schindler, G.: Bildungslehre eines natürlichen Unterrichts. – Düsseldorf [2]1956.
Schittko, K.: Überlegungen und Vorschläge zur Unterrichtsplanung des Lehrers/Lehrerteams. – Die Deutsche Schule 1976, S. 590–612.
Schlaak, G. (Hrsg.): Der überfachliche Unterricht. – Stuttgart 1973.
Schmack, E.: Unterrichtsanalytik. – Kastellaun 1976.
ders.: Medien – ihre Stellung und Bedeutung in der heutigen Didaktik. In: Hildebrand, G. K. (Hrsg.): Medien – Dimensionen und Themen. – Trier 1978a, S. 25–39.
ders.: Offenes Curriculum – Offener Unterricht. Möglichkeiten und Grenzen. – Kastellaun 1978b.
Schmaderer, F. O. (Hrsg.): Die Bedeutung eines schülerorientierten Unterrichts. – München 1976.
Schmidt, W.: Aspekte des Lernens. – München 1977.
Schmitz, K.: Wissenschaftsorientierter Unterricht. Didaktische Konzepte – Projekte – Konsequenzen. – München 1977.
Schneider, Fr.: Ausgewählte pädagogische Abhandlungen. Besorgt v. Th. Rutt. – Paderborn 1963.
Schnitzer, A., E. Geisreiter u. H. Volk: Schwerpunkt: Schülerorientierter Unterricht. Grundsätze, Möglichkeiten, Maßnahmen. – München 1976.

Schnitzer, A. (Hrsg.): Schwerpunkt: Lernplanung und Unterrichtsgestaltung auf der Grundlage pädagogischer und lernpsychologischer Erkenntnisse. – München 1977.
Schöler, W.: Strukturen und Modelle des Unterrichts. – Paderborn 1977.
Schöneberg, H.: Wider die Scheinwelt der Schule. – Essen 1963.
Scholz, G.: Methode. In: Ipfling, H.-J. (Hrsg.): Grundbegriffe der pädagogischen Fachsprache. – München 1974, S. 199–208.
ders.: Projekt. – Ehrenwirth Grundschulmagazin 1976, H. 7, S. 1f.
Scholz, G. u. H. Bielefeldt: Kompendium Didaktik. Schuldidaktik. – München 1978.
Schorb, A. O.: 160 Stichworte zum Unterricht. – Bochum o. J.
Schräder-Naef, R.: Rationeller Lernen lernen. – Weinheim [9]1977.
Schramm, A.: Fünfzig Unterrichtsbegriffe aus dem 20. Jahrhundert. – München 1975.
Schreiner, G.: Was kann in der Schule im Bereich des sozialen Lernens erreicht werden? In: Roth, H. u. A. Blumenthal (Hrsg.): Soziales Lernen in der Schule. – Hannover 1977, S. 5–8.
Schröder, H.: Lerntheorie und Programmierung. Lerntheoretische Grundlagen der Programmierten Unterweisung. – München 1971.
ders.: Kommunikation und Information im Unterricht. – München 1975.
ders.: Lernen und Lehren. In: Hierdeis, H. (Hrsg.): Taschenbuch der Pädagogik. Teil 2. – Baltmannsweiler 1978a, S. 546–557.
ders.: Programmierter Unterricht. In: Hierdeis, H. (Hrsg.): Taschenbuch der Pädagogik. Teil 2. – Baltmannsweiler 1978b, S. 639–647.
ders.: Wertorientierter Unterricht. Pädagogische und didaktische Grundlagen eines erziehenden Unterrichts. – München 1978.
Schröder, W.: Adolph Diesterweg. Studien zu seiner Wirkungsgeschichte in der Pädagogik des 19. und 20. Jahrhunderts. – Frankfurt/M. 1978.
ders.: Zur Kooperation der Lehrer an der Schule. – Blätter für Lehrerfortbildung 1980, S. 14–20.
Schröter, Gerhard: Didaktik als Struktur der Lehrfunktionen. – Düsseldorf 1972.
Schröter, Gottfried: Schon morgen mit der Gruppenarbeit beginnen. – Worms 1967.
ders.: Kritische Phasen im Gruppenunterricht. – Lebendige Schule 1969, S. 212–218.
Schulte, H.: Curriculumentwicklung zwischen »Diskurs« und »System«. – Stuttgart 1977.
Schulz, W.: Unterricht. In: Wörterbuch der Pädagogik. Bd. 3. – Freiburg 1977, S. 258–261.
ders.: Unterrichtsplanung. – München 1980.
Schwager, K.-H.: Wesen und Formen des Lehrgangs im Schulunterricht. – Weinheim 1958.
Schwarzer, R. u. K. Steinhagen (Hrsg.): Adaptiver Unterricht. Zur Wechselwirkung von Schülermerkmalen und Unterrichtsmethoden. – München 1975.
Schwenk, B.: Unterricht zwischen Aufklärung und Indoktrination. – Frankfurt/M. 1974.
Schwerdt, Th.: Kritische Didaktik in Unterrichtsbeispielen. – Paderborn [12]1959.
Seidelmann, K.: Gruppenpädagogik im Schulunterricht. – München 1975.
Seiler, K.: Gesamtunterricht im Neubau der Schule. – Stuttgart [2]1952.
ders. (Hrsg.): Kleine pädagogische Schriften von Wolfgang Ratke. – Bad Heilbrunn 1967.
Seiler, Th. B.: Kognitive Strukturen und kognitive Persönlichkeitstheorien. In: Ders. (Hrsg.): Kognitive Strukturiertheit. Theorien, Analysen, Befunde. – Stuttgart 1973, S. 9–27.
Seisenberger, G.: Problemlösen im Unterricht. – München 1974.
Seyfert, R.: Die Unterrichtslektion als Kunstform. – Worms [7]1949.
Siebert, H.: Curricula für die Erwachsenenbildung. – Braunschweig 1974.
Siepmann, K. E. (Hrsg.): Medium Schulfernsehen. – Kastellaun 1977.

Sikorra, J.: Handbuch der Kreativ-Methoden. – Heidelberg 1976.
Simmel, G.: Schulpädagogik. Vorlesungen, gehalten an der Universität Straßburg; hrsg. v. K. Hauter. – Osterwieck 1922.
Simon, A.: Partnerschaft im Unterricht. Kinder lernen miteinander und voneinander. – München ²1959.
Skowronek, H.: Lernen und Lernfähigkeit. – München ⁶1976.
ders.: Lehrmittel und Lernleistung. In: Roth, H. (Hrsg.): Begabung und Lernen. – Stuttgart ¹¹1977, S. 491–499.
Slotta, G.: Die Praxis des Gruppenunterrichts und ihre Grundlagen. – Bremen 1955.
Smith, L. M. u. B. B. Hudgins: Pädagogische Psychologie. Bd. I u. II. – (Dt.) Stuttgart 1971 u. 1972.
Soltis, J. F.: Einführung in die Analyse pädagogischer Begriffe. – (Dt.) Düsseldorf 1971.
Spanhel, D.: Die Sprache des Lehrers. Grundformen des didaktischen Sprechens. – Düsseldorf 1971.
Spranger, E.: Lebensformen. Geisteswissenschaftliche Psychologie und Ethik der Persönlichkeit. – Halle ⁶1927.
ders.: Das deutsche Bildungsideal der Gegenwart in geschichtsphilosophischer Beleuchtung. – Die Erziehung 1927, S. 142–164.
ders.: Der geborene Erzieher. – Heidelberg ²1960.
Spreckelsen, K.: Naturwissenschaftlicher Unterricht in der Grundschule. Lehrgang: Physikalisch-chemischer Lernbereich. – Frankfurt/M. 1971 f.
Stach, R. (Hrsg.): Grundfragen des Lehrens und Lernens. – Ratingen 1974.
ders. (Hrsg.): Projektorientierter Unterricht – Theorie und Praxis. – Kastellaun 1978.
Steindorf, G.: Möglichkeiten und Grenzen exemplarischer Repräsentation. – Pädagogische Rundschau 1965, S. 613–621.
ders.: Bemerkungen zu einer Didaktik des Elementaren. – Lebendige Schule 1968, S. 77–91.
ders.: Schule und Umwelt. – Bildung und Erziehung 1969, S. 175–186.
ders.: Pädagogikstudium – Planung und Gestaltung. Hochschuldidaktische Überlegungen im Bereich der Erziehungswissenschaft. – Bad Heilbrunn 1975.
ders.: Einführung in die Schulpädagogik. – Bad Heilbrunn ³1976.
ders.: Hochschuldidaktik. In: Hierdeis, H. (Hrsg.): Taschenbuch der Pädagogik. Teil 1. – Baltmannsweiler 1978, S. 439–445.
ders.: Schulleben und Erziehungsauftrag. – Blätter für Lehrerfortbildung 1979, S. 311–319.
ders.: Die hochschuldidaktischen Möglichkeiten der Vorlesung. In: Engels, A. u. H. Emden (Hrsg.): Fortschritt und Engagement. Beiträge zur Sexualpädagogik und Allgemeinen Didaktik. – Sankt Augustin 1980, S. 81–88.
Stettner, M.: Studien und Fragmente zur axiomatischen Pädagogik. – Graz 1955.
Stöcker, K.: Neuzeitliche Unterrichtsgestaltung. – München ⁶1960.
ders.: Die Problematik des Fach- und Gesamtunterrichts. In: Handbuch für Lehrer, Bd. 2. – Gütersloh 1961, S. 160–203.
Stones, E.: Psychologie des Lernens und Lehrens. Ein programmiertes Lehrbuch. – (Dt.) Weinheim 1972.
Straka, G. A. u. G. Macke: Lehren und Lernen in der Schule. Eine Einführung in Lehr-Lern-Theorien. – Stuttgart 1979.
Straus, E.: Der Mensch als ein fragendes Wesen. – Jahrbuch für Psychologie und Psychotherapie 1953, H. 2, S. 139–153.

Strom, R. D. (Hrsg.): Lehrer und Lernprozeß. Der Unterricht und seine Voraussetzungen. – (Dt.) München 1976.
Strunz, K. (Hrsg.): Pädagogisch-psychologische Praxis an höheren Schulen. – München/Basel 1963.
Sülzer, B.: Dynamik des Irrationalen. Allgemeine Lernziele in der Krise. – Berlin 1976.
Tausch, R. u. A.-M. Tausch: Erziehungspsychologie. Psychologische Prozesse in Erziehung und Unterricht. – Göttingen [5]1970.
Tewes, U.: Einführung in die Unterrichtspsychologie. – Stuttgart 1976.
Thiemann, Fr.: Der Beitrag empirischer Unterrichtsforschung für die Konzeption von Unterricht. – Bad Heilbrunn 1973.
Tille, J.: Allgemeine Unterrichtslehre. – Wien [2]1958.
Tillmann, K.-J.: Unterricht als soziales Erfahrungsfeld. Soziales Lernen in der Institution Schule. – Frankfurt/M. 1976.
Topitsch, E.: Zeitgenössische Bildungspläne in sprachkritischer Betrachtung. In: Haseloff, O. W. u. H. Stachowiak (Hrsg.): Schule und Erziehung. – Berlin 1960, S. 124–129.
Travers, R. M. W.: Grundlagen des Lernens. – (Dt.) München 1975.
Treml, A.: Das Zielproblem. – Neuburgweier 1972.
Tulodziecki, G.: Einführung in die Theorie und Praxis objektivierter Lehrverfahren. – Stuttgart 1975.
ders.: Möglichkeiten der Medienverwendung in der Schule. – Lehrmittel aktuell 1978, H. 1, S. 5–6.
Tulodziecki, G. u. D. Zimmermann: Schulfernsehen und Unterrichtspraxis. – Köln 1976.
Ulmann, G.: Kreativität. – Weinheim 1968.
Vester, F.: Denken, Lernen, Vergessen. – Stuttgart 1975.
Vettiger, H.: Gruppenunterricht. – Düsseldorf 1977.
Vettiger, H., F. Kobel u. V. Kummer: Lernziel: Selbständigkeit. Arbeitstechniken für Schüler. – Düsseldorf 1979.
Vilsmeier, F. (Bearb.): Der Gesamtunterricht. – Weinheim 1960.
Vogel, A.: Artikulation des Unterrichts. – Ravensburg 1973.
ders.: Unterrichtsformen I. Arbeits- und Aktionsformen im Unterricht. – Ravensburg 1974.
ders.: Unterrichtsformen II. – Ravensburg [3]1978.
ders.: Didaktik der Denkerziehung. Bereiche – Modelle – Strategien. – Ravensburg 1978.
Vorsmann, N.: Wege zur Unterrichtsbeobachtung und Unterrichtsforschung. – Ratingen 1972.
Vukovich, A.: Fähigkeit. In: Wörterbuch der Pädagogik. Bd. 1. – Freiburg 1977.
Wagenschein, M.: Zum Begriff des Exemplarischen Lehrens. – Weinheim 1959.
Walter, H. u. I. Edelmann: Pragmatische Unterrichtsplanung. Theorie und Praxis psychologischer Unterrichtsvorbereitung. – Braunschweig 1979.
Walz, U.: Soziale Reifung in der Schule. Die sozialerzieherische Bedeutung von Gruppenunterricht und Gruppenarbeit. – Hannover [3]1968.
Watzlawick, P., J. H. Beavin u. D. D. Jackson: Menschliche Kommunikation: Formen, Störungen, Paradoxien. – (Dt.) Bern/Stuttgart 1969.
Weber, E.: Didaktik als Theorie des Unterrichts. – Ansbach 1925.
Wegmann, R.: Theorie des Unterrichts. – München 1964.
Wehle, G.: Unterricht, Unterrichtsforschung. In: Ders. (Hrsg.): Pädagogik aktuell, Bd. 3. – München 1973, S. 128–132.

Weinert, F.: Analyse und Untersuchung von Lehrmethoden. In: Ingenkamp, K. (Hrsg.): Handbuch der Unterrichtsforschung. Teil II. – Weinheim 1970, Sp. 1217–1352.
ders.: Der Beitrag der Psychologie zu einer Theorie des Lehrens. In: Nickel, H. u. E. Langhorst (Hrsg.): Brennpunkte der Pädagogischen Psychologie. – Bern/Stuttgart 1973, S. 30–43.
ders.: Lernübertragung. In: Funkkolleg Pädagogische Psychologie 2. – Frankfurt/M. 1974, S. 685–709.
Weniger, E.: Didaktik als Bildungslehre. Teil 1: Theorie der Bildungsinhalte und des Lehrplans. – Weinheim [3]1960.
ders.: Didaktik als Bildungslehre. Teil 2: Didaktische Voraussetzungen der Methode in der Schule. – Weinheim [2]1962.
Wenke, H.: Der erziehende Unterricht. In: Erziehung und Schule in Theorie und Praxis. Hrsg. v. G. Geißler u. H. Wenke. – Weinheim 1960, S. 42–54.
Wenzel, E.: Probleme einer kommunikationstheoretisch orientierten Didaktik. – Die Deutsche Schule 1975, S. 513–521.
Westphalen, K.: Curriculum. In: Meißner, O. u. H. Zöpfl (Hrsg.): Handbuch der Unterrichtspraxis, Bd. 1. – München 1973, S. 15–26.
ders.: Praxisnahe Curriculumentwicklung. – Donauwörth [5]1977.
Wheeler, D. K.: Phasen und Probleme des Curriculum-Prozesses. – (Dt.) Ravensburg 1974.
Wichmann, O.: Eigengesetz und bildender Wert der Lehrfächer. Untersuchungen über die Beziehung von allgemeiner Pädagogik und Fachwissenschaft. – Halle 1930.
Wiederhold, K. A. (Hrsg.): Differenzierung in Schule und Unterricht. – Ratingen 1975.
Wiersing, E.: Sprechhandeln im Unterricht. – Stuttgart 1978.
Wilhelm, Th.: Theorie der Schule. Hauptschule und Gymnasium im Zeitalter der Wissenschaft. – Stuttgart [2]1969.
Willmann, O.: Didaktik als Bildungslehre. – Freiburg [6]1957.
Winkel, R.: Zur Theorie und Praxis der Unterrichtsmethoden. – Die Deutsche Schule 1978, S. 669–683.
Witzenbacher, K.: Die Unterrichtsplanung. Eine Praxis- und Studienhilfe. – Ansbach 1976.
Wöhler, K. (Hrsg.): Didaktische Prinzipien. Begründung und praktische Bedeutung. – München 1979.
Ziechmann, J.: Curriculum-Konstruktion. – Bad Heilbrunn 1973.
Zielinski, W.: Lernschwierigkeiten: Verursachungsbedingungen, Diagnose, Behandlungsansätze. – Stuttgart 1980.
Ziller, T.: Allgemeine Pädagogik. – Leipzig [2]1884.
Zimmermann, D.: Medien von heute in der Schule von gestern? – Lehrmittel aktuell 1976, H. 4, S. 56–57.
Zimmermann, W. u. a.: Von der Curriculumtheorie zur Unterrichtsplanung. – Paderborn 1977.

Literaturnachtrag zur 5. Auflage

(Aus Platzgründen wird nicht immer der ausführliche Buchtitel genannt!)

Bannach, M. u. a. (Hrsg.): Wege zur Öffnung des Unterrichts. – München 1997
Berg, H. C. u. Th. Schulze: Lehrkunst. Lehrbuch der Didaktik. – Neuwied 1995
Duncker, L. u. W. Popp (Hrsg.): Fächerübergreifender Unterricht in der Sekundarstufe I und II. – Bad Heilbrunn 1998
Feiks, D.: Lernen und der Sinnanspruch unserer Schüler. – Heinsberg 1997
Greving, J. u. Liane Paradies: Unterrichts-Einstiege. – Berlin 1996
Grzesik, J.: Unterricht: Der Zyklus von Lehren und Lernen. – Stuttgart 1994
Gudjons, H. (Hrsg.): Handbuch Gruppenunterricht. – Weinheim 1993
ders.: Didaktik zum Anfassen. – Bad Heilbrunn ²1998
Hänsel, Dagmar (Hrsg.): Projektunterricht. Ein praxisorientiertes Handbuch. – Weinheim ²1999
Jäger, O.: Projektwoche. – Neuwied 1998
Kleinschroth, R.: Neues Lernen mit dem Computer. – Reinbek 1996
Kron, F. W.: Grundwissen Didaktik. – München ²1994
Kroner, B. u. H. Schauer: Unterricht erfolgreich planen und durchführen. – Köln 1997
Maier, W.: Grundkurs Medienpädagogik. Mediendidaktik. Ein Studien- und Arbeitsbuch. – Weinheim 1998
von Martial, I. u. J. Bennack: Einführung in schulpraktische Studien. Vorbereitung auf Schule und Unterricht. – Baltmannsweiler ⁵1998
Meyer, E. u. R. Winkel (Hrsg.): Unser Konzept: Lernen in Gruppen. Begründungen, Forschungen, Praxishilfen. – Hohengehren 1991
Meyer, H. u. W. Jank: Didaktische Modelle. Frankfurt/M. ³1994
Moegling, K.: Fächerübergreifender Unterricht – Wege ganzheitlichen Lernens in der Schule. – Bad Heilbrunn 1998
Perrochon, L.: School goes Internet. – Heidelberg ²1999
Petersen, J. u. H. Sommer: Die Lehrerfrage im Unterricht. – Donauwörth 1999
Rekus, J. (Hrsg.): Grundfragen des Unterrichts. Bildung und Erziehung in der Schule der Zukunft. – Weinheim 1998
Reyher, U. (Hrsg.): Lernen außerhalb des Klassenzimmers. – München 1998
Schröder, H. u. Renate Schröder: Theorie und Praxis der AV-Medien im Unterricht. – München ²1990
Struck, P.: Netzwerk Schule. Wie Kinder mit dem Computer das Lernen lernen. – München 1998
Sünkel, W.: Phänomenologie des Unterrichts. Grundriß der theoretischen Didaktik. – Weinheim 1996
Tully, C. J.: Lernen in der Informationsgesellschaft. – Opladen 1994
Vaupel, D.: Handeln und Lernen in der Sekundarstufe. Zehn Praxisbeispiele aus dem offenen Unterricht. – Weinheim 1997
Wiechmann, J. (Hrsg.): Zwölf Unterrichtsmethoden. Vielfalt für die Praxis. – Weinheim 1999
Wöll, G.: Handeln: Lernen durch Erfahrung. Handlungsorientierung und Projektunterricht. – Baltmannsweiler 1998
Zimmermann, W.-D.: Gespräche führen – moderieren – beraten. – Baltmannsweiler 1997

Personenregister

Sachregister

(Zentrale Fundstellen sind durch *Kursivdruck* hervorgehoben!)